王朝风云 之

三国两晋南北朝

SANGUO
LIANGJIN
NANBEICHAO

李 楠 编著

历史度尽劫波
文明生生不息

中国文史出版社

图书在版编目（ＣＩＰ）数据

三国两晋南北朝 / 李楠编著 . -- 北京：中国文史
出版社 ,2021.1
（王朝风云；6）
ISBN 978-7-5205-2265-6

Ⅰ . ①三… Ⅱ . ①李… Ⅲ . ①中国历史—三国时代—
通俗读物②中国历史—魏晋南北朝时代—通俗读物 Ⅳ .
① K235.09

中国版本图书馆 CIP 数据核字 (2020) 第 174225 号

责任编辑：詹红旗　戴小璇

出版发行：中国文史出版社
社　　址：北京市海淀区西八里庄 69 号院　邮编：100142
电　　话：010- 81136606　81136602　81136603(发行部)
传　　真：010-81136655
印　　装：廊坊市海涛印刷有限公司
经　　销：全国新华书店
开　　本：1/16
印　　张：22
字　　数：338 千字
版　　次：2021 年 3 月北京第 1 版
印　　次：2021 年 3 月第 1 次印刷
定　　价：66.00 元

"凤凰台上凤凰游，凤去台空江自流。吴宫花草埋幽径，晋代衣冠成古丘。"李白一首《登金陵凤凰台》，可生动反映中国历代王朝的没落与沧桑。

中国是一个拥有 5000 年悠久历史的文明古国，王朝众多，更迭频繁。其间上演过无数令人感慨的悲喜剧，也创造了举世瞩目的中华文明。

这套《王朝风云》丛书，旨在全景展现中华民族从原始社会、奴隶社会到封建社会的历史跨越，以真实丰富的史料，鲜活生动的叙述，让一个个风格迥异的王朝如戏剧般轮番登场，上演从夏商周到晚清近代历史的荣光与波折。使读者从王朝演变的故事中深刻地体味历史的魅力，领悟中华文明博大精深的文化内涵。

丛书着重讲历史脉络，以历代政权更迭及政治、军事斗争为主，努力把中国历史中最精彩、最生动的内容奉献给广大读者。同时，为增强系统性，一定程度地反映历朝历代的掌故、习俗、科技、文化等内容。

《王朝风云》丛书共 15 部，此为第六部《三国两晋南北朝》，主要讲的是从 190 年董卓挟汉献帝离开洛阳，到 589 年隋文帝杨坚灭陈建隋统一天下近 400 年间里，中国历史上发生的那些丰富多彩的故事。

三国两晋南北朝，是我国历史上自秦一统华夏之后最漫长的分裂时期，其政权更迭之频繁，历史人物之繁多，足以让读史之人目不暇接。

汉灵帝中平元年（184 年），正值农历甲子年，一个普普通通的循环纪元的开始。这一年，一场巨大的变乱首先从冀州爆发。

无数头裹黄巾的人高呼"苍天已死,黄天当立,岁在甲子,天下大吉"的口号,冲击着帝国的城台府库。谁也没有想到,这场变乱只是中国400年大震荡的序曲。

接下来是汉末军阀大混战,紧接着是战多于盟的三国时代。西晋刚统一中国,还没来得及喘一口气,内忧外患接踵而至。中国历史上最混乱的内战"八王之乱"发生在这个时代;半开化的戎狄民族像潮水一般涌入中原大地,生生地把刚建立起来的晋朝冲垮了。北方陷入了空前混乱的十六国时代,这片大地处于"无月不战,日日相攻"的状态(语出《晋书》);南方的东晋惊魂未定,又得疲于应付内部的王敦、桓玄叛乱,还得对抗北方国家的入侵。即便如此,还要时不时"上演"或真心或假意的"北伐",真真是无一刻安宁。北魏王朝刚刚统一北方,还没来得及承担起统一中国的重任,就分裂为东西两魏,二者"本是同根生,相煎却太急"。宋、齐、梁、陈保有江南半壁江山,地盘越打越小,国力越来越弱,最后不得不处于偏安守势。本来,南朝更替倒没发生什么战争,老百姓也能过几天舒坦日子。皇家内部倒不安分了,皇帝一上台,不是杀前朝王室,就是杀兄弟手足,让人心惊肉跳。一场北方引来的侯景之乱把江南近百年的积蓄毁于一旦,留下的是一个破败萎靡的陈朝。北方的北周经过武帝改革,国力越来越强大,但取而代之的隋朝大兵南渡,俘虏了陈朝后主。

这一年,已经是隋朝开皇九年(589年)。

三国两晋南北朝是中国历史上最为混乱、最为动荡不安的时期。政权更迭频繁,民间矛盾尖锐,割据王朝互相攻杀,人民饱受战乱忧患。"乱"是这个时代最主要的特点。但是,魏晋南北朝期间也曾出现过短暂的全国统一和局部统一,混乱之间还在特定区域和时段有和平时期,文化也呈现出精彩纷呈的特点。从魏晋时期起,玄学勃兴,佛教内传,道教嬗变。书法、诗歌、小说、笔记等文学艺术也有很大的发展。400年间,30多个王朝,最后归于隋朝的统一。

这是一个中国历史上空前混乱、空前动荡的时代。400年铁血风云,战争频繁得让人窒息,文明和野蛮以前所未有的激烈程度进行碰撞。几十个民族在这数百年之间互相融合,为强盛的隋唐注入了鲜活的血液。

了解历史,反思历史,是为了更好地借鉴历史、把握未来。

目录

第一编 三国风云

第二编 两晋风云

第三编　十六国风云

第一章　百年风云

第二章　政权林立

第三章　风云人物

第四编 南朝风云

第五编 北朝风云

第一编

三国风云

三国始于 220 年魏国代汉，终于 265 年晋国代魏。但史家往往以 190 年董卓挟汉献帝离开洛阳为三国上限，以 280 年晋灭吴为三国下限。

东汉末期军阀混战，这一时期，出现了董卓、吕布、刘表、袁绍等一些军事集团，他们长期混战，人民生活困苦不堪。又经过一段时期的混乱局面，逐渐形成了曹操、刘备和孙权三大军事集团，并在此基础上建立了魏、蜀、吴三国。

三国后期，随着魏国势力的逐渐强大和蜀、吴的衰乱，统一的苗头逐渐出现。在这一历史进程中发生了很多悲剧性的事件，例如魏国内乱、帝室被屠、名士被杀、灭蜀争功、吴国暴君等。这一切的不吉之兆，预示着大一统只是昙花一现。

第一章 军阀混战，三国鼎立

一、汉末军阀多混战，群雄割据定三国

东汉中平六年（189 年），汉灵帝驾崩，14 岁的刘辩继立为少帝。执政的何太后之兄何进联络西园八校尉之一的袁绍，诛杀统领八校尉兵的宦官蹇硕。袁绍、何进等密谋尽杀宦官，并召并州牧董卓入洛阳为援。当宦官密谋杀何进，而袁绍又大杀宦官之时，董卓率兵入洛，尽揽朝政。他废黜少帝，另立刘协为帝，即汉献帝。董卓的专横激起了东汉朝臣和地方牧守的反对，进一步酿成大规模的内战。

士燮

董卓入洛后，袁绍出奔冀州。东郡太守桥瑁假东汉三公名义，要求州郡兴兵讨伐董卓，关东州郡纷纷响应。他们分屯要害，推袁绍为盟主，相机进攻董卓。初平元年（190 年），董卓避关东兵锋，挟持汉献帝西迁长安。关东联军本是乌合之众，彼此欺诈并吞，不久就分崩离析了。初平三年（192 年）长安兵变，董卓被杀，关中混乱不已。

经过激烈的混战以后，到建安元年（196 年）时，全国形成许多割据区域：袁绍占据冀、青、并三州，曹操占据兖、豫二州，韩遂、马腾占据凉州，公孙瓒占据幽州，公孙度占据辽东，陶谦、刘备、吕布先后占据徐州，袁术占据扬州

的淮南部分，刘表占据荆州，刘璋（生卒年不详）占据益州，孙策占据扬州的江东部分，士燮占据交州。此外，张鲁以道教的组织形式保据汉中地区，置祭酒以治民。在这些割据者中，势力最强也最活跃的是袁绍和曹操。

董卓入洛后，曹操逃至陈留（今河南开封东南），聚兵反抗，成为关东联军的一支。初平三年（192年），他在济北（今山东长清南）诱降黄巾军30万之众，选其精锐，编为青州兵；又陆续收纳一些豪强地主武装。建安元年（196年），他把汉献帝迁到许县（今河南许昌东），取得了挟天子以令诸侯之势；又屯田积谷，以蓄军资。建安五年（200年），曹操与袁绍两军在官渡决战，曹操以弱胜强，全歼袁军主力；又利用袁绍二子的矛盾攻占袁氏的邺城，相继占领青、冀、幽、并四州之地，统一了中原地区。建安十二年（207年），曹军出卢龙塞（今河北遵化西北），打败侵扰北方的乌桓。

建安十三年（208年），曹军南下，攻占刘表之子刘琮所据的荆州，依托于荆州的刘备向南奔逃。江东的鲁肃受孙权之命与刘备会晤，商讨对策；诸葛亮又受刘备之命，于柴桑（今江西九江西南）与孙权结盟，共抗曹军。孙、刘联军以少胜多，大败曹军水师于赤壁（一般认为在今湖北蒲圻西北，长江南岸），迫使曹军退回中原。这就是决定南北相持局面的赤壁之战。曹操北归以后，用兵于关中、陇西，把统一范围扩及整个北方。

建安十六年（211年），刘备率部进入益州，逐步占据了原来刘璋（生卒年不详）的地盘。建安二十四年（219年），刘备从曹军手中夺得汉中，据守荆州的关羽也向曹军发起进攻，但是孙权遣军袭杀关羽，占领荆州全部，隔三峡与刘备军相持。

汉延康元年（220年）一月，曹操死；十月，其子曹丕称帝，国号魏，都洛阳，建元黄初。221年，刘备在成都称帝，国号汉，世称蜀，又称蜀汉，建元章武。孙权于221年接受魏国封号，在武昌称吴王。222年，蜀军出峡与吴军相持于夷陵（今湖北宜都境），猇亭一战，被吴将陆逊击败，退回蜀中。229年，孙权在武昌称帝，后迁都建业（即建康，今南京），建立吴国。猇亭之战以后不久，蜀、吴恢复结盟关系，共抗曹军。南北之间虽然还常有战事发生，有时规模还比较大，但是总的说来，力量大体平衡，鼎足之势维持了40余年之久。

三国疆域，大体魏占北方，蜀占西南地区，吴占东南地区。魏国置司、豫、兖、青、徐、凉、雍、冀、幽、并、荆、扬等州，其中凉州领戊己校尉护西域；幽州地境达于辽东；南部诸州大致依秦岭、淮河分别与蜀、吴相接。蜀国置益州，自秦岭至于南中（今四川大渡河以南和云南、贵州）。吴国据有扬、荆、交三州。三国户口，魏有户66万余，人口440余万；蜀有户28万，人口94万；吴有户52万余，人口230万。

二、董卓专权天下乱，群雄会盟讨奸雄

东汉末年，外戚、宦官控制朝廷的大权，为了争夺权力，他们进行了激烈的斗争。当时地方官吏贪污成风，"官非其人，政以贿成"。各种类型的地主包括贵族、世家大族、地方豪强、富商等，无不广占田地，役使农民，敲诈勒索，奢侈逾制。因而，广大人民生活极度贫苦，终于在184年爆发了以张角弟兄为首的黄巾大起义。

统治者为了维护其统治，便动员所有的地主武装对农民起义进行镇压，并于188年接受太常刘焉的建议，改刺史为州牧，并给予州牧领兵治民的权力。这些州牧有了领兵权之后，便乘乱纷纷扩张自己的武装力量，形成一个个割据一方的土皇帝，中央政府对其难以控制，东汉政府想借改制而加强统治的梦想破灭了，地方割据势力得以发展，为以后的军阀混战埋下了祸根。

当农民起义来临时，这种矛盾相对缓和，一旦外来压力解除，这种矛盾便再度激化。

189年，汉灵帝死，长子刘辩继立为帝，其生母何太后临朝听政。于是外戚同宦官的斗争又重新激烈起来，太后之兄、大将军何进为了一举杀尽宦官，彻底消灭自己的对手，将世代官僚地主出身，并有一定声望和一定势力的袁绍、袁术兄弟拉到自己一边，并且接受袁绍的建议，召并州牧董卓带兵入京。董卓还没有赶到，何进已为宦官所诱杀，官僚世族袁绍等又大杀宦官。

宦官们被彻底清除以后，长期以来交替执政的外戚和宦官集团的斗争结束了。宦官、外戚退出了历史舞台，而官僚地主武装集团却纷纷粉墨登场，从此，大规模的军阀混战开始了。此时，东汉政权已是名存实亡了。

当袁绍大杀宦官的时候，董卓接到何进的密召后率军来到了京都洛阳。董卓（？—192年），字仲颖，陇西临洮（今甘肃岷县）人。性情豪放而又残忍，喜与人结交，由于他居住的地方接近西北少数民族，他便同这些少数民族的贵族势力交往，培植自己的力量，在陇西颇有名望。东汉末年因镇压少数民族起义，屡立战功，连晋官职，做到并州刺史、河东太守。后来，他参加镇压黄巾起义，并击退韩遂、马腾对京都地区的进攻，从而使

他赢得了极高的声望和地位，并借此而使他的军事力量日益壮大。董卓的军队由汉族和少数民族组成，能征善战，凶暴残忍，董卓以此为资本，时刻准备争夺天下。正值他野心勃勃之时，恰逢何进召他进京。这对于董卓来说，无异于久旱逢甘霖，他接到何进的密召后，立刻率领3000人马，直奔洛阳，这为他独霸天下创造了良机。

董卓进入洛阳时，步骑不过3000。当时京师官兵很盛，司隶校尉袁绍拥有禁军的指挥权；当时曹

三国青铜马

操任典军校尉；后将军袁术控制了大将军何进的部曲；济北相鲍信又募来一支山东兵；执金吾丁原有骁将吕布，这些力量合起来超过董卓军10倍还多。但是，由于董卓有30多年的军队生涯，具有丰富的作战经验，当时东汉朝廷里没有一个人是他的对手。董卓知道自己的势力弱小，于是，他成功地运用了虚张声势的计谋。他过四五天就带部众在夜里悄悄出营，天明"乃大陈旌鼓而还，以为西兵复至，洛中无知者"。董卓这一手居然镇住了当时的袁绍、袁术、曹操等豪杰，他们纷纷逃离洛阳，禁军及何进部曲尽都落入董卓手中。董卓又使用离间之计，使吕布与丁原不和，于是，心骄气盛的吕布杀掉了丁原，董卓又收吕布做义子，并收服了丁原部众，于是董卓的势力更加强大。

董卓进入洛阳要做的第一件事就是废掉旧帝再立新主，以此控制皇权，于是，董卓废少帝刘辩为弘农王，随后又杀弘农王及何太后，拔掉了朝官和名士所凭借的旗帜。董卓立灵帝少子陈留王刘协为帝，这就是汉献帝，汉献帝当时刚9岁，被董卓玩弄于股掌之中。董卓挟天子以令诸侯，自称太师，迁相国，封郿侯，带剑上殿，位在百官之上，俨然一个摄政王。

政治上，董卓为了收买人心，他外示宽柔，起用党人名士做朝官，外放大臣为牧伯太守，平反党人冤狱，以示不负众望。用周珌、伍琼、郑泰为尚书，让何颙做长史，荀爽做司空，陈纪、韩融等都成为列卿。外放尚书韩馥做冀州刺史，侍中刘岱做兖州刺史，孔伷（生卒年不详）做豫州刺史，张咨做南阳太守，张邈做陈留太守，甚至还任用逃亡在外的袁绍、袁术为

后将军。

军事上，董卓深固根本，牢牢地控制关西。董卓招抚了凉州的马腾、韩遂，又征召关中潜在的政敌皇甫嵩和京兆尹盖勋。皇甫嵩时为左将军，有雄兵3万屯驻扶风，盖勋曾鼓动皇甫嵩与自己联兵反董卓。但是，皇甫嵩雄略不敌董卓而听征，交出了兵权，到洛阳去做城门校尉。盖勋孤掌难鸣，也只好听征，到洛阳去就任越骑校尉。皇甫嵩到了洛阳，董卓将他逮捕下狱，迫使皇甫嵩屈服后又用为御史中丞。至此，董卓控制了关中，所以关东兵起，他就西移长安。

董卓非常残暴，他和他的部队到处烧杀抢掠，为所欲为。当时洛阳城中的王公贵族非常富有，高屋大厦，金银财宝不计其数，董卓便令其军队冲进庐舍，奸淫妇女，抢掠财物，并美其名曰"搜牢"，弄得朝廷上下，人心惶惶。

董卓的专横暴行，引起了社会上各个阶层的强烈反对。190年，渤海太守袁绍、后将军袁术、冀州牧韩馥、豫州刺史孔伷、兖州刺史刘岱、河内太守王匡、陈留太守张邈、东郡太守桥瑁、济北相鲍信及逃到陈留的曹操联合起兵，共推袁绍为盟主，反对董卓。这支联军，历史上称为"关东军"。

关东兵起，董卓被迫退出洛阳，胁迫献帝西迁长安。他发掘了诸帝陵寝及公卿墓冢，收其珍宝。董卓还把洛阳及其附近200里内居民共几百万人口驱赶入关中，将房屋烧光，鸡犬杀尽。被驱赶的人民，沿途缺粮，更遭到军队的践踏和抢掠，死亡无算，积尸满路，史称"旧京空虚，数百里中无烟火"。东汉200年来政治、经济、文化中心的巍峨帝京，成了一片瓦砾场。

接着董卓又把关中弄得残破不堪。他大肆搜刮，敲剥黎民，筑坞于郿县，高厚7丈，与长安城等，号曰"万岁坞"。其间积贮了30年的军粮，珍藏黄金二三万斤，银八九万斤，绵绮縠纨素奇玩，积如丘山。董卓得意扬扬地自称："事成，雄踞天下；不成，守此足以毕老。"并且铸小钱，致使物价腾贵，一斛谷价值数十万，使百姓又蒙受一层灾难。

192年，司徒王允用计收买了吕布，使其杀死董卓。

董卓死后，王允掌握了政权。不久，董卓旧部李傕、郭汜等以为董卓报仇为名，率10万大军攻入长安，杀死王允等人，赶走吕布，又对长安城进行了新一轮的烧杀抢掠。而后，李傕、郭汜两人之间又发生大规模的火并，长安与其附近地区，成了他们相互厮杀的战场，长安城变成废墟，居民背井离乡，关中地区继洛阳之后，又成无人居住之地。大诗人王粲《七哀》诗中说"出门无所见，白骨蔽平原"，即是对当时惨况的真实描述。

董卓之乱使两汉灿烂文化蒙受了无法弥补的损失，给社会带来了一场浩劫。

经过数年混战，关西军阀彻底垮台，退出了历史舞台，而规模更大的军阀混战却又在关东军阀中展开了。

三、乱世奸雄挟天子，治世能臣定北方

曹操纵马驰骋一生，挟天子以令诸侯，拥兵自重，东征西战，终成鼎立一足。

曹操（155—220年），字孟德，小名阿瞒，西汉初期名相曹参之后。曹操年轻时机警过人，善用权术。东汉末鉴人之风盛行，当时以知人著称的桥玄曾劝曹操说："天下将乱，非命世之才不能济也，能安之者，其在君乎？"桥玄话说不久，即爆发了东汉末年黄巾军大起义，曹操果然发迹，一步步走向权力的顶峰。

黄巾大起义，是东汉后期社会矛盾激化的结果。在镇压这场起义中，各地军阀乘机拥兵自立，相互攻伐，汉室江山岌岌可危。汉朝大臣董卓势力很大，掌握着中央政权。各地诸侯结盟兴兵，共讨董卓，曹操也参与其中。这时的曹操，兵少将寡，位卑言轻，与袁绍等汉室旧臣相比，本无足轻重。但曹操以其雄才大略，逐渐崛起于群家诸侯之中，逐渐成为有力的政权争夺者。

当时的名士许邵曾对曹操作过如此评价："治世之能臣，乱世之奸雄。"曹操本人对此评价十分满意。他生逢乱世，如果没有超乎常人的手段，不仅不能戡平战乱，重建朝纲，建立不朽功业，即使想退保一方，全身躯、保妻子也甚为不易。既然不能做治世的能臣，只好做乱世的奸雄。

历代许多人往往只注意到曹操奸诈狡猾的一面，而忽略其大智大勇的雄才。实际，奸诈狡猾必然有大智大勇为前提，如其不然，只配算一奸诈小人，根本称不上什么"雄"。曹操的雄才，在他与袁绍的官渡决战中可见一斑。

袁绍出身显贵，数世公卿，在十八家讨董卓的战役中，以其门第的显贵和实力的强大被推为盟主。如果就影响和力量看，袁绍完全应该打败曹操，夺取天下。不过，袁绍不仅缺乏曹操之奸，更无曹操之雄。早在他们共讨董卓之际，俩人曾经讨论过攻取天下的战略。袁绍认为："吾南据河，

北阻燕代,兼戎狄之众,南向以争天下,庶可以济乎?"曹操听后颇不以为然,他说:"吾任天下之智力,以道御之,无所不可。""若以险固为资,则不能应机而变化也。"一个以险固为资,凭借力量取胜;一个以道御天下,随机应变,在俩人谈话之间,高低胜负之分已清楚可见。曹操在官渡决战之前,采纳荀彧程昱等谋士的高见,将汉天子抢到手中,从而造成"挟天子以令诸侯"的政治优势。尽管人们可以说这是曹操的奸计,但取得汉家正统的象征性名号,从而使自己的地位高居各地诸侯之上,却正是曹操雄才大略的体现。在官渡之战的关键时刻,袁绍的谋臣许攸就曾建议,一面与曹兵相持,一面分兵迎取天子,釜底抽薪,以夺曹操之士。如果这一计划实现,官渡之战的胜负就很难说了。可惜的是,袁绍只是相信武力的匹夫,既无雄才,又无奸诈,拒绝了许攸的建议,把这样一位有识之士拱手送与曹操。许攸投奔曹操,献上一份厚礼:袁绍运粮计划。曹操闻听大喜,用计不疑,一把火烧了袁军的粮道,也烧掉了袁绍"南向争天下"的痴梦。官渡之战胜利了,既是奸雄的胜利,又是智勇的胜利,这两者之间本来就无确切的界限。根据不同的价值标准,人们会得出截然不同的结论。

最令曹操背奸贼骂名的事情,就是曹操与汉朝天子的关系。东汉末年,汉室的大权在外戚和宦官手中轮流执掌,两派势力你争我斗,不仅朝政之权旁落,就连皇帝的生死也掌握在他们手中。董卓诛灭宦官,废掉少帝刘辩,改立献帝刘协。此时,汉朝皇帝只存一空名,天下人谁都知道,汉祚将尽。曹操以兵劫天子,自为丞相,权倾一朝。到他统一北方后,更是不把汉献帝放在眼中。建安十八年(213年),曹操自立为魏王。建安二十一年(216年),曹操进爵魏公,用天子车服,出入警跸。

曹操统一北方之后,采取各种措施,使连年战乱的北方,渐渐出现生机,人们生活得到改善,经济生产得以恢复,早在建安元年,曹操就采用下属建议,开始屯田。当时,战争使农业生产受到巨大破坏,灾荒岁起。各地诸侯军队以抢掠百姓补充军粮的不足。饥民流离失所,甚至出现食人惨状。曹操诗中的"白骨露于野,千里无鸡鸣"的现象,就是这一时期的真实写照。曹操下令,仿效汉武帝屯田之举,在州郡设置田官,招募农民屯田。屯田不仅解决了曹操军队的粮食供给,而且缓解了农民的饥苦。这是曹操的重大贡献之一。

此外,曹操还修齐文治,整束军队。建安八年(203年),曹操命令500户以上的县设置学校官员,选拔年轻学子入校读书,以做官吏后备。在诸侯军队中,曹操的士兵纪律最为严明。令行禁止,赏罚分明。曹操本人善于运用个人形象，以身作则。

在曹操统治下，北方渐渐恢复了正常的社会秩序，比之东汉末年真有天壤之别。如果用是否利于国计民生的标准衡量，执掌大权的曹操虽无意做汉室忠臣，但他充分发挥了自己的才干，运用个人权威和地位，给天下百姓做了很多好事，真可配治世能臣之称。

不管曹操自立魏公还是进爵魏王，他仍然是汉朝的臣子。在他生前并未篡汉自立，还是保留了汉献帝的皇位。他这样做的原因之一，就是天下未定，东南有孙权，西南

曹操

有刘备。以曹操的权力而论，取代汉室只是反掌之劳。但他的雄心大志是要做统 国家的君主，并非割据北方的帝工。这也正是曹操"雄"的一面。

曹操奉行权变之术，只要有助于他平定天下的事他都干，有助于他成就大业的人他都用。在用人之道中，最可看出所谓奸雄的一面。建安十五年（210年）、十九年（214年）和二十二年（217年），曹操连下三令，求举贤才。他认为："夫有行之士未必能进取，进取之士未必能有行"，"若必廉士而后可用"，那么很难成就霸业。故而要求各地官员，将那些"负污辱之名，见笑之行，不仁不孝而有治国用兵之术者，其各举所知，勿有所遗"。这种不惜舍弃道德礼法、唯才是举的政策，在正统儒家守道者看来，当然是奸雄行为。可是如果我们了解曹操身处的时代以及那个时代思想的变化，也就不会过分苛求于他了。实际上，正是由于曹操不拘一格地广开才路，使用了各种真正有专长的人才，方能完成开创三分天下有其一的魏国基业。

建安二十四年（219年）十二月，孙权袭杀关羽之后，给曹操上书，歌颂功德，称为"天命"，劝他当皇帝，自己情愿称臣。曹操读罢这封信，出示给群僚们看，并说："孙权这小子，竟想把我放在火炉上烤！"他说这句话一方面是指出孙权并非真意，另一方面也是想看看群臣的态度。这时，文官以侍中陈群为首，武官以将军夏侯惇为首，懂得曹操的意思，便趁机

向曹操劝进。陈群说："汉朝到现在仅剩一个名号而已，一尺土地，一个老百姓都不归汉朝所有，期运早已尽，历数早已终。所以早在桓帝、灵帝时期一些宣传谶纬的人都说'汉行气尽，黄家当兴'，殿下（指曹操）应期，十分天下而有其九，群生注望，远近臣服。应该畏天知命。"夏侯惇也说："天下皆知汉祚已尽，异代方起。自古以来，能为民除害，为百姓所归的，就可以做天下之主。现在殿下征战三十多年，功德著于黎民百姓，为天下人心所归。当皇帝既应天，又顺民，还有什么可犹豫的呢！"曹操考虑到自己老了，身体又有病，不能久存于人间，称帝不一定有利，还是留给自己后辈更合适。于是他回答说："若天命在吾，吾为周文王矣。"意思是说即使当皇帝的时机已经成熟，自己也不当；要像周文王给周武王创造条件那样，让自己的儿子去当皇帝。没有一个月，建安二十五年（220年）正月，曹操就病死了，终年66岁。

曹操临死前留下遗嘱说："我在军中依法办事是对的，至于小的愤怒、大的过失，不应当效法。天下还没有安定，不能遵守古代制度。我有头痛病，很早就戴上了头巾。我死后，穿的礼服要像活着时一样。安葬之后，文武百官便脱掉丧服。驻防各地的将士，都不要离开驻地。官吏们都要各守职位。入殓时穿一般的时服，埋葬地邺城西面的山冈上，跟西门豹的祠堂靠近，不要用金玉珍宝陪葬。"

曹操一生提倡俭约，反对厚葬，临死时还念念不忘。由于曹操的提倡，一时造成一种风气，有的官吏穿了新衣，坐了好车，舆论就说他不廉洁，反之，就说他廉洁。这固然是一种表面的看法，但经曹操的提倡，使过去那种奢侈淫佚的恶习，有一定改变，还是有其积极作用的。

虽然曹操没当皇帝，但由于他已经控制汉献帝，并为他的儿子正式"篡汉"创造了条件，在封建正统思想的影响下，在旧小说、旧戏剧的渲染宣传下，过去人们往往把他当成篡汉奸臣而加以否定，不能正确地评价他，给他以应有的历史地位。正像鲁迅所指出的那样："我们讲到曹操，很容易就联想起《三国演义》，更而想起戏台上那一位花面的奸臣，但这不是观察曹操的真正方法……其实，曹操是一个很有本事的人，至少是一个英雄。"

四、兄弟失和袁氏乱，三子相争大族崩

兄弟不和似乎是袁氏家族挥之不去的梦魇："四世三公"的望族因兄弟不和失去中原霸主的地位；袁绍作为"兄弟失和"的受害者却没有吸取经验教训，亲自埋下了三子相争的祸根，一个中原大族就在兄弟纷争中分崩

离析。

袁绍（？—202年），字本初，汝南汝阳（今河南省周口市商水县袁老乡袁老村）人。袁绍出身中原袁氏望族，从他的曾祖父起，四代人有五位荣登"三公"之列。袁绍在北方称雄时，曹操已经把天子劫取到许昌。后袁绍向朝廷邀功请爵，由于曹操还不是袁绍的对手，不敢得罪他，所以就封了袁绍一个太尉（也是三公之一）。袁绍一看，朝廷的"大将军"头衔在曹操那里，非常不满意，于是就又给曹操施压。曹操没办法，只得以朝廷的名义再给袁绍颁了个"大将军"的头衔。

很多人认为袁绍好谋无断，没有英雄气概，完全是膏粱子弟，但事实上袁绍也有果敢勇猛的时候。初平三年（192年），袁绍在界桥与公孙瓒大战。袁绍亲身临阵，随身只带着强弩数十张，持戟卫士百多人缓缓推进。不巧遇到公孙瓒部逃散的骑兵2000多突然出现，重重围住了袁绍，顿时箭如雨下。别驾田丰拉着袁绍，要他退进一堵矮墙里，袁绍猛地将头盔掼在地上，说："大丈夫宁可冲上前战死，躲在墙后，难道就能活命吗！"他指挥强弩手应战，杀伤了不少敌骑。敌骑没有认出袁绍，也渐渐后退。

统帅临阵，这要是没有十成把握，绝对是冒险，但是以袁绍的任侠性格也就不难理解。这样的做法固然不明智，但却很讨人喜欢。关东盟军讨伐董卓，袁绍被推举为盟主也在情理之中。毕竟无论从家世、声望、名节、义气等特点，找不到比袁绍更适合这个位子的人了。

但是有一个人不以为然，甚至打心眼儿里看不起他，这个人就是他同父异母的弟弟袁术（？—199年）。袁绍是长兄庶出，并且早年就过继给伯父一房；袁术是嫡出，论家世是要比袁绍高一些。英雄不问出处，一般人是不会理会嫡出、庶出的。偏偏袁术在能力上差袁绍一大截，却又心高气傲，不服兄长也就不足为奇。

袁术起兵时的家业也不太差。他笼络了长沙太守孙坚为部属，孙坚领军出征，袁术在后方提供粮草补给。孙坚正是盟军中最英勇善战的角色，这为袁术捞到了不少好名声。随着孙坚打了越来越多的胜仗，袁术担心孙坚尾大不掉，就有心牵制，于是不运军粮给孙坚。孙坚得知情况后连夜赶回，并严词切责袁术，袁术惭愧。可当孙坚得到传国玉玺时，袁术再一次翻脸不认人。史书记载，孙坚把传国玉玺藏在其妻吴氏身上，袁术竟扣押了吴氏，直到吴氏交出玉玺。这个举动大大伤害了孙坚的感情，为他们以后的分道扬镳埋下了伏笔。

袁术得到传国玉玺后就不顾当时形势而做起了皇帝的美梦。袁绍主张拥立刘虞为帝，请求袁术支持，而袁术认为袁绍故意寻自己晦气，兄弟两人因此积怨翻脸。袁术开始转而与公孙瓒以及陶谦等结盟，意图排挤袁绍的地位。袁术曾多次怒骂他人宁可追随自己的"家奴"（指袁绍）也不追随自己，还写信给公孙瓒说袁绍不是袁氏子孙。袁绍于是联合刘表，想南北钳制袁术，袁术就联合孙坚率军攻打刘表。

就这样，袁术不停地进攻袁绍及其盟友，前后笼络了七八个诸侯，却屡战屡败。时局越来越不利，袁术感觉大限将至，建安二年（197年），袁术匆匆忙忙地登基，自称天子。袁术登基后，很快就成为了众矢之的，他在江东的势力范围几乎全被孙策"吃掉"；吕布趁火打劫，在淮北大肆抄掠；曹操给了袁术致命的一击，使他再度奔逃到淮南。在这期间，北方强大的袁绍作壁上观，冷冷地看着诸侯围攻袁术。袁术最终难以支撑，于建安四年（199年）将归帝号于袁绍，想投奔袁绍长子、时任青州刺史的袁谭，半路上却被刘备截击，于是败军退到江亭。袁术欲得蜜浆解渴，又无蜜，他大叫道："袁术竟会走到这一步吗！"最后呕血而死。

袁术作恶不仁，天下没有诸侯喜欢他，他的长兄袁绍直到临死时都不肯借粮给他，这个公卿巨子居然是渴死而亡，令人慨叹。

袁绍没有吸取教训，很快便给自己的三个儿子埋下了祸根。袁绍统一北方之前，声威远扬。他有三个成年孩子，长子袁谭，次子袁熙，三子袁尚。袁绍很喜欢袁尚，想立他为继承人。可他的这个想法却遭到谋士们的强烈反对：根据中国古代的传统，长子拥有家族继承权，只有长子不肖的情况下才可以选择立贤。现在改变祖制，岂不是要引起他们兄弟之间的不和？

袁绍又使了个小聪明，把青州分封给长子袁谭，把幽州分封给次子袁熙，而小儿子袁尚就带在他自己身边。这时大臣们提出反对意见，而袁绍应付说："二子都已经长大成人，需要历练历练。袁尚还小，应当留在身边照顾。"其实袁绍的意思很明确，就是要疏远二子，亲近小儿子，让袁尚在自己身边积累战功和人气，取得自己部将的支持。但由于战事吃紧，袁谭和袁熙在自己的领地上没待多长时间就回到了父亲身边。袁绍的目的没有达到，反而给儿子们平添了嫌隙。

官渡大战之后，袁绍郁郁而死，袁尚成了袁家的继承人。袁谭大为不满，就自称车骑将军。兄弟两人本来就没什么能耐，于是很快被曹操打得大败。袁谭干脆向曹操诈降，借兵攻打自己的弟弟，趁机占领了大片州郡。但他的这点小伎俩哪里骗得过曹操，建安十二年（207年），袁谭被曹操攻灭，本人被斩首。

那袁尚和袁熙又怎样了呢？他和二哥袁熙逃到东北公孙康处的时候被捕了，兄弟两人被五花大绑扔在房间里。天气冷，袁尚就哀求公孙康："给张毯子吧，实在冷得不行了。"他的哥哥袁熙平静地说了一句："头颅马上就要走万里路，哪里还顾得上冷。"相比他哥哥的气概，袁尚在临死时表现出他的弱点：胆小、稚气未脱、不成熟。这就是袁绍要寻找的继承人，可见袁绍宠爱幼子已经蒙蔽了自己的判断。

袁氏两代，兄弟相争，都逃不过败亡的命运。四世三公之族，竟在内讧中淹没于历史的洪流中，让人不胜感慨。

五、刘备乱世兴义兵，能臣辅佐建大业

刘关张桃园三结义，请诸葛亮三顾茅庐，刘备得猛将贤相相助，于乱世中博得一席之地，建立蜀汉政权。两耳垂肩、双臂及膝的刘备何以称帝建业？

1. 乱世起兵，屡仆屡起

刘备（161—223 年），字玄德，涿郡涿县人，是汉景帝的儿子中山靖王刘胜（公元前 165—公元前 113 年）的后代。

刘备的祖父、父亲都曾在州郡做官。可是，因父亲去世早，刘备从小就和母亲一起生活，家境贫寒，平日以贩鞋织席维持生计。

刘备从小就怀有大志。他曾和同宗族的儿童们在大桑树底下玩耍，刘备说："我将来一定要乘上有真正篷盖的天子之车。"

东汉灵帝光和七年（184 年）爆发的黄巾大起义，给刘备发展势力提供了一个机遇。当时，东汉朝廷派大军镇压起义军，各地的军阀豪强也纷纷拉起人马，以镇压义军为名，抢占地盘，扩充实力。刘备也趁机拉起一支乡勇，参加了镇压起义军的行列。这时，河东解县（今山西运城）人关羽，同郡人张飞也来投奔刘备。刘备把关、张两人当成左膀右臂，三人形影不离，晚上睡觉也在一床，像兄弟般亲密。刘备因镇压义军"有功"，被朝廷任命为安喜县（今河北定县东）尉。

不久，朝廷颁布诏书，要考核因军功而提拔任命的官吏，如有不称职，就要淘汰。涿郡太守派督邮巡视各县，督察官吏。督邮到安喜因刘备未送贿赂要将他撤职，刘备听说自己将被遣散，十分愤恨。他回到自己官署，率领一群吏卒，冲到督邮住处，大声喝道："我奉太守密令，收捕督邮！"说罢，率人将督邮从床上提起，捆绑完毕，便押着他率着自己的人马向外

刘备

走去。将要出县界，刘备将督邮绑在树上，用马鞭狠狠地抽打了百余下，仍不解气，便要杀了他，吓得督邮求饶不止。刘备便将自己做官的印绶挂在督邮脖子上，率众弃官而去。

后来，刘备投奔早年的同窗好友、幽州军阀公孙瓒。公孙瓒让他试守平原县令，不久，又领平原国相。当时，天下大乱，人民饥寒交迫，流离失所，许多有才能之士也被迫抛弃家园，颠沛流离。刘备尽管官职不高，但他却能对外防御寇难，内部聚集粮物，对一些暂无安身立命之所的人士，刘备与他们同席而坐，同盘而食，推心置腹，肝胆相照。因此，甚得民心，附近民众及各方人士纷纷来投奔依附他。

这时，群雄逐鹿中原，各地军阀混战不已。袁绍攻公孙瓒，曹操又攻徐州牧陶谦。陶谦派人向公孙瓒告急，公孙瓒遂派刘备前往徐州（今苏北鲁东南一带）援救陶谦。这时刘备共有士兵千余人和饥民几千人。陶谦见刘备兵力不多，就给了他4000兵士，又表刘备为豫州（今豫东皖北一带）刺史，屯驻小沛（今江苏沛县）。后来，陶谦病重，临终时对部下麋竺（生卒年不详）说："除了刘备，没有人能使徐州安定。"陶谦一死，麋竺就率领徐州人士前往小沛迎接刘备。刘备再三推让，最后终于接管了徐州，第一次跻身于大军阀之列。刘备占有徐州，近在寿春（今安徽寿县）的袁术十分不满，遣兵进攻刘备。刘备与袁军相持不下，袁术又勾结吕布，指使吕布袭击刘备的后方下邳（今江苏睢宁西北）。这吕布原来和刘备是故交，气力过人，弓马娴熟，有万夫不当之勇，号称飞将。他又长得一表人才，骑一匹日行千里的赤兔马，人们都说："人中有吕布，马中有赤兔。"但吕布有勇无谋，反复无常，不过是一介武夫。他起初依附丁原，后又杀丁原而依附董卓，拜董卓为义父。后来，又亲手杀死董卓，拥兵自重。因他暴戾无常，又无良策，不久兵败，依附刘备。吕布极敬重刘备，请刘备端坐在自己妻子的床边，令妻子拜见。又命人准备酒食，与刘备畅饮。席间吕布口出狂言，呼刘备为弟。刘备知吕布反复无常，见他又出言不逊，表面不露声色而内心十分厌恶。后来，吕布收集余众，引兵他去。吕布现在见有利可取，便不顾前谊，袭取下邳。陶谦故将曹豹（？—196年），因与督守下邳的张飞不和，听说张飞要杀他，便招来吕布，举城叛降。吕布乘机攻取下邳，张飞败走，吕布掠得刘备妻子家属。刘备听说后方失守，连忙带兵返回，遭吕布截击，兵众溃散。刘备无奈，只得称降，暂时依附吕布。吕布大喜，遂自称徐州刺史，将刘备家属归还，又派刘备进驻小沛。

刘备返回小沛，兵士渐渐增至万余人。这又引起吕布的不安和嫉恨，便亲自带兵攻打刘备。刘备被迫应战，旋即战败，只得投奔曹操。曹操举荐刘备为豫州牧，因而史称刘备为刘豫州。这虽是个虚衔，却给刘备带来了声望。曹操给了刘备许多士兵和军粮，让他再去小沛一带收集余众，出击吕布。吕布又派大将高顺攻打刘备。曹操派夏侯惇救援，都被高顺打败，又把刘备的妻子掠了去。于是曹操亲自率领大军前往，将吕布擒住。吕布向曹操告饶说："曹公所怕的不过是吕布，现在我已归顺，天下不必忧虑。您统率步军，我帮您统率骑兵，何愁天下不平定？"说得曹操也有些心动。刘备说："曹公难道忘了吕布是怎样侍奉丁原和董卓的吗？"曹操点首称是，于是，将吕布缢杀。曹军得胜后，刘备跟随曹操到许昌（今河南许昌东），曹操又上表推举刘备为左将军。

许昌本来已很残破，自汉献帝建安元年（196年）曹操挟持汉献帝至此，作为都城，渐具规模。刘备来许昌后不久，就感觉到一种紧张的气氛。原来，汉献帝及其岳父车骑将军董承不满曹操专权，正与将军吴子兰、王子服等人密谋诛杀曹操。这些人听说刘备已来许昌，十分高兴，寻找了个机会，邀刘备密谈。刘备是汉帝宗室，自然一拍即合，随即答应参与其事，并从董承手中接过了汉献帝以衣襟书写的手诏。

曹操虽然表面厚待刘备，对他十分尊重，出去同坐一车，居内同坐一席，实际上却很不放心，经常派人加以监视。刘备处事极其慎重，知道曹操提防自己，便深居简出，闭门谢客，不参与其他人的活动。有时，刘备还在院子里刨地种菜，浇水捉虫，乐此不疲，一副悠然自得、胸无大志的样子。一次，曹操请刘备喝酒，谈论天下英雄。刘备说："袁绍或许算是一个英雄吧！"曹操却从容不迫地笑着对刘备说："现在天下英雄只有你和我。袁绍之流，不算英雄。"刘备一听曹操把自己说成是英雄，误以为密谋泄露，不觉大吃一惊，手中筷子惊落在地。恰巧，这时天上响过一阵雷声，刘备灵机一动，俯身拾起筷子，不慌不忙地对曹操说："圣人说：'惊雷烈风会使人惊惶变色'，这话讲得真有道理，雷霆之威，想不到如此厉害！"巧妙地将自己的不慎过失掩饰过去了。曹操如此聪明，竟然丝毫也未感到怀疑。

刘备等人也知道曹操不能长期容纳自己，早晚要将自己杀掉，因而也密做准备。正巧，袁术因被曹军打败，想经徐州北上投奔其兄袁绍。曹操不愿他俩联合，准备派兵截击。刘备趁机请求前往。曹操未加考虑，随口答应，刘备立即将兵脱离曹操而去。郭嘉、程昱等人听说此事，连忙来见曹操，大声说道："主公不可放刘备出去！刘备出去后必然叛变作乱！"曹操一听，不觉后悔起来，马上派人追赶刘备，但刘备已走得无影无踪了。

刘备一到徐州就袭杀了徐州刺史车胄，将献帝诛曹操的诏书公之于世，公开打起了反曹旗帜。附近几个郡县，也都背叛曹操，归附刘备。曹操随即作出反应，马上派兵攻打刘备，但未能取胜。

汉献帝建安五年（200年），董承等人谋杀曹操的计划泄露，曹操将他们全部杀死。曹操听说刘备也参与了其事，大为恼火，决定亲自带兵征讨刘备。

刘备以为曹操正全力对付袁绍，不会亲自带兵前来，没有防备。听说曹操已来，不太相信，亲自带领数十骑外出观察。望见远处尘雾弥漫，旌旗蔽日，大吃一惊，估计自己没抵抗的实力，便下令退却，投奔袁绍。他的妻子来不及逃跑，又被曹操俘获。镇守下邳的关羽，抵挡不住曹军的猛烈进攻，只得投降。

袁绍听说刘备被曹操打败来投奔自己，十分高兴，以为又添了一个对抗曹操的帮手，马上派军前去迎接。一个多月后，刘备散失的部众渐来会集，力量渐渐恢复。

袁绍依仗优势兵力继续进攻曹操，与曹军相持在官渡（今河南中牟县附近）。袁绍派刘备率部众袭击曹操的后方。这时，关羽离开曹操重新逃归刘备，张飞也回归了。刘备见关羽、张飞两将回来，大为高兴，遂率军进攻许昌。后来，听说袁绍在官渡全军溃败，刘备遂南下，投奔荆州太守刘表。

刘表好谋无断，虽然拥兵10万，但无所作为。见刘备前来投奔，表面非常客气，内心却十分猜忌，让刘备屯驻新野（今河南新野）防备曹军南下。

长期以来，刘备没有固定的地盘，经常寄人篱下，先后依附公孙瓒、陶谦、曹操、袁绍、刘表等人，四处奔波，颠沛流离，十分狼狈。徐州两次得而复失，南北征战接连失败，主要原因是刘备实力不足，无法与势力雄厚的大军阀曹操等人抗衡。再者，刘备知自己虽有关羽、张飞等几员猛将，但缺乏才能出众的军师谋主。因此，刘备渴慕贤才奇士辅佐自己。

后来，徐庶前来投奔刘备。刘备十分器重徐庶，又请徐庶再推荐一位贤士。徐庶说："诸葛亮，乃卧龙先生，主公可愿见他？"刘备听说诸葛亮，忙说："愿意，愿意！请您把他请来！"徐庶说："此人只可去拜访，不能请他委屈前来，请主公屈尊去拜访他。"于是，刘备就准备去拜访诸葛亮。

刘备打听到诸葛亮的住地后，便率关羽、张飞等随从前去拜访。众人来到了一处风景宜人的茅舍前，经询问，方知诸葛亮外出未归。关羽、张飞二人稍感沮丧，刘备却毫无倦容。

徐庶

第二次，刘备等人又专程拜见诸葛亮，竟又未见到。关羽、张飞等人颇为不满，刘备却对他们说："此次未见，下次再来。"关羽、张飞二人更不高兴，嘴里嘟哝不停。

第三次，刘备终于见到了诸葛亮。这就是有名的"三顾茅庐"，历来被人们传为礼贤下士的美谈。

刘备三顾茅庐，精诚所至，使诸葛亮大为感动。二人一见如故，相见恨晚。刘备虚心请教天下之事，诸葛亮便将自己对时局的精辟见解毫无保留地对刘备倾诉。诸葛亮分析了曹操、孙权、刘备当时各自占有的天时、地利与人和因素，提出了占荆襄、夺益州三分天下的战略，这就是历史上有名的《隆中对》。刘备听罢这一分析，心悦诚服，连声说道："讲得好！说得对！"于是，刘备便请诸葛亮一同出山，辅佐他成就大业。诸葛亮一来久闻刘备英名，早知刘备乃成大事之人；二来为刘备的诚恳心意所感动，遂同意出山。

从此，刘备就在诸葛亮的忠心辅佐下，按照《隆中对》的计划，开始了他的占据荆、益二州，复兴汉室的事业。

2. 联孙抗曹，益州立足

东汉建安十三年（208 年），曹操在统一北方之后，率大军南下进攻刘表，企图夺取荆州。这时，刘表已病危，他召来刘备，打算推荐刘备为荆州刺史，治理荆州。刘备推辞不就。

不久刘表病死，其次子刘琮继任荆州牧。刘琮软弱无能，听说曹操30万大军将至，吓得魂飞魄散，连忙上表请降，又不敢告诉刘备。刘备听说此事，连忙派人询问。此时曹操已至宛城，刘备连忙召集部属商议对策。诸葛亮等人劝刘备攻刘琮，劫持刘琮及荆州官吏士人南至江陵（今湖北江陵一带）。刘备回答："刘表临死曾将其子托付于我，背信弃义之事，我不能干！否则有何面目见刘表！"于是，刘备率众向江陵撤退。

曹操听说江陵存有大量军械粮草，担心被刘备夺去，就舍弃辎重，轻装赶至襄阳。见刘备已经过去，曹操亲率3000精锐骑兵，昼夜兼驰，一日一夜行300多里，于当阳长坂坡（今湖北当阳东北）追上刘备。

刘备没有想到曹军追来如此之速，猝不及防，军队大部被杀散。刘备抛却妻子部属民众，只带领诸葛亮、张飞、赵云等人突围而走。赵云见形势危急，怀抱刘备弱子刘禅，保护着甘夫人，杀出重围，刘禅母子赖赵云得以身免灾祸。刘备令张飞率20余人断后。张飞见刘备等人已过得河去，将桥拆断，立马横矛，扼住桥头，怒目注视追兵，厉声喝道："我是张翼德，谁敢来与我决一死战！"声若洪雷，震得曹军肝胆俱裂，无人敢前。刘备等人得以退至夏口（今武汉市）。

曹操占据荆州后，收纳了刘琮的水军，又占领了江陵，缴获了大量军资，声势更大。曹军沿江东下，准备消灭刘备，进而吞并孙权，占领江南。

强敌紧逼，刘备力量单薄，不得不考虑寻找盟友。在东吴鲁肃的建议下，便派诸葛亮去见孙权，劝说他联合抗曹。孙权也早已感到曹军的威胁，曹操曾下书给孙权，声称率80万大军，要与孙权会猎于东吴。东吴群臣噤若寒蝉，纷纷主张投降，只有鲁肃、周瑜主张抵抗。而孙权虽然同意迎战，但仍担心力量不足，听说刘备派诸葛亮联络，十分高兴。二人商谈极为融洽，孙权同意联合抗曹，遂派鲁肃、周瑜、程普等率水军数万，与刘备一起并力抵抗曹操。

孙刘联军到达赤壁（今湖北武昌县西），与曹军相持。后来，曹操中了周瑜部将黄盖（生卒年不详）的诈降计，放松了警惕，船只营寨被吴军用火烧毁。孙刘联军乘势进攻，曹军溃败。这就是历史上有名的"赤壁之战"。刘备联合孙权的力量，打败强敌，争取了自己的安全。

赤壁之战后，刘备任命刘表的另一个儿子刘琦为荆州刺史，利用刘表父子在荆州的势力和影响，招抚长江以南的荆州四郡太守。这四个郡，就是武陵（治所在今湖南常德）、长沙（治所在今长沙）、桂阳（治所在今湖南郴县）和零陵（治所在今湖南零陵）。四郡太守欣然归附。不久，刘琦病死，刘备自称荆州牧，荆州一些文武人才，如黄忠、庞统等人，纷纷聚集在刘备身边。

刘备势力渐增，孙权也不得不另眼看待。孙权想利用刘备对抗曹操，不仅承认了刘备为荆州牧的事实，而且主动将自己的妹妹嫁给了刘备，进一步巩固两人之间的关系。

刘备占有荆州大部，又当上了荆州牧，有了立足之地，但其实力和地盘与曹操、孙权相比，仍难抗衡。因此，如何进一步增强势力，扩张地盘，便成了当务之急。

当初，诸葛亮在《隆中对》中，就提出占有荆、益二州以成帝王之业，刘备占有荆州后，便着手进取益州。

益州，主要是现在的四川，并包括现在的云、贵、甘、陕等省的一部分。这里地域广阔，物产丰富，号称"天府之国"。益州牧刘璋，是汉朝宗室，懦弱无能，空有贤才而不能用，手下军队纪律极坏又不能禁止，因此，内部危机四伏，全州上下都盼望贤德之人入主益州。

孙权也早就觊觎益州，他曾写信给刘备，邀刘备一起攻取益州。刘备早想独吞，岂容别人染指？便回信推托。孙权遂派孙瑜率水军进夏门，准备越过荆州而入蜀川。刘备对孙瑜说："你如要取蜀，我当入山隐居。"并立即派关羽守江陵，张飞守秭归，扼住入川之路。孙权看透了刘备的意图，知道难以占先，便将孙瑜召回。

当初曹操打下荆州，刘琼归降，刘璋也极害怕，就想归附曹操，便派张松去荆州拜见曹操。谁知曹操对张松十分冷淡，张松极为恼火，不待深谈，便辞别曹操，去见刘备。刘备对张松诚恳热情，使张松十分感动。张松回到益州，大谈曹操的坏话而极力赞扬刘备，劝刘璋与刘备联络。恰好这时占据汉中的张鲁进攻益州，刘璋便派法正去见刘备，刘备待法正也十分热情。张松和法正见刘备时，刘备向他们询问益州的地理形势、军事力量及其他内部情况，张松、法正二人都详细陈述，并画了地图送给刘备。这样，刘备对益州的虚实了如指掌。

法正劝刘备说："以将军的英明才略，刘璋的懦弱无能，还有张松做内应，夺取益州易如反掌。"庞统等人也力劝刘备进取益州，于是刘备决定进川。

刘备让诸葛亮、关羽、赵云等人留守荆州，自己带领庞统、法正等数万人，由水道入蜀。刘备率军来到涪县（今四川绵阳），刘璋也从成都赶来迎接，会见时关系十分友好，欢宴达100多日。刘璋以米20万斛，战

马千匹，战车千辆及其他物资赠予刘备，并将杨怀、高沛之军交刘备指挥，让刘备攻打张鲁。

刘璋日夜盼望刘备为他出击张鲁，刘备却进军至葭萌（今四川广元）便停顿不前，反而做起笼络人心、树立恩德的事来。刘备在葭萌住了一年，借口曹操要进攻孙权和荆州，写信给刘璋，要求回师救荆州，并要刘璋再给1万军队和粮饷。刘璋极不高兴，只给了刘备4000军队，粮草物资也只给了刘备所要数目的一半。刘备借这一事情，激怒其部下说："我们为益州征讨强敌，将士非常辛苦，而刘璋却如此吝啬，不舍得将仓库里的东西赏给将士，这怎能让我们出力死战呢？"张松在成都听到消息，不辨真假，以为刘备真要撤军，连忙写信给刘备及在备营中的法正，说："如今大事马上就要成功了，怎么能放弃而去呢？"张松的哥哥，广汉太守张肃知道了其弟的谋划，生怕连累自己，就向刘璋告发。刘璋下令杀死张松，并令各关隘守将，不要再与刘备联系。

刘备见计划已经暴露，立刻杀了刘璋派在身边的杨怀、高沛二将，收编了他们的军队，进占涪城。接着，刘备又攻占绵竹，包围雒城（今四川广汉），攻了足足一年，方把雒城攻下，军师庞统也在攻城中中箭身亡。攻下雒城后，刘备即率军包围了成都。

这时，诸葛亮也率张飞、赵云等，沿水道入蜀，攻下白帝城、江州（今重庆），前来与刘备会师。

刘备的军队包围成都几十天，刘璋见内外断绝，坚守无望，只得出城投降。刘备攻下成都后，自称益州牧。论功行赏，将府库中金帛分赐将士，又安抚百姓，取消百姓应交纳的钱粮。刘备以诸葛亮为军师将军兼益州太守，全面处理益州政务。跟随入川的文武官员，也都安排了相应的官职。刘备极力注意笼络刘璋的部下，团结益州士人。

吴懿原是刘璋的亲戚，他的妹妹嫁给刘璋的哥哥刘瑁（生卒年不详）。刘瑁死后，妹妹成了寡妇。刘备便娶她为妻，和吴懿结为亲戚，加以重用。其余董和、李严及受到刘璋排挤的许多人士，刘备都给以适当官职，让他们发挥才能。因此，益州有才有志之士，无不竞相归附刘备，愿意随刘备建功立业。这样，刘备在益州就逐渐站稳了脚跟，他在益州的统治很快趋于稳定。

3. 联盟破裂，成都称帝

汉中形势险要，是巴蜀的咽喉门户。刘备占领益州后，想招抚盘踞在汉中的张鲁。不想曹操捷足先登，打败张鲁，于建安二十年（215年）攻占汉中。这时，丞相主簿司马懿对曹操说："刘备靠计谋俘虏刘璋，取得益州，蜀地人民尚未真心归附。现在丞相大军攻克汉中，益州震动，如乘胜进军，巴蜀必然土崩瓦解，唾手可得。"曹操说："人不能贪得无厌，既得陇（汉中一带），又望蜀。"谋士刘晔也劝曹操，但曹操未采纳二人意见，令夏侯渊、张郃、徐晃等人镇守汉中，曹操率大军退回。

夏侯渊、张郃等人驻扎汉中，经常侵犯巴郡边界，进可攻蜀，退可扼住刘备北进之路，刘备很是担心。为解除汉中的威胁，并打开北伐攻魏的通路，东汉建安二十三年（218 年），刘备亲自率领大军，进兵汉中，留诸葛亮留守成都，负责军需供应。蜀军到达阳平关（今陕西勉县西北），遭夏侯渊、张郃的顽强抵抗，一时难以取胜，急忙驰书诸葛亮速发援兵。诸葛亮深知汉中对蜀的重要性，于是源源不断地调集军队粮草，增援刘备。

双方相持近一年，曹军虽然有小胜，而蜀军锐气不减，刘备毫不动摇。第二年春天，刘备率军渡过沔水，沿定军山（今陕西勉县东南）扎营。定军山是汉中门户，形势险要，蜀军占据对曹军威胁极大，因此，夏侯渊拼命来争。刘备命人设伏，命老将黄忠居高临下冲出。夏侯渊不及提防，被黄忠杀死，曹军大败。

曹操见汉中告急，亲自带兵救援。刘备听说曹操亲来救援，便收拢部众，据险固守，始终不与曹军交战。双方相持一个多月，曹军粮草不继，毫无进展，士兵纷纷逃亡。曹操既无法取胜，又不愿就此放弃汉中，一时犹豫不决。一天，部将前来请示口令，曹操正在吃饭，看到碗中鸡肋，有感于怀，随口说出："鸡肋。"主簿杨修听到这一口令，就收拾行装，有人吃惊地问："这是为何？"杨修说："鸡肋食之无味，弃之可惜，曹公以鸡肋比作汉中，一定是要班师了。"不久，曹操果然放弃汉中，带兵回长安（今西安附近）去了。

刘备遂乘胜占领汉中，又派刘封、孟达等攻占汉中郡东部的房陵（今湖北房县），上庸（今湖北竹山西南）等地，扩展了地盘。此后，在部下的拥戴下，刘备自称汉中王。

刘备势力逐渐强大，引起了孙权的不安，双方争夺的焦点，渐渐集中在荆州这一战略要地上。

荆州南郡本来是孙权借与刘备的，孙权借土地给刘备是为了给曹操树敌，谁想刘备羽翼已丰，大有吞并山河之势。于是孙权便在刘备攻占益州的第二年，派人向刘备索要南郡。刘备当时正想进取凉州，就推辞说："等我打下凉州，再归还南郡。"孙权听说后大怒，派大将吕蒙夺取了长沙、零陵、桂阳三郡。刘备得知消息，连忙督令关羽争夺三郡。孙权也赶往前线督战，

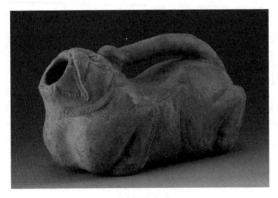

三国黄釉虎子

双方大有一触即发之势。但这时曹操已攻取汉中，刘备担心曹操趁机进攻益州，就主动向孙权求和，双方商定以湘水为界中分荆州：江夏、长沙、桂阳三郡属孙权，南郡、零陵、武陵三郡归刘备。这样，总算避免了一场大战，脆弱的孙刘联盟维持下来。但是，裂痕已无法弥补：对东吴来说，荆州位于其上游，威胁其安全，势在必夺；对刘备来说，荆州是北进中原的捷径，势在必守。因此荆州好似装满火药的铁桶，随时都可能发生爆炸。

东汉建安二十四年（219年），刘备正与曹操在汉中交战时，关羽也配合刘备的攻势，从荆州出兵，进攻曹军驻守的襄阳和樊城。襄樊一带本为曹仁所守，曹仁不支关羽的猛烈攻势，曹操又派于禁、庞德等将率大军赶来增援。正值秋雨连绵，汉水暴涨，关羽利用水势，水淹七军，擒于禁，杀庞德，败曹仁，势不可当。附近小股军队或前来归服，或领受关羽颁发的印信称号，为关羽支党。一时间，关羽威震华夏。曹操十分了解关羽智勇兼备，见此时情景，甚至打算迁都以逃避关羽的锐气。这时，司马懿等人劝曹操利用孙权和刘备间的矛盾，答应以江南之地封给孙权，要他袭击关羽的背后，以解除威胁。曹操便按照司马懿计策行事。关羽虽然智勇兼备，却十分骄傲，目中无人。当初，孙权为笼络关羽，加强孙刘联盟，曾派人向关羽请求将关羽三女嫁给自己的儿子，结成秦晋之好。关羽不仅不接受，反而将来使臭骂一阵，赶出城外。孙权听说后，十分恼怒。现在关羽势力膨胀，孙权也感到了他的威胁。接到曹操的来信，孙权十分痛快地表示可以袭击关羽。

于是，孙权以及大将吕蒙、陆逊等人先以计策麻痹关羽，使他放松警惕，将后方兵力抽调到襄阳前线，然后以吕蒙为前部，偷袭南郡。吕蒙、陆逊等偷袭成功，很快占据南郡大部。关羽见后方出现危险，急忙回师救援，被吴军打败，关羽被俘杀害。这一来，荆州就全部落入孙权手中，孙刘联盟彻底破裂。

荆州对于刘备来说，至关重要。按照既定的战略方针，刘备以讨伐曹魏、扶兴汉室的名义，两路进攻中原，一路出汉中，一路出荆州，互相呼应配合。失去荆州之后，北伐曹魏只剩汉中一路，况且山路多险，粮草难继，取胜希望不大。如不夺回荆州，刘备便被封闭在三峡之内，极难发展。因此，刘备决计进攻东吴，夺回荆州，为关羽报仇。

这时，突然传来曹操已死，其子曹丕已代汉称帝、建立魏国的消息，并有谣言说汉献帝已被害死。刘备是汉朝宗室，现在又占有一隅之地，于是，他决定自称汉帝，继承汉朝正统，以收拢天下人心，然后再进攻东吴。这时，蜀中文武群臣也纷纷上书，向刘备劝进。蜀汉章武元年（221年），刘备在成都称帝，国号汉，一般称为蜀汉，建年号为章武，以诸葛亮为丞相。

六、子承父业弟承兄，乱世问鼎吴大帝

孙权继承父兄事业，并将其发扬光大，终至建立东吴政权，形成三国三足鼎立之势，其英明神武为后人所仰止，"生子当如孙仲谋"就是对他最好的褒奖。

1. 继承遗志，光大事业

孙权（182—252年），字仲谋，吴郡富春（今浙江富阳）人。父孙坚，汉末被封为乌程侯、破虏将军；兄孙策，曹操表为讨逆将军、吴侯。

孙权为孙坚次子，出生之时，方面大口，双目炯炯有神，孙坚十分惊奇，以为他有贵相，对他特别钟爱。

孙权少年时期就随父兄转战南北，见多识广。他又十分喜欢读书，不仅阅读了《诗经》《尚书》《礼记》《左传》等儒家经典，而且浏览了许多历史和国事方面的书籍。十岁那年，孙坚因帮袁术争夺荆州而中箭身亡。从此之后，孙权就随长兄孙策寄寓军旅，开始了他的军营生活。丰富的生活经验和系统的文化修养，使孙权很快地成长起来。

孙权虽然年轻，却性格开朗，胸怀宽广，度量恢宏，好侠养士，仁义而有决断，因此名声很快地赶上了他

孙坚

孙策

的父兄。孙策出兵江东时，孙权经常帮他出谋划策，孙策十分惊奇，以为自己的智谋也赶不上这位弟弟。因此，每次宴请宾客，孙策总是对孙权说："在座的各位谋臣猛将，将来都会成为你的部下僚佐。"

孙策见孙权确有才能，便委任他为阳羡（今江苏宜兴一带）县长。这时，孙权才15岁。不久又担任了仅次于将军的军职。

东汉建安五年（200年），孙策遇害。临死之前，将重臣张昭等以及孙权召到床前，先对张昭等人说："现在天下大乱，如果据有吴、越之众，保有三江之固，足以坐观成败，进而兼取天下。请诸君好生照顾吾弟！如果仲谋不长进，公等可自取

权位。"孙策的意思，是想用这些话来安张昭等人的心，稳定他们辅佐之意。孙策又将官印授予孙权，对孙权说："若论率江东之众，冲锋陷阵，与天下英雄争高下，你不如我；若论举贤任能，使众人齐心协力保有江东，我不如你，你当善自为之！"当夜，孙策身亡，年仅26岁。

孙权继承其父兄的事业之时，虽已拥有会稽、丹阳、吴郡、豫章、庐陵和庐江六郡，但这些地方新占不久，人心并未归服，统治并不巩固。将士新丧主帅，见继位者年轻，也放心不下。许多江东英豪和北方侨寓之士，多徘徊观望，有人甚至想改换门庭，另投新主。在此关键时刻，江东名士周瑜从驻地巴丘率军前来，稳住了军心，与张昭等说服众人齐心辅佐幼主，到处宣传孙权有帝王之相，可以共成大业。于是，江东人心渐安。

已占据北方大部地区的曹操早有统一天下之志，见江东孙策新丧，人心不稳，便欲乘机伐吴。孙策旧臣、侍御史张纮劝阻道："乘人之丧进兵，不合古义，有不仁不义之嫌。如果征伐不利，会将好友变成仇敌。不如利用这个机会厚意待之，孙氏必然感恩戴德。"曹操听从其言，上表请封孙权为讨虏将军，领会稽太守。

于是，孙权便名正言顺地行使职权。他待老臣张昭以师傅之礼，以周瑜、程普、吕范等统率军士。同时，招纳名士，聘请俊杰，一批从北方流寓至江南的人士如鲁肃、诸葛瑾等人都成为孙权的座上客，逐渐得到重用。然后，孙权分兵遣将，开始征伐不服从自己的人，巩固在江东的统治。

这时，孙策生前委任的庐江太守李术不肯接受孙权的领导和指挥，并多有招降纳叛之事。孙权写信给李术，要他交出叛将。李术回答说："有德之人，人们自然归顺他；无德之人，人们肯定背叛他。我不能再把这些人交还与你。"孙权大怒，决定出兵征伐李术。

孙权估计李术受攻，必然要向曹操讨救，就先以李术曾杀掉曹操委派的扬州刺史严象一事作为出兵理由，写信给曹操，说："严刺史从前为您所用，又是州中的长官。但李术为人凶恶，藐视朝廷之法，残害州官，惨无人道，应该速速将其诛灭，以惩罚丑恶之人。现在我要讨伐他，上为朝廷扫除不法之徒，下为州郡报仇雪恨。这是天下通义，更是我夙夜所思之事。只恐怕李术受攻、害怕诛杀，必然捏造情况，向您求救。希望您命令下面执事官员，不要听信李术的一面之词。"这一来，孙权既为自己造了出兵的舆论，又堵住了李术的求救之路。

接着，孙权便出兵把李术包围在皖城。李术果然向曹操求救，曹操便不肯出兵救援。皖城城中弹尽粮绝，终被攻破。孙权杀了李术，又将李术的部曲军士三万余人徙往别处，除掉了这一心腹之患。

在孙氏家族内部，也有人企图作乱。孙权的叔伯哥哥孙辅（生卒年不详）担心孙权不能保住江东，便借孙权出行之机，派人拿着书信去邀曹操前来，不想所派之人将书信径直交给了孙权。孙权得知此事，火速返回。回来之后当作不知道，招呼张昭一同去见孙辅。孙权半开玩笑地说："兄长快乐够了，不想活了？为什么呼唤他人来江东？"孙辅心中大惊，可嘴里却矢口否认。孙权便把孙辅写给曹操的信拿给张昭看。张昭看后十分愤怒，随即扔给孙辅。孙辅满面羞愧，不发一言，于是孙权将孙辅的左右心腹杀个一干二净，将他的部曲军士分给各将，将孙辅迁徙东部，看管起来。

镇压了内外叛乱之后，孙权在江东的统治便逐渐安定下来。

立稳脚跟之后，进一步开疆拓土、扩大基业便提上了日程。鲁肃给孙权分析天下形势道："汉室不可复兴，曹操也难以一时扫除。为将军您打算，只有安定后方，成鼎立之势，以观天下之变。再乘北方多变之秋，剿除黄祖，进伐刘表，将长江流经之地全部占有，然后就可以称帝王之号以图天下。这乃是汉高祖的功业啊！"孙权听了十分高兴，决定采纳鲁肃的意见。

孙权统治区内的山越人，大多分布在丹阳、豫章、庐陵一带的深山险地。他们是秦汉时代百越的后裔，为了逃避汉族官府的统治和剥削，隐遁山林，以血缘关系群居。汉末群雄割据，他们拥"宗帅"自立，组成"宗部""宗伍"，大者数万家，小者几千户，拒绝向官府纳税服役。山越人强悍好武，勇于阵战，极难战胜。孙权继位之初，即分派各将对他们进行镇抚，但收效不大，他们仍然时常闹事。孙权受到山越的牵制，难以对外进行大规模的军事行动。在对外征讨之前，孙权决心先解决山越问题，便派征虏中郎将吕范率兵平鄱阳（今江西波阳），荡寇中郎将程普率兵讨乐安（今江西德兴）。又派骁勇之将到山越群居难以治理之县镇守，以建昌都尉太史慈领海昏（今江西永修），别部司马韩当为乐安长，周泰为宜春（今江西庐陵）长，吕蒙为广德（今安徽广德）长。这些将领不时出兵，将各地山越的宗帅擒拿斩首，强迫山越人出山定居，将强壮者补为军卒，替政府打仗卖命，老弱妇幼列为编户农民，从事生产，向国家交纳谷帛。经过几次大的剿抚行动之后，山越的反抗暂时减弱，孙权的内部进一步稳定了。

建安十三年（208年），孙权又率军攻打地处长江上游的江夏太守黄祖。黄祖见孙权来势凶猛，连忙准备迎敌。他命将士把两艘大船横在江上，又以大石系上巨绳沉入江底，船上驻扎军士千余人，以弓弩等阻挡孙权水军前进。

江东水军到了那里，黄祖的水军一齐放箭，一时间万箭齐发，人不得前。孙权部下偏将军董袭和别部司马凌统各领敢死之士百余人，每人身披两重铠甲，乘坐战舰，一直冲到黄祖战船跟前。董袭手执大刀，一连砍断两根巨索，江东水军乘势一齐冲上前去。黄祖见势不妙，忙派都督陈就率水军迎战。孙权大将吕蒙率先锋部队，冲上前将陈就杀死。黄祖军兵溃败，黄祖逃窜，江东军队上前将其追杀，并乘胜占领了夏口。

孙权消灭黄祖后，正想乘胜进取荆州，不料曹操早已抢先一步，进兵荆州，形势又发生了新的变化。

东汉建安十三年（208年），荆州牧刘表病死，其子刘琦、刘琮不知所从。鲁肃听说之后，对孙权说："荆州与我相邻，江山险固、沃野万里、士民殷富。如果占据此地，便可为帝王之业，现在刘表新亡，二子不和，军中诸将，各怀异心。刘备乃天下英雄，素与曹操不协，当初暂时依附刘表，刘表嫉其能而不敢加以重用。如果刘备与刘表二子齐心协力，对他们应该加以安抚，与他们结为盟好；如果他们不能和好，应该以别的办法加以夺取。请您派我到荆州吊表，向刘表二子表示慰问，劝说刘备安抚刘表部众，同心同德，共抗曹操。刘备必然欣然同意。如果事成，天下事便不难了。如不速往，恐为曹操占先。"孙权同意，马上派鲁肃前往荆州。

鲁肃刚到夏口，听说曹操已向荆州进发，便星夜驰往荆州。等到了南郡，听说刘琮已投降曹操，刘备南下。鲁肃在当阳长坂坡截住刘备，与他共论天下大事，并传达了孙权的慰问之意。鲁肃问刘备："刘将军现在打算往哪儿去？"刘备回答："我与苍梧太守吴巨有旧情，准备投奔他。"鲁肃说："讨虏将军孙权，聪明仁慧，敬贤礼士，江东英雄，从之如云，现在已据有六郡之地，兵精粮广，足以成大事。为您打算，不如遣心腹之人与孙将军结交，共谋大事。如果投奔吴巨，吴巨不过凡夫俗子，又在偏远之地，将来一定为人吞并，怎可值得相托？"刘备听后甚为高兴。鲁肃又对诸葛亮说："我是令兄诸葛瑾的好友。"当时，诸葛瑾为孙权的长史，很受信任。诸葛亮对形势的看法，本来与鲁肃相同，也有联吴抗曹之意，听鲁肃说完之后，遂与鲁肃结为好友。刘备接受鲁肃的建议，不再南下，命军进驻鄂县的樊口，等待时机。

曹操接受了刘琮等人的投降后，自江陵顺流东下。诸葛亮对刘备说："事情很危急了，请您派我向孙权求救。"刘备同意，诸葛亮便与鲁肃一同去见孙权。孙权十分焦急，见二人来，连忙迎接。诸葛亮劝说孙权道："现在海内大乱，将军您起兵江东，吾主刘备收散兵于汉南，与曹操共争天下。现在曹操靖平内乱，已破荆州，威震四海。中原已无英雄用武之地，故刘将军逃难至此。请孙将军量力而行：如果您觉得以吴越之兵可与曹操的中原之军抗衡，不如早与曹操绝交；如果觉得力量还不够，为何不偃旗息鼓，奴颜婢膝侍奉曹操？现在将军表面有服从之名而内心怀犹豫之计，事急而不断，恐怕离祸害不远了。"孙权不高兴地说："如果像您说的那样，刘备为什么不投降曹操？"诸葛亮见孙权发火，知道激将法已起了作用，便更进一步撩拨孙权说："汉初田横不过是一个壮士，都能舍身取义，不为他人所辱，何况刘将军是汉朝宗室，英才盖世，众士仰慕如百川归海。如果事情不成，此乃天意，又怎能卑身事人呢？"孙权听后大怒道："我乃一方之主，更不能以三吴之地、十万之众反而受制于人！我志向已定，必与曹操争个高下！当前除了刘将军之外，没人能抗御曹操，可是刘将军新败，他还能担当起这个使命吗？"诸葛亮见孙权心动，遂进一步打消他的顾虑说："刘将军虽然在长坂坡遭到失败，但尚有关羽水军精锐及陆续归队的将士，不下万人。刘琦聚合江夏战士亦在万人之上，受刘将军指挥。曹操之众，远途而来，疲惫不堪，这正是古人所云'强弩之末，势不能穿鲁缟'，所以犯了兵家大忌。况且北方将士来到江南，不习水战，不善舟船。另外荆州民众投降曹操，不过是迫于兵势，暂时屈身，并未心服，一旦有事，其中必乱。现在孙将军若能命勇猛之将统兵数万，与刘将军同心协力，破曹操军队必然无疑。曹操兵败，必然北还，这样，荆州、三吴之势必然强盛，鼎足之势便可形成。成败之机，在于今日，请将军速作决断！"孙权听后大为高兴，便与群僚商议筹划。

恰巧，曹操派人送来书信。信中说："近来我奉天子之命讨伐有罪之人，刚刚挥戈南向，刘琼便束手投降。我现在正整顿水陆大军 80 万，想与孙将军在江南比武嬉戏。"威胁之意，溢于言表。孙权将信给群臣传看，群臣大都惊慌失色，长史张昭等人说："曹操乃虎狼之人，挟天子以征四方，动辄以朝廷之命为辞，今日如果拒绝他，于事理不顺。况且我们之所以敢于抗拒曹操，就是凭借长江。现在曹操得到荆州，占领其地，刘表所治的水船战舰数千艘都被他夺去。曹操已全部放入江中，准备顺流而下，更兼有巨量步兵，水陆并进，这长江之险岂不是已与我们共同据有了吗？至于力量众寡之悬殊，更不必多说，所以，依我看，不如暂且投降曹操。"群臣议论纷纷，都以为张昭所言甚是。只有鲁肃一言不发。孙权心中实在委决不下。过了一会儿，孙权起身到厕所去，鲁肃追孙权于窗外。孙权知道他的意思，拉着鲁肃的手，问道："爱卿想说什么？"鲁肃说："刚才我已观察思虑过，众人之议，都是想贻误将军，不足以成大事。现在我可以投降曹操，而您不能够。为什么这样说呢？我如投降，曹操恐怕会打发我回家乡，回乡之后，按我的才能，也还可以当个诸曹从事之类的官吏，可以乘华车、率吏卒、交结士人及朝廷命官；如果不断升迁，当上州郡长官恐无问题。将军您如降操，曹操会怎样安置您呢？请您三思！希望将军早定大计，不要听从众人之议。"孙权执着鲁肃的手，叹息道："唉，众人的议论，真使我大失所望！现在爱卿为我筹划大计，甚合我议。"

当时，鲁肃劝孙权将周瑜从鄱阳召回来商量。召回周瑜后，孙权又召集群臣商议大计，周瑜说："曹操虽名为汉朝丞相，其实是乱臣贼子。将军您英雄神武，有雄才大略，兼仗父兄壮烈遗风，割据江东，占地数千里，兵精将广，正应当横行天下，为汉朝清除污秽。现在曹操自来送死，为什么还要投降他？我替将军分析当前的形势：现在北方尚未平静，马超、韩遂等还在关西，是曹操的后方隐患；曹操舍弃车马，倚仗舟船，来与我们争雄，岂不是弃长用短？当前正值盛寒、马无草料，中原之兵又跋涉于江河湖湾之间，不服水土，疲劳过度，必然生病，这些都是用兵者的大忌，而曹操居然敢贸然行之。将军捉拿曹操，正在今日！您如果给我精兵数万，前往夏口迎敌，保证为您取胜！"孙权说："曹操这个老贼，早就有篡汉自立之心，只不过忌惮袁绍、袁术兄弟，吕布、刘表与我几个人。现在数雄已灭，只有我还在与他抗衡。我与曹操老贼势不两立！公瑾认为应当抵抗，正合我意。这是上天把你授给我啊！"说毕，孙权双目圆睁，拔出佩刀，"嗖"的一声砍去前面案几一角，大声喝道："诸将吏谁要再说投降曹操，就像这案几一样！"

当晚，孙权在室内来回徘徊，或低头沉思，或仰首长叹。他虽下决心与曹操决一雌雄，可总担心兵力太少，难以取胜。正要派人召来周瑜商议，恰巧周瑜推门而入。原来，周瑜料想到孙权必然心存疑虑，特来打消他的不安。周瑜对孙权说："众人只见曹操书信上说他有水陆大军 80 万，便惊慌不已，不再细想是否真实。其实，照实细细算来，曹操所带领的中原军队不过十五六万，而且早已疲惫不堪；收降刘琮，得到刘表的军队不过七八万，况且他们都心怀狐疑，不会奋力作战。以疲惫之卒，督率狐疑之众，数量再多，也不值得害怕。我如有精兵 5 万人，便足以制服曹操，请将军不必忧虑！"孙权抚摸着周瑜的脊背，感叹地说："公瑾所言，正合我心。张昭等人，怀有私心，各顾妻子家业，使我深为失望，仅你与鲁子敬与我同心，这是苍天以二卿赞助我啊。5 万兵一时难以调集，我已选足 3 万人，船粮战具军械已备齐。你与鲁子敬、程普等将便为前部，我当不断续以援兵，多送粮械，作你们的后援。你如能决胜，自可决胜；如不利，就返回我处，我当与曹操决战。"于是，孙权便正式任命周瑜、程普为左、右都督，率军与刘备共进，合力防御曹军。又以鲁肃为赞军校尉，帮助筹划方略。

周瑜等率军前进，与曹军在赤壁相遇。当时，曹操兵马已患疾疫，初一交战，曹操军队小有失利，曹操便屯驻江北，周瑜等驻扎南岸，二军隔江相望。周瑜苦于无破曹之计，部将黄盖献计道："现在敌众我寡，难以持久。曹军因不习舟船，已将战舰连在一起，这样行动不便，正利于我们采取火攻。"取得周瑜的同意后，黄盖便先派人送书信给曹操，假称欲降曹操，并定下投降时日。黄盖等便准备战船十艘，船中载满干柴、芦苇、油脂等易燃之物，上面盖上帷幕、插上旌旗，并将小船系于船尾。到了约降之日，恰巧刮起东南大风，黄盖等率军登上引火之船在前，其余战船尾随其后。曹操军将都出营登船观看，指手画脚，说是东吴战将要来投降。到了距离曹军船舰约 2 里之地，黄盖令军士点火后撤至小船，火船乘风，箭一般直射北岸。曹军船只已连在一起，行动不便，又毫无防备，只得眼睁睁地看着大火烧尽战舰，并延及岸上营寨。那时，火仗风势，风助火威，不一会儿，烟雾弥漫，火光冲天，大火几乎烧遍曹营各个营寨。曹军见此状况，纷纷逃命，被烧死及落水淹死者不计其数。周瑜等人率精锐之军紧随其后，擂鼓呐喊，杀声震天。曹操等魂飞魄散，急忙率残兵败将从华容道逃跑。此道崎岖不平，恰逢雨后泥泞不堪，曹操只得命令病弱步兵负草铺地，让军骑通过。一时间，士兵被人马踏死及陷入泥中而死者甚多。周瑜、刘备等率大军水陆并进，追歼于后，曹军饥饿疾病及战死者去一多半。曹操乃留曹仁、徐晃守江陵、襄阳，引败军北还。这就是历史上著名的赤壁之战。

2. 运筹帷幄，建立吴国

赤壁之战后，周瑜等率军经过一年多的战斗，夺取了江陵，控制了江陵以南大片土地。建安十五年（210 年），又任命步骘为交州刺史。步骘率 1000 军卒南下，杀了不肯归顺的苍梧太守吴巨，东吴的势力便一直扩展到了交州（今广州）一带。

孙权把都城从京口（今江苏镇江市）西迁至秣陵，筑石头城，改名建业（今南京市）。同时，他在通往巢湖的濡须口设立夹水坞，控制通长江的水道，以防曹操南下。

建安十八年（213 年）春，曹操率大军进攻濡须口。曹军号称 40 万，声势浩大，攻破了孙权在长江西南的大营，俘虏东吴都督公孙阳。孙权带领 7 万军队前去迎战。曹军制造了一种油船。用牛皮制造，外涂油漆，轻便异常。夜晚，曹操派部分军士乘坐油船，渡到一个沙洲上，准备偷袭。孙权发现，立即派水军将曹军包围，俘虏了 3000 人，淹死者还有数千人。曹操吃了亏，便坚守营垒，拒不出战，孙权几次派人挑战，曹军不应。

孙权决定亲自前去观察。他带领军队，乘快船行至曹军营寨附近。曹军将领以为是挑战者前来，准备出击。曹操说："这一定是孙权前来观察动静。"他下令军中严加戒备，弓箭不得乱发。孙权行了五六里路，便掉转船头返回，还奏起了鼓乐。曹操见孙权胆略过人，所率战船队伍旗幡鲜明，军械严整，不觉叹道："生儿子就应该像孙仲谋。若像那刘表的儿子，简直跟猪狗一样。"

过了几天，孙权又乘船到曹营水营观察。曹军弓箭齐发，孙权所乘大船的一边被射满了箭，失去平稳，船身渐渐倾斜，差点儿翻船。孙权忙命令将船转过身来，让另一面受箭。等两边都射满了箭，船身渐渐平稳，孙权方才下令退兵。

双方相持月余，曹军未占优势，曹操虽想退兵，又有犹豫。这时春雨连绵，不便征战，孙权便写信给曹操说："春水方生，公宜速去。"又另外写道："你一日不死，我一日不安。"曹操对诸将说："孙权不欺侮我，他说的是真心话。"便趁机退兵北返。

东汉建安二十年（215年）八月，孙权乘曹操出征张鲁之际，调动10万大军，围攻合肥。这一次，孙权吃了大亏。曹军守将张辽、李典、乐进，皆有万夫不挡之勇，虽只有7000守军，临危不惧。张辽、李典乘孙权军新到，立足未稳，连夜招募敢死之士800人，杀牛宰羊，犒赏一顿。第二天天刚放亮，张辽披甲持戟，率敢死队冲入孙权阵内。张辽身先士卒，冲锋陷阵，连斩孙权二员大将，军士数十人，并乘势冲至孙权大帐附近。孙权惊慌失措，连忙逃至高岗，令众军将以长戟围住。张辽自报姓名，呼孙权下来应战。孙权被张辽气势震慑，不敢下来。后来，孙权见张辽兵单力薄，便调兵将张辽等人围住。张辽毫不惧怕，率几十人冲出突围，见尚有余众在重围中，便重入阵中，救出兵将，一同突围而走。孙权军将失魂落魄，无人敢加以阻挡。从日初杀到日中，吴军锐气大减。

孙权围合肥十余日不能取胜，便撤军南返。张辽等见吴军撤退，随即率军追击。等孙权撤到一条河边，却发现桥面上有一丈多长没有桥板，原来张辽早派人撤了桥板，孙权急得不知如何是好。幸亏亲信谷利急中生智，让孙权放松缰绳，谷利在马后猛抽一鞭，骏马疼痛，长嘶一声，跃过断桥，孙权得以脱险。张辽见有人马已过桥，追问吴军降兵，降兵回答说："正是孙将军。"张辽等人追悔不迭，全军亦顿足叹恨。

孙权进入大船饮酒压惊，大将贺齐流泪道："将军为至尊之人，应谨慎持重。今日之事，几乎丧败，使我们臣下震恐，好像失去天地。愿您以此作为终生之诫！"孙权上前替他抹去眼泪，说道："惭愧！惭愧！我已刻骨铭心，当永世不忘此事。"

此后，孙权与曹操数有征战，双方各有胜负。后来，因孙权和刘备争夺荆州发生尖锐矛盾，孙权为避免两面受敌，便于东汉建安二十二年（217年）春，向曹操请降讲和。曹操也知难以战胜孙权，便同意双方结婚修好。此后，孙权便把精力转向荆州。

荆州地富人众，扼南北通道，位置重要。夺取荆州，是孙权的既定国策。赤壁之战后，孙权得益甚微，为共同抵抗曹操，荆州诸郡不得不忍痛借与刘备。孙权曾遣使告刘备，谋求共取巴蜀。但刘备欲独占益州，不准他人染指。孙权派兵推进，刘备随即派关羽、张飞等将加以阻拦。后来刘备果然独得益州，孙权闻之大怒，说："刘备狡猾至极，竟敢如此奸诈！"

当初，刘备曾至建康见孙权，周瑜建议孙权羁留刘备，挟持关羽、张飞二将。孙权觉得曹操尚在北方，应延揽英雄以树曹操之敌，又担心刘备在身边更为难制，所以未能采纳此计。

建安十九年（214年），孙权见刘备羽翼已丰，便命诸葛瑾向刘备索要荆州诸郡。刘备又推托说："我正在图取凉州，待得了凉州，一定将荆州还吴。"孙权更加恼怒，便设置长沙、零陵、桂阳三郡长官，去强行接管。不料，被荆州守将关羽统统赶了回来。孙权气愤，遂派吕蒙、鲁肃等率兵攻取。吴军很快拿下三郡，刘备急忙从成都领兵下公安（今湖北公安）。双方剑拔弩张，大有一触即发之势。适逢曹军入汉中，刘备怕益州有失，遣使向孙权求和，孙权也因力量不足，同意重结盟好。双方商定瓜分荆州，以长沙、江夏、桂阳东属孙权，南郡、零陵、武陵西归刘备。

起初，鲁肃劝孙权对关羽要加以安抚，以求其抗御曹操。孙权便为其子求关羽女儿结婚。关羽性情骄傲，不但不同意，反而将来使痛骂一通。孙权听后极为愤怒，决心攻取荆州。

孙权计划出兵袭击荆州，担心守军尚多，一时也委决不下。吕蒙献计道："关羽攻打襄樊，正是用兵之时，可他反而留重兵于荆州，主要是害怕我会偷袭他的后方。关羽也知道我常有病，我可以表面请求回建业治病，并带回一部分士兵。关羽一听，必然相信，而不再防备，会调集大军尽赴襄阳。然后我再率大军星夜沿江而上，袭其空虚，这样，荆州等皆可攻下，关羽可擒杀。"孙权同意，于是吕蒙便佯称有病，孙权也广为张扬，并公开征召吕蒙回建业治病。吕蒙返建业之后，孙权改派毫无名气的年轻书生陆逊督率吴军。陆逊到任以后，立即写信给关羽，信中言辞谦卑恭敬，一再恭维关羽神勇，自己深切仰慕，希求多加指教。关羽看信之后，大为放心，遂抽调兵力去增樊城之围，不再以后方为虑。

孙权得知荆州兵力空虚，就亲率大军，沿江而上。他派吕蒙为前锋，直驱关羽军队防地，他将精兵藏在船舱之内，使白衣人摇橹撑篙，声称是商旅之人，关羽沿江守备之兵毫不怀疑，未加戒备。待到夜晚，船中精兵悄然上岸，将守江士卒尽数收缚，之后，吕蒙大军昼夜兼行，向荆州腹地进攻，而关羽毫不知晓。

等吴军来到荆州重镇南郡，南郡城守将麋芳、傅士仁等大吃一惊。二人早就嫌怨关羽轻视自己，近来又因供襄樊军资不力而数受关羽斥责，关羽并扬言回军之后，要惩治二人，故二人毫无斗志，欣然接受了吕蒙的劝降，大开城门，将吕蒙大军迎进城内。

关羽得知南郡已被吕蒙夺取，大惊失色，急忙撤襄樊之围，率军南返。途中，关羽几次派使去吕蒙处询问。使者来到城中，吕蒙厚加犒赏，任他周游城中。城内关羽军将家属见使者来，纷纷打听亲人情况，或托他捎带家信。使者回报关羽后，随即被将士包围，七嘴八舌地打听城中情况，使者大声喊道："各位放心！城内完好无损，各位家中平安无事，还有各位家书带来。"众将士看过家书，知道安然无恙，又见吕蒙照顾下属远胜过关羽，皆无斗志。

关羽见军无斗志，知道大势已去，料想不能夺回南郡，便至麦城（今湖北当阳东南）以图自保。孙权使人劝降，关羽佯称投降，立旗幡、假人等于城墙之上，连夜逃走。兵众都四散而去，随行者仅十余人。孙权先派朱然、潘璋等将扼住关羽逃路，遂将关羽及其子关平活捉。孙权欲不杀关羽，众人一齐劝谏。于是，孙权便杀了关羽父子，将荆州全部夺回。

就在孙权夺回荆州的第二年，曹操病死，其子曹丕代汉称帝，建立魏国。孙权知道自己已夺回荆州，刘备必然出兵再争荆州，为避免两面受敌，必须与魏国暂时搞好关系。因此，他派使节向曹丕祝贺称臣。曹丕封孙权为吴王。

消息传到东吴，孙权召集臣僚商议对策。有人认为孙权不应接受曹魏的封号，孙权考虑再三，对群臣说："从前汉高祖刘邦也接受项羽的汉王封号，这不过是权宜之计，有何不好？"于是，孙权便接受了吴王封号，并遣使至魏称谢。曹丕乘机索求象牙、夜明珠、犀牛角、玳瑁、孔雀、翡翠、大贝等珍宝异物，东吴群臣又反对。孙权说："我所钟爱的，是土地人民。曹丕所求的东西，对我来说不过是

关平

瓦石之物，有什么可惜的呢？况且，以这些东西换取荆州以至东吴的平安，是以轻代重。我何乐而不为呢？"于是，孙权便不断地遣使纳贡，奉献方物，恭行臣子之礼。曹丕受到迷惑，不再考虑出兵攻吴，孙权避免了魏的攻击，得以全力对付刘备，以后取得了打败蜀国倾国来攻的夷陵之战的全胜。

荆州之争和夷陵之战后，吴蜀联盟彻底破裂。孙权因夺荆州、防刘备的需要，表面上向魏国称臣，但并非出于真心。曹丕为加强对东吴的控制，再三要求孙权把儿子孙登送到魏国作人质。孙权当然不肯，推说孙登年幼，不宜入朝，拒绝送入魏国。

东吴黄武元年（222年）秋，曹丕以孙权不送子入质，首鼠两端、心怀二意为由，派三路大军直攻洞口（在今安徽和县东南）、濡须（在今安徽巢县）和南郡。孙权连忙调兵遣将、抵挡曹军。

这时，孙权意识到如果继续与刘备为敌，将有两面受击的危险，便主动派太中大夫郑泉前往白帝城，向刘备求和。刘备大败之后，也知道荆州已难夺回，如吴军继续进攻，自己也会有危险。同时，刘备又担心魏国灭掉东吴之后，可以全力以赴地对付自己，于蜀汉不利。所以，吴蜀联盟重新建立，双方信使往来不绝。

孙权与魏国绝交之后，曹丕十分恼火，他亲自带领大军，到达广陵（今江苏扬州市一带），准备进攻东吴。孙权见曹丕来势凶猛，遂召集谋臣武将商议对策，徐盛向孙权建议，在长江南岸多树木桩。围上芦苇，涂上泥灰，建造假楼疑城，迷惑魏军，使之不敢轻易渡江进攻。孙权认为此计大善，便加以采纳，命令东吴军民准备材料，连夜动工。一夜之间，长江南岸出现了无数城楼关隘，连绵不断，首尾相接，足有数百里，远远望去，真假难辨。同时，吴军又在江边停泊了大量舰船，多树旗幡，制造声势。

曹丕在长江北岸隔江望去，只见江边战船密布，旗帜招展，岸上城楼连绵，固若金汤，不觉大吃一惊。他叹口气说："江东人才济济，不可轻易夺取。"便无可奈何地撤军北还。

这时，诸葛亮也带领蜀军，对魏国不断发动进攻。曹魏被迫处于守势，已不可能集中兵力对付东吴。这样，孙权建国称帝的时机终于成熟了。

当初，曹丕、刘备相继称帝后，孙权也有称帝之意。但他进一步审时度势，考虑到力量尚微，难以威命众人，感到时机不成熟。所以，他没有急于称帝。东吴黄武二年（223年），群臣又上孙权尊号，劝孙权即皇帝之位。孙权再次辞让说："汉朝虽气数已尽，衰败灭亡已成定局，但我既然不能相救，也无心去相争。"说得冠冕堂皇。群臣又称符瑞多次出现，天命已显，反复请求孙权称帝。孙权无奈，只好对群臣说出心里话。他说："我何尝不愿早日当皇帝？只是担心过早称帝，会招致魏国征讨。魏蜀如同时进兵，我们将腹背受敌，岂不危险？请诸君理解体谅我暂时低屈的本意。"

东吴黄龙元年（229年），孙权见曹魏幼主临国，不会有大的作为，吴蜀联盟关系融洽，国内统治十分稳固，便正式建立吴国，登上皇帝宝座，改元黄龙。

第二章 曹魏政权

一、能文能武魏文帝，同室操戈相煎急

魏文帝曹丕（187—226年），字子桓，豫州沛国谯县（今安徽省亳州市）人。三国时期著名的政治家、文学家，曹魏开国皇帝（220—226年在位）。魏武帝曹操次子，与正室卞夫人的嫡长子。

曹丕自幼天资聪颖，后天良好的教育成长环境，给予了他深厚的文学素养。在曹操严厉督导之下，他广学博览，少年时代就通读诗、论，长大一些就学习四书五经、史汉、诸子百家之言，为日后的文学创作打下了坚实的基础。

曹丕

建安二年（197年），曹丕随曹操南征张绣。张绣先降后反，曹操长子曹昂（？—197年）和侄儿曹安民遇害，年仅10岁的曹丕乘马逃脱。长时间的军旅生活锻炼了他强健的体魄，而且还丰富了他的见闻，为其诗篇创作积淀了大量的素材。随着他年龄与阅历的不断成长，艰苦生活环境带来的精神冲击，逐渐形成了他特有的沉郁性格气质。

建安十三年（208年），曹丕被司徒赵温举荐。曹操认为赵温举荐他的儿子，并不是因为他真实的才能，因此使侍中守光禄勋郗虑持节奉策免去赵温官职。建安十六年（211年），曹丕任五

官中郎将、副丞相。

在曹操25个子嗣之中，先后出现于曹操视野里的储嗣候选人有4位：曹昂、曹冲、曹丕、曹植；最能当得太子者人选至少有2位：正室刘夫人所生长子曹昂和环夫人所生曹冲。曹丕是曹操的次子，曹昂死后，曹操还曾打算传位其庶弟曹冲。曹冲是个神童，五六岁时智力已经"有若成人"。且天性仁厚爱人，常常为不慎犯了过失的设法解免。为此，曹冲深得曹操的宠爱，但曹冲13岁患病夭折。在他死后，曹操曾对曹丕说："曹冲之死是我的不幸，但却是你的大幸。"曹丕后来也常对人说："如若曹冲仍然健在，将没有我的太子之位。"曹冲死后，有实质意义竞争储嗣候选人的只有曹丕、曹植二人了。

曹操长期在立嗣上狐疑不决，难免不影响下属。时间一长，下属间渐渐形成了拥护曹丕和拥护曹植的两个集团。拥护曹丕的有桓阶、司马懿、陈群、邢颙、吴质、贾诩等人，拥护曹植的有丁廙、丁仪、杨修、孔桂、杨俊等人。他们各自结为党羽，设计谋、造舆论，尔虞我诈，互相倾轧。拥护曹植的杨修出身东汉名门"弘农杨氏"，是个智谋过人的奇士，又身为曹操的主簿，消息特别灵通，对曹植十分有利，在他出谋划策之下，曹植在这场争夺战中渐占优势，有几次机会能当上太子。但因为曹植行为任性，平时不注意节制自己，而且还醉酒擅闯司马门，终为曹操所不悦。

建安二十二年（217年），曹丕运用各种计谋，在司马懿、吴质等大臣帮助下，在继承权的争夺中战胜了曹植，被立为魏王世子。建安二十四年（219年），曹丕作为储君驻守邺城（今河北临漳县西），魏讽密谋攻邺，与之同谋的陈祎自首，曹丕率众平定变乱，诛杀魏讽。曹丕做魏太子时期，积极组织文学团体并参与鼓励文学创作，使得同类唱和诗赋作品由此而兴，成为建安文学发展独有之气象。

建安二十五年（220年）正月，曹操逝世于洛阳，曹丕从邺城至洛阳继位丞相、魏王，改建安二十五年为延康元年。曹丕从东汉末年纲纪紊乱的历史中吸取教训，迅速将权力集中在手，稳定政权局势。他深知只有加强巩固自己的集权，才能巩固自己的权力宝座的重要

贾诩

性。他一开始就从内部权力制衡中着手，迅速做出反应。他笼络和扶植自己的政治势力，重新分配在权力蛋糕上的占有份额，同时打击排除异己势力。二月，任命贾诩为太尉，华歆为相国，王朗（生卒年不详）为御史大夫。己卯，任命夏侯惇为大将军。涉貊、扶馀单于、焉耆、于阗王皆各遣使奉献。五月，册封投降的山贼郑甘、王照为列侯，又命苏则督军平定武威、酒泉和张掖的叛乱。七月，命夏侯尚、徐晃与蜀将孟达里应外合，收复上庸三郡。

汉家天下的政治局面，早在董卓之乱后就已开始紊乱。曹操迁汉献帝至许昌后，"挟天子以令诸侯"，政令皆出于曹氏。在皇权的拥有上来说，汉献帝已经成为一个傀儡。曹操虽然戎马征战四方，但以臣子的身份周旋在各个割据势力之中。黄初元年（220年）十一月，魏王曹丕下诏收殓、祭奠阵亡将士。十二月十日，汉献帝正式禅让帝位，曹丕三次上书辞让。辛未，曹丕登受禅台称帝，改元黄初，改雒阳为洛阳，大赦天下。黄初元年（220年）十一月，以河内郡山阳邑（今山东菏泽巨野县）万户奉汉帝为山阳公。

在执政期间，曹丕很想成就一番儒家仁政君主的作为。曹丕在政治抱负上，继承乃父曹操统一山河的志向。在治理国家理念方面，追求效法上古仁君、贤臣之世。他对内施政恩威并重，巩固权力的同时集权在手，制法削藩，打击异己，诏令禁外戚宦官干政。他又与民生休养生息，政倾惠民并复兴儒学。意在教化民众，恢复社会生活秩序，促进社会经济与文化的发展。黄初三年（222年）二月，鄯善、龟兹、于阗王各遣使奉献。是后西域复通，置戊己校尉。三月，封皇长子曹叡为平原王，弟弟曹彰等11人皆为王。四月，封曹植为鄄城王。九月，立贵人郭女王为皇后。

曹丕对外一向主张征伐，渴望早日实现统一山河的志向。他积极折冲疆场，曾两次兴师伐吴。黄初二年（221年），吴国孙权因前袭杀关羽收荆襄之地，害怕刘备报复首尾难顾，乃假意与魏曹丕遣使修好奉章，并遣于禁等还。曹丕遂遣"太常邢贞持节拜权为大将军，封吴王，加九锡"。孙权由是称臣于魏。同年刘备愤孙权之袭关羽、联曹魏，亲率诸军伐吴。孙权遣书请和，刘备盛怒不许。是年，攻破吴军巫口和秭归两处。黄初三年（222年）正月，孙权给曹丕上书言说出兵迎敌，曹丕作《报吴王孙权书》鼓励其杀敌。闰月，孙权破刘备于夷陵（今湖北宜都北）。当初曹丕听说刘备率军东下，与孙权交战，树栅连营700余里，认为刘备犯兵家大忌，必定速亡。过了7天，孙权击破刘备的文书送到。随后孙权因解除了蜀汉的威胁，故在遣长子孙登入魏为质一事上拖延再三，魏吴两国的联合逐渐出现貌合神离的状况。同年十月，孙权复叛。对于孙权的欺骗与背叛，曹丕十分恼怒，又下《伐吴诏》鼓励将士们曰："南征进军，以围江陵，多获舟船。斩首执俘，降者盈路。牛酒日至。"表示坚决要南征孙权之意。

曹丕自许昌南征，诸军兵并进，曹真、张郃、曹休等诸路大捷，击败孙盛、大破吕范、火烧诸葛瑾，几乎攻下江陵，孙权临江拒守，几条战线或溃或败，仅朱桓濡须一路

朱然

打败曹仁获胜，曹丕胜利在望，却不料遇到疫疾，加之朱然固守江陵，孙权乘机重新遣使纳贡，双方言和，曹丕退兵。十一月，命镇西将军曹真率诸将及州郡兵讨破叛胡治元多（？—221年）、封赏等，平定河西。过了10天，破胡告檄传到洛阳，曹丕非常高兴，大笑说："我在帷幕之内运筹帷幄，诸将在万里之外奋勇作战，其相应若合符节。前后战克获虏，没有如此之多的。"

黄初四年（223年），重臣曹仁、曹彰、贾诩先后去世。黄初五年（224年）四月，曹丕立太学，制五经课试之法，置春秋谷梁博士。黄初六年（225年）二月，派遣使者从许昌到沛郡询问民间疾苦，救济贫困者。十月，曹丕行幸广陵（属今江苏扬州）故城，临江观兵，戎卒十余万，旌旗数百里。当年大寒，水道结冰，舟不得入江，乃引还。

在实现统一问题上，曹丕既有希望于能有王化之举达到夙愿的诚心，也有兴国强兵而灭贼寇的强硬之志。虽然，两次伐吴却由于时机不成熟而无功而返，但由于统一志向的驱使，使得曹丕在位后期施政更需要富国强兵，以至于对于当时的社会发展具有一定的积极意义。与此同时，其执政功绩对于中国文学此一时期的发展风貌与繁荣，也多少有着重要的影响作用。

曹操雄才大略，堪称一世英杰。养民屯田，则是曹操得以统一中原北方的基本战略。魏文帝称帝后，继续奉行这一政策，促使中原经济得以恢复，

使其又渐渐升回到全国重心的地位。这是魏文帝的主要功绩。

养民屯田早在曹操时就已开始。东汉末年，军阀混战，土地荒芜，粮食紧缺。针对这种状况，曹操根据东阿县令枣祗的建议，开始在许昌一带驻军队，开荒耕作，这叫军屯；后来又组织流亡的饥民百姓，按军队编制，给以土地、农具、种子，助其耕垦，称为民屯。屯田效果很大，头一年就得粮谷 100 万斛。这对解决粮食问题起了很大作用。

曹丕即位后，继续实行屯田政策，并扩大屯田规模。军民屯田主要分布在现在的河南及淮河流域。当时他置度支中郎将、度支校尉和度支督尉等官，各掌军屯事务。军屯使用士兵和其家属从事生产，对封建国家的隶属性更强。劳动生产时，以"营"为生产基层单位，每营 60 人。他们缴纳收获物的数量，与民屯相仿。凡有军队驻扎或士家居住之处，多有军屯。他们秋冬习战阵，春夏修农桑。"士家"是指士兵家属，他们另立主户籍，不隶州、郡，世代为兵。士兵逃亡则家属抵罪，士兵的寡妻由主管官为之主配给其他士兵为妻，通婚限于士家之间。他们的子弟除极少数因立功授官者外，一般不能做官，也不能免除士籍。屯田制的推行，开发了荒地，增加了生产，也减轻了人民的负担。

东汉末年，在农民起义的猛烈扫荡下，士人流散各地。乡、亭、里组织遭到破坏，致使秦汉以来的"乡举里选"的"察举征辟"制度，事实上已无法实行。"察举"，就是地方官吏考察选拔人才，向中央推荐；"征辟"就是封建王朝直接征聘人才。

黄初元年（220 年）二月，曹丕为了取得世家大族的支援，采纳颍川士族时任吏部尚书陈群的建议，实行"九品中正"制度（即"九品官人法"），在各郡、州设立"中正"官，负责察访本州、郡的士人，综其门第（家世官位高低）、德才（德行和才学），定出"品"和"状"，分为九个等级，呈报司徒，作为司徒选任官吏的依据。对于已任职的官吏，由中正官每 3 年向司徒汇报其任官政绩，予以升降。这种制度在初行时，还能比较重视被选者的"状"（根据被选者的品行、才学的优劣所下的简单评语），略有曹操"唯才是举"的精神。可是到了后来，由于担任中正官的大都是世族地主，他们选举人才的标准，越来越多地放在家世门第上，所以九品中正制度就逐渐变成了世族地方垄断选举的工具。这一制度的变化，到西晋时更加明显地表现出来，出现了"上品无寒门，下品无世族"的局面。从此，世族地主不必有什么才学，也不必有任何办事能力，只要凭借门阀的地位，就可以垄断做官的特权。九品中正制推行的结果，促成了门阀政治的发展。

这一制度一直延续到隋代才被废除。

此外,魏文帝在其父曹操的影响下,还自幼热爱文学,著有《典论·论文》,对我国文学评论的发展颇有贡献。由于魏文帝继位后能继续推行曹操的各项治国之道,社会经济得到了迅速的恢复和发展。据史料记载,从寿阳以西至京都洛阳,一路仓庾相望,粮食相当丰富。

黄初七年(226年)一月,魏文帝驾崩。谥号文皇帝,庙号高祖。葬于首阳(河南偃师西北)陵。魏文帝死后,由他的儿子曹叡继位,这就是魏明帝。

二、因仁而立魏明帝,一错再错误托孤

魏明帝曹叡(205—239年),魏文帝曹丕之子,曹魏的第二代皇帝。黄初七年(226年),曹丕死后,继位为帝。

延康元年(220年)正月,曹操死,曹丕袭位为魏王。这时的曹叡年方15岁,英俊潇洒,颇得父亲曹丕的喜爱。由于宫中的条件比较优越,少年的曹叡聪明好学,能文能武,尤其是骑马射箭的技术极为娴熟。就在这年初春的一天,首都洛阳的天气虽说还有些寒意,但已到了万物复苏的季节,望着屋外明媚的春光,曹丕再也坐不住了,他吩咐下人做好外出打猎的准备,然后带着儿子曹叡直奔山中。不多时,就见山坞中奔出子母二鹿,行在前面的曹丕举箭射死鹿母,回头见小鹿已跑至曹叡马前,曹丕大声喊道:"快射死它!"曹叡却在马上抽泣着,轻声说道:"陛下已射死鹿母,我怎忍心再将鹿子杀死?"曹丕听后,怦然心动,扔下手中的弓箭,动情地说道:"我儿真是仁德之主啊!"于是罢猎回宫。这次围猎中曹叡的举动使曹丕大为感动,心想这么小的孩子,竟有如此仁慈之心,长大后,定能宽厚待人,治好国家。于是封曹叡为平原王,并有了立为太子的打算。

曹叡的生母甄氏,原为袁绍的二儿子袁熙之妇,当曹丕随曹操攻破邺城(今河南安阳北)时,见甄氏之美,便娶为妻,随后即生曹叡。曹叡自幼聪明,得到曹丕的喜爱。但是,此后不久,曹丕又纳安平人郭永之女为贵妃,郭贵妃聪明伶俐,深得曹丕爱怜,甄氏逐渐失宠。特别是曹丕继位为魏王后,郭贵妃一心想谋正宫,对甄氏加以排挤,甚至说曹叡不是曹丕的儿子,而是甄氏与袁熙生的,曹丕信以为真,对甄氏常加斥责,使甄氏的日子极为难过,以后终被郭贵妃陷害,被曹丕下令勒死,而郭氏被立为皇后。这时的曹叡虽然年纪还小,但已经开始注意宫廷内的事情了,他感觉到随着母亲的失宠,一些人对他的态度也发生了变化。幸亏与曹丕的这

次围猎，才使他在宫中的地位有了转机，但曹丕还一直在犹豫，因此迟迟不立太子。万幸的是郭皇后一直没有生子，他才最终得立。

曹叡为避免招祸，一直认真读书，做出两耳不闻窗外事的样子，因此得以平安生存下来。到了黄初七年（226年）夏天，曹丕得了伤寒，虽经多方医治，仍不见效，他知道自己将不久于人世，不得不开始考虑继承人的问题。五六年前，与曹叡一起围猎的事，他久久难以忘怀。心想有这样的仁慈之主统治国家，他也就放心了。于是下定决心立曹叡为太子，并嘱咐中军大将军曹真、镇军大将军陈群、抚军大将军司马懿等辅佐。不久，曹丕死，曹叡继位，改元太和。

明帝上台后，对当时朝廷内的形势作了清醒的估计，想到自己继位前，不过问政治，不了解文武官员的情况，又没有可以信赖的人，要保证统治秩序的稳定十分不易。在对朝廷的官员有了初步了解之后，明帝决定：第一步，必须优惠前朝的大臣，只有赢得了他们的支持，他的统治才会顺利。等到他掌握了中央政府的大权，统治地位巩固之后，再进行第二步，即考察官吏，任用贤能，罢黜浮华，因他知道只有得到贤能官吏的相助，他的统治才会长久。

不久他将那些有实力的官吏分配到各地，以曹休镇守淮南，曹真镇守关中，司马懿镇守南阳，让他们独当一面。这样做，既给了他们一定的权力，使他们高兴，又将力量分散到各地，有利于他在中央的执政。通过这些办法，明帝把中央政府的权力紧紧地抓在了自己的手中。之后，他便开始整顿吏制，任命有实干精神的人做官，而将虚伪、浮华的官吏罢免。

太和二年（228年）九月，镇守淮南的曹休逝世。明帝任命将军满宠接替曹休，镇守淮南。不久，扬州刺史王凌上书指控满宠，说他年纪老迈，又喜爱饮酒，不适合担任独当一面的大员。明帝决定进行考察，他将满宠召回洛阳，发现他体格健壮，精神饱满，遂加以慰劳，让他继续任职，满宠曾当过汝南郡长、豫州刺史，又有点作战经验，以后抵御了东吴的进攻，保证了边疆安全。

当诸葛亮不断北伐，西北出现危机时，明帝重用司马懿抗蜀，后又令他征伐辽东，消除了东部边疆的隐患及叛乱。除重用贤能的官僚外，明帝还注意对官员进行考察，用法律进行监督。太和三年（229年）冬，明帝下诏令司空陈群等修改汉朝法规，制定《新律》180多篇，要求官员认真遵守，不得违犯。

明帝还经常颁布诏书，要求官员务实、肯干。发现浮夸、虚伪的官员，便给予罢免。太和六年（232 年），明帝又将不讲实话、只一味迎合自己的侍中刘晔逐出中枢机关。刘晔本来颇受明帝的亲近尊重，经常与他讨论问题，制定决策。明帝本打算攻击蜀国，政府官员一致反对。刘晔晋见明帝时，表示赞成。但是出宫后跟文武百官讨论时，又跟大家的立场一致，表示反对。一个官员向明帝报告说："刘晔并不是真正的忠心，他只是观察陛下的意向，顺势迎合而已。陛下不信的话，可以一试，把反对的事情当作赞成的事情告诉刘晔，问他的意见。他如果反对，是他的见解果然跟陛下的见解相合，如果每项他都赞同，自然就露出原形。"明帝用这个办法验证，果然发现刘晔不老实，从此与他疏远。不久，刘晔被逐出中枢机关。

正是由于明帝重用朴实无华的官员，使得曹魏内部局势比较稳定，农业、手工业及商业都有所发展。洛阳地区开垦田地很多，四周各郡垦田的数量也大有增加。关中地区已有余粮。冶铁及工具制造业也有所发展。商品交换有了新的起色。经过官员的讨论，重新发行了汉文帝时废除的五铢钱，改变了过去基本上以物易物的局面。国内形势的稳定及生产的恢复和发展为对外战争的胜利提供了保证。

太和元年（227 年）春，诸葛亮决定利用曹丕死、明帝刚继位的时机出兵北伐。临行前，他给刘禅上了一个《出师表》，表明了统一中原的壮志。然后领兵进驻汉中（今陕西南郑），伺机进攻。明帝得知诸葛亮已到汉中后，打算先发制人，大举攻蜀，于是便询问散骑常侍孙资该采取什么对策，孙资说："讨伐诸葛亮，不但道路险阻，而且我们阻遏东吴的精锐部队十五六万人，必须征调参战；除此之外，恐怕还要征集更多的兵力。于是，天下将一片混乱，费用也相对增加，陛下必须深思熟虑。不如只用现在的部队，命令各将分别把守险要，就足以使强敌恐惧，使疆场平安。只要几年时间，我们便会日渐强盛，东吴、蜀汉，自己就会疲惫衰落。"明帝听后，觉得很有道理，于是停止行动，只是采取防御的战略。

这时，投降曹魏的蜀将孟达与诸葛亮取得联系，准备起兵叛变。明帝封司马懿为平西都督，令他起用南阳各路军马前往平叛。司马懿接到诏书后，立即出发，在上庸（今湖北竹山西南）杀死孟达。

太和二年（228 年）春，诸葛亮领兵北上，定下了先取陇右，再取关中的战略。曹魏守将夏侯惇前往关中迎敌，由于他性急悭吝，又无作战经验，结果蜀军所到之处，势如破竹，位于陇右的天水（今甘肃甘谷）、南安（今甘肃陇西）、安定（今甘肃镇原）三郡很快被蜀军占领。关中震动。明帝召见文武大臣，商量计策，然后命右将军张郃率领五万人与大将军曹真一起阻击蜀国。自己则御驾亲征，前往长安，鼓舞士气。

右将军张郃率军抵达街亭（今甘肃秦安东北），与蜀军前锋马谡相遇。张郃切断蜀军水援，然后督军大举进攻，蜀军大败，马谡逃走，街亭失守。街亭之败，使诸葛亮失掉了进攻的据点和有利形势，只好引兵退回汉中。四月初八，明帝由长安返回首都洛阳。

接着，诸葛亮又发动了两次北伐，都没有大的进展。太和五年（231年）春，诸葛亮进行第四次北伐。这时，曹真已死。明帝派用兵如神的司马懿领兵同诸葛亮对抗。司马懿采取凭险坚守、拒不出战的办法，拖住蜀军，直到诸葛亮病死五丈原，蜀军撤走，蜀、魏之间的战争才告结束。因司马懿阻击蜀军有功。青龙三年（235年），被提升为太尉，从此掌握了曹魏的军事大权。

与诸葛亮的北伐相呼应，东吴也几次派兵进攻曹魏的南部地区。明帝针对不同的情况，采取相应的措施。

黄初七年（226年）八月，孙权听到曹丕死亡的消息后，御驾亲征，进攻曹魏的江夏郡（今湖北安陆北），魏将文聘（生卒年不详）据城坚守。消息传到洛阳后，曹魏政府的一些官员要求出兵援救，明帝却说："孙权的优势是在水上作战，而今竟离开水面，对陆地上的城垣进攻，只不过指望守城将士没有防备。现在，文聘据城坚守，说明孙权的突击没有成功。所以孙权必定不会久留。"几天后果然传来孙权撤退的消息，文武百官听后，对新皇帝的判断力极为佩服。

景初二年（238年），辽东太守公孙渊叛乱，明帝当机立断将司马懿召回洛阳，命他率军4万，讨伐公孙渊。

司马懿到了辽东后，避开公孙渊的阻击，直奔他的老巢襄平，包围襄平城。这时适逢连日大雨，平地水深三尺，魏军非常恐慌。消息传到朝廷后，一些官员要求召司马懿回师，明帝说："司马懿遇到困难，自然会想法克服，捉拿公孙渊指日可待，你们何必担忧呢？"

不久，雨停水退，魏军把襄平城团团包围起来，日夜攻打，最后杀死公孙渊，占据襄平城。辽东一带的局势重新稳定下来。

明帝继位后对治国平天下方面有点作为，但他作为帝王也有明显的缺点，这就是追求享乐，尤其是有一种建筑宫殿的狂热，他刚刚即位，就在邺城（今河北临漳）给母亲甄氏建筑墓园。以后又命令修建其他宫殿，并多次命司徒王朗前往视察工程进度，看到老百姓生活十分穷苦，又劳民伤财，王朗便上书劝阻说："如果有远大的志向，就必须省略眼前的享受；全力对付外国的时候，就必须注意国内的节俭。而今，建始殿前面，足够容纳朝会时的文武百官；崇华殿后面，足够容纳宫廷妃妾；华林园、天渊池，也足够摆设筵席，游乐欢宴。现在应专心劝导耕田，重点集中农业，并加强军事训练，这样就会使人民富庶，兵力强大，敌人自然臣服。"明帝并不以为然，不仅不停原有工程，又下令在洛阳修建皇家祭庙。

太和六年（232年）七月，明帝又整修许昌宫，兴建景福殿、承光殿。之后，又在洛阳兴建洛阳宫，造昭阳殿、太极殿，筑总章观。又命令马钧监造崇华殿、青霄阁、凤凰楼、九龙池。众多的民夫被征调到洛阳服役，使得土地无人耕种，大片荒芜。司空陈群上书劝阻，明帝却说："帝王事业和帝王宫殿应该并行，等到把敌人消灭之后，工程也好了，天下就真太平了。"因此宫殿的兴建仍继续进行。百姓劳役不断，怨声载道。少府杨阜上书说："陛下只管自己的快乐舒适，只关心自己的宫殿楼台，势必招来朝廷倾覆、国家灭亡的灾难。"中书侍郎王基、侍中高堂隆的上书，措辞也很激烈。明帝对这些忠直言论，虽然不能完全听从，但也能宽大包容。他曾下诏说："我最关切的就是宫殿能不能按时完成，督办这项事情的官员，一定要尽心尽力。"有时，因宫殿工程在时限内没有完工，明帝亲自召见监督宫殿工程的官员查问，官员们还未陈述完原因，便被卫士举刀砍死。他把宫殿的修建看成是最为重要的。

为了出游的方便，他又指使马钧造成指南车，他乘车随意游幸，遇到中意的美女，即叫上车，拉至宫中，致使宫中的美女有数千人之多。后宫的费用几乎与军费相等。明帝沉迷在美女阵中。选拔了读书识字的美女六人担任女尚书，授权给她们处理政府官员呈报的奏章，认为可行的，就代替皇帝批准。在他专宠郭夫人之后，整天在一起取乐。皇后毛氏有怨言，立即被他赐死。

由于他肆淫不已，虽到壮年，还未得子。廷尉高柔上书说："这恐怕与皇宫里后妃姬妾数目太多有关。我愚昧地认为，只需要选择少数端庄贤淑的美女留在宫中，其他的都遣送回家。使陛下得以休息静养，清心寡欲。如此，才能多子多孙。"明帝回答说："你分析得很清楚，其他的事情，也望你进言！"但是，他并没有按照高柔说的去做。为使王位有人接替，于青龙三年（235年）从宗室中领养两个儿子，一个名芳，被立为齐王；一个名询，被立为秦王。

由于明帝的荒淫无度，虽只有30多岁，却已骨瘦如柴，疾病缠身。

景初二年（238年）十二月的一天夜里，听着屋外凛冽的北风，身患重病的明帝感到一阵恐惧。忽然，一阵冷风，吹灭了宫灯，从此，病情日益加重，卧床不起。这时，明帝想到曹芳、曹询年纪还小，不能理政，十分为身后之事担忧。认为只有用靠得住的人辅政，才可以放心离去。经过一备考虑，明帝决定命曹爽、司马懿共同辅政。

明帝令仆役拿着手令前往征召司马懿，这时，司马懿正行进在前往关中的路上。因为燕王曹宇认为关中的防务极为重要，下令让司马懿平定辽东后，返回长安。司马懿先后接到两种不同的命令，怀疑京师发生了政变，于是，紧急上路，日夜兼程，赶回洛阳，当他入宫晋见时，明帝已是生命垂危了。他握着司马懿的手说："我强忍不死，就是等你。我把后事托付给你，由你跟曹爽辅佐幼儿，能够相见，虽死无恨。"接着，把曹芳、曹询叫到床前，拽着曹芳对司马懿说："就是他了，你要看清楚，不要弄错。"司马懿上前说道："陛下放心，先帝（指曹丕）不是也将陛下托付给我了吗？"明帝听后，放心地说道："你愿意辅助他就好了。"于是，便让曹芳上去紧抱司马懿的脖子。这一幕动人的托孤场面，使在场的官员都掉下了眼泪。当天，明帝便离开了人世。

明帝在位13年，终年35岁。死后被追谥为烈祖明皇帝，葬于高平陵。

三、魏厉公软弱无能，司马氏阴谋得逞

嘉平六年（254年）九月十九日，一辆藩王专用的青盖车，载着刚刚被废黜的曹魏皇帝，从宫中缓缓驶出，后面跟着一支卫队，他们奉命护送，其实是押送这位倒霉的皇帝出宫，迁居别处。

这位被废黜的皇帝，就是曹魏的第三代皇帝曹芳。

曹芳（231—274年），字兰卿，魏明帝养子，生父是谁，已无从得知。景初三年（239年）正月，明帝病危，立曹芳为太子，并嘱曹爽、司马懿共同辅政。明帝死后，曹芳继位。当时的曹芳年仅8岁，还是一个不懂事的孩子，一切政事均由曹爽和司马懿处理。这时，曹爽、司马懿各率军3000轮流值班，住宿宫内。司马懿是河内温县（今河南温县）人，出身于世代官僚地主家庭，曹操任丞相时，即开始做官，协助曹操搞军事。曹操早期的屯田，主要是民屯，司马懿建议实行"且耕且守"的军屯，被曹操采纳，从此，军队屯田垦种，粮食库藏大大增加。曹丕称帝后，司马懿的地位逐渐提高，势力也在逐渐增大。而曹爽只因是皇族子弟，才被任命辅助幼主。无论年龄、辈分及官位都不如司马懿，他担心司马

懿势力的增长危及曹氏统治，于是询问谋士。谋士何晏出计道："升司马懿为太傅，以后尚书奏事，先由你来决定，不要受司马懿的牵制。这样，大权就不致旁落了。"

曹爽觉得这个办法很好，于是，入奏幼主曹芳说："司马懿功高德重，可升为太傅。"曹芳年幼，一切都听曹爽的，立即升司马懿为太傅。太傅是皇帝的老师，地位尊贵，却是一个闲职。曹爽通过这个办法，削弱了司马懿的实权。接着，曹爽命其弟曹羲为中领军，曹训为武卫将军，曹彦为散骑常侍。三个人各率3000御林军宿卫宫廷，从此大权独揽。曹爽这时认为天下从此无忧，因此开始纵情享受，他平时饮食衣服跟皇帝一样，并暗中把明帝的歌女、舞女带回家中作乐。他的弟弟曹羲深感忧虑，劝他说："你这样每天饮酒作乐，不是长久之计啊！"曹爽哪能听进劝说，对他喝斥道："兵权在我手里，谁敢造反？"

对曹爽的结党专权，司马懿非常不满，但要清除他们，力量还不够。因此，他暂时忍让，上书给曹芳，说自己年老有病，要求退职闲居，曹芳在曹爽授意下，立即照准。司马懿退居乡里后，便推病不出，但暗地联络心腹，策划着一场与曹爽的大搏斗。

司马懿告病回家后，曹爽、何晏等更无所顾忌，遂有了篡位之心。但对告老在家的司马懿还是不放心。这时，正好亲信李胜调任荆州刺史，他便让李胜以告别为名进行察看。

对李胜的来意，司马懿是很清楚的。于是他装作重病在身的样子，叫两个婢女扶着来见客人。在同李胜说话时，他装成神志不清的样子，说话故意颠三倒四。在侍婢进粥时，他故意手颤未拿稳，弄得满身粥浆。这一切，李胜都信以为真。他回去把相见的情况向曹爽报告说："司马公形神已经离散，只剩下一口气，不必再担忧了。"曹爽听后，满心高兴，对司马懿不再戒备。他哪里知道，司马懿正在进行着政变的准备呢！

当时，司马懿的儿子司马师担任中护军，掌握一部分军队，他又暗中蓄养3000敢死之士，同时得到元老重臣太尉蒋济等人的暗中支持。已做好了一切准备，待机而动。

嘉平元年（249年），曹芳到洛阳城外去拜谒明帝的陵墓高平陵。曹爽同兄弟曹羲、曹训、曹彦一道前往，洛阳城内空虚。司马懿趁机发动政变，很快控制了洛阳城。司马懿派人把削除曹爽兵权的太后诏书，送往城外，曹爽看后，惊慌失措。这时大司农桓范逃出洛阳，来见曹爽，劝他们携皇帝到许昌，调外地的军队和司马懿作战。曹爽迟疑不决。桓范对曹羲说："如

高平陵

今你是同天子在一起，号令天下，谁敢不应？"曹爽一言不发。桓范又说："现在动身去许昌，第二天就可以到达，那里有武器库，可以武装军队，担心的只是粮食，但大司农的印信还在我身上。"曹爽兄弟还是不听。这时，司马懿派人告诉曹爽，只要他罢兵免官，交出兵权，就可以回归府第，保留封爵。

曹爽听了来人的劝告，说道："司马懿只是为了夺我的权，我回归府第，仍旧可以做个富家翁。"曹爽终究不听桓范的劝告，交出兵权，回到了洛阳家中。不久，司马懿以更多的罪状，将曹爽兄弟及何晏、丁谧、毕轨、李胜、桓范等，全部处死，并诛灭三族。曹魏的军政大权从此归司马懿控制。

但曹爽集团的垮台，并不等于司马氏与曹氏之间的矛盾已经解决。一部分有军事实力的亲曹势力又先后起兵反对司马氏。

嘉平三年（251年），太尉王凌在扬州发难，图谋推翻司马懿，废皇帝曹芳，立楚王曹彪为帝。因事机泄露，被司马懿先发制人，率兵南征，王凌措手不及，兵败自杀。

讨灭王凌后不久，司马懿就因病身亡，他的儿子司马师接着专擅朝政。

司马师辅政后，总揽了一切军政大权，朝中的事务，都由他来处理。一天，曹芳设朝，却见司马师带剑上殿。曹芳大吃一惊，急忙下榻迎接。司马师笑着说道："哪有君迎臣的礼节？请陛下稳坐，我只是来听大臣奏事的。"等到大臣上奏时，曹芳还未来得及说话，司马师都作了定论，曹芳心中充满怨恨。

时光如梭，转眼曹芳已经继位十多年了，由一个孩童变成一个20多岁的青年。他已不甘心只做一个摆设，而要求有处理国家大事的权力，所以对司马师的专权极为不满，便向中书令李丰、太常夏侯玄、光禄大夫张缉诉说苦衷，说到司马师的专横之处，往往泪流满面。张缉为张皇后之父，对司马师的专权极为痛恨。夏侯玄是曹爽的姑表兄弟，曹爽败后，他也被削了兵权，只得了一个太常职衔。李丰在司马师掌权后，擢升为中书令，但李丰与张缉、夏侯玄丰常要好，所以，司马师虽擢升李丰的官位，但李丰的内心却归附夏侯玄。他们经常在一起秘密商议，要杀司马师，为曹爽报仇，为曹芳夺回大权。

谁知事机泄露，司马师下令杀死李丰、张缉、夏侯玄并诛三族。接着，司马师带剑进入皇宫，见了曹芳，便问道："张缉的女儿在什么地方？"曹芳见他要杀皇后，便向他求情说："张缉有罪，他女儿并不知道情况，望大将军宽恕。"司马师并不听从，继续说道："她父亲犯有弥天大罪，即使她不知道情况，怎么能继续做国母？应该马上废掉。"曹芳无可奈何，低头不语。在司马师的逼迫下，只好废张皇后出宫，不久即被司马师害死。

嘉平六年（254年）九月十九日，司马师用郭太后的名义，下令文武百官集会，宣称：曹芳荒淫无道，没有资格继续当皇帝，应该打发他回到原来的封国齐国。于是，曹芳被迫于当天离开皇宫。

曹芳从8岁继位到23岁退位，共在位15年。退位后，到齐国居住。西晋建立后，封为邵陵公。泰始十年（274年）死去，终年43岁，谥号"厉公"。

四、曹髦不甘做傀儡，欲除权臣反遭殃

曹芳被废后，司马师等将15岁的高贵乡公曹髦推上皇位。正元二年（255年），司马师病死后，其弟司马昭接着做了大将军。此后，曹魏朝廷的大臣几乎全是司马昭的心腹。曹家的皇权越来越小了，在这种情况下，小皇帝曹髦毫无对策，干憋气。

此前，扬州都督毋丘俭、刺史文钦反对司马氏的兵变，虽然被司马师平定下去了，但是，反对司马氏的人还存在。一年多以后，扬州都督诸葛诞又起兵讨伐司马昭。

诸葛诞和夏侯玄、邓扬等人素有往来，并很有交情，当夏侯玄等人前次兵变失败被杀，诸葛诞为之悲愤不平。但因自己的力量抵不过司马昭，只好暂时忍耐，不露声色，表面应付司马昭，背地里则利用自己征东大将军之权，加紧训练军队，筑城增兵，待机举事。他这一行动，引起司马昭的注意。诸葛诞一看不好，便决定赶快起兵并联合东吴，共同反对司马昭。

司马昭得知诸葛诞起兵的禀报后，即刻进宫逼着曹髦亲征，并请郭太后也得同行，他调动26万大军，声势浩大地出征了。结果，诸葛诞兵少势单被打败，身家惨遭杀害，并灭三族。

司马昭平定了这次反军，得胜随驾回都城洛阳，气焰更加高涨，曹髦不得不封他为相国，尊为晋公。

甘露四年（259年）春正月，有人报告宁陵井中出现黄龙，这个传说

出来，满朝大臣认为是吉祥之兆，纷纷上表道贺。曹髦却不以为然，他看到的是司马昭那样专横无度，自己被控制，心情闷闷不乐地说："龙者，君德也。上不在天，下不在田，而屈居井中，并非吉祥之兆。"

曹髦感叹地把井中出现黄龙的传言，和自己的处境联想起来，激愤而抒写下《潜龙诗》一首：

> 伤哉龙受困，不能跃深渊。
> 上不飞天汉，下不见于田。
> 蟠居于井底，鳅鳝舞其前。
> 藏牙伏爪甲，嗟我亦同然。

这首诗，很快就传到司马昭耳里，司马昭更加恨曹髦，不废了他，自己绝不放心。

甘露五年（260年）五月初六夜里，曹髦命冗从仆射李昭、黄门从官焦伯等在陵云台部署甲士，并召见侍中王沈、尚书王经、散骑常侍王业，对他们说："司马昭的野心，连路上的行人都知道。我不能坐等被废黜的耻辱，今日我将亲自与你们一起出去讨伐他。"王经说："古时鲁昭公因不能忍受季氏的专权，讨伐失败而出走，丢掉了国家，被天下人所耻笑。如今权柄掌握在司马昭之手已经很久了，朝廷内以及四方之臣都为他效命而不顾逆顺之理，也不是一天了。而且宫中宿卫空缺，兵力十分弱小，陛下凭借什么？而您一旦这样做，不是想要除去疾病却反而使病更厉害了吗？祸患恐怕难以预测，应该重新加以详细研究。"曹髦这时就从怀中拿出黄绢诏书扔在地上说："这样就已经决定了，纵使死了又有什么可怕的，何况不一定会死呢！"说完就进内宫禀告郭太后。王沈、王业跑出去告诉司马昭，想叫王经与他们一起去，但王经不去。

甘露五年五月初七（260年6月2日），曹髦拔剑登辇，率领殿中宿卫和奴仆们呼喊着出了宫。在东止车门，曹髦一行遭遇司马昭的弟弟屯骑校尉司马伷及其部众，曹髦左右之人怒声呵斥他们，司马伷的兵士都吓得逃走了。中护军贾充从外而入，迎面与曹髦战于南面宫阙之下，曹髦亲自用剑拼杀。众人想要退却，贾充之军将败，骑督成倅之弟太子舍人成济问贾充说："事情紧急了，你说怎么办？"贾充说："司马公养你们这些人，正是为了今日。今日之事，没什么可问的！"于是成济立即抽出长戈上前刺杀曹髦，把他弑杀于车下。曹髦死时尚不满20岁。

司马昭闻讯，大惊，自己跪倒在地上。太傅司马孚奔跑过去，把曹髦的头枕在自己的腿上哭得十分悲哀，哭喊着说："陛下被杀，是我的罪过啊！"

曹髦死后，司马昭进入殿中，召集群臣议论。尚书左仆射陈泰不来，司马昭让陈泰之舅尚书荀顗去叫他，陈泰说："人们议论说我陈泰可以和您相比，今天看来您不如我陈泰。"但子弟们里里外外都逼着陈泰去，这才不得已而入宫。陈泰见到司马昭，悲恸欲绝，司马昭也对着他流泪，说："玄伯，您将怎样对待我呢？"陈泰说："只有杀掉贾充，才能稍稍谢罪于天下。"司马昭考虑了很久才说："你再想想其他办法。"陈泰说："我说的只能是这些，不知其他。"司马昭就不再说话了。陈泰因过于悲恸愤激，不久吐血而死。

随即司马昭威逼郭太后下旨，大意是说：当初援立曹髦是看中他"好书疏文章，冀可成济"，但是不成想"情性暴戾，日月滋甚"，我这个太后数次呵责都不奏效，后来和大将军司马昭商量要废立之，大将军认为他年幼无知，但还可以雕琢，要以观后效。但没想到他得寸进尺，还拿弓箭射我的宫殿，弓箭甚至落在我的面前。我前后数十次让大将军废立之。曹髦知道后，贿赂我的身边人打算下毒药害我。后来事情败露，就要出兵入西宫杀我。幸亏大将军及时知道，而他自己混杂在士兵之中，被大将军的将士杀死。这小儿"悖逆不道，而又自陷大祸"，应当"罪废为庶人，此儿亦宜以民礼葬之"。由于曹髦死后被褫夺皇帝封号，因此其在位期间的年号均为高贵乡公某年。太傅司马孚、大将军司马昭、太尉高柔等上疏称"以为可加恩以王礼葬之"，于是葬高贵乡公于洛阳西北三十里瀍涧之滨。下车数乘，不设旌旗，百姓相聚而观之，曰："是前日所杀天子也。"或掩面而泣，悲不自胜。

不久，司马昭以"教唆圣上""离间重臣"等借口杀死了曹髦的心腹王经。《魏书》的作者王沈（王昶之侄）因为告密出首立功免死，因功封安平郡侯，食邑 2000 户。时隔快 20 余天，司马昭又因群情激愤，诛杀了成济三族。成济兄弟不服罪，光着身子跑到屋顶，大骂司马昭，被军士从下乱箭射杀。

五、魏元帝身不由己，司马炎强力夺国

讨伐司马昭的曹髦已死，当然又得立新帝，这是司马昭做梦也想着的事。新帝立谁？又是他说了算。想来思去，选中了魏武帝孙子，15 岁

的曹奂最为合他的意思。甘露五年（260年），曹奂即皇帝位，就是魏元帝。

成济死难时，登高大喊说，杀皇上是司马昭的心腹贾充指使干的，而贾充又是谁指使的呢？的确是"司马昭之心，路人皆知"的。可有谁敢直说呢？因为司马昭重兵在手，朝政在握，军政大权集于一身，谁敢说他个不是，就杀谁。这一回司马昭连皇帝都敢杀，那就更不敢公开讲话了。但是，是非曲直，不让人说，它也存在，众多人都在背地里议论不休。

有些文人学士实在忍不住了，就批评起朝政来。这些人中最有名的是嵇康。

嵇康从小好学，喜欢博览群书、作诗，性格很豪爽。他和好友阮籍、阮咸、山涛、向秀、王戎、刘伶经常在竹林里喝酒，谈论天下大事，什么话都敢说。人们就叫他们是"竹林七贤"。

嵇康从心眼儿里厌恶那些官僚，不愿和他们交往，说他们就会给司马昭拍马屁，没出息。他不想当官，可对司马氏专权又不满，干脆整天喝酒来解心烦。另外，他还有个特别爱好，就是抡起大锤打铁，想必为的是健身活动。

当时，有个中书侍郎叫钟会，为司马昭重用，有权有势，谁都不敢惹他。他听说嵇康才华出众，性格又很古怪，就去访他。可嵇康正在抡锤打铁，上身光着，直流汗，手在忙着，头也不抬。有人告诉他，大官钟会来看你了。他好似没听见的样子，照旧在打铁，根本就不理会，钟会站那儿等了好久，嵇康也不答理他。钟会遭到如此冷遇，恼羞成怒，一甩袖子，转身走了。从此钟会对嵇康就怨恨在心。

司马昭

嵇康有位好友名叫吕安。他哥哥诬告吕安不孝敬父母，打了官司。吕安请嵇康给作证，申诉论理，嵇康出来为吕安抱不平。司马昭认为这会儿可有机会整他了。那个曾被嵇康冷落而结怨的钟会，早就想对嵇康报复，此时乘机跑到司马昭面前说："嵇康这个人顶坏了！动不动就攻击朝政，还辱骂圣人。"

钟会看司马昭听完他的话，直瞪眼睛，他又向前凑几步接着说："听说嵇康还要联络外面的人造反哩！这个人要是留着，以后可不得了呀！"

司马昭心一狠，就下令把嵇康给抓起来判了死罪。

这个事件轰动了全洛阳城。有3000多名太学生联名上书，请求不要杀嵇康，让他当老师。可是，全没用。嵇康蒙冤受屈，给押赴刑场。临死前，他还弹了琴，曲子叫《广陵散》。据说这支曲子，只有少数几个人能弹。他弹完《广陵散》，长叹一口气说："当时有人要向我学这个曲子，我没教他。今后，它可就失传了！"

嵇康到死也没有求饶过，始终没向司马昭强权低头，这是"竹林七贤"里文人的少有气节。

司马昭心狠手辣，杀了皇帝曹髦，又杀了嵇康这样敢批评朝政的人，所以朝野上下没有再敢公开出来反对他的人。当魏元帝曹奂封他为晋王、相国后，就有些大臣劝他当皇帝。司马昭几次拒而不受，在他看来时机未到。可是，他却让自己的儿子司马炎做了副相国。司马昭的意思不是明摆着吗?

泰始元年（265年）八月，司马昭病死了。晋王、相国重权，当然是司马炎继承。他可不像他父亲那样冷静，不到年底，就迫不及待地逼曹奂让皇位。当时，曹奂有病不能上朝，正在后宫养病。而司马炎身带利剑率卫士突然闯进宫内，曹奂不知道发生了什么事，吓得目瞪口呆，正在手足无措之际，司马炎厉声地说："你既不能文，又不能武，何不把皇位让给有才能的人！"

曹奂一看来势不妙，赶忙点头应允。

于是，武帝泰始元年（265年）十二月，司马炎在南郊登上高坛，举行了禅让礼，就这样取代曹魏，自己当了皇帝，国号晋，就是西晋开国皇帝晋武帝。

曹奂被贬为陈留王，迁居金墉城，后又居邺城。到晋太安元年（302年），年老多病的曹奂死去了，终年58岁。

第三章 蜀汉政权

一、冒奇险兵败夷陵，白帝城刘备托孤

刘备称帝后，准备出兵东吴。蜀中群臣大都加以谏阻。镇军将军赵云谏阻道："现在国贼是曹操，而不是孙权。曹操虽然已死，其子曹丕篡汉盗国，应当顺从民心，图取关中，居高临下以讨凶逆之贼，关东义士必然投奔响应王师。不应置曹魏于不顾，先与东吴交战，战衅一开，就难以平息了。"刘备不听。诸葛亮见刘备决心已定。知道劝也无用，遂缄口不言。

刘备下令调集全国军队，准备出兵，他派人通知车骑将军张飞，让他率兵万人会师江州。谁知张飞因脾气暴躁，经常打骂将士，帐下部将张达、范疆不堪其苦，临出发前，二人叛变，暗杀了张飞，拿着张飞的首级投奔东吴去了。刘备听说后仰天长叹道："唉！张飞又死去了！"当初，张飞雄壮威武，仅次于关羽，曹魏君臣都说关、张二人可敌万人。关羽为人骄傲，善于体恤士卒而蔑视士大夫；张飞脾气暴烈，尊敬士人却不知爱惜士兵。刘备经常劝诫他们。刘备对张飞说："你刑罚太滥，经常鞭打士卒而又让他们在你身边，这样极容易招致灾祸。"张飞仍不注意改正。果然，张飞最终死于部下将卒之手。这样，刘备尚未出兵，先损了一员猛将。

蜀汉章武元年（221年）夏，刘备亲自率领七八万大军，出巫峡，沿长江水陆并进，直扑东吴。孙权见刘备来势凶猛，遣使向刘备求和。刘备志在必胜，坚决不许。

蜀军很快打到夷陵（今湖北宜昌东南），从巫峡到夷陵有六七百里，江岸两侧高山峻岭连绵不断。刘备在江岸南侧，沿路扎营，树立木栅。他又命令水军登陆，也在山林中扎营。刘备拉开了漫长的战线，沿江设了几十处营寨，表面上蜀军声势浩大，实际上兵力分散，实力大为削弱了。

刘备亲率主力屯驻在夷陵亭（今湖北宜都北）。他数次派军向东吴挑战。吴军主帅陆逊，虽然年轻，却深谙兵法，老成持重。他节制吴军诸将，不许他们出战。双方在此相持了六七个月之久，蜀军始终找不到机会跟吴军交战，时间一久，斗志逐渐涣散，刘备本人也放松了警惕。

蜀汉章武二年（222）闰六月，陆逊见蜀军已懈怠，便命令吴军火烧蜀营，发动猛攻。这时正是暑热天气，气温极高，再者蜀营多依林木而建，大火一烧，不可收拾。一时间蜀军营寨和木栅全被烧毁，火光冲天，烈焰熊熊，吴军趁火势，连破蜀军40余营，杀死蜀军大将冯羽和张南。

刘备见大军溃败，知道难以抵抗，遂带残兵败将，退守马鞍山（今湖北宜昌西北），令军士固守，陆逊命吴军四面围攻，蜀军土崩瓦解，又死万余人，尸体顺江而下，几乎遮满江面。各种军械物资船只粮草，几乎损失殆尽。刘备趁着夜色逃遁，命人烧毁铠甲等物堵塞吴军追路，方才逃至白帝城。

刘备从未遭此大败，十分惭愧地说："我竟被陆逊打败，岂不是天意！"其实，刘备的失败，完全是主观指挥的错误。他在山林设立木栅，连营六七百里，不仅分散了兵力，首尾难以相顾，而且给东吴以火攻的机会。他又命水军登陆，放弃了水陆相互配合作战的有利条件，自然难免失败。当时，明眼人早就看出刘备这样做，必败无疑。曹丕就说："刘备简直不明兵法！哪里有连营700里和敌方打仗的？刘备在山林险阻之处带兵打仗，犯了兵家大忌。孙权不久就要取胜了。"

这次猇亭大战后，曹魏趁东吴全力对付刘备，也出兵进攻东吴。孙权已取得胜利，不愿再两面受敌，便向刘备请和。刘备经此大败，知道荆州已难夺回，又担心孙权继续进攻，便同意和解。于是，脆弱的吴蜀联盟，重新恢复。

猇亭大败，对于已进入暮年的刘备来说，是一个沉重打击，这次失败使他心情郁闷，终致一病不起，后来病势加重，他急召诸葛亮到白帝城以托付后事。

刘备的太子刘禅无政治才能，刘备希望诸葛亮能辅佐刘禅，维持基业不失，纲纪不坠，但又怕刘禅实在担不起治国重任。临终前，刘备流着眼泪，语重心长地对诸葛亮说："你的才能超过曹丕十倍，必然能安定国家，成就大事。如果太子可以辅佐，你就辅佐他；如果他实在不行，你可以替代他自己做皇帝。"诸葛亮一听刘备说出这样的话，心如刀绞，泣不成声地说："我怎敢不尽心尽力，忠贞报国，死而后已！"刘备将刘禅兄弟几人召到床前，

告诫他们说："我死了以后，你们要像尊奉父亲那样尊奉丞相，和他共同治理好蜀汉。"这就是历史上所说的白帝城托孤，长期被人们视为君臣坦诚相知的典范而津津乐道。

章武三年（223年）四月，刘备在白帝城永安宫病亡，享年63岁。

二、昏懦阿斗难扶起，乐不思蜀终亡国

刘备病死后，他的儿子、17岁的刘禅被扶上了皇位。这位蜀汉后主为人懦弱愚钝，不思治国理政，诸葛亮等辅佐他的老臣们只好干着急。眼看着蜀国朝政腐败，江河日下，最终兵败国亡，落得寄人篱下、苟且偷生的下场。自从裴松之注《三国志》说到刘禅是"凡下之主"，又经罗贯中在《三国演义》中加以艺术的虚构和渲染之后，刘禅在人们的心目中便成了庸主的典型，"扶不起的阿斗"成了对庸主的戏称。

刘禅出生于建安十二年（207年），是刘备之妾甘夫人所生。建安十三年（208年）九月，曹操派曹纯领5000虎豹骑在长坂坡大败刘备，刘备率领张飞、赵云等数十骑弃其妻子而逃，襁褓之中的刘禅在赵云的保护之下得以幸免。建安十七年（212年），刘禅被继母孙夫人携返东吴时被张飞和赵云截下。建安二十四年（219年），刘备自立为汉中王，立刘禅为王太子。

章武元年（221年），刘备称帝，建立蜀汉，刘禅进为皇太子。为了让刘禅见多识广，掌握治国本领，刘备让其多学《申子》《韩非子》《管子》《六韬》等书，并由诸葛亮亲自抄写这些书让他学习，又令其拜伊籍为师学习《左传》。不仅如此，还令其学武。《寰宇记》有记载："射山，在成都县北十五里，刘主禅学射于此。"

刘禅继位初期，根据刘备遗诏，由丞相诸葛亮辅政，"政事无巨细，咸决于亮"。同年，刘禅册张飞之女张氏为皇后。这一年，蜀汉国内叛乱四起，先有牂柯郡太守朱褒占据本郡反叛，后有夷王高定起兵。诸葛亮为稳定形势，派尚书郎邓芝出使吴国，与孙权修好。

建兴三年（225年）三月，丞相诸葛亮率军征讨南方四郡，四郡都被平定，于是改益州郡为建宁郡，分建宁、永昌二郡合为云南郡，又分建宁、牂柯二郡合为兴古郡。

从建兴六年（228年）到建兴十二年（234年），诸葛亮多次北伐与曹魏交战，双方互有胜败。

建兴十二年（234年）八月，诸葛亮在渭滨病逝。征西大将军魏延与

丞相长史杨仪因争夺权力不和，领兵互相攻打，魏延兵败逃走；杨仪斩杀魏延，统率各路兵马撤回成都。刘禅大赦天下，任命左将军吴壹为车骑将军，假节镇守汉中。按诸葛亮临死时的推荐，以蒋琬为辅政大臣，先任尚书令，领益州刺史，后迁为大将军，录尚书事。费祎是副手，先为后军师，后为尚书令。延熙九年（246年）蒋琬病死前后，费祎为大将军，录尚书事，掌握蜀国军政大权。

蒋琬（？—246年），字公琰，零陵湘乡人，初为州中小吏，随刘备入蜀后，任广都县长。刘备到广都，见蒋琬不理众事，时常喝得烂醉，想加罪处罚。诸葛亮劝刘备说："蒋琬社稷之器，非百里之才也。"不久，任什邡县令。刘备为汉中王，蒋琬任尚书郎。诸葛亮任蜀丞相后，选蒋琬为僚属，任东曹掾、参军等职。诸葛亮统兵北伐时，蒋琬留守成都，处理丞相府事，任长史，筹划军备，供给前方。诸葛亮常说："公琰托志忠雅，是和我共同赞助王业的人。"临死前密表刘禅说："臣若不幸，后事宜以付琬。"

费祎（？—253年），字文伟，江夏人，游学入蜀。刘备占据益州后，先后任太子舍人、庶子，伴侍东宫。刘禅即皇帝位后，任黄门侍郎。诸葛亮平定南中之乱回来，费祎随朝中大臣到数十里外迎接。这时费祎官位不高，资格不老，诸葛亮特地要他同坐一辆车，于是大臣们无不为之瞩目。诸葛亮派费祎出使东吴，他能出色地完成任务，连孙权也称赞他以后必任蜀国的股肱大臣；出使东吴回来后，升为侍中。诸葛亮北伐时，他以参军从征。军师魏延与长史杨仪不和，费祎从中排难解纷，起了不小作用。

蒋琬和费祎执政后，继承诸葛亮的政策，对内保国安民，休养生息；对外通好孙吴，北伐曹魏有所节制。他们两人合作得比较好，虽然不如诸葛亮那样励精图治，但基本上能维持蜀汉安定的局面。

在内政方面，蒋琬和费祎都注意团结蜀中官吏。有一次督农杨敏在背后说蒋琬"做事昏聩，不及前人（指诸葛亮）"。有人把这话报告了蒋琬，有人还主张惩办杨敏。蒋琬说："我确实不如诸葛丞相，不要计较这件事。"后来

蒋琬墓

杨敏因犯别的罪被捕入狱，人们都以为他活不成了。但蒋琬心地坦然，并没有因他以前的言论加重处罚他。蒋琬这种态度对维持蜀汉内部的团结，起了不小作用。

费祎虽然也注意团结人，但对从敌人方面投降过来的人则过于相信，丧失了应有的警惕。延熙十六年（253年），在一次宴会上，他被魏国投降过来的郭循刺杀。

在军事方面，开始时蒋琬认为诸葛亮攻魏的进军道路艰险，粮运困难，想改用水军由汉、沔袭击曹魏的魏兴、上庸，但许多将领都不同意他的意见，蒋琬也就作罢。

这时，蜀汉直接统兵的重要将领是姜维。姜维（202—264年），字伯约，天水冀县人，很有军事才能，原为曹魏天水郡参军，诸葛亮第一次北伐时，归附蜀汉，任仓曹掾，加奉义将军。诸葛亮对姜维很器重，曾写信对蒋琬等人说："姜伯约忠勤时事，思虑精密，是凉州上士。"又说："姜伯约甚敏于军事，深知兵法。心存汉室，才兼于人。"不久，将他迁为中监军、征西将军。诸葛亮死后，姜维为右监军、辅汉将军，后来又迁为镇西大将军，领凉州刺史。

姜维自以为才智过人，又了解陇西地区的风俗民情，总想兴师大举北伐。但费祎总是限制他，不给他更多的军队。费祎还对姜维说："我们的才能远不如丞相诸葛亮，丞相过去还不能平定中原，何况我们？不如保国治民，敬守社稷，不变其功业，以等待能者，如果希望靠侥幸而决成败于一举，导致失败，后悔可就晚了。"在蒋琬、费祎掌政时期，基本上采取了战略防御方针，力求维持诸葛亮在世时的局面。

费祎死后，姜维迁为大将军，掌握了军权，差不多年年举兵北伐，取得的成就不大，反而加重了蜀汉人民的负担。延熙十九年（256年），姜维率军向祁山方面进攻，因镇西大将军胡济失期不至，在上南部的段谷（今甘肃天水东南），被邓艾率领的魏军打得大败，士卒星散，死亡很多，更引起蜀汉人民的不满。蜀国当时载入户籍的有28万户，计男女94万口，而将士官吏有14.2万人，平均2户就要负担1个官兵。老百姓生活的艰苦，可想而知。

刘禅长于深宫，为人懦弱，不懂政事。诸葛亮死后，他年纪逐渐大了，仍然不理政事，整天在后宫里吃喝玩乐。宦官黄皓，善于投其所好，刘禅很宠信他。但侍中董允是个正直大臣，他抵制黄皓，使其不能过于胡作非为，地位也没有得到升迁。董允死后，黄皓同侍中陈祗相勾结，开始参与政事，黄皓升迁为中常侍、奉车都尉。中常侍是皇帝的侍从，传达皇帝诏令，掌管文书；奉车都尉掌陪奉皇帝乘车舆。黄皓身兼二职，出则奉车，入则侍奉左右，成为皇帝亲信。到蜀景耀元年（258年），他完全控制了朝政。

刘禅的兄弟刘永，对黄皓得势非常不满，黄皓就在刘禅面前说他的坏话。刘禅把刘永放到外地做官，使他十余年不得相见。大将军姜维对刘禅说："黄皓奸巧，专权自恣，国家将要破坏在他手里，应该把他杀掉。"刘禅不同意。姜维见黄皓的党羽日多，刘禅又如此昏庸愚昧，心里有些疑惧，害怕危及自己，便领兵外出，经常驻扎在沓中（今青海东南境），不敢回成都。

262年，司马昭任钟会为镇西将军，都督关中，有伐蜀的迹象。姜维上表刘禅说："听说钟会治兵关中，图谋进取蜀汉，应该派张翼、廖化率军分别护守阳安关口（即阳平关）和阴平的桥头（今甘肃文县北），以防魏军。"这时专权的黄皓信奉巫鬼，他求神问卜，说敌军不会到来。刘禅听信了他的话，就把姜维反映的情况和建议搁置下来，群臣都不知道，而他自己仍然终日花天酒地，对敌人不加防备。

第二年（263年），司马昭果然派三路大军伐蜀。一路由征西将军邓艾率兵3万多人，自狄道（今甘肃临洮）向沓中，进攻姜维，　路由雍州刺史诸葛绪领兵3万，自祁山向阴平附近的桥头进攻，以绝姜维的归路；另一路由钟会统领十多万大军，分别从斜谷、子午谷等地前进，直取汉中。

刘禅得知敌军真的打来了，才慌忙派廖化领兵去沓中，做姜维的后援；派张翼等领兵去阳安关口协助防守。但援军还没到达前线，钟会的大军就已经打到汉中。这时阳安关的守将傅佥在孤军无援的情况下，坚持迎战，不料他的部下蒋舒向魏军投降，他力战身死。阳安关陷落。

西路的邓艾军也很快到达沓中，向姜维营地进攻。姜维得知汉中失守，便向阴平撤退。这时诸葛绪的军队已到达桥头截击。姜维从侧后进击魏军，诸葛绪害怕，引军后退30里，姜维趁机越过桥头。姜维到达阴平后，又向南撤退，同从成都北上的廖化、张翼等军会合后，据守剑阁。

邓艾进至阴平后，想同诸葛绪联合进军江油（今四川江油东），直指成都。诸葛绪不同意，引军东下同钟会军会合。钟会密告诸葛绪畏懦不前，押送其回京治罪，将其军队置于自己统辖之下，然后向剑阁进兵。

剑阁又名剑门山，在今四川剑阁县西，有小剑山和大剑山相连。山势险峻，飞阁通道，所以称为剑阁。李白在诗中曾说："剑阁峥嵘而崔嵬，一夫当关，万夫莫开。"姜维等凭险拒守，钟会军连日攻打不下。

钟会在剑阁受阻，粮食供应又困难，军中乏食，便想引兵退还。这时，邓艾向他提出出奇制胜的建议说："蜀军已经遭受挫折，我们应该乘胜前进。如果从阴平小道偷越过去，出剑阁以西百里，向涪城，用奇兵冲其腹心，剑洛的守敌必定还救涪城，我军就可乘势而进。如果剑阁的蜀军不撤退，在涪城对付我军的力量就小了，漳城一定会被我军攻破。"

钟会接受了邓艾的建议，并由他执行这一任务。

阴平是少数民族氏羌等居住的地区。这里崇山峻岭，道路难走，地处偏僻，人烟稀少。汉武帝征服西南夷时，曾开凿了阴平小道，后来废弃了，不为人们注意。蜀军也没有设防，因而被魏军钻了空子。

邓艾是一个有才能的将领，他身先士卒，亲自探险开路，终于克服重重困难，通过了阴平小道，绕过剑阁天险，直奔江油。

据守江油的蜀将是马邈。魏军的突然到来，使他大惊失色，未作任何抵抗就投降了。接着，邓艾督军向涪城进攻。诸葛亮的儿子诸葛瞻领兵固守涪城，被邓艾军打败，退守绵竹。邓艾乘胜追击，不给蜀军以喘息机会。邓艾写信劝诸葛瞻投降，答应表封他为琅邪王。诸葛瞻大怒，斩邓艾使者。双方激战的结果，蜀军大败，诸葛瞻和他的儿子诸葛尚都战死。

绵竹陷落后，蜀军无险可守，邓艾督军向成都推进。

魏军的突然逼近，使蜀汉朝野上下一片慌乱。刘禅急忙召集群臣，讨论对策。有的主张投奔东吴，有的主张逃向南中。光禄大夫谯周对这两种主张都不同意，他说："自古以来没有投奔他国为天子的，投奔东吴免不了也要称臣。从政治形势看，魏国能吞并吴国，吴国不能吞并魏国，这是很清楚的。与其称臣于吴，不如现在就称臣于魏，免得将来再受一次耻辱。至于撤向南中，应当早做安排，现在大敌已近，人心不稳，一旦车驾南行，恐怕要发生不测之变，更谈不到能到达南中了。就是到达了南中，外面拒敌和内部需要的一切耗费，都加在诸夷身上，必然引起他们的反叛。"说来说去，谯周主张马上向曹魏投降。他还对刘禅说："如果陛下降魏，魏肯定会裂土分封，以礼相待。他们如果不这样做，我就亲自去洛阳以古义同他们相争。"

在谯周的一再劝说下，懦弱无能的刘禅最后决定向魏军投降。这时，刘禅子北地王刘谌，竭力反对投降，主张抵抗，刘禅不听。刘谌不愿看到刘氏国破家亡，就跑到祖庙，对着刘备的灵位痛哭一番，杀死妻子，然后自杀。

刘禅派侍中张绍等捧着玺绶去见邓艾求降，邓艾接受了。刘禅又派人去前线敕令姜维等投降。姜维、廖化、张翼等得令，便到钟会军前投降。当蜀汉将士接到投降的命令时，不少人"拔刀斫石"，表示不满和愤慨。

不久，邓艾的军队到达成都，刘禅率领太子诸王及群臣60多人，按古代国君投降的仪式，反绑着双手，让人抬着棺材，到邓艾军前投降。邓艾给他松了绑，放把火把棺材烧了，表示接纳。后来他被迁往洛阳封为安乐公。

一次司马昭同刘禅一起宴饮，为他表演蜀地歌舞，别人都因而感伤，刘禅却"喜笑自若"。司马昭对贾充说："人之无情，乃至于此。虽使诸葛亮在，也不能辅之久全，何况姜维！"过几天，司马昭问刘禅："颇思蜀否？"刘禅回答说："此间乐，不思蜀也。"可见刘禅昏庸到何等程度。

张悌

对于蜀国灭亡的原因，张悌在魏军伐蜀时还说了如下的一段话："现在蜀汉宦官专权，国无政令，而且穷兵黩武，人民劳苦，士卒疲惫，竞于外利，不修守备。论力量，魏比蜀强，论智谋，魏比蜀高。司马氏乘西蜀垂危之机发动进攻，一定能得胜利。"事实证明，张悌的这个评论是符合历史实际的。

蜀汉自221年刘备称帝，到263年刘禅亡国，共经历了43年。

蜀汉灭亡后，邓艾在成都骄傲自恃，专断独行，擅自处理军政大事。司马昭派监军卫瓘劝他说："有事应当报请，不应当这样。"邓艾很不满意，引起了司马昭的疑虑。钟会和卫瓘乘机密告邓艾要谋反。司马昭便命令用槛车（古代押运罪犯的车）将邓艾押送回洛阳。途中，邓艾被卫瓘杀掉。

邓艾本无反心，却落到了如此下场。邓艾死后，钟会一个人"独统大众，威震西土"，倒真的起了反心。他同蜀汉降将姜维合作，准备由姜维做先锋领兵五万出斜谷，自己率领大军随后，出其不意地占据长安，然后进军洛阳。对于钟会的谋反，司马昭是有所准备的，他率军十万屯驻长安，并令中护军贾充领兵入斜谷。钟会发觉司马昭对他有了防备，慌忙诈传郭太后的遗诏，公开打出讨伐司马昭的旗帜。他把入蜀魏军的诸将领都关在官署中，准备把他们杀掉。士兵得知情况，起来攻打钟会；被关押的将领们趁机逃回自己的部队，一起向钟会进攻，结果姜维和钟会都被杀死。一场反司马昭的军事行动就这样失败了，姜维利用这次机会复国的企图也彻底破灭。

第四章 / 孙吴政权

一、雄略之主君臣睦，晚年昏聩风疾亡

孙权早期与群臣推诚相处，君臣和睦，上下同心。有人曾告发诸葛瑾里通蜀汉，孙权说："我与诸葛子瑜，可谓神交，外人流言不能间构。"陆逊坐镇荆州，孙权复刻自己的一枚大印交给他，委他全权处理与蜀汉交往之事。孙权刚刚称帝时，蜀汉有人主张讨伐。丞相诸葛亮说："东吴贤才良多，将相和睦，不可一朝而定。"

曹魏黄初二年（221年），东吴使臣赵咨出使魏国。魏帝曹丕问赵咨："孙权是什么样的人主？"赵咨回答说："是聪明、仁智、雄略之主。"曹丕追问道："为什么这样说？"赵咨答道："吾主孙权纳取鲁肃于凡人之间，是其聪；选拔吕蒙于征战之伍，是其明；获于禁而不加害，是其仁；取荆州兵不血刃，是其智；据荆、扬、交三州，虎视于天下，是其雄；屈身事陛下，是其略。"曹丕又问："孙权也知道学习吗？"赵咨又答道："吴王带甲百万，战舰万艘，任贤使能，胸有大略，偶有余暇，博览众籍，浏览史书，探索奥秘，不像腐儒那样咬文嚼字，寻章摘句。"说得曹丕不住点头称是。

孙权不仅知人善任，而且善抚将士，能得臣下死力，将士都愿以身事主。孙权恩威并著，尤以恩信得众将心。凌统早死，其子尚幼，孙权将其幼子领入宫中抚养，爱如己子。吕蒙患病，孙权将其安置在内殿就近治疗，不惜重金悬赏以购求名医名药，悉心治疗。孙权常来探视，又恐吕蒙伤神劳累，乃在墙壁上穿一小洞，随时看望。看到吕蒙偶有起色，小进饭食，孙权便喜形于色，与左右谈笑。否则就黯然神伤，夜不能寐。吕蒙病小愈，孙权特地下令群臣祝贺。后来吕蒙病情转重，孙权亲临榻前探视，又命道士祈祷去灾。吕蒙终于不起，孙权哀痛已甚，身心为之大伤。平虏将军周泰，护卫孙权，

不顾安危，冲锋陷阵，出生入死，曾于重围之中拼死抢救孙权，而周泰全身受伤12处。后来，孙权以周泰统率朱然、徐盛等将，朱然、徐盛不服。孙权特意置酒席送到周泰军营之中，大会诸将，孙权亲自为周泰行酒，命周泰解开衣服。孙权亲手指点泰身上斑斑伤痕，询问其来由。周泰一一述说完毕，孙权扶着他的胳臂，流着眼泪说："周将军，你为我孙氏兄弟出征死战，勇如熊虎，不惜生命，受伤几十处。看您伤痕累累，肤如刻画，我于心何忍！我怎能不把您作为骨肉之亲，授您以兵马之权呢？将军乃东吴之功臣，我要与您休戚与共，同享富贵。"说毕，便将自己所用的御盖赐给周泰。周泰感恩戴德，诸将亦无不心悦诚服。正因为孙权能推贤下士，爱才如命，天下之士才视孙权为圣君明主，望风而归，使东吴贤臣如林，猛将如云，故能保江东几十年基业。

孙权还虚怀若谷，从善如流，对臣下的正确谏诤，勇于采纳。孙权对自己说过："天下没有纯白的狐狸，而有纯白的狐裘，是集众狐而成的。能用众人之力，则无敌于天下；能用众人之智，则无畏于圣人。"孙权曾在武昌临钓台饮酒，权及群臣皆酩酊大醉。权还醉眼朦胧地说："今日大家都要畅饮，一醉方休！只有醉倒台中，才能停下！"老臣张昭正色不语，径直走出台外，端坐车中，孙权派人将张昭唤回，对张昭说："不过是一起作乐，你何必生气？"昭答道："过去商纣王作酒池肉林，竟长夜之饮，当时也认为是作乐，而不觉得是作恶。"孙权听后，默然不语，思虑再三，深感惭愧，遂命罢酒。

但孙权到了晚年，刚愎自用，猜忌群臣，信用奸佞，排斥忠良，与前期英雄作为相比，简直判若两人。

东吴嘉禾二年（233年），割据辽东的公孙渊突然遣使向东吴上表称臣。孙权大喜过望，为之大赦天下，并欲派遣太常张弥、执金吾许晏、将军贺达等为使，将兵万人，携带金银珠宝，漂洋过海，授公孙渊为燕王，并赐九锡。满朝文武以张昭、顾雍为首，都痛切谏止，认为公孙渊乃反复小人，不必对他宠遇过厚，只需派兵吏护其使者归返即可。张昭说："公孙渊背叛曹魏，担心招致讨伐，故远来求援，归顺

孙权

并非本意。如果他重又投靠曹魏，我国派出的使节不能返回，岂不取笑于天下？"孙权不听。张昭再三谏诤，孙权仍不接受，依然坚持己见，派张弥、许晏等前往辽东。张昭见此，十分气愤，遂称病不朝。孙权恨张昭不从己命，命人用土将张昭家门堵住。张昭一见，来了个针锋相对，又从门内用土封住，再也不出门。

后来，公孙渊果然斩杀吴国使臣，重新倒向曹魏。孙权听说后，勃然大怒，不仅不检讨自己处置不当，反而迁怒于公孙渊，说道："我已年届60，世界之事，无所不知。近来却为鼠辈所骗，真令人气愤！若不斩截这鼠子之头掷于海，还有什么面目当皇帝！就算长途跋涉，我也要亲征鼠辈，以雪心头之恨！"说着，就要带兵亲征，幸亏众臣谏止。

随着猜忌心的日益加重，孙权专门设置了校事、察战两职，用以监视文武百官。吕壹为中书校事，诋毁大臣，罗织罪名，构陷无辜，使无罪有功之臣，互相纠举，横受大刑，而孙权却对他十分宠信。丞相顾雍无故被诬陷，遭到软禁。江夏太守刁嘉被陷害，几乎受诛。太子孙登数次劝谏，孙权不听。大将军陆逊见吕壹窃柄弄权，擅作威福，而无人可禁，与太常潘濬等人同心忧思，以至流涕。骠骑将军步骘多次上书，揭露吕壹罪行，请求孙权改变虽有大臣而不能用的状况，重新任用顾雍、陆逊等忠贞股肱之臣，孙权却置若罔闻。潘濬见孙权如此不进忠言，百般无奈，竟想铤而走险，借宴会之机袭杀吕壹。吕壹虽因陷害左将军朱据，事情泄露被杀，但校事等官仍然不废。

东吴太元元年（251年）冬十一月，孙权出南郊祭天地，回宫之后，即得风疾。十二月，孙权将大将军诸葛恪召回，拜为太子太傅，开始安排后事。吴大帝神凤元年（252年）夏四月，孙权病死，年71岁。太子孙亮即位，谥孙权曰"大皇帝"。

二、会稽王侥幸继位，诛权臣事败身亡

孙亮（243—260年），字子明，吴郡富春（今浙江杭州富阳区）人。三国时期孙吴第二位皇帝（252—258年在位）。吴大帝孙权第七子，母潘皇后。史称吴少帝、吴废帝、会稽王。

孙亮能够当上太子，以至后来继承帝位，是他自己连做梦也想不到的。原来，东吴大帝孙权有7个儿子，他早已选定三子孙和作为太子。孙和，字子孝，从小就聪明智慧，颇得孙权喜爱。孙和的母亲王夫人又极得孙权宠幸，因此人们都说孙和母子将来一定会有大贵。孙和长成之后，喜爱文学，

善于骑射，礼贤下士，明辨是非，是一个文武全才。14岁时，孙权便为孙和配置宫卫，令中书令阚泽加以教导。孙和19岁时，孙权正式立他为太子，并亲自为他挑选陪侍教导之臣。

但孙权的长女全公主平常与孙和母子不合，她怕孙和当了皇帝对己不利，故利用一切机会在孙权面前挑拨。有一次孙权患病，太子孙和恪尽为子之道，去宗庙为父亲祈祷。孙和的妃子张氏的叔父张休，家住在宗庙附近。恰巧，这天张休在门口碰到孙和，就对他说："太子何不来敝处一坐？歇息歇息，我们也好奉茶。"孙和本有些犹豫，可禁不住张休反复邀请，盛情难却，又怕不进张家门会引起张妃不悦，于是便随张休进了张宅。谁知全公主经常派人监视孙和母子。这次孙和出宫，全公主早就派人在后面尾随盯梢。见孙和进了张休的家门，盯梢者马上回去报告了全公主。全公主得此消息，心中大喜，马上去见孙权。

全公主进入内宫，见孙权正躺在病榻上，她便装出十分踌躇的神态，对孙权说："父皇，孩儿听得一事，不知是否当讲？"孙权闻言睁开双眼，见是爱女在身旁，便说道："有什么事快快讲来，为父恐怕在世上的日子不多了。"全公主道："听说太子声称要去宗庙为父皇祈祷，却不在庙中。有人看见他去太子妃家，像是策划密事。父皇龙体欠安，太子不来服侍，反而去与岳父密谋，我担心他们会有非常之举。我还听说太子母亲王夫人见到父皇您病重，不仅不感到悲痛，反而面带喜色。这些都不是臣下应取的态度。请父皇多加留意。"孙权一来年事已高，二来病中不辨忠奸，听说这些事，大为震怒，便欲马上惩治孙和母子。王夫人听说孙权暴怒，恐怕祸及自身和儿子，忧惧成疾，竟至一病不起。孙和也怕自己被废黜甚至被诛杀，整日惴惴不安，食不甘味。

过了几天，孙权病情好转，重又理事，想起全公主的那番话，对太子不孝十分恼怒，便有更换太子之意。全公主见是个进言的机会，便反复在孙权面前极力夸赞丈夫从侄全尚之女美丽贤惠，劝孙权为少子孙亮纳为妻

孙亮

室。一时说得孙权心意颇动。不久，孙权正式提出要废黜孙和，改立孙亮为太子。大臣陈正、陈象、朱据、屈晃等人坚决反对，还引经据典地说，如果改立太子就会引起国政混乱，言中颇有把孙权比作历史上的昏君之意。孙权怒不可遏，竟将陈正、陈象二人灭族，令人把朱据、屈晃二人拖入宫殿各打 100 大板。经过这番周折，孙权改立太子就定了下来。

东吴赤乌十三年（250 年），孙权正式废黜孙和，立孙亮为太子，以全氏女为太子妃。就这样，孙亮成为太子，登上储君之位。这一年，孙亮恰巧 10 岁。

东吴神凤元年（252 年）夏四月，孙权驾崩。中书令孙弘与诸葛恪同受遗命辅政，但孙弘素与诸葛恪不合，担心以后为诸葛恪所治，便想封锁孙权驾崩的消息，秘不发表，再伪造诏令，除掉诸葛恪。侍中孙峻发现此谋，便告知诸葛恪。诸葛恪便定下诛杀孙弘之计。一日，诸葛恪请孙弘入宅议事，孙弘不知是计，毫无防备，欣然前往。正在座中谈论之间，诸葛恪忽然变色，向孙弘喝问道："你为何不公布陛下噩耗，居心何在？"孙弘不曾提防，张口结舌，不待回答，随即被屏风后面冲出的军士乱刀砍死。

于是，诸葛恪便公布孙权驾崩的消息，辅佐太子孙亮继位，改元建兴，大赦天下，孙亮又改拜诸葛恪为皇帝太傅，居首辅之位。

孙亮即位之时，不过是个十一二岁的孩子，大权掌握在太傅诸葛恪手中。诸葛恪乃东吴名臣诸葛瑾之子，蜀相诸葛亮之侄。诸葛恪极有才干，但陆逊认为他凌辱尊者，蔑视卑者，缺乏安德之基。其叔诸葛亮认为诸葛恪性情空疏，不够精细。其父诸葛瑾也认为诸葛恪不是保家之主，常以此为悲。现在，诸葛恪新居首辅，极想建立政绩，以提高自己的威望，于是便大行惠政。他废除负责纠检的校事之官，赦免在逃的罪犯，免除关税，事事注意给人以恩泽。因此人心大悦，每当诸葛恪出入时，百姓都驻足翘首，争着观看他的模样。

诸葛恪见民众附己，又欲树立军威，于是便发兵进攻曹魏。东吴兵喜获小胜，诸葛恪便志得意满，想大举伐魏。可是众大臣都以为东吴嗣君新立，不便举兵，加之国力有限，恐怕一时难以取胜。然而诸葛恪刚愎自用，拒绝众谏，大发州郡之兵共 20 余万，强行伐魏，因而百姓骚动。诸葛恪开始失去民心。

诸葛恪率大军围攻新城（今湖北房县一带），城内魏兵拼死固守，双方相持月余，而城终未攻克。恰逢瘟疫流行，吴军病死、伤残者过半，而诸葛恪却谈笑自若。后来曹魏出兵救援，诸葛恪被迫撤军。这次出征劳而无功，损失严重，于是民怨渐起。诸葛恪回宫之后，不仅不检讨己过，反责难百官，又将近要之职和宿卫士兵全部换为自己的亲信心腹，于是朝野失望，民怨更重。

武卫将军孙峻，亦是受遗诏的顾命大臣之一，但诸葛恪素来轻视他，经常加以侮辱。孙峻怀恨在心，见此时诸葛恪已为众庶嫌怨，便趁机在孙亮面前诬告诸葛恪想要发动事变。恰巧孙亮对诸葛恪也有不满。见孙峻说诸葛恪图谋举事，信以为真，二人便合谋诛杀诸葛恪。

东吴建兴二年（253年）冬十月的一天，孙亮与孙峻布置好，请诸葛恪第二天赴酒宴。诸葛恪入宫内，扶剑而入殿上。拜见过孙亮，随即坐下。不一会儿，宫人们摆上酒菜，诸葛恪担心其中有毒，迟疑犹豫而不肯饮用。孙峻狡猾无比，知道诸葛恪的心事，便笑着说："太傅疾病未愈，不便饮酒，如携来平常饮用药酒，请随意饮用。"诸葛恪这才放心，取出自带的药酒大饮起来。

酒过数巡，孙亮一来年少不胜酒力，二来心中有事，便先起身进入内宫。孙峻见孙亮已去，便假装出外去方便，至厕所脱去长衣，穿短装重入殿中。诸葛恪抬头一看，孙峻着短衣佩利剑满脸杀气而来，诸葛恪大惊失色，急忙去抽腰中佩剑。说时迟，那时快，剑尚未拔出，而孙峻疾步向前，一剑把诸葛恪砍死在地。卫士张约在旁，见事危急，急忙抽出宝剑去砍孙峻，将孙峻左手砍伤。孙峻忍痛又将张约右臂砍断。此时众武士一齐冲上殿堂，孙峻出言制止："诏令所取者，只是诸葛恪一人，今已死，你们快将刀剑收起。"众武士遵令收起兵器，将诸葛恪尸首拖了出去。过后，孙峻又诛灭了诸葛恪的三族。

诛杀诸葛恪之后，吴国群臣联名上奏，推举孙峻为太尉，孙峻将朝政总揽于自己手中。

孙峻素无声望，且生活淫乱，在宫内任意奸污宫女，还与全公主私通，有乱伦之讥，为众臣所不屑。孙峻骄傲自矜、心地险恶，滥用刑法，擅杀忠良，因而朝廷上下怨声载道。孙峻见众人怨气冲天，就想利用征伐曹魏转移众人的注意力，并提高自己的声望。东吴太平元年（256年）秋九月，孙峻率兵伐魏，病死军中。临死前，孙峻命从弟孙綝发兵诛灭了反对自己的滕胤等人，完全把持朝政。

东吴太平二年（257年）夏四月，孙亮君临正殿，大赦天下，开始亲政。孙亮年仅十几岁，却聪明异常。有一次，孙亮派一名宦官拿着银盖碗去仓库取交州（今广州一带）献来的蔗糖。这宦官平素与管仓库的小吏有仇，就偷偷地在蔗糖中投放了几粒老鼠屎，回来诬告小吏职事不谨，以致污染贡物。孙亮令人将小吏叫来，并携带存放蔗糖的器具。孙亮先察看一番，再问小吏道："这存糖之器既然有盖，平常就应当盖上，不该出现此事，是不是这宦官与你有仇而借机栽赃与你？"小吏叩头答道："陛下圣明！这宦官曾向我索要宫中使用的凉席，因宫中用物都有定数，我不敢给他。他便记恨在心。"孙亮点头道："一定是这么回事。"又将宦官叫来，宦官却不承认。侍中刁玄等人在旁说道："宦官与小吏所说不一致，是否将他们送到有司拷问？"孙亮说："不必。"当即令人将老鼠屎破开察看，只见老鼠屎中间还很干燥，孙亮大笑着对刁玄等人说道："这蔗糖湿润，如果老鼠屎先在糖中，一定内外湿透。可现在外湿内干，一定是这宦官临时放进去的。"再追问宦官，他才承认服罪。左右之人见孙亮如此聪慧，无不惊讶。

孙亮兄鲁王孙霸早亡，其子孙基在内宫服职。一次，孙基犯偷乘御马之罪，有司将他收入监狱，向孙亮请示处理办法。孙亮问侍中刁玄道："偷乘御马该判何罪？"玄答道："按照法律应当处死，但鲁王死得早，希望陛下能宽恕他一次。"孙亮正色道："法律是天下人共同遵守的。怎么能因为他是我的侄儿就破坏法律呢？应当考虑怎样才能使他活命，而不应以亲戚之情来劝我徇私枉法。"刁玄说："君王有赦免之权，按照过去的惯例，赦免范围有大有小，或者普赦天下，或者单赦千里、五百里，凭君主选择。"孙亮大喜，说："解救人就应该这样。"于是先依法判定孙基之罪，然后孙亮又下诏赦免内宫中所有犯罪之人，孙基才得以活命。

孙綝大权独揽，独断专行，孙亮十分不满。孙亮曾到中书省查看过去的公文，上面往往有孙权的批示，孙亮对左右说："关于许多事情的处理，先帝都有特制，现在大将军孙綝问事，怎么能仅仅让我签署同意就算完事呢？"此后，对于孙綝办理之事，孙亮经常加以查询盘问。

孙亮欲从孙綝手中夺权，苦于没有帮手。朝内大臣多是孙綝亲信，难以树立自己的党援，无奈只得扶植皇后家族之人以为羽翼。皇后全氏之父全尚，本来身居微职，孙亮便任命他为城门校尉，爵封都亭侯。后来又代替滕胤为太常、卫将军，进封永平侯，录尚书事。此外，孙亮又封全氏族人五人为侯，都掌管兵马，其他人则分别任侍郎、骑都尉等职，出入内宫，宿卫左右。自从东吴建国以来，外戚贵宠煊赫，无人可比。

谁知，全氏族人虽出将入相，贵为列侯，却皆是无能之辈，竟无一个争气之人。孙亮亲政后不久，曹魏大将诸葛诞叛魏降吴。东吴派兵三万接应，曹魏亦遣大军迎战。后来曹军增至20余万，诛杀东吴名将数名，吴军大败，而外戚全泽、全端、全祎、全仪等人竟趁机投降曹魏。孙亮又想培养一支能够忠于自己、指挥如意的军队，便从兵将子弟中挑选出15岁以上18岁以下少年3000人，选大将子弟英勇有力者作为将帅，日夜在宫中花园内练兵习武，孙亮说："我要和我建立的这支军队一起成长。"孙綝见孙亮不信任自己，又要亲自掌管军队，感到非常害怕。

东吴太平三年（258 年）九月的一个晚上，秋风萧瑟、天气阴沉。孙亮在宫中坐卧不安。原来，他已秘密派人召集岳父太常全尚、姐姐全公主和将军刘丞进宫，共商除杀孙綝之事。信使已派出多时，仍不见他们入宫，孙亮不禁有些心神不定。忽然，一声门响，只见全尚、全公主和刘丞等鱼贯而入。孙亮心中的石头落了地，连忙招呼他们入座，并令人严守宫门。孙亮不等众人坐定，便立身恨恨地说："孙綝目无君上，为所欲为，已难容忍。况且，我不杀他，他必杀我。我想立刻捕杀他，你们看怎么样？"全公主、刘丞不由得看了看全尚。全尚为人怯懦迟钝，既无谋略，又无大志，见事起突然，难以决断，沉吟半晌，缓缓说道："孙綝没有显过，又掌握朝中大权，恐怕一时难以除掉。况且他兄弟数人皆掌兵马，如果事不成，我们都有杀身之祸。"全公主毕竟是女流之辈，虽说进谗陷害有些心计，真临大事，也不能决断。见全尚这样说，也随即附和："我看也不如再观察一阵再说。"刘丞本是一介武夫，虽有些跃跃欲试，见二人退缩，也低头不语。孙亮见三人如此，大为恼火，大声喝道："事已至今，你们还犹豫不决。罢，罢，等一阵，你们想干也干不成了！"说完，不理众人，转身进入内宫。

又过了几天，孙亮心中仍愤愤不平，整日想的是如何除掉孙綝。又因皇后全氏是孙綝堂姐之女，唯恐此事泄露，更想尽快动手。九月戊午的深夜，孙亮又派人将全尚之子、自己的妻舅黄门侍郎全纪秘密唤入宫内，与他密谋。孙亮说："现在孙綝专权用事，为所欲为。我曾令他率兵救围，他拒不听从。他还敢擅杀功臣，预先也不向我报告。他又在桥南构筑府第居住，深居简出，不来朝见。如此恣意胡为，是可忍，孰不可忍？现在我这样计划：我命你父亲做中军都督，让他秘密召集兵马；我亲自出宫去朱雀桥，率领左右虎卫之士及护宫三军将孙綝府第围住。我再颁布诏书，敕令孙綝等所领诸军全部解散。这样，只要解除孙綝的军权，大事可成。你速去准备，但一定要机密。你将我的诏令告诉你父亲，但千万不要让你母亲知道。因为女人难成大事，她又是孙綝的堂姐，万一将事机泄露，非同小可。"全纪答应，承诏回府，告诉其父全尚。全尚虽有犹豫，但见诏令已下，只得受令。可他毕竟是无能之辈，承担此等大事，胆战心惊，踌躇半晌，实在委决不下，只得又把妻子叫来，同她商量道："陛下令我率军参与诛杀你堂弟孙綝之事，你看如何是好？"尚妻孙氏狡诈阴险，一听此事，心中一惊，脸上却不露声色，为稳住全尚，说道："如此大事，需要慎重。况且已至深夜，不妨天明后问过陛下再说。"全尚竟然听从，一时未有举动。孙氏遂派心腹之人火速通知孙綝。

这使者跌跌撞撞跑进孙府，只见孙府灯火辉煌，从内室传出阵阵丝竹弦乐及轻曼歌声。进去一看，孙綝醉眼朦胧，右手执酒杯，左手挽美女，一边饮酒，一边观看堂前歌女轻歌曼舞。使者上气不接下气地说："事情危急！皇上要与全尚、全公主等人谋杀大将军！请大将军速作准备。"孙綝一听，酒意全消。他扔掉酒杯，推开美人，连忙召集众人，布置反攻之策。孙綝连夜派人围住皇宫，又亲自率兵封锁全宅，捉拿全尚。又令其弟孙恩杀刘丞，其余所掌诸军全部集中待命，以备非常。

孙亮在宫中等候全纪回报，左等右等不见全纪，急得孙亮心如火焚，坐立不安，一夜未眠。天亮之后，发现孙綝之兵已将皇宫团团围住。孙亮大怒，执枪挂弓，披挂上马，不顾一切地要冲出宫外。他口中大叫："我乃大皇帝嫡子，在位已5年，谁敢不听从我！"侍中、近臣及孙亮之乳母一齐扑上来，牵住马，拉住手，好歹将孙亮止住。孙亮不能如愿，心中恨恨不已。二日之内，茶饭不进，或顿足痛骂，或长吁短叹，左右之人无不心痛不已。孙亮又唤来皇后全氏，厉声骂道："都是你父亲昏聩愚笨，坏了我的大事！"又派人去召全纪。全纪说："我父亲虽奉诏书，却处之不慎，坏了陛下大事，我还有什么脸面再见陛下！"说毕，自刎而死。

孙綝扑灭事变，废去孙亮帝号，贬为会稽王。迎孙亮兄孙休为新君。又令孙耽押送孙亮至会稽（今浙江绍兴）为会稽王。

东吴永安三年(260年)秋，会稽郡一带流传谣言，说孙亮将要重当天子。而孙亮的宫人又报告说孙亮使巫师去祠庙祈祷，口出恶言秽语。此时孙綝已死，有司报告新帝孙休，孙休贬黜孙亮为侯官侯，遣送他至国。途中，孙亮自杀身亡。又有人说是孙休派人以毒酒将孙亮毒死。孙亮死时，年仅18岁。

三、吴景帝重整朝纲，诛孙綝难救时局

孙休（235—264年），字子烈，是吴大帝孙权的第六个儿子。东吴太元二年（252年），孙权封他为会稽王。孙权死后，孙休的弟弟孙亮即位，太傅诸葛恪辅政。诸葛恪担心孙氏诸王分据长江沿岸各军事要地，会给中央造成威胁，就将诸王迁移他处，孙休也从封地虎林（今安徽马鞍山一带）迁至丹阳郡（今安徽宣城一带）。

孙亮被废之后，孙綝决定迎立孙休为帝。孙綝先命宗正孙楷、中书郎

董朝去会稽郡奉迎孙休。孙休将二人请进，只见孙楷、董朝进来之后，拜伏于地，口中说道："大将军孙綝命我二人迎您回京城入继嗣统，君临大位，请速速起程。""什么？"孙休不相信。二人又把孙綝迎立本意复说一遍，孙休仍然将信将疑，心中暗想：此事非同小可，弄不好会丢脑袋。还是等等再说。所以虽孙楷、董朝二人反复催促起程，孙休还是把二人留了一天两夜，这才勉强起程。

一路上，孙休始终放心不下，起起停停，拖延时间，另派人探听确信。急得孙楷、董朝二人心如火燎，恨不能立时飞至京师。行至曲阿（今江苏丹阳）附近时，探消息的人回报确有其事，且："事不宜迟，迟则生变，现在天下翘首盼望，请陛下速行。"孙休一想，此言甚是，便加快步伐，星夜赶往京城。队伍来到永昌亭，只见这里旌旗招展。原来，孙綝已派其弟武卫将军孙恩代行丞相职权，率领文武百官及天子仪仗等在此迎候孙休。孙恩等命人火速建造行宫，未成之时，暂以军中武帐作为便殿。此时，孙休等已到，孙休先命孙楷前往通报。而后，孙休乘辇车进入便殿，群臣再拜称臣，请孙休升入御座。孙休再三谦让。后在东厢坐下。户曹尚书忙趋身向前，高声赞奉百官拥戴之意，代丞相孙恩奉上天子玉玺印符，孙休又谦让再三，最后，孙休说："既然众卿都推戴我，我怎敢不从众人之请？"接过玺符，登上御座。顿时，便殿内群臣三呼万岁。

第二天，孙休便乘御辇上路，前有仪仗开道，后有百官陪列，旁有军士护送，好不威风，行至距京城数十里的田野内，见孙綝等已率千余军士恭候多时。

孙休能够当上皇帝，全是孙綝的功劳。孙休对此当然不能不表示褒赏感激，即位后不久，就下诏，以大将军孙綝为丞相，荆州牧，孙氏子弟孙恩、孙据等5人皆授封将军、御史大夫等要职，并封爵为侯，诸将吏参与在永昌亭奉迎、陪伴孙休为帝者，也都官升一级。

孙綝一门，5人为侯，典掌禁兵，权倾人主，自吴开国以来，从未有过这样的事情。孙氏诸人权势熏天，为所欲为。孙休贵为君主，手中几无权力，凡是孙綝等陈述之事，孙休无不听从办理。即便这样，孙休仍怕孙綝等谋反作乱，经常对孙綝及其族人厚加赏赐。十一月，孙休下诏说："大将军忠心耿耿，首建大计，安定社稷，功勋卓著，应优加褒奖。目前，大将军执掌中外诸军事，事情烦多，不胜劳累。现在赐其弟卫将军，御史大夫孙恩以侍中衔，使其与大将军管诸事，以示朝廷尊崇功臣，分其劳苦之意。"

孙休

有一次，孙綝给孙休奉献牛酒，可不知孙休是不满孙綝专权，或是有什么其他想法，竟然拒绝不收，孙綝无奈，只得顺便命人将牛酒携至左将军张布家。张布见孙綝郁郁不快，忙命人速备酒菜，二人便在客厅对饮起来，几巡酒过后，孙綝酒酣耳热，说话也渐渐没有遮拦了。他对张布大发牢骚说："当初废黜孙亮时，许多人劝我自立为帝，可我以为陛下贤明，所以迎立他为君，不是我，陛下如何能当上皇帝？可今天我奉献礼物，陛下竟然拒不接收，这岂不把我看成凡臣俗子吗？这口气实在难以下咽！以后有机会，我定要改立新君。"张布一听，心中大惊，表面却不露声色，随便附和了几句，见孙綝已大醉，便命人将他送回去。张布见孙綝等人走远，火速奔入宫中，将孙綝之意报告孙休，孙休一听，也大为恐慌，可转念一想，又哭丧着脸，无可奈何地对张布说："孙綝权势逼人，我早已不安，现在他又明露反意，实在罪该万死！可现在我一无权，二无人，张将军，您说怎么办呢？"张布答道："陛下所言极是，依臣愚见，为了避免激起孙綝早日谋反，不如对他继续优崇赏赐，使其不备，陛下也好做些准备。"孙休点头道："张将军见解不差。还请张将军以后多加留意，并为我做些准备。"张布答应。

于是，孙休对孙綝像往常一样，继续委大政于他，并不断加以赏赐。这时，有人告发孙綝，说他心怀不满，侮辱君上，欲图谋反。孙休为了进一步麻痹孙綝，就吩咐有司将告发者送给孙綝发落，孙綝杀了告发者，可心中惊慌不安，唯恐朝廷中再有人与他作对，更担心孙休听信他人之言，联合朝臣整治自己。于是，孙綝便请求至武昌（今武汉市）屯守，孙休答应，并敕命有司，允许孙綝将所率精兵万余人全部带走，并允许他的军队将士任其所需，武器兵具，装备粮草等物，随意装载，不加限制。于是，孙綝军中上下，都忙着打点行装，搬运物资，整个兵营里装备、粮草堆积如山，简直像仓库一样。孙綝又请求带两名书郎，以协助掌管军政诸事，有司上奏，孙休下诏特许，并满足孙綝的其他全部要求，因此，孙綝等人大喜过望，以为孙休仍然信任自己，便无忧无虑地整日饮酒作乐，专等吉日良辰启程开拔了。这时，将军魏邈来见孙休，说："孙綝手握重兵，居住在外，早晚必然生变。"孙休猛然醒悟，明白了孙綝如将兵出外，以后更难制服，便沉吟不语，卫士施朔又进入宫中，报告孙休说孙綝等人正整治兵器，集合兵马，谋反的征象已十分明显，孙休挥手让二人退下，心中思量着诛孙綝之计。

当晚，孙休派人秘密地将张布召入宫中。孙休说："孙綝将行不轨之事，你看该怎么办？"张布说："左将军丁奉虽然识字不多，不能读书写字，但计略过于常人，能断大事，可召他来一同谋划。"孙休马上派人将丁奉秘密召入宫中，孙休见丁奉进来，不等他坐定，便迫不及待地说："孙綝执掌国政，权重如山，现在又想谋反，我想同诸卿共同诛杀他，你看计从何出？"丁奉说："孙綝兄弟甚多，支党繁盛，并且多数握有兵权，如果突然罢免他，恐怕人心不能统一，陛下将有大难。眼下，腊祭之日快到，依臣看，不如趁腊日聚会的机会，利用陛下身边之兵，将其擒杀。"孙休大喜说："老将军确实名不虚传，果然有妙计良策，就依将军之计。"

东吴永安元年（258 年）十二月七日，建业城中流言四起，人们纷纷传说第二天腊会之日将发生事变，孙綝听说之后，十分不悦，当晚，忽起大风，飞沙走石，天昏地暗，孙綝越发惊慌。

第二天，正是腊会之日，依惯例，宫中要举行宴会。孙綝预感不祥，便称病不去赴宴。孙休便派使者强请，先后有十余人。孙綝无奈，便要入宫，众人纷纷劝阻，孙綝说："陛下屡次命我赴宴，不可推辞。为防有变，诸位可预先集合兵马，见我入宫之后，便在府内放火，我就可以借机迅速返回。"说毕，便进入宫中。

孙綝进入殿中巡视四周，见孙休坐在正位，神色安详，旁边只有张布、丁奉等人陪侍，也面带笑容，孙綝略微放下心来，又看看四周的武卫之士，个个神色严峻，手握兵器，如临大敌。孙綝一见这等情况，刚放下的心又提了上来，心中后悔不该入宫，更不该未带卫士，独身赴宴。现在形单影只，手无寸铁，岂不是飞蛾扑火，自取灭亡？孙綝正在胡思乱想，忽听见孙休说："丞相快请坐下！"孙綝口中胡乱应着，寻个座位坐下，哪里还有心思吃酒？孙綝眼睛只望孙府那个方向看，刚刚端起酒杯，只见孙府上空一股浓烟腾空升起，孙綝像见了信号一样，一跃而起，口中说道："陛下！臣府中起火，容臣速返，回去探望！"孙休说："外边军将甚多，不会出事，还用麻烦丞相吗？"孙綝说："不行！我必须回去看看！"说着，就要离席往门外走。这时，丁奉、张布一边上来阻拦孙綝，一边以眼色命令左右武卫之士快快动手。众武士一见命令，马上围上前来，抓住孙綝，将他捆个结实。孙綝知大势已去，只求活命，便叩头如捣蒜，一边叩头，一连向孙休请求道："我愿意流放交州（今广州一带）。"孙休恨恨地说："当初你杀滕胤、吕据，为何不将他们流放交州？"孙綝又说："我愿意身为宫奴。"孙休又说："你为何不把滕胤、吕据贬为宫奴，而偏要杀害他们？不能饶你！"说毕，便命武士将孙綝斩杀于殿中，孙綝死时，年28岁。

诛杀孙綝后，孙休命使臣拿着孙綝的首级，去孙綝军中告令其众道："孙綝已死，有与孙綝密谋者，不问罪行轻重，官位高低，全部赦免！"孙綝党众见孙綝已死，知道形势已变，又听说可以得到赦免，便纷纷放下兵器，口中大喊："陛下万岁！"跪伏于地下。一时间，投降者达五六千人。孙綝弟孙恩及族人等，见众人已不附己，知道大势已去，便纷纷四散逃命。孙休命人全数追回杀死。接着孙休又命人诛灭了孙綝三族，还将孙綝族兄孙峻的棺材打开，将以前封授的官印取回，砍碎其棺，再埋入地下。

孙休诛灭孙綝后，论功行赏，迁丁奉为大将军，加左右都护，进张布为中军督，又封布弟张为都亭侯，张恂为校尉。张氏兄弟权势日重，张布也极受宠信，他便恃宠任事，暗中干了许多不法之事。

孙休虽然年轻，却极爱诗书礼乐，并极重文化教育，即位后不久，就曾颁布诏书，命仿照古例，立五经博士，从文官武将子弟中挑选勤奋好学者，加以培养。孙休自己也喜爱古代典籍，一年四季读书不辍，曾发宏愿，要读遍古代百家之言。

孙休颇信一些卜巫之术。有一次，孙休患病，便令人找来一名巫师看病。孙休想试一试巫师法术如何，就命人先杀了一只鹅埋在宫中后花园里，上面又架起一座小屋，屋中摆设床榻几凳等物，又把些妇人所用的衣物鞋袜之类放置其上，然后命巫师来看。先传话给巫师说："如果能说出这坟墓中鬼妇人形象，当场有赏，并让他给皇帝看病。"那巫师围着小屋转来转去，从早到晚，整整一天未发一言。孙休命人追问，也许这巫师早已买通宫人，了解了内情，只听他说："实不相瞒，我真的并没看见鬼，只见一只白鹅站立在坟墓上，之所以没有马上报告，是我怀疑这白鹅是鬼神故意变出这个模样，等它露出真形我再报告，可是从早到晚，这白鹅竟然毫无改变，我不知何故，所以不敢据实以报。"孙休一听，连声说："高明！高明！快请大师进来给我看病。"这巫师应召进来，胡乱看了看，随口编了几句，哄得孙休信以为真，便吩咐左右厚赏巫师，巫师大喜而去。

孙休即位之时，东吴国力已开始衰落。在统治阶级内部，各个实力集团争权夺利的斗争日益激烈，这就大大削弱了中央集权的力量。孙休即位之后，魏国不断地寇略边境，交趾郡（今越南北部）吕兴等人也起来造反，沿海一带又有海贼骚扰，真是内外交困。孙休想行惠政，重农桑，整顿吏治，增强国力，本意原是不错，他派使者四巡，察看民情，整饬吏属，又多次下诏劝重农桑，但终因即位日短，权力过小，整个统治日益腐败而收效甚微。

孙休富有学识，眼光过人，往往能言人所不能言之事。即位之始，有人请求朝廷为故元辅诸葛恪立碑，以表彰其功勋。孙休说："诸葛恪刚愎自用，不听众人之言，盛夏出军，士卒伤损，无尺寸之功，不能谓之能；恪居于元辅之位，受托孤之任，死于逆臣竖子之手，不能谓之智。为何还要立碑？"众人都叹服其过人之见。

东吴永安七年（264年）七月，孙休突发重病，神智虽清，但口不能言。左右人慌了手脚，连忙将孙休安置内宫，一边寻医觅药，一边安排后事。孙休知自己死期将近，便手写诏书命丞相濮阳兴入宫。孙休命太子出来拜见。孙休把着濮阳兴的手臂，指着太子，双目含泪，将太子托给濮阳兴。濮阳兴与太子痛哭流涕，拜于御床之下。不一会儿，孙休双目一闭，溘然而逝。

孙休在位7年，死时仅30岁。死后谥号曰"景皇帝"。

四、残暴荒淫吴末帝，天怒人怨亡国君

孙皓（242—283年），字元宗，一名彭祖，字皓宗，是吴大帝孙权的孙子，故太子孙和幼子。

孙皓继位为吴国国君，很有一番戏剧性的复杂过程。222年，孙权建年号，为黄武元年；魏太和三年（229年），孙权称帝，改年号为黄龙元年，以建业为都城，立孙登为皇太子。但孙登命短，赤乌四年（241年）去世，孙权便于第二年正月改立孙和（即孙皓的父亲）为皇太子。孙和常受到全公主等人的潜谮，入主东宫八年后又被孙权废去皇太子名位，改孙亮为皇太子，孙和不久被封为南阳王，出居长沙。

就在孙和出居长沙的这一年，71岁的孙权在京城病逝，孙亮继位。孙亮年幼，即位时年仅10岁，即位后，军国大事悉由诸葛恪、滕胤、孙峻、孙綝等人把持。太平三年（258年），孙綝黜孙亮为会稽王，迎立琅邪王孙休为帝，是为景帝。孙休即位后的第五年立儿子孙𩅧为太子。

孙休死时才30岁，太子孙𩅧还很年幼。这时有人经常在丞相濮阳兴、左将军张布面前讲孙皓的好话，称他才智明断，奉遵法度，谦逊好学，大有长

沙桓王孙策的风范。濮阳兴、张布二人信以为真，便向朱太后（孙休妃）提出了立孙皓为嗣的建议。那朱太后是个没有主意的人，说道："我一个妇道人家，哪里知道社稷大事。只要对吴国没有损害，你们就看着办吧。"就这样，废太子孙和的儿子孙皓被拥上了皇帝的宝座，时年23岁。

当时，蜀汉刚刚被魏国所攻灭，吴国统治下的交趾地区时常发生叛乱，形势已相当严峻，吴国上下忧心忡忡。孙权死后，吴国的君主可谓一代不如一代，文臣武将也大不如孙权时那样"异人辐辏，猛士如林"。在魏国，司马氏集团集军政大权于一身，正在加紧代魏自立的步伐，并加强训练军队，暗中做好伐吴的准备。而在吴国国内，政治日非，"奸回肆虐"，阶级矛盾和朝廷内部的相互倾轧日益突出，愈演愈烈，全国上下都在企盼着能有一个大有作为、年富力强的明君来扶倾振危，将东吴小王朝重新支撑起来。就在这样的背景下，本无多少即位可能的孙皓戏剧般地登基了。

孙皓在国人的殷殷期望中当了皇帝，本应励精图治，强国富民，以孚天下人之望，但朝廷上下很快便失望了。

即位之初，孙皓为笼络人心，树立威望，曾发优诏，恤士民，开仓廪，振贫乏，放出宫中女子，让她们在民间择夫嫁人，又将苑中豢养的禽兽全部放归山林。这些举措，得到人民的普遍欢迎，朝廷上下一时都称他为明君。但这完全是为了演戏，孙皓的真面目不久就暴露出来了，司马光的《资治通鉴》说他"及既得志，粗暴骄盈，多忌讳，好酒色，大小失望"。朱太后是同意让孙皓嗣位的，但孙皓并不感恩戴德，反而将其贬为景皇后，而尊自己的母亲何氏为太后，并追谥父亲孙和为文皇帝。这引起许多大臣不满，连原来拥戴他的濮阳兴、张布也非常懊悔，在私下扼腕嗟叹。有人将濮阳兴、张布二人的怨悔之情告诉给孙皓，孙皓竟全不念濮阳兴、张布二人的议立之功，将二人逮捕，流放广州，又在半路上将濮阳兴、张布杀死，并夷灭三族。

孙皓凶狠残忍，手段毒辣，是个没有人性的暴君。臣下稍不如意，甚至有人长得俊伟一些，他都要怀恨在心，顿起杀机。一次，魏相国司马昭派吴国降将徐绍、孙彧出使吴国，孙皓也派使者随徐绍、孙彧二人持书回报司马昭。徐绍等人刚到一个叫濡须的地方，孙皓又派人追来了，将徐绍召还杀戮，罪名是徐绍曾称美过中原。

散骑常侍王蕃英俊潇洒，气质不俗，但不会阿谀奉承，孙皓因此很不高兴；另一散骑常侍万彧和中书丞陈声又从中谗毁，更使孙皓嫉恨。一次，孙皓大宴群臣，王蕃喝醉后伏在桌上歇息。孙皓无端起疑，认为王蕃是假醉装傻，便让人将王蕃挽到外面，不一会儿，又将王蕃召入。王蕃在任何时候都十分注意自己的仪容外表，刚才在外面被风一吹，酒也醒了几分，闻孙皓复召，便赶紧整好衣冠，重新入内。孙皓见王蕃行止自若，料定王蕃刚才酒醉乃假装无疑，喝令武士将王蕃斩于殿下。孙皓犹不解恨，令人把王蕃首级掷于樊山之上，让左右作虎跳狼争之状，将王蕃的头咬碎撕裂。

"顺之者昌，逆之者亡。"这在孙皓身上完全可以得到确切的注释。只要会奉迎钻营，谄媚巴结，他一概重用；谁要是对他的倒行逆施稍表不满，则随时会有杀身之祸。孙皓的嬖臣岑昏，擅长搜刮，好兴功役，孙皓对他特别宠信，让他位列九卿。汝南有个叫何定的，曾在孙权时当守宫中小官。孙皓即位后，何定毛遂自荐，请求给个一官半职。孙皓任他为楼下都尉，专管宫中的酒食供应。何定小人得志，大耍威风，到处搜刮强夺，以满足孙皓的奢侈欲望。孙皓由此对何定宠信无比，宫内众事，一以委之，左丞相陆凯曾当面斥责何定，说："古今倾国乱政的贼子，哪有一个是有好结果的？你专事奸佞，作威作福，如不痛改，也决不会有好的下场！"何定因此对陆凯恨之入骨。陆凯临终前，孙皓派人去征询陆凯遗言。陆凯还是指出，何定不可信用，应放逐到京外去任职，并希望孙皓能用贤去谗，勿为奸人所蒙蔽。孙皓素来对陆凯的切直忠正非常恼恨，何定又在旁边天天谗毁，陆凯一死，孙皓便将陆家全部赶出京城。

会稽郡张做善于谄媚奉迎，孙皓对其宠任有加，不但封侯拜爵，且恣其胡作非为。张做纠集二十个市井无赖，专门负责纠察所谓的"不法"，吏民凭个人好恶相互攻讦，狱中一时人满为患，张做则从中大收其利。他骄奢横暴，上下嚣然。后来在舆论的压力下，孙皓才不得不将张做父子车裂。同时会稽郡人，太守车浚清廉正直，卓有政绩，有一年郡中大旱，车浚上表请求振贷。孙皓却认为这是车浚在收买人心，笼络百姓，派人去会稽郡将车浚枭首。尚书熊睦对孙皓的奢靡昏虐微有所谏，孙皓用刀环将熊睦敲得体无完肤，最终把他击杀。

孙皓"肆行残暴"，又"穷淫极侈"，是个荒淫奢侈的昏君。孙皓初都武昌，税赋大多依仗扬州供给，扬州吏民运送漕粮财物须溯流而上，辗转周折，苦不堪言。孙皓不管这些，只是派人反复催迫，限期交纳各种租赋和苛捐杂税，自己则在宫中奢侈无度，吃喝玩乐，使国库日益空虚。陆凯上疏，认为目前国力匮乏，当务之急是养民丰财，而朝廷却更加穷奢极欲，未发生灾祸百姓已承受不起，未出现大的战争国库已经空竭，这是令人非常担忧的。武昌地偏物乏，应还都建业，正像童谣所说的："宁饮建业水，不食武昌鱼，宁还建业死，不止武昌居。"陆凯希望孙皓能省息百役，罢去苛扰，放出宫女，清选百官，以保国家永安。孙皓不听。要不是陆凯祖上有大功于吴，自己又是宿望勋旧，如此切直激烈的言辞，早为孙皓所恼恨而有杀身之祸。

后来，孙皓虽然将都城迁回到建业，但其奢靡之习依然如故。宝鼎二年（267年），孙皓下令作昭明宫，受禄2000石以下的官员全部上山监督民工伐木，服役的民工则达十几万人之多，可见这一宫殿的豪华和奢丽。史传昭明宫在太初宫之东，方圆500丈，宫中大开苑囿，聚土为山，亭台楼观随处可见。建筑过程中穷极技巧，功役之费以亿万计。陆凯又上表谏阻，孙皓不听；中书丞华覈耐不住，也上疏反对营建昭明宫，指出，当前仓库空匮，编户失业，而北方积谷养民，眈眈相向，吴国境内应同仇敌忾，利用一切财力物力对付晋国的威胁。他又针对吴国当时的奢侈之俗，进一步指出："今事多而役繁，民贫而俗奢，百工做无用之器，妇人为绮靡之饰"，虽无斗石之蓄，也只得随俗竞奢，耗财费力，自伤国本，这样下去是很危险的。孙皓还是不予理睬。

孙皓的奢靡恶习早为百姓所怨恨。除陆凯、华覈外，出于维护封建统治的目的，吴国的许多大臣也都曾极力规谏。孙皓非但不采纳，反而对这些大臣百般报复。中书令兼领太子太傅贺劭曾上疏认为，当前国家无一年之储，百姓家中无经年之蓄，而后宫坐享吃喝的却有一万多人，且劳役繁杂，赋调严重，如此下去，国家无法长治久安。孙皓览表，立即对贺劭怀恨在心。后来贺劭因中风而去职数月，孙皓疑其有诈，下令逮捕严刑拷打后，又用烧烫的锯子把贺劭的头锯了下来。

孙皓又是个荒淫好色之徒。他的后宫聚集了吴娃越女10万人，"诸姬佩皇后玺绶者甚众"。这还不能满足他的淫欲。甘露元年（266年）十二月，他派出无数黄门太监到各个州郡，搜掠文臣武将家中的女子，规定食禄2000石大臣的女儿，必须年年报名，十五六岁的女子必须送到京

陶楼模型

城经过"简阅"挑选；挑选不上的，才能出嫁，一旦选上的必须充入后宫。

孙皓的奢靡生活当然是以百姓的血汗为代价的，在他的统治下，吴国境内税赋繁重，苛捐日增，百姓食糠咽菜充饥，至于卖儿鬻女、典家荡产者，比比皆是。孙皓的一名爱姬曾派人到建业城中掳掠民间财货，那人被司市中郎将陈声抓住绳之以法。陈声素受孙皓厚宠，但那名爱姬将此事告诉孙皓后，孙皓竟假借他事，将陈声的头颅用烧烫的锯子锯下来。

吴末帝孙皓在用刑杀人方面有很多骇人听闻的绝活儿，如剥脸皮、挖眼睛，用烧红的锯锯脑袋等，无所不用其极；在"选美"方面也有很多发明。

他规定：朝中大臣家凡是有姑娘的，每年都要登记造册，到十五六岁上都要到他面前亮相，他看中的，就要留在宫里，看不中的才可以考虑出嫁。

他还派出宦官，走遍天下州县，物色美人儿，充实后宫。那些年，宦官们可真够忙的。还真有成效，很快，后宫的美女就达到了万人。问题又来了，美女太多，不能妥善安置，怎么办呢？就要多修宫殿，供美人儿们歇息，还要多修苑囿，供美人儿们游览。

大臣中书令兼太子太傅贺劭上书劝他不要这样做，宫中一万多美女费用太多，国家负担太重，结果，孙皓让人用烧红的锯子锯下了贺劭的头。

晋武帝早有灭吴之心，他的一些大臣也多次上疏请求讨伐。吴国上下希望孙皓早死，盼望有个新君出来有所振作，晋国一些大臣则惧怕孙皓死去，吴国更立新君，甚至把这看作是灭吴的三大困难之一，因此要求早日伐吴。当然，吴国的灭亡早已是大势所趋，此时即使再出现个所谓"圣主"也未必能改变它的命运，但晋人把孙皓的凶残贪暴、荒淫奢靡作为灭吴的有利条件之一，确是反映了孙皓的昏庸腐朽，罪大恶极。然而，就在晋国积极准备灭吴的时候，痴人一般的孙皓却还在酒肉堆中做着他的黄粱美梦。他对各类祥符瑞兆之说深信不疑，觉得王气在此，晋军非但奈何他不得，反而他将入主中原。一次他得了根破银尺，便当成了宝贝，随即改元天册；有人献了块刻有"皇帝"二字的石刻，他便大赦，改元天玺；有人呈上块刻了两行小字的石印，孙皓大喜，改元天纪。这实际上都是些奸猾之徒愚弄他的，孙皓却飘飘然如堕五里雾中，相信这些都是祥兆。

晋咸宁五年（279年），晋武帝司马炎认为大规模进攻并歼灭吴国的条件已经成熟，就分兵六路大举进攻。为了防止晋朝的大举进攻，吴人曾在长江要塞处做铁锁横江，又做一丈多长的铁椎暗置江中，以阻止西晋的水军。王濬做大筏，缚草为人，被甲执仗，立于筏上，而使善于泅水的兵士以筏先行，遇铁锥，椎即着筏而去；又做大炬，多灌麻油，将铁锁烧毁殆尽，晋军顺流而下，势如破竹，吴军非溃即降。吴末帝孙皓见大势已去，只得面缚请降，近60年三国鼎立的局面至此结束，华夏大地又复归统一。

晋太康元年（280年）五月，孙皓等被押往洛阳。武帝司马炎"意犹慰之"，封孙皓为归命侯，并在生活上给予很高的待遇。孙皓的几个儿子也都得到了中郎、郎中的官衔。4年后，孙皓死于洛阳，时年42岁。

第五章 乱世英豪

一、孔明出山定三国，鞠躬尽瘁辅二主

诸葛亮（181—234年），字孔明，琅邪阳都（今山东沂南南）人。他的父亲诸葛珪，东汉末任泰山郡丞，去世很早。因此，诸葛亮是由叔父诸葛玄抚养大的。

诸葛玄经军阀袁术推荐，出任豫章太守，诸葛亮随之到了豫章（今江西南昌）。不久，袁术在与曹操的斗争中败死，朝廷任命了新的豫章太守。诸葛玄丢了官职，投奔荆州牧刘表，诸葛亮也就到了荆州治所襄阳。他曾从师隐士酆玖，学习兵法阵图和治世之道，学业大进。诸葛玄死后，诸葛亮移居襄阳城西的隆中，"躬耕陇亩"，过起了近乎隐居的生活。其间，他结识了当地名士崔州平、徐庶、石广元、孟公威、庞德公、黄承彦、庞统、司马徽等人，经常一起读书吟诗，纵论天下大事，抒发报国无门的感慨。他通过读书、思索和访问南来北往的行人，积累了丰富的知识，了解了天下的形势，"每自比于管仲、乐毅，时人莫之许也"。

时值东汉末年，各地军阀豪强利用镇压黄巾农民大起义的机会，蜂拥而起。先有外戚和宦官之乱，再有董卓、李傕、郭汜之乱，汉献帝最后落到曹操手里。曹操"挟天子以令诸侯"，平定割据势力，尤其是在官渡之战中打败袁绍，再北征乌桓，基本上统一了中国的北方。刘汉宗室刘备参加军阀混战，屡战屡败，颠沛流离，无奈到了襄阳，投奔刘表。刘表控制荆州富庶之地，然而为人平庸，缺少抱负，内部统治很不稳定。刘备来投，刘表一方面表示欢迎，另一方面又很疑忌。他命刘备驻军新野（今河南新野），以防守荆州的北大门。

刘备听闻诸葛亮的贤名，就亲自登门拜访诸葛亮，"凡三往，乃见"，

而有"三顾茅庐"之说。刘备见到诸葛亮，态度谦恭，向他讨教。诸葛亮见刘备诚恳谦虚，遂侃侃而谈，对当时的政治形势进行了精辟的分析。他说："自董卓以来，豪杰并起，跨州连郡者不可胜数。曹操比于袁绍，则名微而众寡，然（曹）操遂能克（袁）绍，以弱为强者，非惟天时，抑亦人谋也。今（曹）操已拥百万之众，挟天子而令诸侯，此诚不可与争锋。孙权据有江东，已历三世，国险而民富，贤能为之用，此可以为援而不可图也。荆州北据汉（水）、沔（水），利尽南海，东连吴会（今江苏、浙江），西通巴蜀（今湖北、四川），此用武之国。而其主（指荆州牧刘表和益州牧刘彰）不能守，此殆天所以资将军，将军岂有意乎？益州（今四川）险塞，沃野千里，天府之土，高祖（指刘邦）因之以成帝业。刘彰闇弱，张鲁在北，民殷富而不知存恤，智能之士思得明君。将军既帝室之胄，信义著于四海，总揽英雄，思贤如渴，若跨有荆（州）、益（州），保其险阻，西和诸戎，南抚夷越，外结好孙权，内修政理，天下有变，则命一上将，将荆州之军以向宛（城）、洛（阳），将军身率益州之众，出于秦川（今陕西关中），百姓孰敢不箪食壶浆，以迎将军者乎？诚如是，则霸业可成，汉室可兴矣。"

这便是著名的"隆中对策"。其中心意思是刘备应当占领荆州和益州，东联孙权，北抗曹操，从而形成三足鼎立的局面，然后相机行事，统一天下，振兴汉室。诸葛亮身在隆中，心怀天下，足不出户，就为刘备后来的政治、军事行动，提出了基本的战略思想。

建安十三年（208年），曹操南征刘表。刘表病死，由其少子刘琮继任荆州牧，刘备守樊城（今湖北襄樊东）。在博望坡，诸葛亮首次用兵，火烧曹操的先锋部队，出手不凡。诸葛亮建议刘备夺取荆州。刘备流露出妇人之仁，说："吾不忍也。"刘琮懦弱无能，投降曹操。荆州百姓多附刘备。刘备南逃，欲取江陵，曹操亲率5000名精锐骑兵，长途追袭。在当阳长坂（今湖北当阳东北），曹军追上刘军，大破之。刘备急向夏口（今湖北武汉汉口），会合刘表长子刘琦，移驻樊口（今湖北鄂城西北）。曹操占有江陵，控制了荆州大部分地区。

这时，诸葛亮为贯彻"东联孙权,北抗曹操"的战略方针，自请前去江东，游说孙权，联合抗曹。孙权时在柴桑（今江西九江西南），深切地感受到了曹操的威胁。诸葛亮针对孙权犹豫不决的心理，采用激将法，激起孙权抗曹的雄心。随后又"舌战群儒"，批驳了以长史张昭为首的主降派。加之，周瑜、鲁肃等积极主战，孙权终于下定决心，任命周瑜为大都督，程普为副都督，鲁肃为赞军校尉，发兵三万，会合刘备的水师，协同作战，共抗曹军。诸葛亮协助周瑜，从容调度，于是便有了赤壁之战，孙、刘联军以弱克强，成功地打败了曹操。此战奠定了日后魏、蜀（汉）、吴三国鼎立的基础。

赤壁之战后，曹操败退北方，周瑜夺取了荆州，刘备和诸葛亮则攻取了江南武陵（今湖南常德）、长沙（今湖南长沙）、桂阳（今湖南彬县）、零陵（今湖南零陵）四郡。刘备自任荆州牧，治所设在公安（今湖北公安）。接着，诸葛亮巧设妙计，向孙权"借"得荆州，主力部队移住江陵。从这时起，刘备真正有了栖身之所。孙权为了表示友好，还把妹妹嫁给刘备为夫人。

刘备在荆州站稳脚跟，任命诸葛亮为军师中郎将，督领长沙、桂林、零陵三郡，筹集军资，自己进兵益州。恰好，曹操发兵进攻益州北方门户汉中（今陕西汉中）。刘彰畏惧曹操，派人请刘备入蜀。刘彰部下张松、法正归顺刘备，充当内应。刘备留下诸葛亮、关羽镇守荆州，自己率兵数万，西进益州。刘彰临时又害怕引狼入室，改变主意，资助刘备一些兵马和粮草、器械，让他去进攻汉中的张鲁。刘备到达葭萌（今四川昭化），不再前进，"厚树恩德，以收众心"。张松勾结刘备的事实被人揭露，刘彰杀死张松。刘备大怒，攻占涪城（今四川绵阳）和雒城（今四川广汉），并征调诸葛亮，围攻成都。诸葛亮让关羽留守荆州，领兵沿江西上，攻占巴东（今湖北巴东），顺利和刘备会师。他们进而围攻成都，十余日后，刘彰投降。刘备如愿以偿地占有了号称"天府之国"的益州，自任益州牧，优抚和重用刘彰的官属，施行仁政，实力大增。诸葛亮的身份变为军师将军，署左将军府事。刘备每外出，诸葛亮留守成都，"足食足兵"。接着，按照诸葛亮的部署，刘备夺取战略要地汉中。建安二十四年（219年），汉中最终落入刘备之手。这年秋天，诸葛亮等拥立刘备为汉中王，刘备的事业进入一个新的起点。

同年发生一起重大事件：刘备和孙权为荆州问题出现裂痕，孙权袭杀关羽，收回荆州。刘备意欲发兵进攻孙权，但被诸葛亮等止住。建安二十五年（220年），曹操病死，曹丕逼迫汉献帝禅位，自己称帝，灭汉建魏。刘备立刻打出刘汉正统的旗号，为登基称帝大造舆论。章武元年（221年）四月，刘备正式称帝，国号定为"汉"，是为蜀汉，定都成都。诸葛亮正式升任丞相，诸葛亮以丞相领尚书事，后又兼领司隶校尉。

称帝以后的刘备犯了个致命的错误，急于替关羽报仇，轻率地发兵进攻孙权，破坏了孙、刘联盟。张飞又被部下杀害。刘备更加暴躁，拒绝吴王孙权提出的和议，大举进军，直至秭归（今湖北秭归）、夷陵（今湖北

诸葛亮

宜昌东南）。接着爆发了夷陵之战，孙权大将陆逊，火烧刘备连营，大获全胜。刘备为一时意气用事付出了沉重的代价，几乎全军覆没，退守白帝城（今四川奉节东）。

年底，刘备患了重病，急召诸葛亮托付后事。次年二月，诸葛亮到达白帝城。刘备流着泪说："君才十倍于曹丕，必能安国，终定大事。若我的儿子可辅，辅之；如其不才，君可自取。"诸葛亮听了这话，诚惶诚恐，也流着泪说："臣敢竭股肱之力，效忠贞之节，继之以死。"刘备还给太子刘禅留话，说："汝与丞相从事，事之如父。"四月，刘备去世。刘禅继位，是为蜀汉后主

建兴元年（223 年），诸葛亮被封为武乡侯，兼领益州牧，"政事无巨细，咸决于（诸葛）亮"。诸葛亮辅佐刘禅，所做的第一件事，是"遣使聘吴，因结和亲"，恢复两国联盟，形成对曹魏左右夹击的钳形之势。诸葛亮志向高远，想在东吴的配合下，出师北伐，完成统一大业。然而，蜀汉的后方南中地区，少数民族上层贵族发动武装叛乱，这给北伐增添了后顾之忧。诸葛亮审时度势，决定先安定南中而后北伐。南中平定后，仍用孟获等民族首领充任官吏，进行管理，同时推进政治改革，给当地人民传授先进的农业耕作技术和手工业技术，促进经济发展。这对西南各民族的团结和进步，作出了历史性的贡献。

建兴五年（227 年），孙权正对曹魏用兵。诸葛亮驻军汉中，决定挥师北伐，以完成刘备的遗志，实现天下统一的宏愿。出师之前，他给刘禅上了一道奏表，就是《前出师表》。他回顾刘备创业的艰辛和自己所受的知遇之恩，申述兵伐中原的大义，说："南方已定，兵甲已足，当奖率三军，北定中原，庶竭驽钝，攘除奸凶，兴复汉室，还于旧都。此臣所以报先帝，而忠陛下之职分也。"次年春天，北伐开始，诸葛亮佯装从褒斜道进兵关中，吸引了曹魏的主力，而自己则率 20 万大军，迂回陇西（今甘肃陇西），兵

出祁山（今甘肃礼县东），攻占南安、天水、安定诸郡，并派先锋马谡驻军街亭（今甘肃秦安东北），完全扼住了陇西通向关中的咽喉地带。这时，魏文帝曹丕已死，继位的是他的儿子曹叡，即魏明帝。魏明帝派遣大将张郃（郃，读作合），率兵五万，迎战马谡。关键时刻，马谡违背诸葛亮的军令，死搬兵法，自行其是，导致街亭失守，全军陷入被动。诸葛亮引军回汉中，挥泪斩了马谡，以正军法。事后，他上书刘禅，自责"授任无方""明不知人"的错误，请求"自贬三等，以督厥咎"。刘禅同意，把他降为右将军，仍行丞相之职。

从建兴六年（228 年）到建兴十二年（234 年），7 年间，诸葛亮 6 次出兵，致有"六出祁山"之说。实际上，真正取道祁山北伐的只有两次。在这连续的战争中，诸葛亮运筹帷幄，神机妙算，往往在千钧一发之际化险为夷，留下了许多动人而有趣的故事，充分表现了一位杰出政治家和军事家的智慧和才能。

建兴十二年（234 年），诸葛亮最后一次北伐，与魏军统帅司马懿相持于渭河之滨，历时三个多月。八月，诸葛亮病死于五丈原（今陕西岐山南）军中，时年 54 岁。蜀汉军队退去，司马懿察看诸葛亮营垒处所，由衷地赞叹说："天下奇才也！"

诸葛亮的政治、军事才能和个人品质，在中国古代政治家和军事家中，都是一流的。他能够举贤授能，不搞宗派，不计门第，凡有德才者，一律加以提拔和重用。他提出七条"知人"之道，即"志"（志向）、"变"（变通）、"识"（见识）、"勇"（勇敢）、"性"（本质）、"廉"（廉洁）、"信"（诚信）；严防"五害"，即"因公为私，乘权作奸""过重罚轻，法令不均""纵罪恶之吏，害告诉（上告申诉）之人""阿私所亲，枉克所恨""县官慕功，赏罚之际，利人之事，买卖之费，多所裁量，专其价数，民失其职"。由于诸葛亮实行正确的用人方略，所以蜀汉初期，人才济济，事业兴旺发达。

诸葛亮注重礼法治军，著有《兵要》《军令》《将苑》等，既讲"礼"，又讲"法"，把思想教育和执行军法结合起来，造就一支将帅指挥有方、士兵勇于战斗的军队。他特别强调将帅的自律和示范作用，《将苑》50 篇，专门论述将帅的素质修养、治军方法、战略战术、行军布阵等问题，极有见地。而且，诸葛亮"长于巧思"，改进连弩兵器，增加其杀伤能力；制造木牛流马，用于运输以军粮为主的作战物资。同时推演兵法，创新八阵图。对此，他很自信，说："八阵既成，自今行师，庶不覆败矣。"

诸葛亮之死，无疑是一颗巨星的陨落。他死前给刘禅写信，说："成都

有桑八百株，薄田十五顷，子弟衣食，自有余饶。至于臣在外任，无别调度，随身衣食，悉仰于官，不别治生，以长尺寸。若臣死之日，不使内有余帛，外有赢财，以负陛下。"他还留下遗嘱："葬汉中定军山（今陕西勉县境），因山为坟，冢足容棺，殓以时服，不须器物。"据此可知，他是廉洁的，不尚奢华。刘禅"嘉兹宠荣"，给他追赠谥号为忠武侯。

二、关张并称"万人敌"，浑身是胆赵子龙

1. 张飞

张飞（？—221年），字益德。涿郡（今河北涿州）人。三国时蜀国名将。因其勇武过人，而与关羽并称为"万人敌"。

中平元年（184年），黄巾起义爆发，刘备在涿州组织起了一支义勇军参与扑灭黄巾军的战争，少年张飞与关羽一起加入，随刘备辗转各地。三人情同兄弟，寝则同床，刘备出席各种宴会时，张飞和关羽终日侍立在刘备身旁。张飞和关羽跟随刘备南征北战，同甘共苦。初平二年（191年），刘备投奔公孙瓒，与青州刺史田楷一起对抗冀州袁绍，累有战功，被封为平原相，张飞与关羽在刘备手下任别部司马，统率部队。

建安元年（196年），袁术攻打刘备的第一个落脚地徐州，刘备派张飞守下邳。张飞杀了下邳相曹豹，城中人人自危，颇为混乱。于是袁术给吕布写信，劝他乘机袭取下邳，答应事成后援助粮草。吕布率领水陆大军，一时并下。刘备的中郎将许耽开门投降，张飞战败逃走，吕布俘虏了刘备的妻小和将士们的家属。迫于形势，刘备、张飞只好暂时依附吕布，驻军小沛。但刘备势力发展较快，吕布不安，又率兵攻打他，刘备携张飞等投奔曹操，并与曹操联合，打败吕布。然后随曹操到许昌，曹操任张飞为中郎将。

建安五年（200年），刘备因衣带诏事情泄露，率领关羽、张飞逃走，杀下邳太守车胄，让关羽据守下邳，自己与张飞屯小沛。曹操派刘岱、王忠前来攻打，被张飞、关羽击退。后曹操亲自出马，刘备战败，关羽被擒，刘备与张飞逃奔袁绍。

建安六年（201年），张飞与刘备在汝南联合刘辟、龚都等人扰乱曹操后方，许都以南纷纷响应，曹操派蔡阳前来攻打，但被刘备所杀，后刘备被曹仁击败，张飞随刘备投奔荆州刘表，驻扎新野。

建安十三年（208年），曹操挥师南下，刘表病死，刘琮投降。刘备得知后南逃，数十万百姓相随，刘备携民渡江。曹操亲率3000精骑昼夜急

行 300 里，在当阳长坂（今湖北当阳市东北）追上了刘备。刘备猝不及防，命张飞率 20 名骑兵在后面阻挡追兵，自己扔下妻儿逃跑。张飞等刘备率众过河后，立马桥上，扼守桥头。曹操追兵潮水般涌来，见张飞圆睁环眼，手操蛇矛，都不敢靠近。张飞见敌兵大至，乃厉声大喝："我乃燕人张益德，谁敢与我决一死战？"声若巨雷，曹军闻之，尽皆胆落，无人敢上前与他交锋。赵云救出刘备的妻子甘夫人和儿子刘禅，与刘备会合。此时关羽也从水道前来接援，一同前往江夏。

刘备占领荆州后任命张飞为宜都太守、征虏将军，封新亭侯，后转到南郡。

建安十九年（214 年），张飞等攻破江州后，与诸葛亮、赵云兵分三路扫荡西川，赵云平定江阳、犍为等郡，张飞平定巴郡、巴西两郡。五月，张飞兵至成都，与刘备会合，刘璋投降。刘备平定益州后，任命张飞为巴西太守。

建安二十四年（219 年），刘备进位汉中王，任命张飞为右将军。章武元年（221 年），刘备称帝，张飞改任车骑将军，兼司隶校尉，晋爵西乡侯。

张飞敬重有声望、有地位的人，却不关心士兵、百姓。平日里他性情暴烈如火，对士卒张口便骂、举手就打，甚至诛杀将士。对他这一缺点，刘备非常清楚，并曾告诫过他："你刑杀过当，经常鞭笞士卒，打完后仍让他留在身边，早晚自取其祸！"但张飞根本听不进去。

同年六月，刘备伐吴，为关羽报仇。按计划，张飞应当率一万名将士从阆中出发，到江州与刘备会师，但就在临出发前，他帐下将领张达、范疆却挟怨杀死了他，带着其首级逃往孙权那里投降。张飞营中都督当即上表给刘备。刘备听到张飞部下都督有表章到来，预感到出了大事，说："噫！张飞一定是死了。"后主刘禅于景耀三年（260 年）追谥张飞为桓侯。

2. 关羽

关羽（160—219 年），字云长，河东解县（今山西临猗西南）人。他的胡须又长又美，故有"美髯公"之称。他是刘备军事集团中占第一位的重要将领，跟随刘备多年，立下战功无数，以忠勇著称。

东汉末年，因犯事亡命奔往涿郡（今河北涿州），恰逢刘备在家乡起兵，他和张飞共投刘备，一起参加镇压黄巾起义，从此追随刘备征战南北，开始了戎马生涯。刘备投奔幽州军阀公孙瓒，出任平原相后，以关羽、张飞为别部司马，分统部曲。刘备与关羽、张飞两人关系十分密切，寝则同床，食则共器，恩若兄弟。当宾客满座的时候，关羽和张飞终日站在旁边陪着

关羽

刘备，对刘备非常忠诚。关羽跟随刘备在各军阀之间困难地周旋，不畏艰险。

关羽左臂曾经中箭，以后每逢阴天下雨，骨骼就疼痛难受。大夫说：因为箭镞有毒，毒入骨骼，只有解剖伤处刮骨去毒，才能消除病根。关羽听罢便伸出左臂叫大夫解剖。当时，适逢关羽宴请众位将吏，他的左臂剖开后，鲜血淋漓，流满了器皿，而关羽好像没事一样，仍旧吃肉饮酒，谈笑风生。史书上明确记载了这件事，至于说那个大夫是华佗，这是《三国演义》的作者罗贯中的牵强附会，因为华佗那时已经去世。

建安四年（199 年），刘备乘曹操忙于抗击袁绍之机，在徐州举兵公开反曹，屯于小沛，派关羽守下邳（今江苏邳州市东），担任郡守。

建安五年（200 年）正月，官渡决战前夕，曹操为了解除后顾之忧，亲自率兵东征刘备，一举攻占徐州，刘备被迫出逃，曹操乘胜进围下邳，擒获关羽。曹操非常看重关羽，封拜关羽为偏将军，待遇非常优厚。他细心观察看到关羽并无久留之意，于是叫部下张辽去探问关羽去留的打算。关羽感叹地回答说："我深知曹公待我礼遇优厚，然而我深得刘备信任重用，肩负重大使命，誓要生死与共，决不背叛。我终归不会留下，但是，我要立功报答曹公后才离去。"

二月，袁绍 10 万大军进至黎阳（今河南浚县东南），派大将颜良进攻白马（河南省滑县东北）。曹操引军倍道兼行，东救白马，并派关羽等为先锋首先赶回白马。曹军来到离白马十余里路时，颜良才发现，慌忙分兵应战。关羽迅速地迫近颜良军，他望见颜良的车盖、帅旗，单骑突入袁军，在千军万马之中斩了颜良，取回首级，袁绍的众多将领没有能够抵挡得住的，顿时，袁军溃败，于是，白马解围。关羽斩了颜良，立了战功以后，曹操上表奏请献帝，封关羽为汉寿（今湖南汉寿北）亭侯。曹操知道关羽要走了，便重加赏赐。关羽原封不动地保存其所送厚礼，临回刘备那里去时，全部返还给曹操，并留下恭敬的告辞信。在当时这种混乱时世，前程未卜，弃主他投不时发生的情况下，关羽对于刘备这种忠心耿耿、生死不渝的精神，连曹操也深受感动，他说："奉事君主不忘本分，真是天下的义士啊！"

官渡大捷后，曹操统一了北方，便积极准备向南进军。建安十三年（208年）七月，曹操亲率大军进逼荆州，还未到达荆州（当时荆州治所在襄阳），刘表就病死了，刘表次子刘琮继位，投降曹操。

当时，依附刘表的刘备正驻守樊城（今湖北襄樊），得知刘琮投降的消息以后，急率所部向军事重镇江陵（湖北省江陵）退却。由于刘备和老百姓一起撤退，行动非常缓慢，于是决定另派关羽率领万余水军精兵，指挥数百艘战船，先从汉水退往江陵，作为接应。江陵是军资所积的重镇，曹操恐怕刘备抢先占有，率领轻骑日夜兼程追击刘备，并击败刘备于当阳长坂（今湖北当阳东北）。刘备通往江陵的道路已被曹操阻断，只好放弃退守江陵的计划，被迫改道从小路撤退，到达汉津口时，恰好和水路先行南来接应的关羽水军相会合，因而得以渡过沔水，又会刘表长子刘琦率领的万余人，大家一同到了夏口（今湖北汉口）。

曹操占领荆州后，立即把矛头指向江东。在这种情况下，孙权、刘备联合抗曹，在赤壁（今湖北蒲圻县境）用火攻烧毁曹军战船，曹操大败。关羽率领的一万多水军，是刘备军队的主力，在赤壁之战中发挥了重大的作用。战后，刘备封拜主要功臣，任命关羽为管理荆州军政大事的总督。

"自古兵家重荆州"，荆州地处长江中游，是四通八达的交通要道：北出河南平原，西入四川，顺江东下，直抵建业（今江苏南京）。因此，曹操、刘备、孙权三方围绕荆州的争夺，十分激烈。

赤壁之战后，刘备取得了荆州管辖的长沙、桂阳、零陵、武陵等江南四郡，还向孙权借得了南郡南部（即历史上所谓"借荆州"，当时以南郡治所江陵做荆州州治）。"借荆州"本来是孙刘联合共同抗曹的产物，随着战后蜀汉势力的迅速增长，相邻的孙吴日益感到威胁。刘备把荆州作为北伐的前进基地，而孙权视荆州为东吴的屏障，荆州的借还问题便成了孙刘斗争的焦点。

当时错综复杂的形势下，刘备向关羽提出了双重要求：既要守住荆州，又要相机北伐。这个任务非常艰巨，刘备把这副重担压在关羽一人身上是欠考虑的。不过，最初关羽对这个问题还是处理得比较好的，他遵照诸葛亮的决策，与孙吴平分荆州，把湘江以东的江夏、长沙、桂阳割让给孙权，

解决了吴蜀荆州之争，缓和了孙刘关系。镇守荆州是关羽最重要的军事活动。

北伐襄樊是关羽一生中军事成就的顶峰时期。荆州北面的襄阳、樊城是北出河南、进击曹操的门户。关羽为了守住荆州，开创北伐基地，按照诸葛亮的隆中决策，出兵进取襄樊。

建安二十四年（219年）七月，关羽挥师北上，发动了襄樊战役。他把曹操族弟曹仁包围在樊城，曹操派于禁领兵前往助守。时值秋霖，汉水泛滥，洪水包围了樊城，全部淹没了城外的曹营，防守城北的于禁等七军遭水冲淹，被迫逃避到高处，关羽用水军继续猛攻，于禁战败投降，战将庞德被擒杀，俘获了数万人。

关羽围困樊城后，接着又派兵进攻襄阳，曹操的荆州刺史胡修及南乡太守傅方投降，关羽的先头部队进占偃城（今湖北襄樊北），深入郏县（今河南省郏县）。因此，关羽的声名更高了，许昌以南不少地方起而响应关羽，一些地方小股武装力量纷纷接受关羽的封号，乘机活动起来。陆浑县（今河南嵩县东北）人孙狼起兵反曹，归附关羽，与关羽军遥相呼应。关羽步步北进，连曹操也感到形势严重，准备迁都黄河以北，以躲避关羽的兵锋。此事造成了关羽"威震华夏"的声势，中原地区大受震动。

在关羽北伐节节胜利的新形势下，孙刘联盟能否继续保持，关键在于孙吴态度如何。孙权虽然表面上支持关羽北伐，而当关羽在荆州的势力增大后，孙权又深感不安，迫切需要夺取荆州，甚至不惜破坏孙刘联盟。对此，曹操方面是有所了解的，为了解除关羽北伐的军事威胁，曹操采取了破坏孙刘联盟的外交手段，煽动孙权偷袭关羽后方。于是，孙权集团制造了关羽无后顾之忧的假象，引诱关羽落入圈套。再加上关羽留在后方的守将麋芳和傅士仁严重失职，畏罪投降孙吴，致使江陵失陷，关羽只得退守麦城（今湖北当阳东南），不久率兵突围出城，走到漳乡（当阳东北）被孙权军擒杀。

由于关羽麻痹轻敌，加上求功心切，终至上当受骗，这就是荆州失守的主观原因。但是，过去人们多以此来责难关羽，往往失于片面。从共同抗曹的长远利益来看，孙权夺取荆州是失策的，荆州之失，导致了孙刘联盟的破裂，对此孙权应负不可推卸的主要责任。这就是荆州失守的重要客观原因。

关羽死后，蜀汉追加的谥号是壮缪，还是比较中肯地评价了他忠勇的一生。但是，后来历代封建统治者为了麻痹人民，进行思想统治，不断美化关羽，把他塑造成为维护封建统治的神圣偶像，全国城乡到处立庙。我们应当把历史上的关羽和被神化了的关羽区别开来。

3. 赵云

赵云（？—229年），字子龙。常山真定（今河北正定）人。三国时蜀国名将。赵云不仅忠勇异常，而且卓有见识，谋身谋国都正直审慎，是三国名将中不可多得的人物。

赵云身高八尺，姿颜雄伟。初平二年（191年），黄巾起义时，本郡人推举他率领吏民往投公孙瓒。当时，刘备也正依托公孙瓒。他见赵云英气干云，不同凡响，便与他深相结纳。公孙瓒派刘备帮助田楷抵拒袁绍，赵云随同前去，为刘备执掌骑兵。赵云因兄长去世还乡，刘备料他此去不返，因与握手言别，殷勤叮咛。赵云对刘备说："无论将来局势如何，我赵云决不会背德忘义。"建安五年（200年），刘备栖身在袁绍处，赵云前来找他，两人在邺城见面。刘备与赵云同床眠卧，密令其招募兵士。赵云不负所托，招得数百人。

建安七年（202年），刘备投靠刘表，屯兵于新野，曹操派夏侯惇、于禁等领军进攻刘备，双方战于博望。刘备以伏兵计击破曹军，赵云于战斗中生擒了敌将夏侯兰。

建安十三年（208年），曹操取荆州，刘备大败，抛弃妻小，落荒南逃，混乱中不见了赵云。有人对刘备说赵云往北边曹操那里去了，刘备直接用手戟打过去说："子龙是不会弃我而去的。"而后，赵云怀抱刘备的幼子刘禅，保护着刘备的妻子甘夫人，平安地回到刘备身边。此战之后，刘备便任命赵云为牙门将军。

刘备率兵入益州（今四川），赵云留在荆州，领留营司马。当时，刘备的夫人孙氏因为是孙权的妹妹，骄纵自大，经常率领随从兵丁官吏飞扬跋扈，纵横不法。刘备认为赵云有威信，受人尊重，定能够整齐内部纪律，所以特别命他执掌宫内事务。孙权听说刘备西征，就派船队到荆州去迎自己的妹妹，而孙夫人也想带着刘禅（小字阿斗）回东吴。赵云听到消息，便与张飞勒兵截江，夺回了阿斗。

建安二十四年（219年）正月，刘备听从法正、黄权等人的建议进攻汉中，汉中守将夏侯渊被黄忠所斩。三月，曹操发兵20万来争夺汉中，粮米运到北山之下，堆积如山。黄忠认为敌粮可取，引兵前去，但过了约定时间，尚未回营。赵云带数十骑出营探视，正碰上曹操大军。赵云突遇大军，丝毫不乱，挺枪骤马杀入重围，左冲右突，如入无人之境。

曹兵心惊胆战，不敢逼迫，赵云且战且走。不久，曹兵围拢起来，赵云奋力杀出重围，已靠近自己的营寨，但发现部将张著在敌阵受了伤，又拍马杀入重围，救助张著，溃围而出。曹军在后紧紧追赶。沔阳长张翼正在营中，见曹兵追来，提议让军士闭门拒守。赵云不但不关城门，反而命令将营门大开，令将士偃旗息鼓。曹操大军追到，见营门大开，不见旌旗，不闻金鼓，怀疑有伏兵，引兵欲退。曹兵刚一转身，赵云一声令下，营中将士万弩齐发，鼓声大震，号角齐鸣。曹军惊骇，自相践踏，拥到汉水旁边，落水而死者不计其数。第二天，刘备特意来到赵云昨日作战之处，指点评说，欣然赞誉："子龙一身都是胆也！"将士们从此越发佩服赵云，称他为虎威将军。

赵云与谋国事，殚精竭虑，出于公忠。刘备平定益州，不少人提议把成都城中房舍和城外园地桑田分赐诸将，赵云反对说："益州百姓刚遭兵乱，田宅应该归还给他们，让他们复业、安居。这样，我们才能征用人力财力，得他们的欢心。"刘备依从了他，益州安堵。

孙权袭夺荆州，关羽败死，刘备大怒，要率兵亲征。赵云从大局考虑，劝谏刘备说："国贼是曹操，不是孙权。而且如果先灭掉魏国，吴国自会臣服。如今我们把魏国放在一边，而与吴国作战。只怕兵势一交，就无法解脱了！"但刘备不听，命驾东征，留赵云都督江中。章武二年（222年），刘备东征大军败于夷陵，刘备由秭归逃回永安，赵云进军至永安，而吴军已退。

建兴元年（223年），刘备病逝永安宫。后主刘禅继位，赵云由中护军、征南将军，迁为镇东将军，并封为永昌亭侯。

建兴六年（228年），诸葛亮出兵北伐，宣称将由斜谷道出兵，并令赵云、邓芝为疑军，占据箕谷。魏大将军曹真率领大军阻挡，诸葛亮令赵云、邓芝在斜谷道阻挡曹军而自己率领蜀军主力进攻祁山。赵云、邓芝由于兵弱敌强，失利于箕谷，但赵云及时聚拢部队，固守箕谷，没有造成大的损失。部队撤退时，赵云亲自断后，阻止曹军追击，因此军资和人员的损失都不大。而在祁山战场，蜀军主力因其督军马谡违背诸葛亮的指示，举动失宜，被魏将张郃大败于街亭，诸葛亮只好退兵，此次北伐以失败告终，诸葛亮引咎上表自贬三级，赵云也被贬为镇军将军。

建兴七年（229年），赵云去世。景耀四年（261年），后主刘禅追谥赵云为"顺平侯"。

三、周公瑾鏖战赤壁，鲁子敬明于事势

1. 周瑜

周瑜（175—210 年），字公瑾，庐江舒县（安徽舒城）人，三国时吴国杰出的将领。他是孙权集团军事上的重要决策人物，对吴国的建立起到了相当重要的作用。赤壁之战时，他力主抗战，并亲临前线指挥吴军，赢得了胜利，这是他一生中最突出的历史贡献。

周瑜出身豪族，因为他年轻有为，英俊健美，东吴的人都称他"周郎"。少年时代的周瑜，在家乡与孙策相识，并结下了血肉情谊。

孙坚死后，孙策率领残余部队千余人东向还乡，在周瑜及其从父丹杨太守周尚等人的支持下，占据江东，队伍迅速发展到几万人。

周瑜

建安三年(198 年)，周瑜摆脱了袁术，自驻地居巢（今安徽巢县东北）还吴中，孙策亲自迎接，授予他建威中郎将。因为周瑜恩泽信誉著于庐江一带，所以孙策令其出守牛渚（今安徽庐江南），招兵买马，积聚力量。孙策计划进取荆州，任命周瑜为中护军（执掌中央军队长官），担任江夏（今湖北鄂城）太守，开创日后进军的基地。周瑜协助孙策攻克皖县（今安徽潜山），继而进击寻阳，打败刘勋，还平定了豫章、庐陵（今江西北部）等地。于是，孙策指派周瑜留守吴国重镇巴丘（今湖南岳阳）。

在讨董联军解体后，出现了豪强角逐、军阀割据的局面。称帝江淮之间的袁术，想以周瑜为将领，周瑜认为袁术终归成不了主宰局势的人，便摆脱袁术，回归东吴。掌握东汉王朝军政大权的曹操，也以为可以通过游说诱惑拉拢周瑜，派遣江淮间最有口才的蒋干为说客，往见周瑜，结果也是枉费心机。就在这天下大势变幻莫测、英雄豪强纵横捭阖的重要关头，周瑜坚定不移地站在孙权集团一边。

建安五年（200 年）孙策去世，弟孙权嗣位。当时孙权年仅 18 岁，由

中护军周瑜与长史(称书长)张昭共同辅政,掌管军国大事。建安十一年(206年),周瑜统率军队进攻麻、保二屯,俘获万余人,江夏太守黄祖的部将邓龙逃入柴桑(今江西九江西南),周瑜跟踪追击,活捉邓龙。建安十三年(208年)春,孙权任命周瑜为前部大督(前线指挥),征讨江夏,取得重大战果。

官渡之战后,曹操统一了北方,建安十三年(208年)秋,遂挥师南下。他首先夺取了战略要地荆州(治所今湖北襄阳),击败刘备,刘备退往夏口。曹操占领江陵(湖北江陵)后,兵力增至20多万,乘势沿江而下直取江东(孙吴全境),情况万分危急。诸葛亮和鲁肃一起来到柴桑,劝说孙权联刘抗曹。这时,曹操写信恫吓孙权,说:"如今已训练了八十万水军,将要与将军聚会在东吴打猎。"孙权把信拿给大臣们看,没有一个不震惊失色的。主降派张昭等认为:从敌我双方条件而论,抵抗已不可能,万全之策莫过于投降曹操。主战派鲁肃则力劝孙权进行抵抗,明确指出投降是没有出路的。当时周瑜正在鄱阳(今江西鄱阳)训练水军,鲁肃劝孙权召回周瑜。

早在建安七年(202年),曹操官渡会战胜利后,倚仗日益强大的势力,写信责成孙权遣送质子时,周瑜就坚决反对屈服曹操。当时他对孙权说:"难道有什么祸灾降临而要遣送质子委曲求全吗?质子一送过去,就不得不受曹操牵制。即使这样,顶多不过得到一个封侯,十来个仆从、几辆车子、几匹乘马,哪里能与南面称孤相比呢?不如先别送子入质,慢慢观察事态变化。如果曹操果真匡扶正义,治理天下,那时候将军再奉事他也不为晚;如果曹操企图暴乱,那么兵就是火,他将玩火自焚。将军用您的智勇抵抗淫威,以待良机才是,哪有遣送质子的道理?"

周瑜从鄱阳赶回后,建议立即召集群臣开会商量,最后决定和战大计。会上,周瑜进行了精辟透彻的分析,他对孙权说:"曹操名义上是汉朝的丞相,实际上是汉朝的国贼。将军您凭着超人的英武,加上依仗父兄的功业,割据江东,土地方圆数千里,军队精锐,资源丰富,英雄好汉安于职守,乐于效劳,应当横扫天下,为汉朝消除残暴摒弃秽迹,况且曹操自己来送死,怎么可以投降他呢?请让我替您分析一下目前的情况吧:首先,北方尚未平定,加上马超、韩遂还在函谷关以西,成为曹操的后患;其次,放弃鞍马,而用舟楫,与我们在江上相争,本来就不是中原部队的作战特长;再次,现在正是寒冬季节,战马缺乏藁草;最后,曹操驱使中原的士兵远途而来,跋涉在江湖沼泽之间,不习水土,必然会生疾病。以上四条都是用兵之忌,而曹操却不顾这些而蛮干,正是送死。我请带领数万精兵,进驻夏口,保证打败曹操。"周瑜这一番理由充分、信心十足的分析，坚定了孙权抗曹的决心，于是，孙权拔刀向面前接受奏章的几案砍去，说："诸位文武官员，有谁再提应该迎降曹操的，就和这几案一样。"

当天晚上，周瑜又去谒见孙权，说："那些人仅仅看见曹操的战书中号称水陆大军 80 万，便恐惧起来，也不认真估计曹军的虚实，就主张投降，真没道理。现在以事实来核对，曹操从中原带来的士兵，不过十五六万，而且早已疲惫不堪，所得到的刘表的降卒也顶多七八万人，而且他们还满腹狐疑。您想曹操用疲惫患病的士兵控制三心二意的降卒，人数虽多，根本不值得害怕。我只要精兵 5 万，就能取胜，您可不必担忧。"由于一下子难以调集到 5 万士兵，于是孙权挑选了 3 万人，准备好了船只、粮食、武器等，并任命周瑜为正都督，担任孙吴部队的最高指挥，带兵同刘备合力迎击曹操。

孙刘联军 5 万，在赤壁（今湖北蒲圻县境，长江南岸）与曹军相遇。这时，曹军许多士兵因不习惯水上生活，染上流行疫病，所以两军刚一接触，曹操就输了第一个回合。初战失利以后，曹操引军退守长江北岸的乌林（今湖北洪湖市），周瑜的部队在长江南岸驻扎下来，两军隔江对峙。这时，周瑜的部将黄盖献计说："如今敌众我寡，难以持久地相持下去。正好曹操的北方士兵不习惯江上风浪的颠簸，用铁链将军舰首尾连接起来，可以利用这个机会放火烧船，打败他们。"周瑜接受了黄盖的建议。黄盖首先写信迷惑曹操，假称准备投降。发动火攻那天，黄盖调来十艘艨艟战舰，装入枯草干柴，里面灌进膏油，外面用帷幕遮盖起来，然后在舰上竖起青龙牙旗，作为"投降"信号，另外把一些轻快的小船系在船艄。当时东南风很大，黄盖的十艘战舰驶在最前面，驶到江心一齐扯起风帆，船速更加快了，其余的船按照编队一起前进。曹军官兵全都走出兵营，站着观望，并指着江中的船说："黄盖来投降了。"当战舰驶到距离江北曹军只有 1000 多米时，黄盖一声令下，士兵同时举火，风猛火旺，大火纷飞，带着熊熊烈火的战舰如离弦之箭，向曹军的水寨猛冲过去，顿时，曹军水寨变成一片火海。火势越燃越猛，很快就蔓延到岸上的兵营，瞬息之间，浓烟弥漫，烈火冲天，被烧死、淹死的士兵、马匹很多。曹军的连环战船拆又拆不开，燃烧殆尽。周瑜一看火起，立即率领精锐部队，擂动战鼓，一路穷追猛打过来，曹军全线崩溃。曹操引军从华容道撤退，周瑜、刘备的部队从陆上水上一齐进击，加上饥饿和疾病，曹军损失惨重，兵员死伤过半。曹操留下曹仁防守江陵，自己引军撤回北方，从此再也无力南下。赤壁之战奠定了三国鼎立的基础，史册记下了这场光辉的战役，同时也记下了周瑜在战争中所立下的卓越战功。

在这场战争之初，孙吴部队的正副统帅之间关系并不和睦。副帅程普自以为年长，多次欺侮周瑜，周瑜节制自己始终不与他计较。周瑜这种豁达大度、顾全大局的精神感动了程普，后来他非常钦佩和尊重周瑜，于是，告诉人家说："同周瑜交往，好像畅饮浓烈的美酒一样，不知不觉陶醉起来。"周瑜是孙策的挚友，孙权的母亲吴夫人很欣赏周瑜的才能，把他当成自己的儿子一样，要孙权像尊敬哥哥一样尊敬他，但周瑜居功不自恃。那时候，江东草创，孙权嗣位不久，基础尚未牢固，周瑜带头维护孙权的尊严，联系广大将领士众紧密地团结在孙权集团的周围。由此可见，周瑜是一个很有气度的将军。

周瑜不但具有非凡的军事才能，而且富有音乐修养。他少年时代曾潜心研究音乐。别人奏乐出了差错，即使是他喝醉了酒也能听得出来，并立即指正。所以当时流传着这样一句谚语："曲有误，周郎顾。"

赤壁之战后，周瑜向孙权提出了兼并西蜀、汉中，形成南北分立局面的宏伟计划。平心而论，战后周瑜对继续联刘抗曹的重大意义认识不足，他的二分天下的策略不如鲁肃鼎足三分的策略目光远大。但是，正当这位杰出的将领大展雄图之际，却溘然长逝了，死时只有 36 岁。他的早殇无疑是吴国一个极大的损失。

2. 鲁肃

鲁肃（172—217 年），字子敬。临淮东城（今安徽定远东南）人。三国时吴国名将。他是吴国的重要谋士，不但治军有方，名闻遐迩，而且虑深思远，见解超人，兼有将帅与政治家之风度。

鲁肃自幼丧父，和母亲、祖母共同生活，但家境颇丰。他形貌魁梧奇特，从小便有雄心壮志，且颇富谋略。他不但不治家事，不求田问舍，还大量施舍钱财，出卖土地，以周济困穷，结交贤者。为此，深受乡民拥戴。

当时，周瑜为居巢长，因缺粮向鲁肃求助，鲁肃将一仓 3000 斛粮食慷慨赠给周瑜。从此，二人结为好友，共谋大事。

当群雄相互争夺的混战将要扩展到鲁肃家乡时，为了避害，鲁肃举家迁居东城。当时的东城，为袁术的辖地。袁术听说鲁肃贤能，请他出任东城长。但鲁肃发现袁术部下法度废弛，估计难成大事，便率众南迁到居巢投奔周瑜。不久，周瑜东渡长江，投奔孙策，并把鲁肃引见于孙策。数年后，周瑜又向继任的吴主孙权推荐鲁肃。孙权立即约见鲁肃，两人共坐一席，欢饮畅谈。当孙权谈及自己很想有所作为时，鲁肃建议趁曹操在北方的麻烦颇多、无暇南顾之时，剿除黄祖，进攻刘表，把全部长江流域据为己有，然后建尊号，称帝王，争夺天下，如同汉高祖创立基业一般。孙权听后，正中下怀。张昭认为鲁肃不够谦虚，多次非议诋毁他，说他年少才疏，不可重用，孙权却对鲁肃另眼相看，非常器重。

建安十三年（208年），孙权命甘宁西攻江夏（治所在今湖北云梦），斩太守黄祖，然后准备夺取荆州。曹操本无暇南顾，如今见孙权攻取江夏，唯恐其攻取荆州，养成羽翼，于是在七月份开始南征，集结大军于南阳。

这年八月，荆州之主刘表病死。鲁肃向孙权进言，主张谋取荆州，并提出联合刘备共拒曹操的策略。于是，孙权就派鲁肃渡江去见刘备。当时刘备已败退当阳长坂（今属湖北），鲁肃赶到那里，对刘备详细述说孙权的情况和江东的实力，劝刘备与孙权联合，共拒曹操。刘备听了鲁肃的分析，决定并力抗曹。随后刘备率部进驻夏口，并派诸葛亮随鲁肃去见孙权。

孙权见曹操准备渡江东侵，召集众位将领商议，将领们大多劝孙权降曹，只有鲁肃不发一言。孙权起身如厕，鲁肃跟了出来，对孙权说："众人之议，贻误国家，万不可听。说实话，我迎降曹操，当个州郡级官员应该没大问题。您迎降曹操，会有什么下场呢？希望您早定抗敌大计，不要听他们议论了。"孙权听完，颇有感触，叹息道："刚才那些人的主张，使我大失所望。只有您的话，跟我的想法一致。"

当时周瑜正在外地，鲁肃劝孙权将他召回。周瑜归来，更坚定了孙权的抗曹决心。孙权授权周瑜，让他主持战事，任命鲁肃为赞军校尉，帮助周瑜出谋划策，终于在赤壁大败曹兵。此后孙权越发倚重鲁肃。

赤壁之战后，刘备乘机占据荆州，孙权、周瑜对此当然不能甘心，多次派鲁肃去向刘备索要荆州。但鲁肃从全局考虑，劝孙权把荆州借给刘备，以便联合起来，共同抵抗曹操。孙权同意了鲁肃的主张。曹操听到孙权借荆州给刘备的消息时，正在写信，震惊之下，笔都掉在了地上。

后来，周瑜病危，写信给孙权，推荐鲁肃代替自己。孙权当即任命鲁肃为奋武校尉，接替周瑜统领部队。周瑜私属部队4000多人，以及原来的奉邑四县，全都转归鲁肃所有。鲁肃开始时驻守江陵，后来又移兵下驻陆口（今湖北嘉鱼西南）。威望恩义，大行于众，部属增加一万多人，被任命为汉昌太守、偏将军。建安十九年（214年），随孙权攻破皖城（今安徽潜山），改任横江将军。

这时鲁肃与关羽邻界统兵，疆土犬牙交错，多次发生摩擦。鲁肃顾全大局，总是以友好的姿态安抚双方。刘备平定益州，孙权请刘备归还荆州中的长沙、零陵、桂阳三郡，刘备不肯。孙权派吕蒙率军进取，长沙、桂阳二郡望风归附，唯有零陵太守郝普坚守不降。刘备得知，亲自引兵五万从成都赶回公安坐镇，派关羽率军三万争夺三郡。孙权也从秭陵进驻陆口，派鲁肃率领一万人屯守益阳，和关羽对抗。鲁肃为了大局，邀请关羽相见，提出各自将兵马布置在百步以外，只有将军们各带单刀赴会。然而单刀会仍没有结果，双方僵持不下，战争一触即发。时曹操进攻汉中，刘备害怕失去益州，派人跟孙权讲和。双方议定，以湘水为界，平分荆州。江夏、长沙、桂阳三郡属孙权，南郡、武陵、零陵三郡属刘备。孙权、刘备休兵罢战。

建安二十二年（217 年），鲁肃病逝，享年 46 岁。孙权亲为举办丧事，并参加了他的葬礼。诸葛亮也为他举哀。孙权始终不忘鲁肃在东吴政权创立过程中所起的重要作用。黄龙元年（229 年），在他称帝登坛祭天时，他对公卿们说："过去鲁子敬曾经说道此处，可谓明于事势矣。"

四、陆逊奇计破蜀营，文韬武略称儒帅

陆逊（183—245 年），吴大帝时丞相。字伯言，吴郡吴县人。江南士族出身，孙策的女婿。

陆逊出生于东汉末年，在他很小的时候，父亲就死了，于是他就跟着堂祖父庐江太守陆康一起生活。后因陆康与袁术有仇，陆康叫陆逊和亲属回到了老家吴县。

陆姓是江东大族，这也为陆逊后来步入仕途提供了条件、创造了机会。

建安九年（204 年），孙权做东汉的将军，21 岁的陆逊任孙权的幕府官，先后做过东西曹令史，又出任海昌（今浙江海宁西南）屯田都尉，并兼管海昌县事。当时，海昌县连年大旱，陆逊开仓放粮救济百姓平民，勉励和督促他们纺耕生产，使百姓受益颇多。建安二十四年（219 年），吕蒙因病调回京城。向孙权推荐陆逊来代替自己对峙镇守荆州的关羽。吕蒙认为：陆逊深谋远虑，且现在名气不大，不足使关羽畏惧，以致可以暗中观察形势，寻找时机夺取荆州。于是孙权任命陆逊为偏将军右都督，代替吕蒙。

陆逊来到陆口，立即给关羽写信，言辞谦恭，对关羽大加吹捧。关羽看了陆逊的书信，果然把精力全部用在对付曹军上，对陆逊不再有所防备。

于是，孙权就暗中向西派兵，命陆逊和吕蒙为先锋，很快攻下公安、南郡。陆逊直接进军，攻下宜都，致使各城及蛮夷纷纷归顺投降。陆逊又受命对其授予官职。关羽立刻陷入腹背受敌的境地。不久关羽兵败麦城，

在突围途中，被吴军擒获，后遭杀害。陆逊击败詹晏、邓辅、郭睦，招降文布，前后斩杀、擒获、投降的人总共有数万。孙权晋用陆逊为右护军、镇西将军，提升封号为娄侯。

关羽被害，荆州丢失的消息传来，刘备十分悲痛，发誓要消灭东吴，为关羽报仇。他不顾诸葛亮的反对，带领蜀汉全国的大部分人马，对东吴发动了大规模战争。

孙权得报后，几次派人求和，均遭到刘备拒绝。这时候东吴的大将鲁肃、吕蒙、周瑜等都早已去世了，孙权只得任命年轻的镇西将军陆逊为大都督，赐尚方宝剑，统率朱然、徐盛、韩当、孙桓等5万人马去抵抗刘备。

起初陆逊为避刘备军队之锋芒，坚守营寨，闭门不出。对蜀军的挑战也置之不理。他手下的将士纷纷请求出战，且不服从其命令。无奈之下，陆逊只好用尚方宝剑进行威吓，才使将士不敢轻举妄动。这样，双方僵持了半年之久。刘备设计命令吴班带着1万多老弱兵士，到靠近吴军的地方去扎营，并挑衅吴军，自己率领8000精兵，在山谷里埋伏起来。吴班领士兵不断辱骂吴军，并以此引诱吴军进攻。十分气愤的吴军将领再次请求出战。面对蜀军的侮辱与谩骂，陆逊不慌不忙，他沉着冷静，命令吴军照旧坚守阵地，不要理睬蜀军的挑战。又过了几天，刘备知道自己的诱敌之计已经被陆逊识破，只好从山谷里撤出伏兵。

时值盛夏，暑气逼人，为了躲避酷暑，刘备只得让水军离船上岸，和陆军一起靠着溪沟山涧、树林茂密的地方，扎下互相连接的40多座军营，以便等到秋凉后再向吴军大举进攻。陆逊看到蜀军士气低落，认为是进行反攻的最好时机。他仔细周密地拟定了破蜀的作战方案，并得到了孙权的允许。

为了增加胜利的把握，陆逊先以一小部分兵力对蜀军的营寨进行试探性进攻，虽然失利了，但陆逊也找到了破敌之法。陆逊命令水路士兵用船只装载茅草，迅速运到指定地点，而陆路士兵则每人手拿一把茅草，在茅草里藏着硫黄、硝石等引火物，一到蜀营，就顺风纵火。蜀军因毫无防备，在吴军的火攻之下，顿时乱作一团。各路吴军乘着大火发起反攻，蜀军的40多座营寨全部被攻破。蜀将张南、冯习等皆被杀死。刘备突围逃到白帝城一病不起，不久病故白帝城。黄龙元年（229年），孙权称帝，立都建业（今南京）。陆逊被封为上大将军、右都护。黄武七年（228年），孙权让鄱阳太守周鲂诱骗魏国大司马曹休兴兵进入皖县（今安徽潜山）。孙权立即召见陆逊，假授黄钺，任大都督，迎击曹休。曹休已经觉察实情，深感羞耻，

陆逊

仗着兵强马壮同吴军交战。陆逊亲自率军充当主力，命令朱桓、全琮为左右两翼，三路一同推进，大败曹休的伏兵，并追击溃逃的魏军，大获全胜。回到魏国的曹休，背生毒疮而死。

嘉禾五年（236年），孙权北上征讨曹魏，让陆逊和诸葛瑾攻打襄阳。陆逊到了白围后，暗中派将军周峻、张梁等袭击魏国并攻下江夏郡的新市、安陆、石阳。陆逊下令保护俘虏，严禁兵士干扰侵侮。陆逊此举得到邻县的感动，江夏功曹赵濯、戈阳备将裴生和夷王梅颐等都率众归附他。

打败曹魏后，陆逊受到孙权极高的礼遇，让他辅佐太子，并负责荆州、豫章、鄱阳、庐陵的一切事务。

陆逊虽身在京师以外，但一心想着国事。他在上书时事时谋划进取，对小罪则施恩宽免，以安定臣民的情绪。用人要用贤能，但也不求全责备。

陆逊根据当时的形势，主张鼓励农民从事农业生产和纺织，宽缓百姓的租赋，安抚百姓，积蓄力量以图大业。他反对连年征战。他反复劝阻孙权派兵攻取夷州、朱崖。但孙权不听，结果得不偿失。后来，在陆逊的劝阻下，孙权放弃了对背弃盟约的公孙渊的征讨。

赤乌七年（244年），62岁的陆逊接替顾雍担任第三任丞相，积极推行富民强国的政策。他认为，国家以民众为根本，国家的强大凭借的是民众的力量，国家的财富来自于民众的生产，所以要关心民众的疾苦。

陆逊还有一个突出的治国政绩，那就是他惩治权宦，反对任用子弟为官。当时，太子孙和的东宫和鲁王孙霸的鲁王宫各立门户，宫廷内外的职务多半派官宦子弟担任。陆逊为阻止矛盾激化费尽了心思仍毫无作用。当他听说要废太子的议论，马上上疏陈述："太子是正统，应该有磐石一样坚固的地位；鲁王是藩臣，应该使他所受的恩荣官秩与太子有等级之分，彼此各得其所，上下得以相安无事。臣恭谨地叩头流血把这意见报告给您。"他就此事上书三四次，孙权都没有同意。正在这时，陆逊的外甥顾谭、顾

王朝风云——三国两晋南北朝

承和姚信都因亲附太子而含冤被流放。太子太傅吾粲因屡次同陆逊通信，下狱死去。陆逊也因此受到孙权的责备警告。赤乌八年（245年），63岁的陆逊最终因愤恨而去世。

五、张文远辟土开疆，张儁乂机变无双

1.张辽

张辽（169—222年），字文远。雁门马邑（今山西朔县）人。三国时魏国名将。

张辽本是西汉富户聂壹的后代，为避仇家而改姓张，年轻时做过郡吏。东汉末年，并州刺史丁原见张辽武勇过人，召他为从事，让他率兵进京。接着，何进又派他去河北招募兵勇，他一去便招来1000多人。他回到京城后，何进已经遇害，便率兵归附了董卓。董卓失败，他又转归吕布，任骑都尉。吕布被李傕击败，逃往徐州，他也跟随前往，兼任鲁国相。曹操在下邳打败吕布，他统军归降，曹操任命他为中郎将，赐爵关内侯。后来，他屡立战功，升任裨将军。曹操击破袁绍，派他平定鲁国各县。

建安六年（201年），张辽和夏侯渊一起在东海包围昌豨。几个月后，军粮用尽，夏侯渊准备退军。张辽发现昌豨每次见到自己都好像有话要说，而且射箭越来越少，因此认为昌豨心存犹豫，于是便派人去劝降。昌豨果然答应投降，张辽便只身登上三公山，进入昌豨家中，拜访昌豨的妻子儿女。昌豨心里特别高兴，便随他去见曹操。曹操对昌豨抚慰有加，命他仍回原地，同时嗔责张辽贸然履险，不是大将所为。

此后，张辽跟随曹操征战或独自征战，屡建战功，先后被任中坚将军、荡寇将军，受封都亭侯。一次，张辽随曹操到柳城征讨袁尚，突然与敌兵相遇。张辽纵兵出击，大破敌军，斩杀了乌丸首领蹋顿。

建安十三年（208年），当时荆州尚未平定，曹操派张辽驻守长社（今

张辽

河南长葛东北）。临出发时的夜晚有人造反，火光冲天，营中惊乱不已。张辽对身边的将领说："不要乱动，这并非全营都反了，不过是叛乱者想以此惑乱人心罢了！"于是，他向军营中发布号令："凡是没有参加造反的都安稳坐好，不要乱动。"随后他率亲兵数十人在军阵中央巍然站立，岿然不动。不一会儿，骚乱自然平息，他立即查出并处死了带头谋反的人。

建安十四年（209年），庐江人陈兰、梅成在安徽起事，曹操派于禁、臧霸等人讨伐梅成，命张辽督率张郃、牛盖等人讨伐陈兰。陈兰与梅成二人合军，转入灊山。灊山中有座天柱山，山势陡峭，道路险狭，正可凭险据守。张辽挥军攻敌，终于斩杀了陈兰、梅成，俘虏了他们的所有部众。事后，曹操评论众将的功劳，特意说："登天山，履峻险，以取兰、成，荡寇功也。"命令增加张辽的封邑，给予他持节的优待。

建安十八年（213年），曹操进攻孙权，退兵时派张辽和乐进、李典等率领7000多人驻守合肥。建安二十年（215年），曹操往征张鲁，让护军薛悌给张辽送去一封信函，让张辽在有敌人来攻时再打开来看。八月，东吴孙权率领10万大军进围合肥，张辽与诸将打开信，信中说："若孙权军来到，张、李将军出战；乐将军守护军，不得与战。"但是诸将不理解其中的意思，张辽与李典消除诸将的疑惑，整军备战。第二天天刚亮，张辽身披铠甲、手持长戟，一马当先冲向敌阵，一连刺死了几十个敌人，斩杀了两员敌将。他越战越勇，一面大呼"张辽在此"；一面撞入敌人营垒深处，直杀到孙权的大旗之下。孙权见状大惊，仓促间逃到一个小山上，用长戟自卫。张辽呵斥孙权，让他下来迎战，孙权连动也不敢动。后来，孙权看清张辽人数不多，这才聚兵将张辽层层包围。张辽左冲右突，击杀敌众，率领几十名部下突围而出。这时，仍被围在中间的士兵高喊："张将军把我们扔下不管了吗？"张辽听到喊声，纵马挥戟，二次杀入重围，将被围的士兵救出。张辽所到之处，敌军望风而逃，无人敢挡。这一仗，从早上一直杀到中午，杀得吴兵魂惊魄动，士气低落。孙权围攻合肥数十日，见无法攻克，只好撤退。部队均已上路，孙权和诸将在逍遥津北，张辽远远望见，率领部队突然杀来。事出意外，孙权部将惊惧不已，亏得甘宁与吕蒙奋力抵挡，凌统才将孙权救出。这一仗，杀得江南人人害怕，据说听到张辽大名，小孩都不敢夜间啼哭。曹操非常赞赏张辽的壮猛勇敢，升任他为征东将军。

建安二十一年（216年），曹操又征讨孙权，到合肥后巡视张辽当年战斗的地方，感慨良久。于是，特命增加张辽的军士，并多留部队，由张辽总领，迁驻居巢。

建安二十二年（217年），关羽在樊县围攻曹仁，恰巧这时孙权向魏称臣，于是，曹操召张辽和诸军都回来援救曹仁。张辽还未赶到，徐晃已经打败关羽，解除了对曹仁的围困，张辽便率军在摩陂与曹操会合。当张辽大军赶到时，曹操乘辇车亲自慰劳他们，并命他屯驻陈郡。

建安二十五年（220年），曹操去世，曹丕即位魏王，改迁张辽为前将军，分封其兄张汎及一子列侯。此时孙权复叛，曹丕派张辽仍回合肥驻军，并晋升他的爵位为都乡侯，极其恩宠。曹丕即皇帝位后，封张辽为晋阳侯。黄初二年（221年），张辽到洛阳朝见文帝曹丕，文帝在建始殿接见了他，亲自问他进攻吴国的情况。听完述说后，文帝深有感触，说："这不是古代的召虎吗！"遂命令为张辽起造宅第，厚加赏赐。

黄初三年（222年），孙权再次向曹魏称臣。张辽奉命还屯雍丘，却在此得病。曹丕遣侍中刘晔带着太医审视其疾，并令虎贲卫士们往来传达张辽病况，为张辽问病的使者经常在路上互相遇见。病情稍有好转后，张辽便返回其屯军之所驻军。不久，孙权再次叛魏，文帝派张辽和曹休乘船至海陵，直到江边。孙权听说张辽又来了，非常害怕，对众将说："张辽虽然有病，但仍然勇不可当，一定要小心！"就在这一年，张辽和众将一起打败了东吴的将领吕范。但他的病情却也日渐严重，最后终于在江都逝世，一代名将就此陨落。曹丕为之流涕，谥曰刚侯。其子张虎嗣任其爵。正始四年（243年），张辽得享从祀于曹操庙庭。

2. 张郃

张郃（？—231年)，字儁义。河间鄚县（今河北任丘东北鄚州镇）人。三国时魏国名将。

东汉末年，张郃参加了征讨黄巾军的冀州牧韩馥的部队，任军司马。后来又随韩馥一起归附袁绍，被袁绍任命为校尉，随军征伐公孙瓒，因战功被提升为宁国中郎将。后因与袁绍意见不合，加之别人诬陷，张郃担心被袁绍加害，于是赶往曹营，投靠了曹操。曹操得到张郃之后非常高兴，将他的来投比作微子臣周、韩信归汉，立即任命他为偏将军，封作都亭侯。张郃深感遇到了明主，为报答知遇之恩，从此死心塌地跟随曹操。

张郃为曹操效力的第一场战斗是邺县之战，在他的威慑之下，邺县很快便被攻克。这之后，张郃屡屡被委以重任，四处征战，为曹操平定内乱、统一中原立下了汗马功劳。

曹操平定汉中、收降张鲁后，留张郃、夏侯渊等人驻守汉中，抗拒刘备。张郃并未消极防守，而是主动进军占领了巴东（今四川奉节东）、巴西（今四川阆中）二郡，并把那里的百姓迁到汉中。在继续进兵宕渠（今四川渠县东北）时，被刘备大将张飞击败，被迫回军南郑（今陕西汉中东）。

建安二十三年（218年），刘备进攻汉中，屯于阳平，夏侯渊、张郃、徐晃等率军迎击，张郃负责防守广石。建安二十四年（219年），刘备将精兵一万人分为十股，趁黑夜轮番疾攻张郃。张郃督率士卒拼死抵挡，使刘备最终未能前进一步。后来，刘备在定军山斩了夏侯渊，张郃独力难支，才不得不放弃防守，引军后撤。夏侯渊死后，张郃担任主帅，立即着手整顿军队，加固城防，有条不紊地安排了人员调遣、兵力配置等军中事务。众将见其指挥、谋划井然有序，于是重新恢复了士气，一直坚持到曹操亲统大军来到。虽然最终曹操被迫放弃了汉中，但对张郃在这里的表现还是很满意的。

延康元年（220年），曹丕即位后，张郃被提升为左将军，赐爵都亭侯；魏国正式建立后，又晋封他为鄚侯。曹丕也把张郃看作不可多得的将才，因此屡屡委以重任，张郃也确实做到了不辱使命，每每出色地完成任务。及至曹叡做了皇帝，由于当初跟随曹操征战的老将已所存无多，所以对张郃更为倚重。

太和二年（228年），诸葛亮兵出祁山，曹叡赐张郃特进之衔，命其统兵出征。张郃在街亭（今甘肃秦安东北）大败蜀军先锋马谡，致使诸葛亮黯然退兵。张郃便又乘机收复了南安、安定、天水三郡。此次战役张郃以少胜多，曹叡极为高兴，下诏给张郃增加封邑1000户。这样，张郃累年征战立功所获封邑已达到4300户。

张郃用兵机变无双，懂得战术变化，善于安营布阵，根据地形布置战略战术，没有他预料不到的情况，从诸葛亮起的蜀国大将都非常忌惮他。太和五年（231年），诸葛亮又一次兵出祁山。张郃奉诏与司马懿一起前往拒守。两军对峙，蜀军意欲速战速决，而魏军却坚守不出。旬月之后，蜀军粮尽，只好撤退。司马懿令张郃率军追击，张郃认为诸葛亮必定会在中途伏击，所以表示反对。但司马懿不听，张郃被迫从后追杀。诸葛亮早在木门（祁山东部的谷地）设下了埋伏，待张郃追到，居高临下，乱箭齐发，张郃中箭，死于木门道中。谥"壮侯"。其子张雄继承了他的爵位，其他几个儿子均封为列侯。

六、陈群辅魏历三朝，竭忠尽职定礼制

陈群（？—237年），字长文，颍川许昌人。父（陈纪）与祖父、叔父皆名重于世。

陈群年轻时聪明好学，为人所奇异。鲁国人孔融高才倨傲，年纪在陈群父子之间，一开始与陈纪为友，后来认识陈群后，对他的才华非常赞叹，陈群由是有名。

汉兴平元年（194年）二月，刘备为豫州刺史，征陈群为别驾。十二月，徐州牧陶谦死，遗言："非刘备不能安此州也。"徐州人便迎刘备为徐州牧。刘备也想过去，但陈群劝阻道："袁术尚强。今东，必与之争。吕布若袭将军之后，将军虽得徐州，事必无成。"刘备不听。建安元年（196年）六月，袁术果然攻打徐州，并许助吕布以军粮，劝吕布袭取下邳（今江苏邳州市）。吕布大喜，立即遣兵帮助袁术，大破刘备军，俘其妻子。刘备这才悔不用陈群之言，只好降于吕布。继而刘备与吕布交恶，败归曹操。曹操以陈群为司空西曹掾属。

陈群有知人之明。有人荐乐安人王模、下邳人周逵，曹操征召之。陈群以这两人品德极坏，终必坏事，向曹操进谏，曹操不听。后来两人果然都因为非作歹而伏诛，曹操因以谢陈群。而陈群所荐的广陵人陈矫、丹阳人戴乾都是贤能之士。陈群又迁参丞相军事、御史中丞。

二十一年（216年），曹操欲复肉刑（残害肉体之刑）。陈群劝阻道："今以笞死之法易不杀之刑，是重人肢体而轻人躯命也。"曹操深善其言，即止其刑。陈群又先后为侍中、领丞相东西曹掾、尚书。

陈群在朝主持公正，无所偏颇，深受太子曹丕敬重，待以交友之礼。又制九品官人法，在郡县设中正，评定人才高低，开辟士人做官之路。

延康元年（220年）十月，魏代汉，曹丕即皇帝位，是为魏文帝。陈群迁尚书仆射，继为尚书令。其间，陈群建制九品官人之法，成为历史名制。黄初六年（225年）八月，曹丕南下征吴。陈群领中领军。次年，明帝即位，陈群为司空，与中军大将军曹真、征东大将军曹休、抚军大将军司马懿共同辅政。

明帝即位前不交朝臣，不问政事，专心读书，因而不了解文帝兄弟残酷斗争的情况。陈群上书深言兄弟不和之害："若不和睦则有仇党，有仇党则毁誉无端，毁誉无端则真伪失实，不可不深防备，有以绝其源流。"太和三年（229年）十月，陈群与散骑常侍刘邵等删约汉法，制定《新律》

陈群

18篇,《州郡令》45篇,《尚书官令》《军中令》共180余篇。

次年七月,曹真以蜀汉数入寇,请从斜谷(在今陕西眉县西南)率军讨伐。陈群谏阻说:"斜谷阻险,难以进退,转运必见抄截,多留兵守要,则损战士。"明帝从陈群议。曹真又请从子午道(从关中至汉中南北通道,古以"子"为北,"午"为南,故名)进军。陈群又进言不便,并说军费巨大,但是曹真决意出师,明帝就听从让曹真领兵西征。后来因大雨30余日,栈道断绝,只得罢兵。

青龙四年(237年)十二月,陈群病逝,谥曰靖侯。

陈群为人正直不盲从,敢直言相谏。皇女曹淑死(时年8岁),葬礼甚盛,陈群劝阻道:"举朝素衣,朝夕哭临,自古以来,未有此比。"魏主不听。蜀汉丞相诸葛亮去世后,魏国的外部压力减少,明帝专心享受,大兴宫室、园林,致使劳役不止,农桑失业。陈群上书规劝:"吴、蜀未灭,社稷不安。宜及其未动,讲武劝农,有以待之。今舍此急而先宫室,臣惧百姓遂困,将何以应敌?"明帝于是有所减省。他还数次密陈得失,每上书,即毁草稿,当时的人及陈群的子弟都不得而知。正始年间下诏撰写群臣所上书,朝士才见陈群的谏书,都为之叹息。

陈群历仕曹操、曹丕、曹叡三代,以其突出的治世之才,竭忠尽职,为曹魏政权的礼制及其政治制度的建设,做出了突出的贡献。

七、狼顾鹰视司马懿,西晋王朝奠基人

司马懿(179—251年),字仲达。河内郡温县孝敬里(今河南省焦作市温县)人。三国时魏国名将、宰辅。西晋王朝的奠基人。

司马懿的高祖父司马钧为汉安帝时的征西将军,曾祖父司马量为豫章(今江西南昌)太守,祖父司马儁为颍川(今河南禹州)太守,父亲司马

防为京兆尹。司马防育有八子，因字中都有一个"达"字，当时号称司马八达。司马懿是司马防的次子，军事才能非凡，政治抱负远大。他少有奇节，聪朗英发，志略远大，且博学洽闻，信守儒教。汉末大乱，司马懿慨然有忧天下之心。南阳太守杨俊素以善能知人著称，他一见不满20岁的司马懿，就说他绝非寻常之器。尚书崔琰与司马懿的兄长司马朗交好，曾对司马朗说："您的弟弟聪亮明允，刚毅果敢，特立杰出，您是绝对比不上的！"建安六年（201年），郡中察举他为上计掾。

当时，曹操正任司空，听到他的名声后，派人召他到府中任职。司马懿见东汉政权已经被曹氏控制，曹氏又是阉宦之后，不想屈节在曹操手下，便借口自己有风痹症，身体不能起居而不出仕。建安十三年（208年），曹操为丞相以后，使用强制手段征召司马懿为文学掾。曹操让他与太子往来游处，历任黄门侍郎、议郎、丞相东曹属、丞相主簿等职。曹操逐渐察觉司马懿"有雄豪志"，又发现他有"狼顾之相"，心里很忌讳。因此对曹丕说，司马懿不是甘为臣下的人，必会干预我们的家族之事。但因曹丕和司马懿关系很好，总是维护他，而得以无事，于是，司马懿勤于职守，废寝忘食，遂使曹操安心。

司马懿一出，就以谋略见长。建安二十年（215年），曹操征讨张鲁，并取得胜利。司马懿劝曹操乘胜夺取益州，曹操却说："人似乎不知满足，既然已得陇右，又想得到蜀地！"没有采纳他的建议。曹操南征孙权，孙权派使者上表称臣，并劝曹操代汉。曹操说："孙权这小子是想把我放在火炉上！"司马懿说："汉朝国运将终，您十分天下，已有其九，却还恪守臣节。孙权称臣，正是天人之意。"

建安二十四年（219年），司马懿升任太子中庶子，佐助魏太子曹丕。当时司马懿每次参与谋划，都有奇策，所以为曹丕所信任和重用，与陈群、吴质、朱铄并称"四友"。司马懿转任军司马，建议屯田解决粮食问题，得到曹操的采纳。此后，他更是常常与谋国事，多出奇策。他曾劝曹操让戍边部队屯垦，大大缓解了当时军粮不足的困难。他还曾指出荆州刺史胡修粗暴、南乡太守傅方骄奢，都不应驻守边防。后来，二人果然降蜀。

同年，关羽水淹七军，曹操大将于禁大败，曹操深感震惊，想迁都河北，以避敌锋。司马懿竭力劝阻，他认为于禁之败无损国计，迁都是向敌人示弱。当务之急是应利用孙权、刘备貌合神离的现状，联合孙权，共击关羽，定可获胜。曹操从其计，孙权果然派吕蒙袭取公安，关羽被其俘杀。

曹操嫌恶荆州及附近百姓，想把他们都迁走。司马懿认为，这样一来，既伤善者之意，又使藏亡流窜观望者不敢复还，实不足取。曹操依议，没有移民，藏亡流窜者果然都复还就业。

延康元年（220年），曹操去世，曹丕继魏王位后，十分信任司马懿，任命司马懿为尚书，不久转督军、御史中丞，封安国乡侯。黄初二年(221年)，免去督军官职，升任侍中、尚书右仆射。曹丕在自己亲自出征时，总是令司马懿留守后方，供应后勤物资。黄初七年（226年）五月，曹丕病重，召司马懿、曹真、陈群等，托以后事，命他们顾命辅政。曹丕还对太子说："此后如果有人说这三位的坏话，千万不要听。"

明帝曹叡继位后，改封司马懿为舞阳侯。太和元年（227年）六月，明帝命司马懿驻扎宛城，兼督荆、豫二州诸军事。

蜀将孟达投降魏国时，司马懿认为他举止轻佻，不可信任，但皇帝不听，任命孟达为新城太守。后来，孟达果然与吴、蜀交接，图谋叛魏。当时孟达认为，司马懿所在的宛城离魏都洛阳800里，离上庸1200里，司马懿在进攻他之前，必须表奏魏主，这样往返至少一个多月。到那时，上庸城守已备，司马懿根本奈何不了他。不料司马懿临机应变，并未上奏魏主，只用了8天时间，就兵临上庸城下。孟达措手不及，没过几天就被司马懿擒斩。司马懿回军，仍驻宛城，奖励、鼓舞人民从事农业生产，禁止浪费。南方吏民都心悦诚服。

太和五年（231年)，诸葛亮进攻天水（今属甘肃）。魏明帝对司马懿说："西线有战事，除您之外，再无人能够托以重任了！"派他西驻长安，都督雍（辖今陕西中部、甘肃东南部、宁夏南部、青海黄河以南）、凉二州诸军事，统兵迎敌。张郃劝司马懿分兵驻扎雍、郿（今陕西眉县）两地，以做大军后镇。司马懿没有同意，挺兵隃糜（治今陕西千阳东)，对战诸葛亮。不久，司马懿果然大获全胜。司马懿料定诸葛亮军粮缺乏，三年之内不可能出兵。

果然，三年之后，诸葛亮于青龙二年（234年）二月，又统兵10万出斜谷（在今陕西岐山

司马懿

南）来攻曹魏。司马懿与之相持四个多月，诸葛亮数次挑战，司马懿均坚守不出。诸葛亮便派人给司马懿送来妇女的服装，讥笑他如妇女一般懦弱。司马懿迫于被激怒的将士，只得上表明帝，请求决战。明帝十分明白司马懿的难处，于是君臣二人一唱一和，派骨鲠之臣辛毗仗节来阻止司马懿出战。不久，诸葛亮又遣使求战，司马懿不谈军事，只询问诸葛亮饮食睡眠等琐细小事。使者回答："我们丞相夜以继日地处理事务，处罚20军棍以上的案情，都要亲自审理，每天吃饭，不过数升。"司马懿叹息说："吃得少，事务多，什么都要自己做，哪能活多长时间呢？"过了一段时间，诸葛亮果然病死于军中。蜀将秘不发丧，整军后退。司马懿率兵疾追。一直追到赤岸，这才得到诸葛亮的确切死讯。当时人有谚语说："死诸葛吓走生仲达。"司马懿听了，笑着说："我能料其生，不能料其死！"青龙三年（235年），司马懿升任太尉，累增封邑。

景初元年（237年），辽东太守公孙渊背叛魏国，自立为燕王，定都襄平（今辽宁辽阳）。景初二年（238年）春，魏明帝召司马懿，命他率兵讨伐。临行前，明帝问司马懿，公孙渊会采取哪些策略。司马懿说："上策是弃城退走，中策是依托辽河抵拒，下策是固守襄平坐以待毙。"明帝又问："这三策中，他可能选择哪一种呢？"司马懿回答："只有特别有见识的人才能知彼知己，才能预先有所舍弃，这一点，他做不到。他见我孤军远征，定会认为不能持久，于是将采取中、下之策，先在辽河据险抵抗，然后退守襄平。"明帝问需要多少时间可以完成此役，司马懿说："去时100天、作战100天、回来100天、休整60天，有一年时间足够了。"

双方接战以后，公孙渊果然退守襄平。此时，正逢连日大雨，平地水深数尺。将士们想向高处移营。司马懿严令军中："有敢言移营者斩。"都督令史张静违令被斩，军中这才安定下来。敌人依恃水大，打柴牧马，安然自若。司马懿部将屡次要去攻取，都未获准。不久，公孙渊支持不住，只得请降。司马懿对使者说："军旅之事，大要有五：能战当战，不能战当守，不能守当走，不能走就只有死路一条。"公孙渊从城南突围，司马懿纵兵击破其军，公孙渊战死在梁水边的星落之地。入城后，司马懿下令屠杀15岁以上男子7000多人，收集尸体，筑造景观（古代战争中胜者为了炫耀武功，收集敌人尸体封土而成的高冢）。而后他又把公孙渊所任公卿以下一律斩首，杀死将军毕盛等2000多人，收编百姓4万户。此时距司马懿出兵刚好一年。

景初三年（239年）正月，齐王继位后，司马懿受命与曹爽共同辅政。

曹爽兄弟共掌禁兵，多结亲党，呼朋引类，屡改制度，司马懿不能禁止，从此与曹爽的矛盾渐深。正始九年（248年）三月，黄门张当私自把内庭才人石英等11人送给曹爽，曹爽、何晏乘机与张当勾结，谋危社稷。司马懿表面装病，实际上也在暗中布置，准备消灭曹爽势力。

曹爽及其同党在加紧篡权步伐的同时，并没有忘记司马懿的存在。这年冬天，河南尹李胜要到荆州（今属湖北）任刺史，临行前受曹爽密托，借拜望之名，前往探察司马懿的病况。司马懿当然明白李胜此行的目的，便假装病重，让两个侍婢扶持自己，喝粥时汤流满襟。李胜说："大家以为您不过是偶染微恙，没想到您老病到如此模样。"司马懿故意上气不接下气地说："年老卧病，死在旦夕。你要到并州（今山西太原西南，辖陕西北部与河套地区）去，并州靠近胡地，要好好防备。此日一别，怕不能见面了，希望您以后能多关照我的儿子司马师、司马昭兄弟。"李胜说："我要回本州（指荆州），不是并州。"司马懿故意装糊涂，错乱其辞："您要到并州？"李胜又大声说："我要回荆州任职！"司马懿说："我年老意荒，不解君言。你回本州去，好自保重，以建功勋。"李胜回来对曹爽说："司马公已如行尸，唯存余气，形神已离，不足为虑。"过几天，他又说："太傅不能再有作为了，令人怆然而悲。"曹爽等便不再防备司马懿。

嘉平元年（249年）春正月，魏帝谒高平陵，大将军曹爽、中领军曹羲、武卫将军曹训均从行。司马懿乘机发动政变，并上奏永宁太后，请废曹爽兄弟。大司农桓范用计出城去投曹爽，蒋济对司马懿说："智囊跑了。"司马懿说："曹爽是驽马恋栈豆，贪恋富贵，一定不会用他之计。"桓范见到曹爽后，劝他挟持皇帝到许昌去，发文书征调天下兵马勤王。曹爽果然疑惑，不从其计，反而派人去探司马懿的口风。司马懿佯称并无害曹爽之意，曹爽便投刀于地，说："司马懿不过想夺我的权力罢了！吾能以侯爵归府，照样能当富家翁！"桓范痛哭道："没想到因为你们，害得我遭灭族之祸！"曹爽随皇帝回到京城后，就被司马懿软禁在府中。正当曹爽满怀希望之时，朝廷突然下诏，诛杀曹爽兄弟及其党羽，并灭三族。

嘉平二年（250年）春，曹芳命司马懿在洛阳立庙。司马懿久病，不任朝请，每遇大事，天子亲自到他府中去征询意见。司马懿诛死曹爽等人，威权愈立，盛极一时。兖州刺史令狐愚和太尉王凌（驻在寿春）见皇帝孱弱，强臣专权，就想谋立楚王曹彪。司马懿早知二人阴谋，令狐愚死后不久，于嘉平三年（251年）正月出兵讨伐王凌。王凌自知势穷，只得归降。五月，王凌服毒自杀。

司马懿进入寿春后，参与王凌之谋的人都出来自首。司马懿将这些人一律诛灭三族。他还派人挖开王凌、令狐愚的坟墓，暴尸三天，然后把他们裸埋土中。接着，司马懿把楚王曹彪也杀了，并且把魏国王公全部拘捕，放置邺城，命有司监察，不准他们互相交结往来。魏帝册命司马懿为相国、封安平郡公，前后食邑五万户，司马氏前后封侯者19人。司马懿固辞相国、郡公之位不受。

六月，司马懿病死，享年73岁，谥文贞，葬于首阳山；后改谥号宣文。次子司马昭封晋王后，追谥司马懿为宣王；司马炎称帝后，追尊司马懿为宣皇帝，庙号高祖。

第六章 科技文化

一、马钧发明惊世人，裴秀详制地域图

1. 马钧的发明创造

马钧（生卒年不详），字德衡，扶风（今陕西兴平市）人，三国时代著名的机械革新家、发明家。他出身贫苦，很注意观察生活实际，尤其是对于生产工具，再加上他的勤奋研究，努力发明，在机械方面做出了极大贡献。

在纺织机上，马钧注意改革，他把60蹑、50蹑减为12蹑，使织绫机提高了5倍的效率，促进了丝织业的生产。经过这么一改，织绫机很快就推广开了，马钧也从此出了名。

后来，马钧在曹魏政权做给事中（官名），住在洛阳。在他的住处附近有一片坡地，可以用来做菜园子，就是引水灌溉不方便。马钧在前人创造的用来吸水洒路的翻车（即龙骨水车）的基础上，设法加以改进，制成了既轻巧又便于操作，连小孩子都能使用的翻车，叫龙骨水车。这种水车，利用了齿轮和链唧筒的原理。车身是用木板作槽，当中用小木条和木板做成链子，连成一圈，套在木槽里，而在板槽的另一头连着一个有两个曲板的轮轴。这样，只要把板槽的另一头放进水里，人在上面

龙骨水车

不断地踏动曲板，水就能从板槽间连续地推刮上来。这种水车比原来的水车功率提高了很多倍，所以很快便流传到民间，促进了农业生产的发展。

马钧得到魏明帝的同意，便造起指南车来。但是，史书上只提到过黄帝曾靠指南车辨别方向打败蚩尤，并没有传下实物，就连图样也没有。马钧只能靠自己的想象重新设计制造。由于他平时肯钻研，又掌握了机械运动的原理，不久便制成了。马钧用他的劳动创造，赢得了满朝官员的称赞和敬佩。

可惜，马钧制造的指南车也没有能留传下来。但马钧是创造指南车的先导者，这是可以肯定的。《三国志·魏书》的《方技传》和《明帝纪》《宋史·舆服志》均有明确记载。我们现在所看到的古代指南车模型，则是仿宋朝燕肃、吴德仁所造的。据《宋史·舆服志》记载，这种指南车主要是利用齿轮原理。车的结构是一辆独辕的两轮车，在车厢中央有一个平放的大齿轮，连接有一些小齿轮，上面竖立一个木人。当车子走动时，先把小木人的手指向南方（或指别的方向均可），如果车子向左转，右边车轮带动小齿轮，再牵动大齿轮，便使大齿轮向相反方向转动。所以不论车子往哪方转，木人指向都不会改变，因而能起到指示方向的作用。

马钧还曾利用水力推动齿轮使物体转动的原理，制造了一种叫"百戏"的玩具。它能让小木头人在木盘上做各种动作，包括唱歌、跳舞、击鼓、吹箫、跳丸、掷剑、缘（攀缘）垣、倒立等，这种构造精巧的玩具，很能看出马钧的匠心。

由于马钧掌握了军事原理，因而他在兵器制造方面也有不少发明创造。从历史文献当中可以证明，他在兵器学方面的精深研究，足以和同时代的军事学家诸葛亮相比。

那时候，魏国和蜀国经常打仗。蜀国大军事家诸葛亮在出师北伐时，曾发明了一种可以把箭接连发射出去的连发射远器——连弩。它每次可发数十箭，威力很大。魏军在战场上捡到，颇感惊奇。当时已经年老的马钧看到连弩后，认为这种兵器很好，说："巧是很巧了，但还有不到的地方，如再改进一下，威力还可增

连弩

加五倍。"于是，他便将连弩进行了改进，果然效果甚佳。功效可提高五倍。

汉末时官渡之战，曹操曾使用"发石车"攻击袁绍的阵地，但只能单发，效率不高。马钧担心敌方在城楼上挂起湿牛皮，就能挡住发石车抛出的石头。马钧在原来作战用的发石车的基础上，重新设计出了一种新式的攻城武器——轮转式发石车。原来的发石车，像个大天平，一头挂着一个斗，斗里装满大小石头，另一头挂着许多根绳子，作战时，兵士们一齐用力拉绳子这头，装石头那头就飞快地翘起来，这样，石头就被抛出去打击敌人。这种发石车缺点很多，每发射一次，都要花费一些时间，而且效果不大。马钧设计的新式轮转式发石车，则克服了这些缺点。它是利用一个木轮子，把石头挂在木轮上，这样，装上机械带动轮子飞快地转动，就可以把大石头接连不断地发射出去，使敌方来不及防御。马钧曾用车轮子来做试验，可以连续把几十块砖瓦射出几百步远（一步约合 1.45 米），这在当时说来，威力是相当大的。

马钧的发明创造是多方面的。他制造的织绫机、龙骨水车、指南车等，都给后继者开辟了道路，提供了经验。他在龙骨水车、指南车中所运用的机械原理，外国要迟上一千七八百年才开始应用。这是很值得称道的。马钧的刻苦钻研、大胆革新，勇于实践的精神，值得我们学习和继承。

2. 裴秀的科技成就

裴秀（224—271 年），字秀彦，河东闻喜（今山西运城闻喜县）人。我国古代一位杰出的地理学家，在制作地图方面做出了很大贡献。

裴秀出身于官僚世家，曾担任过司空等职，掌管土地、制图等工作。

他的最大成就是制成"制图六体"，即制图所应遵循的方法和规律，共有 6 条。它们是：一、"分率"，即比例尺；二、"准望"，即方位；三、"道里"，即距离；四、"高下"；五、"方邪"；六、"迂直"。其中后 3 条说明各地间由于地势起伏、倾斜缓急、山川走向而产生的问题。裴秀认为以上 6 条是相互关联、相互制约的。如果地图上没有比例尺的标记，则不能确定距离的远近。如果只有比例尺的标记，而无方位，则某地的方向虽然从某一方向看是对时，但从其他方向看就不对了。如果只有方位的确定，而无道路的实际路线和距离的表示，那么在有山水相隔的地方就不知该怎样通行了。如果只有路线和距离的标记，而无地面高低起伏和路线曲直的形状，则道路的远近必定与其距离不符，方向也弄不清。所以 6 条准则必然综合运用，相互印证，才能确定一个地方的位置、距离和地势情况。因此可以说，现代地图学所需要的主要因素，除经纬线和投影以外，裴秀都已谈及了。我国绘制地图的方法基本上都依据裴秀所规定的"六体"。

其次,裴秀编绘了《禹贡地域图》18篇,重新勘察,绘制了当时的地图。

另外,裴秀又将原有粗重的用80匹缣制作的《天下大图》,加以改造,以"一分为十里、一寸为百里"的比例进行缩制,使之成为容易省览的小而明确的《方丈图》。这种缩小了的《方丈图》就是现在所说的小比例尺(1:1800000)地图。到刘宋时,文学家谢庄(421—466年)制造出一个方丈大的木质地形模特,后来北宋沈括、南宋黄裳与朱熹,都用木材、面糊、木屑、胶泥及蜡等制作地形模型。这些都是裴秀方丈图的继续演进,说明裴秀对后代地图学的发展具有深远的影响。

二、神医华佗医术高,外科手术称鼻祖

东汉末年,有位杰出的医学家,他不但精于外科,而且在诊断、药物、针灸、妇产科和体育卫生等方面也颇擅长。他首创用全身麻醉法施行外科手术,为后世所推崇。他的故事,至今仍广泛流传于民间。他就是中医外科的鼻祖——华佗,被誉为"外科圣手"。

华佗(141—208年),字元化,一名男,沛国谯(今安徽亳县)人。年轻时,曾游学于徐州。他兼通术数、经书和修身养性之法,而淡于功名利禄。当时沛相陈硅和太尉黄琬都举荐他做官,均遭到拒绝。但却情愿把毕生的精力用于钻研医学及为群众治病方面。他乐于接近群众,足迹遍及江苏、山东、安徽、河南等地,深得群众的信仰和爱戴。同时,他善于把群众的智慧(民间经验医学)加以总结,所以在医学方面取得了突出的成绩,做出了卓越的贡献。

华佗医术十分精湛。传说他曾为孙策治疗弩毒,为关羽治疗箭镞,又替曹操治疗头风病。他善于掌握特效疗法,用药简单,功专力宏;针灸定穴,也是如此,仅取一二穴位,就能获效。

华佗医术超群,有古籍记载:

"华佗医术之妙,世所罕有。但有患者,或用药,或用针,或用灸,随手而愈。若患五脏六腑之疾,药不能效者,以麻肺汤饮之,令病者如醉死,却用尖刀剖开其腹,以药汤洗其脏腑,病人略无疼痛。洗毕,然后以药线缝口,用药敷之。或一月或二十日,即平复矣。"

义中所载的"麻肺汤",医学上又叫"麻沸散",是由华佗发明的世界上第一种手术全身麻醉药。麻沸散是怎样发明的呢?

有一天,华佗的病人很多,把他累得筋疲力尽。为了解除疲劳,华佗

喝了一些酒。可是因为劳累过度，加上空腹，没饮上几杯酒就酩酊大醉了，而且人事不知，别人呼叫、拍打都没有反应，好像死了一样。华佗的妻子吓坏了，可是摸他的脉搏，却发现跳动正常，这才相信他是真的醉了。过了两个时辰，华佗醒了过来，家人把刚才他喝醉的事情跟他说了一遍，华佗听了大为惊奇：为什么拍打我的时候我都不知道呢？难道喝醉酒能使人麻醉失去知觉吗？

后来，华佗做了几次试验，得出结论：酒有麻醉的作用。再以后，给病人动手术时，华佗就叫病人喝酒来减轻痛苦。可是有些手术刀口大，疼痛剧烈，光用酒来麻醉是不够的，该怎么办呢？

一次，华佗行医时遇到一个奇怪的病人：病者牙关紧闭，口吐白沫，手握拳，躺在地上不动弹，呼叫、拍打、针灸全无知觉。华佗上前看他的神态，按他的脉搏，摸他的额头，一切都正常。他向病人的家属询问病因，家属说："他身体非常健壮，没有得过什么病，就是今天误吃了几朵臭麻花子（又名洋金花），才得这种病的。"

华佗连忙说："快找些臭麻花子拿给我看看。"

病人的家属把一株连花带果的臭麻花子送到华佗面前，华佗接过闻了闻，又摘朵花放到嘴里尝了尝，顿时觉得头晕目眩，满嘴发麻，华佗不禁惊叹："好大的毒性呀！"

华佗用清凉解毒的办法治愈了这名患者，患者临走时，华佗只要了一捆连花带果的臭麻花子。

华佗

从那天起，华佗开始对臭麻花子进行试验，发现这种植物麻醉效果很好，又经过多次不同配方、不同剂量的反复炮制，发现用其制成药酒麻醉效果更好，华佗于是给这种麻醉药酒起了个名字——麻沸散，并广泛用于临床。

西方医学开始在手术中使用麻醉药是 19 世纪 40 年代，而华佗在 2 世纪就已经用全身麻醉进行剖腹手术，这说明中医外科手术使用麻醉药的历史至少比西方早 1600 余年。

在中国古代，"药"总是被蒙上一层神秘的色彩。当一位患者处于生死攸关的时候，医师能用一剂良药将其治愈，人们便称之为"起死回生""药到病除"；当一个人陷入必死的绝境时，人们又会说他"无可救药"了。所以在古代社会，人们对"药"的功能，有着许许多多的神奇的描述。

据史书记载，东汉末年的神医华佗，就经常用"神药"救人于水火之中。有一次，广陵太守陈登忽然感到胸中烦闷，面色红赤，厌食，华佗为他诊脉之后说："你胃里寄生着一种虫子，是吃鱼腥类的东西所致。"于是华佗为陈登煎了2升中药汤，陈登喝下去之后不一会儿就吐出了3升多虫子，它们的头是红的，还能活动，吐出虫子后陈登的病立即好了。华佗又对陈登说："你的病3年之后还会复发，到时候如果遇见高明的医师还可以治愈。"到了第三年，陈登果然再度发病，但是华佗不在，结果不治而死。

有一位名叫李成的军吏，终日剧咳不已，夜间失眠。华佗送给他3钱中药粉，李成服后当即吐出2升脓血，病也渐渐好了。华佗告诫李成说："18年后你的病还会复发，到那时如果不吃这种中药，一定会死的。"在李成的要求下，华佗又给他一剂药，以备发病时用。5年后的一天，李成见到邻居有一位病人与他当年的病症十分相似，病情危急，李成顿生怜悯之心，把华佗留给他的药让那位病人吃了，病人终于获得救治。李成又去找华佗，想再要一剂，正遇上华佗得罪了曹操，被关在监牢里，李成便不忍心向华佗提要药的事。18年后，李成旧病复发，这时华佗早已被曹操杀害，所以李成无药救治而死。

据说曹操曾患有头风痛，经常头痛，请华佗诊治。华佗认为，此病需要长期治疗，否则无法去除病根。但华佗又不愿终日侍候曹操，便借故躲在家中。曹操发病时，屡次派人去请，华佗仍不肯上路。曹操大怒，将华佗抓了起来，并且说："华佗明明能够治好我的病，却不肯彻底治愈，他是想以我的病抬高自己，我不杀他，他也不会为我根治疾病的。"于是将华佗杀害。后来曹操最宠爱的小儿子仓舒（曹冲）病重久治不愈而亡。曹操叹息说："我真后悔不该杀了华佗，如果华佗还在的话，我的爱子也不会死了。"

华佗也是中国古代医疗体育的创始人之一。他不仅善于治病，还特别提倡养生之道。他曾对弟子吴普说："人体欲得劳动，但不当使极耳，动摇则俗气得消，血脉流通，病不得生，户枢不朽也。"华佗继承和发展了前人"圣人不治已病，治未病"的预防理论，为年老体弱者编排了一套模仿猿、鹿、熊、虎等五种禽兽姿态的健身操——"五禽戏"。

三、脉学专著数《脉经》，针灸经典《甲乙经》

魏晋时期，脉学取得较大成就，医家王叔和对我国 3 世纪以前脉学进行较系统整理和总结，撰成《脉经》，为中医脉学发展奠定基础。这一时期的针灸学也有显著进步，论述针灸的文献较以前大为增多，最具代表性的是皇甫谧《针灸甲乙经》，对后世针灸学的发展产生深远影响。

1. 王叔和与《脉经》

我国的脉诊起源很早，先秦时期已有较丰富的脉学史料。例如，《周礼》中有切脉以察脏腑病变的记载；《左传·昭公元年》记述秦景公派遣医和诊治晋侯之疾，医和以色脉互参详论其病的史实。《史记·扁鹊仓公列传》有"至今天下言脉者，由扁鹊也"之说，可见扁鹊在战国秦汉时期被公认为脉学鼻祖。《黄帝内经》收载大量秦汉以前的脉学资料，论述 40 多种脉象，又提出三部九候诊法和气口人迎脉诊法。《难经》最早提出寸口诊脉法，并论述脉学的基本理论，但尚未形成专著。

两汉时期，脉诊已普遍应用于临床，成为中医诊病的重要组成部分。东汉医家张仲景《伤寒杂病论》是脉法成功应用于诊疗实践的名著，把脉、病、证、治融为一体，充分体现东汉时期医家的丰富脉诊经验。然而，脉学虽不断发展，仍缺乏全面的整理和理论的提高。至魏晋时期，王叔和对脉学进行第一次较系统总结，撰成《脉经》，奠定我国脉学发展的基础。

王叔和（生卒年不详），名熙，西晋高平（一说山东巨野，一说山西高平）人。早年曾是游方医，据传王叔和医术精湛，被选任太医令。宋代张杲《医说》引张湛《养生方》，言及王叔和"博好经方，尤精诊处；洞识摄养之道，深晓疗病之源"，并记述王氏重视饮食调摄的养生主张。唐代甘伯宗《名医传》称其"性度沉静，通经史卜，穷研方脉，精意诊切，洞识摄

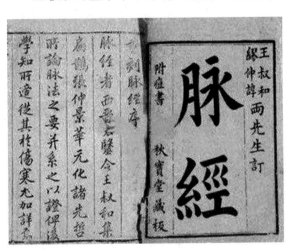

《脉经》书影

养之道"。近代有学者认为，王氏任晋太医令之事，有待进一步考证。

王叔和对医学的贡献，一是系统总结脉学，撰著《脉经》；一是整理编次《伤寒杂病论》。由于《伤寒杂病论》成书后，屡遭战乱兵燹，不久即散佚，是王叔和首先对该书有关伤寒的内容进行搜集、整理和重新编次，使得以流传后世，极大促进晋唐以后临证医学的发展。王叔和对伤寒部分的整理，是以仲景所论各种治疗方法的"可"与"不可"条文进行编次排列，如"不可发汗证""可发汗证""不可灸证""可灸证"等，由此开按治法分类研究《伤寒论》之先河。张仲景的《伤寒论》经王叔和整理编次，得以流传后世，对中医学的发展产生深远影响。但后世医家对其编次《伤寒论》，褒贬不一。如明清有些医家对王氏多有非议，指责王叔和对张仲景原著"多所改易窜乱"，使后人无法窥其原貌，以致形成"错简"一派。然而赞誉者认为张仲景之伤寒学经王叔和之力而得以保存至今，若无王叔和编次之举，张仲景之书恐早已湮没，如元代王安道赞其"功莫大矣"。王氏距张仲景生活年代最近，所编次之书也比较接近张仲景原著内容，伤寒学说没有失传，王叔和功不可没。

王叔和博通经方，精于诊病，在临床中体会到脉诊的重要性，但当时脉象缺乏规范和统一，给诊病带来诸多不便。如《脉经·序》指出："脉理精微，其体难辨，弦紧浮芤，展转相类，在心易了，指下难明"，说明准确体察脉象尤难，若指下有误，必致贻误病人。可是当时流传的上古脉学文献，多深奥难懂，且零散而不系统，于是王叔和系统整理总结《内经》《难经》及扁鹊、华佗、张仲景等医家的有关论述，并结合自己临床经验，著成《脉经》。

《脉经》10卷98篇，包括脉诊、脉形、脉象与脏腑关系，脉象阴阳分辨以及妇人、小儿脉的辨识等。

《脉经》重点阐述脉学，还论述针灸理论和临证治疗。对经络和辨证取穴的针灸治疗，尤其是脉诊与脏腑经络辨证的结合、针灸和药物并用的治疗方法，都有精辟论述，对针灸临床也有指导意义。《脉经》并涉及相当的伤寒内容，对后世仲景学说的研究，颇有启迪。

王叔和《脉经》是我国现存最早的脉学专著，全面总结公元3世纪以前的脉学成就，确立和完善"独取寸口"的诊脉方法，在规范脉名、确定各种脉象特点以及寸关尺分部所属脏腑等方面都进行系统阐述，从而促进中医临证医学的发展。

2. 皇甫谧与《针灸甲乙经》

魏晋南北朝时期的针灸学取得显著成就，出现我国现存最早的针灸学专著——皇甫谧《针灸甲乙经》。该书对《内经》《难经》及秦汉时期的针灸进行系统整理与总结，为后世针灸学的发展奠定了基础。

皇甫谧（215—282年），字士安，幼名静，晚年自号玄晏先生。西晋安定郡朝那（宁夏固原市彭阳县古城镇）人，后随叔父迁居新安（今属河南洛阳市）。皇甫谧自幼家境贫困，躬自耕作，但暇必读书，竟废寝忘食，对经史百家颇有研究。性情沉静，勤于著述。一生所著甚丰，有《帝王世纪》《高士传》《逸士传》《列女传》《玄晏春秋》等史学著作，是一位颇有名望的学者。《晋书·皇甫谧传》言其"有高尚之志，以著述为务"，林亿在校订《甲乙经》的序言中称皇甫谧"博综典籍百家之言"。晋武帝曾征召他入朝为官，被婉言谢绝。他在《释劝论》中阐述医学的重要性，钦佩历代名医精湛医术，如言"若黄帝创制于九经，岐伯剖腹以蠲肠，扁鹊造虢而尸起，文挚徇命于齐王，医和显术于秦晋，仓公发秘于汉皇，华佗存精于独识，仲景垂妙于定方"，表示要发奋学医，精研岐黄。晋武帝爱惜其才华，赐予很多书籍。

皇甫谧平素羸弱，加之长年劳累，常服寒食散，致使精神衰颓。42岁时因罹患风痹证后而潜心钻研医学，"习览经方，手不辍卷，遂尽其妙"，自此，致力针灸研究。他深感当时针灸书籍"其义深奥，文多重复，错互非一"，不易学习和流传，故以《素问》《针经》《明堂孔穴针灸治要》3部医籍中有关针灸内容为依据，总结秦汉以来针灸之成就，并结合自己临证经验，于魏甘露年间（256—260年），编撰成《黄帝三部针灸甲乙经》（简称《针灸甲乙经》或《甲乙经》），这是我国现存最早的一部针灸学专著。皇甫谧尚有《寒食散论》1卷，惜未传后世。

《针灸甲乙经》12卷，128篇。内容丰富，既叙述人体脏腑的生理功能和病理变化，又重点归纳整理经脉腧穴、考订腧穴部位、临证针灸治疗和操作手法。1至6卷是中医学的基本理论与针灸学的基本知识；7至12卷是临床经验总结，包括各种疾病的病因、病机、症状和腧穴主治。该书按生理、病理、诊断、治疗等内容进行归类编排，层次清晰。

皇甫谧根据《素问》《针经》《明堂孔穴针灸治要》3部医书所述及的腧穴进行全面系统的归纳整理，如对腧穴的名称、部位、取穴法等逐一考订，重新厘定腧穴位置，并增补新穴位。《甲乙经》整理厘定的腧穴有349个，其中双穴300个、单穴49个，比《内经》增加189个穴位。经《甲乙经》整理、定位的腧穴，在很长时期内成为针灸取穴的标准。

总之，《甲乙经》是《内经》《难经》之后对针灸学的第一次全面总结。把针灸治疗和脏腑经络的生理、病理紧密结合起来，对人体腧穴、针灸操作方法和临证治疗等方面都作了较系统的论述，确立了针灸的理论体系，并为针灸成为临床独立学科奠定基础。

四、建安名士多风流，放荡不羁真性情

魏晋名士在中国历史上是一道极为亮丽的风景线。尽管他们的种种离经叛道行为为后代的众多正统文人所不齿，并对其冠以"清谈误国""放荡不羁"等种种骂名，但是，他们的独树一帜、真率自然的人格魅力及其洒脱的生活方式，还是给后代文人树立了永远难以企及与复原的范本，也给后世的人们留下了独属于那个时代的"放纵"历史。

建安（196—220年）是东汉最后一个皇帝汉献帝刘协的年号，历时25年。这是历史学上的"建安"时代。但文学史上所说的建安时期往往从黄巾起义（184年）开始算起，一直延续到魏明帝景初末年（239年）为止，总共有50多年的时间。这是一个具有一定独立意义的文人活动和独特性质的历史时期。

建安时期是一个历史转折时期，从大一统的汉代到长期分裂战乱的时期，建安是天下统一时代的结束和天下分裂的开始时期。与这紧密关联的，是儒家经学一统天下的学术时期的结束，道家、法家、名家等诸子之学兴起，形成新的思想解放、各家争议的时代，因此这个时代为以后玄学的发展和佛学的立足与发展奠定了基础，创造了条件。儒家经学的衰落，同时导致人们信仰的失落，尤其是东汉末年信奉儒家伦理的党人集体拯救汉朝的失败，并且惨遭杀害，士人开始了艰苦而漫长的新人格的探索，而这个过程本身促进了士人从群体自觉转向个体的自觉，开始了个性张扬的新时代。此际的名士，其标准与人格范型都明显有东汉名士的历史遗传，同时产生着深刻的变化，并对后代名士具有很大的影响。

建安名士，人数很多，由于各人的历史渊源不同，人生轨迹不同，遭际相异，加之身处历史过渡时期，因此他们的人格模式与行为方式也有很大的差异。在"建安"的历史舞台上，活跃的名士有孔融、边让、祢衡、诸葛亮、荀彧、曹植、王粲、刘桢等，其中最有名的当属"建安七子"。

"建安七子"又号"邺中七子"，是指东汉末年汉献帝年间的7位文学家：孔融、陈琳、王粲、徐干、阮瑀、应玚、刘桢。同时代曹丕的《典论·论文》首次将他们相提并论，七子与"三曹"往往被视作三国时期文学成就的代表。

"建安七子"与"三曹"构成建安作家的主力，对诗、赋、散文的发展，都曾做过贡献。王粲在诗赋上的成就高于其他6人。刘勰《文心雕龙·才略》提到："仲宣溢才，捷而能密，文多兼善，辞少瑕累，摘其诗赋，则七

孔融

子之冠冕乎。"王粲的哀思最能表现在作品上，其《七哀诗》与《登楼赋》，最能代表建安文学的精神。王粲《七哀诗》吟道："出门无所见，白骨蔽平原。路有饥妇人，抱子弃草间。"把在乱世的经历见闻，融入作品之中，留下最真实的记录。

7人当中，除孔融外，其他6人都依附于曹操父子旗下。建安二十二年（217年）冬天，北方发生疫病，当时为魏世子的曹丕在第二年给吴质的信中说："亲故多罗其灾，徐、陈、应、刘一时俱逝。"除孔融、阮瑀早死外，建安七子之中剩余的5人竟然全部死于这次传染病。曹植《说疫气》描述了当时疫病流行的惨状说："建安二十二年，疠气流行，家家有僵尸之痛，室室有号泣之哀。或阖门而殪，或覆族而丧。"

"七子"以写五言诗为主。五言诗是直到东汉后期才兴盛起来的新诗体，桓、灵两帝时期"古诗"的出现，标志着五言诗已经初步成熟。而"七子"的优秀五言之作，写得情采飞扬，变化多致，使五言诗在艺术上更臻于精美。如徐干的《室思》就比同一题材的《青青河畔草》或《冉冉孤生竹》写得细腻深厚。而陈琳《饮马长城窟行》、阮瑀《驾出北郭门行》等都作于汉末战乱发生之前，其写作时间不一定比"古诗"晚，他们在五言诗发展史上的重要性就更加值得重视。

"七子"的生活，基本上可分为前后两个时期。前期他们在汉末的社会大动乱中，尽管社会地位和生活经历都有所不同，但一般都没能逃脱颠沛困顿的命运。后期他们先后依附曹操，孔融任过少府、王粲任过侍中这样的高级官职，其余也都是曹氏父子的近臣。不过，孔融后来与曹操发生冲突，被杀。由于7人归附曹操的时间先后不同，所以各人的前后期不存在一个统一的界限。

第二编

两晋风云

　　晋朝结束了三国分裂，却没有带来一个更好的时代。这是一个奇怪的大一统王朝：新成立的王朝本应该欣欣向荣才对，然而西晋却是混乱地开始，混乱地终结。难道是司马氏接连三代处心积虑地谋夺政权，把勃勃英气尽数用完了？

　　西晋末年，天下大乱，中原王朝陷入戎狄民族的围攻之中，瞬间崩溃，文明陷入危险当中。幸而江南稍定，大量流民南迁，成了传播中原文化的火种。这个风雨飘摇中的小朝廷从站稳脚跟到逐渐进取，实在是经历了很艰难的一段进程。

第一章 西晋政权

魏咸熙二年（265年）十二月，晋王司马炎（即晋武帝司马炎）夺取政权，建立晋朝，先都洛阳，后迁长安，历四帝。建兴四年（316年）为匈奴刘氏所灭，史称西晋。

一、司马炎代魏建晋，晋武帝兴兵灭吴

晋武帝司马炎（236—290年），字安世，河内温县（今河南温县）人。西晋开国皇帝。

司马炎的父亲司马昭当时是魏国的晋王，并被加九锡，掌握了魏国的大权。本来按照封建时代立嫡以长的制度，司马炎本该是合法的王位继承人，但其父司马昭把小儿子司马攸过继给自己的哥哥司马师为子，并打算立他为世子。所以每次见到司马攸，便拍着自己的宝座对他说："这是桃符（司马攸的小名）的座位。"其宠爱之情溢于言表。虽然司马昭有这个意思，但许多重臣以历史上废嫡长引起祸乱的事例谏净，因此到了晚年，司马昭不得不以强大的政治理智克服个人情感上的好恶，接受了大臣们的建议，立司马炎为世子，后来顺理成章地接受禅位做了皇帝。

司马炎接受禅位后心里并不轻松。他很清楚，虽然登上了皇帝的宝座但危机仍然存在。要想巩固获得的政权，进而完成吞并东吴、统一中国的大业，首先必须要强固统治集团本身的凝聚力。而要达到这个目的，就必须采取怀柔政策。为此司马炎在即位的第一年，即下诏使已成为陈留王的魏帝在天子祭祀天地以及上书等时不称臣。同时又赐安乐公刘禅的一个儿子为驸马都尉，第二年又解除了对汉室的禁锢。这不但缓和了朝廷内患，尤其是消除了已成为司马氏家族统治对象的曹氏家族心理上的恐惧，而且还安定了蜀汉人心，进而为赢得吴人的好感，在吞并东吴

上取得了主动权。

为了尽早地使国家从百业凋敝、社会动乱的环境中摆脱出来，为统一打下牢固的基础，他派大将羊祜陈兵吴境，伺机灭吴。司马炎知道吴国是个建国很久的国家，不是轻易可以灭掉的，所以，羊祜虽然准备得很充分，但直到他死，也没实现灭吴的愿望。羊祜临死，向司马炎推荐了大将杜预。他说杜预是一员儒将，运筹帷幄，有足够的能力担当灭吴的大任。司马炎立刻把攻吴的指挥权给了杜预。杜预挥兵袭击了吴守将张政，张政大败，但张政知道吴帝孙皓是个多疑而残酷的家伙，就隐瞒不报。杜预看准这一点，就把一部分俘虏送回吴国。这一来，吴帝恼火了，立刻把张政调离军队。这样，杜预就把吴国最有能力的将军除掉了。杜预又联合大臣一齐给司马炎上书，请求他下决心伐吴。

咸宁五年（279年），司马炎终于下了灭吴的命令，二十几万大军分六路深入吴地。吴军也曾想办法抵抗，如在江中水下布铁锥，水上设铁链，但都被晋军破除。六路大军在吴都建业会师，在杜预指挥下，开始攻城。孙皓在知道自己已是瓮中之鳖后，率领群臣投降了西晋，全国实现了统一。

统一全国后，司马炎出台了许多英明之策。首先，他致力于巩固政权，对三个国家的遗属很是优待。如他让魏帝曹奂仍用皇帝仪仗，上书也不用称"臣"。他令刘禅仍居安乐公的位子，还让他的一个子弟做驸马都尉。对新投降的孙皓也给以宽容，仍给他们安全、优厚的生活。这样做影响很大，使三国贵族渐渐承认已成的现实，不再想反叛了。

对广大农民，他推行"占田制"，以代替原来的"屯田制"。规定男子可占70亩，女子可占30亩。这大大地提高了农民生产的积极性，使农村安定下来。有了农业基础，商业、手工业也迅速发展，整个国家经济呈现一派繁荣。

另外，他实行无为而治，以此为中心，他下了五诏书：一诏正身，要求官吏们做个廉政爱民的好官；二诏勤百姓，勤于为民办事；三诏抚孤寡，对有困苦的人要及时抚恤；四诏敦本忽末，对关乎国计民生的农业要重视，对别的行业

司马炎

（如商业）要抑制；五诏去人事，精简机构汰裁冗员。

这些措施恢复了战后经济的发展，稳定了新建立的晋政权。但随着国家逐渐安定之后，司马炎也开始奢侈荒淫起来。先是大修祖庙，弄得富丽堂皇，耗费了许多金银。接着，又把吴国的宫女全部接收下来，据说有5000之多，加上原来的已达上万！面对这么多的女人，一个司马炎实在忙不过来。每天他坐着羊拉的车，在宫城中慢慢行走，挑选中意的宫女侍寝。宫女们为了得到这一机会，在门口插上竹枝撒上盐巴，用来吸引给皇帝拉车的羊停下来。

另外，他的衣食住行都穷奢极欲，超过有史以来的所有皇帝。这种奢靡之风大大影响了国人，大臣豪门纷纷效法，也刻意追求起来，相互夸富、斗富。有的富人一掷千金，一饭上万。如富豪石崇常常把金银珠宝毁给人看，以示自己的豪气。他请客时，如果客人饮酒没有尽兴，他就把侍女杀掉，有时一连杀几个人，其残酷令人发指！

本来自魏明帝之后，社会风气就趋于奢侈，现在晋武帝司马炎又推波助澜，西晋的朝野奢侈之风随处风行。由于晋武帝司马炎纵欲纵乐，很快就体虚力亏，朝不保夕。太熙元年（290年）三月，晋武帝司马炎病笃。四月，驾崩，享年65岁。谥号武皇帝，庙号世祖。

二、贾南风弄权滥杀，害宗亲八王兴兵

晋惠帝司马衷（259—307年），字正度。晋武帝司马炎次子，母武元皇后杨艳。西晋第二位皇帝。

泰始三年（267年），司马衷被立为皇太子，时年9岁。泰始八年（272年）二月，司马衷奉晋武帝命娶贾充的女儿贾南风为太子妃。贾南风当时15岁，年长司马衷两岁。

太熙元年（290年）四月二十日，晋武帝去世，皇太子司马衷继位，是为晋惠帝，大赦天下，改年号为永熙。尊继母皇后杨芷（杨艳的堂妹）为皇太后，立妃贾南风为皇后。同年五月十三日，葬晋武帝于峻阳陵（今河南省偃师南蔡庄北）。

晋惠帝以太尉杨骏为太傅，辅佐朝政。同年八月二十六日，立其子广陵王司马遹为皇太子，以中书监何劭为太子太师，吏部尚书王戎为太子太傅，卫将军杨济为太子太保。同时派遣南中郎将石崇、射声校尉胡奕、长水校尉赵俊、扬烈将军赵欢将屯兵四出。永熙二年（291年）正月，改元为永平。

司马衷当政后非常信任他的皇后贾南风，因此贾氏专权，甚至假造司马衷的诏书。永平元年（291年），贾氏迫害皇太后，废其太后位，后将其杀害。贾氏还大肆杀戮大臣，迫害宗亲，如太宰司马亮，导致了后来的"八王之乱"。

元康四年（294年）和元康六年（296年）匈奴和其他民族反叛，氐人齐万年称帝，一直到元康九年（299年）这次反叛才被消灭。

元康九年（299年），贾南风开始迫害太子司马遹，首先废他的太子地位，次年杀太子。这个举动成为许多反对贾后专政的皇族开始行动的起点。赵王司马伦假造诏书废杀贾后，杀大臣如司空张华等，自领相国位，恢复原太子的地位，立故太子之子司马臧为皇太孙。

永康元年（300年）八月，淮南王司马允举兵讨伐司马伦，兵败被杀。同年十二月，益州刺史赵廞协同从中原逃到四川的流民在成都造反。

永宁元年（301年），司马伦篡位，自立为皇帝，司马衷被奉为太上皇，太孙司马臧被杀。三月，齐王司马冏起兵反司马伦，受到成都王司马颖、河间王司马颙、常山王司马乂等的支持。司马伦兵败。淮陵王司马漼杀司马伦的党羽，驱逐司马伦，引司马衷复位，司马伦被杀。五月，立襄阳王司马尚为皇太孙，并以羊献容为皇后。六月，东莱王司马蕤谋推翻司马冏的专权，事露被废。十二月，李特开始在四川反晋，这是成汉的起点。

太安元年（302年）初，皇太孙司马尚夭折，司马覃被立为太子。五月，李特在四川击败了司马颙派去讨伐他的军队，杀广汉太守张微，自立为大将军。

十二月，司马颖、司马颙、新野王司马歆和范阳王司马虓在洛阳聚会反司马冏的专政。司马乂乘机杀司马冏，成为朝内的权臣。

太安二年（303年）三月，李特在攻成都时被杀，但四月他的儿子李雄就占领了成都，到年末，李雄几乎占领了整个四川盆地。五月，张昌、丘沈反叛，建国汉，杀司马歆。八月，司马颖和司马颙讨伐司马乂。十月，司马颙的军队攻入长安，在此后的洗劫中上万人死亡。此后两军在长安城外对阵，连十几岁的少年都被征军，同时两军都征募匈奴等的军队。最后司马乂兵败被杀，司马颙成为晋朝举足轻重的人物。

永安元年（304年）初，晋惠帝感到受到司马颙的威胁越来越大，因此下密诏给刘沈和皇甫重攻司马颙，但没有成功，反惹得司马颙的军队在洛阳大肆抢劫。二月，晋惠帝废皇后羊氏，废皇太子司马覃，立司马颖为皇太弟，司马颖和司马颙专政。但六月京城又发生政变，司马颖被逐，羊氏复位为皇后，司马覃复位为太子。

七月，晋惠帝率军讨伐司马颖，在荡阴被司马颖的军队战败，面部中伤，身中三箭，被司马颖俘虏，羊氏和司马覃再次被废。八月，司马颖被安北将军王浚战败，他挟持晋惠帝逃亡到洛阳，一路上只有粗米为饭。十一月，晋惠帝又被司马颙的将军张方劫持到长安，张方的军队抢劫皇宫，将皇宫内的宝藏洗劫一空。到年末司马颙再次在长安一揽大权，司马越成为太傅。同年李雄在成都称成都王，成汉建国；刘渊自称汉王，建立前赵。

永兴二年（305 年），司马颙和张方的军队、司马颖的军队、司马越的军队和范阳王司马虓的军队在中原混战，基本上中央政府已经不存在，中国边缘的地区纷纷独立。到永兴二年（305 年）末，司马越战胜，司马颙杀张方向司马越请和，但无效。

光熙元年（306 年），司马越手下的鲜卑军队攻入长安，大肆抢劫，两万多人被杀。九月，司马颖被俘，后被杀。"八王之乱"至此才算结束。

光熙元年十一月十七日（307 年 1 月 8 日）夜里，司马衷在洛阳显阳殿驾崩，终年 48 岁。相传被东海王司马越毒杀，死后被安葬于太阳陵（今河南洛阳），谥号孝惠皇帝。他的弟弟司马炽（284—313 年）继位，改元永嘉，即晋怀帝。

三、怀帝难挽时局乱，城破被俘遭毒杀

晋武帝司马炎总共生了 25 个儿子，司马炽是最小的一个。武帝临死前一年，将他封为豫章王。八王之乱期间，他洁身自好，不问世事，闭门读书，专心于史籍，因而颇有声望。永兴元年（304 年）十二月，河间王司马颙废掉皇太弟成都王司马颖时，武帝 25 子已仅剩 4 人，司马颖被废，司马颙只能在吴王司马晏和司马炽中挑选一个，司马晏庸碌无才，于是就立了司马炽为皇太弟，作为法定接班人。

光熙元年（307 年）十一月，惠帝食饼中毒身亡，司马炽继位。

晋怀帝即位之初，遵照旧制，在太极殿东堂听政，每次朝会，都要和群臣讨论各种国家大事、考证经史典籍，因而颇得好评。许多大臣说："今日复见武帝之世矣！"但治乱世，需要有拨乱反正的大才，晋怀帝虽然为人正派，谦虚谨慎，精通经史，却缺乏实际的统治经验和魄力，因此，不可能力挽狂澜，扭转已经混乱不堪的政局。

这时，动乱正在全国各地继续发展。晋怀帝即位的当年，琅邪王司马睿以安东将军、都督扬州江南诸军事的身份，从下邳移镇建业（今江苏南

京），开始在江南发展和巩固自己的势力。已经大量进入中原地区的匈奴、鲜卑、羯、氐、羌等少数民族不甘心忍受晋朝贵族官僚的压迫，也纷纷起来反抗。汲桑和羯族石勒起兵攻破了邺城，晋兖州刺史苟晞经过大小30多次战争，死了10000多人，才将他们打败。朝中是东海王太傅司马越专权，晋怀帝并无多大实际权力。

晋怀帝即位的第二年（308年）十月，匈奴族刘渊又在平阳（今山西临汾）称帝，公然和晋朝皇帝唱起了对台戏。石勒和王弥在起兵失败后，先后投奔了刘渊，并且迅速恢复了活力。石勒的军队在永嘉三年（309年）已发展到十万多人，几次兵临洛阳，几乎破城。

永嘉四年（310年）十月，再次遭到刘曜、王弥、石勒军队攻掠的洛阳，缺兵少粮，形势恶化。司马越不得不发羽檄征调四方之兵入援京师，晋怀帝也亲自叮咛派出去的使臣："告诉他们，马上发兵还有救，晚了就来不及了。"然而，一则是司马越的专权行径，早已使朝野上下大失所望；二则是各地方正自顾不暇，因此，竟没有一个发兵到洛阳来。

永嘉五年（311年）二月，曾经受到司马越排挤的苟晞发出檄文，历数司马越罪状，声讨司马越。晋怀帝早就讨厌司马越专权，尤其是留守洛阳的司马越亲信何伦等人，专事抄掠王公贵族，逼辱公主，无恶不作，人人憎恨。苟晞既然敢于出头，晋怀帝自是求之不得，便秘密赐予手诏，命他讨伐司马越。双方多次文书来往，司马越不免有所风闻，便派骑兵在成皋一带巡逻，果然截获了苟晞所派的使臣和晋怀帝诏书。于是，双方公开交战。司马越忧愤成疾，于三月间死于项城（今河南沈丘）。部将王衍等率兵带着司马越的尸体返回东海封国安葬。四月间，队伍行至苦县（今河南鹿邑）的宁平城（今河南郸城县东北），被石勒率轻骑追上，石勒以骑兵围而射之，晋军将士自相践踏，王公士庶十余万人无一幸免。石勒将司马越剖棺焚尸，扬扬得意地说："此人乱天下，我为天下人报仇！"司马越是八王中最后出来专权的一个，他大概没有想到，死后还要受辱，比之先死诸王，命运更加悲惨。

留守洛阳的何伦等人得知司马越死去，急忙带司马毗和宗室48王向东海封国撤退，中途也被石勒消灭。

洛阳城由于几遭兵灾洗劫，城内粮草早已抢掠一空，这时已经到了人吃人的程度，百官也逃走了十之八九。晋怀帝也想出逃，可是既无卫队，又无船只，只得在左右侍从引导下，徒步走出西掖门，却遭到盗贼的洗劫，无法继续前行，不得不返回宫中。

六月中，刘曜、王弥、石勒联军又攻陷洛阳，俘晋怀帝并纵兵大掠，杀人三万，掘晋诸帝陵墓，焚毁宫殿官府，使魏晋以来花费无数民力和资财，经过近百年的努力才建设起来的这个庞大城市，又一次化为灰烬。

晋怀帝司马炽被送往平阳（今山西临汾），汉主刘聪封他为左光禄大夫，平阿公。第二年（312年）二月，又改封为会稽郡公，加仪同三司。刘聪志得意满地对司马炽说："你当豫章王的时候，我和王济去拜访你，王济曾当你的面大大表扬了我一通。你说早就听说我的大名了，还送给我柘木做的弓和银制的砚，你还记得吗？"司马炽一副奴相地说："臣怎么敢忘呢！可惜当时没能早识龙颜！"刘聪又问："你家骨肉兄弟为什么要如此自相残杀？"司马炽媚态十足地说："大汉将要应天受命，所以为陛下自动扫除，此乃天意，非人力所能挽回。何况，臣家里要是都能和睦相处，守住武帝创下的基业，陛下又怎么能得到它呢！"这番奉承话刘聪自然听得高兴，于是，将自己宠幸的女子之一小刘贵人赏给司马炽为妻。

永嘉七年（313年）正月初一，汉主刘聪在光极殿大宴群臣，让司马炽穿着青衣给大家斟酒。晋旧臣庾珉等见怀帝遭受此等侮辱，伤心得号啕大哭起来，刘聪十分恼火。到了二月初一，便将晋旧臣庾珉等十余人全部杀害，晋怀帝司马炽亦被毒死，时年30岁。

四、司马邺无力回天，魏废帝枉背骂名

永嘉五年（311年）六月，匈奴族建立的汉国皇帝刘聪派兵攻破洛阳，将晋怀帝俘往平阳。晋朝的一些文武大臣或是出于忠心，或是出于野心，纷纷推出一位皇室成员作为招牌，发展势力。其中，只有荀藩在密县（今河南密县）得到了成功。

荀藩最初推琅邪王司马睿为盟主，可是，司马睿正忙于经营江南，对收拾北方残局不感兴趣，荀藩只得物色别的皇室成员。正在此时，秦王司马邺从洛阳出逃，到了密县，荀藩见到这位12岁的小外甥，喜出望外，立刻将他供奉起来，随后便转移到了许昌。

这时，中国西部也正在经历一场大灾难。刘曜攻破洛阳之后，随即又挥师西进，于永嘉五年（311年）九月攻陷长安，杀了镇守长安的晋南阳王司马模。战争加上天灾，使关中出现了前所未有的大饥荒，遍地都是白骨，100个人中只有一两个人能够活下来。百姓遭了殃，刘曜却得了福，他被汉主刘聪封为车骑大将军、雍州牧，镇守长安。

不过，刘曜的日子并不好过，因为晋朝的臣民并没有停止抵抗。南阳王司马模被杀以后，他的部下冯翊太守索琳等率众5万进军长安，雍州刺

史曲特、新平太守竺恢和扶风太守梁综立刻率众 10 万与之会合，经过大小数百次战争，大败刘曜，声势大振，关中各地汉族和少数民族人民纷纷响应。

这时荀藩依靠的大将阎鼎听说关中形势大好，决定带着司马邺入关，占据长安，以号令四方。荀藩等人都是山东人，不愿西去，可是胳膊拧不过大腿，挡不住阎鼎，便在路上开了小差。阎鼎等在长安立司马邺为皇太子，总管一切政务，实际行使宰相职权。永嘉七年（313 年）四月，晋怀帝司马炽在平阳被刘聪毒死的消息传到长安，司马邺遂正式即位，称愍帝，改元建兴。

晋愍帝司马邺，字彦旗，生于永康元年（300 年），是晋武帝的孙子，其父为吴王司马晏，司马邺因出继于秦王司马柬，故袭爵为秦王。9 岁时被封为散骑常侍、抚军将军，13 岁立为皇太子，当皇帝时只有 14 岁，当时的长安城，刚刚经过浩劫，满目荒凉，户不过百，蒿草和荆棘多得像森林，政府和私人的车乘加到一起只有四辆，朝廷百官既无官印，也无朝服，连执板也是临时锯些桑木板写上个官号凑合着用。小皇帝不管事，军国大事全由卫将军、领太尉索琳负责。为了扭转长安被少数民族势力威胁的状态，小皇帝几次下诏令，以南阳王司马保为右丞相，都督陕西诸军事，琅邪王司马睿为左丞相，都督陕东诸军事，让幽、并二州的地方官和左、右丞相各率精兵劲卒，分别进攻平阳、洛阳和入卫长安。然而诏书等于一张废纸。司马睿以刚刚平定江南，无暇北伐为理由，拒绝出兵。至于其他各地，也都拥兵自重，谁也不愿为这个末代皇帝卖命。

建兴四年（316 年）八月，刘曜再次围攻长安。附近各郡只有少数领兵来救，屯于霸上，见刘曜兵多势盛，都不敢继续靠近。总管长安及以西军事的右丞相司马保也派部将胡崧率西部诸郡兵入援，在长安城西 40 里的灵台击败刘曜之兵，但因与阎鼎、索琳早有矛盾，便屯兵渭北，不愿再进。刘曜见各路晋军均观望不前，便全力攻城，旋即攻陷外城，晋愍帝君臣退守小城。此时，城中既无粮，又缺兵，一斗米卖到黄金二两，大部分人不是饿死，就是逃走。只有几千名凉州兵仍在恪尽职守，毫不动摇。后来，晋愍帝也断了粮，阎鼎遍找皇家仓库，总算找到几十块酒曲，让人把它碾成碎末，做成粥汤给皇帝充饥。不久，连这点东西也吃光了。这时已是十一月，隆冬时节，天寒地冻，又挨饥受饿，自然不是滋味。晋愍帝实在受不了，哭着说："如今已是穷途末路，又没有救兵，还是投降了吧。"派人与刘曜联系好之后，晋愍帝便于十一月十一日在群臣的哭泣声中，出长安东门向刘曜投降。西晋遂告灭亡。

晋愍帝司马邺被送往汉国都城平阳，汉主刘聪封他为光禄大夫，怀安侯。从此，这位亡国之君开始了他的屈辱生活。刘聪出去打猎，他得穿上戎装，拿着戟在前面开道。沿途百姓有认识的，往往指着他说："这就是从前在长安的天子！"于是人们便围观起这个末代皇帝来。刘聪在光极殿大宴群臣，他得去斟酒、刷酒具。刘聪上厕所，他得拿着便桶的盖。每逢见到这种情景，晋朝旧臣便只能在旁边落泪，还不敢哭出声来。有一次，尚书郎辛宾实在悲愤之极，站起来抱住司马邺放声大哭，立即被刘聪杀掉。司马邺虽然忍气吞声，苟且偷生，刘聪却还是不能留他活命。东晋建武元年（317年）十二月，这个末代皇帝和他的前任一样，在平阳被毒死，时年18岁。

第二章 东晋政权

建武元年（317年）琅邪王司马睿（即晋元帝司马睿）在江南即晋王位，都于建康，历十一帝。元熙二年（420年），为刘裕所灭，史称东晋。

一、晋元帝移镇建业，晋明帝以弱制强

1. 司马睿偏安建国

晋元帝司马睿（276—323年），字景文。司马懿的曾孙，司马觐之子。东晋开国皇帝。

司马睿出生于动乱的战争年代，经过了战争的洗礼。他的父亲是西晋朝的琅邪王。父亲去世后，他世袭了父亲的职位。随后又被提升为安东将军，都督扬州江南诸军事，由下邳移镇建邺（后又改名建康，今江苏省南京市）。

建兴四年（316年）八月，西晋宣告灭亡。司马睿的部下看到时局不稳，于建兴五年（317年）三月拥奉他为晋王，改年号为"建武"。建武二年（317年）三月称帝，定都建康，史称东晋。

司马睿即位后，因为他在皇族中声望不够，势力单薄，再加上本人才能也不高，社会交往不足，所以得不到南北士族的支持，皇位不稳。为了能够保住皇位，他重用了政治家王导。王导运用策略，使南方士族极力支持司马睿，也使北方南迁的士族也决意拥护司马睿，维持了东晋政权，稳定了动荡的局面。司马睿十分感激王导，任命他为宰相，执掌朝政，让他的堂兄王敦都督江、扬、荆、湘、交、广六州军事，握有重兵，控制军权。其他重要的官职，大多数都由王导家族担任。从实际上看，东晋王朝，已经成了王导和司马睿共同掌握的朝廷。司马睿在登基大典上，几次请王导和他一起坐上宝座，接受群臣拜贺，王导谢绝。时人曾流传说："王与马，共天下。"

司马睿

司马睿在稳定了皇位后，开始不满"王马共天下"的局面，他开始起用刘隗、刁协为心腹，以此来削弱王导的势力，并暗中进行军事部署，试图将王导的势力排除出去。但这时的王敦已经察觉，他先发制人，从武昌起兵击败刘隗，进入建康，杀死刁协。在王导的劝说下，王敦这才退兵回了武昌，政权仍然由王导控制。

看到无法将王导排除出去，司马睿觉得自己贵为天子，只是有名而没有实权，跟一个傀儡一样，于是渐渐忧愤成病，卧床不起。他想到大臣中只有司徒荀组对自己比较忠顺，就任命他为太尉兼领太子太保，打算让他参与朝政，钳制王导。不料司徒荀组受任不久就病死，司马睿更加忧伤，病势加重。

永昌元年闰十一月己丑日（323年1月3日）晚，司马睿病死于建康宫中的内殿，享年47岁。

2. 司马绍平定内乱

司马绍（299—325年），即晋明帝（323—325年在位），字道畿。晋元帝司马睿长子，晋简文帝司马昱异母兄，母宫人荀氏。东晋第二位皇帝。

司马绍的母亲是燕代人，这一带多是汉人与鲜卑人杂居，而司马绍从相貌上来说有点像鲜卑人，王敦就曾骂他是"黄须鲜卑奴"，可见母子二人其实都可能有鲜卑血统。

晋明帝小时候非常聪慧，有一次他坐在晋元帝腿上，恰巧有个从长安来的人汇报情况，晋元帝询问洛阳一带的局势。等长安使者走了后，晋元帝问司马绍："你认为长安和太阳哪个近？"司马绍不假思索即答道："长安近，因为没有听说过有人从太阳那边来。"晋元帝对他这个回答非常惊奇。第二天晋元帝大宴群臣，为了在大臣面前显示自己孩子聪颖，就又问了司马绍一遍。结果司马绍的回答却是日近，晋元帝大惊，问他怎么和昨日回答的不一样。司马绍就解释说："抬头就能看见太阳，但是却看不见长安，所以是太阳近。"晋元帝和大臣都啧啧称奇。

司马绍继位后，办的一件大事就是平定王敦叛乱，巩固了东晋政权。

晋明帝继位时，王敦为扬州牧，他看到王家势力逐渐受到排挤，便欲叛乱反晋。当他从武昌移镇姑孰（今安徽当涂）后，便加紧了夺取政权的准备。但是，在太宁二年（324 年）五月时，王敦却患病，日益加重。

王敦觉得自己时日无多，就命中书令温峤伪造诏书，封养子王应为卫将军，封兄王含为骠骑大将军。同僚钱凤问王敦："你如果有个三长两短，将后事交给王应吗？"

王敦回答："非常之事，不是一般人所能做到的。王应还年少，怎能当起大事？我如果真的不行了，只有三计可行。"钱凤反复问："是哪三计？"王敦说："我死以后，即释兵散众，归事朝廷，保全门户，这是上计；若还退武昌，聚兵自守，贡献不废，便是中计；及我尚存，率众东下，万一侥幸，这就是下计了。"钱凤听后退出与同党说："公说的下计，实为上策，我们照此行事吧！"于是计划起兵，攻打建康。

温峤得知王敦要谋反，就到建康与国舅庾亮商议，奏知晋明帝。晋明帝得知消息后，为了探求虚实，掌握军情，乘巴滇骏马，身边只带一人，微服私出，深入王敦营垒。但是却被王敦的军士发现，王敦立刻派骑兵追捕。晋明帝逃走时，将所骑马匹排出的粪便用水浸湿以降温，以示早已逃离，又拿出七宝鞭交给路旁卖食物的婆婆，并要她出示给追来的骑兵。晋明帝走后不久，追兵就来到，并询问婆婆，婆婆于是取出七宝鞭，并称那人已经走得很远。骑兵们顾着传玩七宝鞭而在那里停留了很久，而且见马粪已冷，以为追不及了，于是都没有再追，晋明帝亦因此成功逃脱。

太宁二年（324 年）六月，晋明帝颁诏历数王敦、钱凤的种种反叛罪行，并立即派司徒王导、丹阳尹温峤等率军 30 万人，水陆齐发，攻打王敦。晋明帝还亲御六军，统率诸军前往征讨。

晋明帝下诏出兵的消息传到姑孰后，王敦非常恼火，立即令钱凤、邓岳等率众 5 万，让他的哥哥王含为领兵元帅，共奔京师迎敌。温峤烧朱雀桥，屯退水北，以阻王敦军。不久，因王敦死去，兵无斗志，晋明帝很快地平定了叛乱。

太宁三年（325 年）七月，晋明帝忽得暴疾而亡，年仅 27 岁。晋明帝死后，太子司马衍继位，时年 5 岁，这就是晋成帝。

二、成帝软弱未亲政，康帝难忘北伐路

1. 晋成帝司马衍

东晋成帝司马衍（321—342 年），字世根，晋明帝司马绍长子。太宁三年（325 年）三月，被立为皇太子。同年闰八月，晋明帝死，刚刚 5 岁的司马衍即皇帝位，是为晋成帝。年号咸和。群臣因皇帝幼小，奏请皇太后庾氏临朝称制，并以三朝老臣司徒王导录尚书事，与中书令庾亮、尚书令卞壶参辅朝政，但大权皆掌握在晋成帝的舅舅庾亮手中。

晋元帝在世时，信任左卫将军、南顿王司马宗和右卫将军虞胤，让他俩典掌禁兵，在宫廷内值班警卫，宫门锁钥，都交他们掌管，庾亮、王导很不满意。当晋明帝生病时，庾亮夜里送表奏，向司马宗要入宫的钥匙，司马宗不给，叱责他说："这是皇宫，难道是自家的门户吗！"庾亮更加愤恨他了。晋明帝病重时，不愿见人，不让群臣进见。庾亮怀疑司马宗和虞胤有意作乱。晋明帝死后，庾亮大权在握，就开始报复打击司马宗等人，夺了他们的兵权。司马宗等难免心怀怨望，打算解除庾亮职权。结果，庾亮先下手为强。当御史中丞钟雅劾奏司马宗谋反时，马上派右卫将军赵胤带兵逮捕司马宗。司马宗拒捕，被赵胤杀死。庾亮又把他的三个儿子废为庶人。将大宗正虞胤左迁为桂阳太守。司马宗是汝南王司马亮之子，是皇帝宗室近属，位势显赫，而庾亮竟然随意灭除。这样做，大失人心，亦使朝臣人人自危，惊恐不安。而且，诛杀宗室大臣这样的大事，庾亮竟然不向晋成帝奏明。过了许久，晋成帝偶尔想起白发苍苍的南顿王司马宗，问庾亮道："往常那位白头公怎么不见了？"庾亮回答："因谋反罪被杀了。"晋成帝想起父亲与白头公的交情，对庾亮擅杀大臣十分反感，一边哭泣一边说："舅舅说人家作贼，便把人杀了。如果人家说舅舅作贼，那又该怎么样呢！"晋成帝虽然小小年纪，但说的几句话义正词严，理直气壮。庾亮理亏心虚，无言以答，吓得变了颜色。

庾亮专权，他的弟弟庾怿、庾冰、庾条、庾翼，或为朝中高官，或为地方大员，互为势援。庾怿凭恃权势，竟将毒酒送给江州刺史王允之。王允之警觉，怀疑其居心不良，便给狗饮酒作试，狗饮后当即口鼻流血而死。王允之惧怕难逃其毒手，只得向晋成帝密奏。晋成帝十分生气，发怒道："大舅已乱天下，小舅又要如此作恶吗！"庾怿见阴谋败露，晋成帝震怒，遂饮毒酒自杀。

在晋成帝短暂的一生中，长期做舅舅庾亮的傀儡，短期做叛臣苏峻的

囚徒。而苏峻的叛乱，与庾亮的专权和错误措置又有直接关系。

咸和三年（328 年）正月，平素与司马宗关系密切的临淮太守苏峻率祖涣、许柳等挥兵 2 万人，以声讨庾亮为名，发动了叛乱。自横江渡长江进攻建康（今南京）。二月，庾亮又拒绝正确意见，在抵御时处处失着。苏峻的叛军遂一路推进，攻入都城，纵火烧台省及诸营寺署，一时荡尽。庾亮所率之众即皆溃散。庾亮与弟庾怿、庾条、庾翼等，遂置小皇帝于不顾，抱头鼠窜逃之夭夭，前往寻阳投奔太守温峤去了。

苏峻攻占建康后，自任骠骑将军、录尚书事。以祖约为侍中、太尉、尚书令，因王导素有声望，名义上还让他居本官。府库里有布 20 万匹、金银 5000 斤，钱亿万，绢数万匹和其他财物，尽被苏峻任意挥霍。而太仓只有剩下的几石米，维持成帝的生活。

庾亮等人逃到寻阳，与温峤商量，起兵讨伐苏峻。派人到荆州，请征西大将军、都督荆、湘、雍、梁诸州，专制长江上流的陶侃共赴国难，陶侃应允，于五月率军至寻阳，与庾亮、温峤起兵四万，同向建康进发。苏峻把小皇帝司马衍作为筹码紧紧抓在手中，下令把晋成帝迁到石头城。司徒王导百般阻止，苏峻不予理睬，喝令大臣拥晋成帝卜车。晋成帝惊惧不已，悲戚哀愁，不禁哭泣起来。不得已爬上车，宫人们一片恸哭。

晋成帝一行人到达石头城后，苏峻命腾出一仓库库房，作为行宫，让晋成帝栖身。苏峻每日都到晋成帝住处看看，恶言恶语，肆无忌惮。只要这位凶煞神来了，晋成帝总是心惊肉跳。护侍晋成帝的几位大臣也都提心吊胆，怕苏峻加害晋成帝。

司徒王导奉太后之诏，密令三吴（吴郡、吴兴、会稽）起义兵勤王。会稽内史王舒、吴兴太守虞潭、吴国内史蔡谟等皆起兵响应。苏峻派将一一拒战，互有胜负。

叛军与援救晋成帝的官军相持数月之后，九月二十五日，陶侃督水军猛攻石头城。苏峻以 8000 人迎战，派其子苏硕及其将匡孝分兵冲向赵胤军。赵胤军抵挡不住，向后败退。苏峻正酒醉，高兴地嚷道："匡孝能破贼，难道我不如匡孝？"一面嚷着，遂脱离大军，与数骑冲向敌阵。区区数骑当然难以攻入敌阵，忙向后撤。不料马踬，将苏峻掀翻。晋军蜂拥而上，将他斩首，割肉焚骨，以泄其愤，三军欢声雷动。叛军见首领已死，遂大溃。苏峻之弟苏逸，收集败兵，闭城自守。

晋成帝司马衍等人虽然处在叛军的严密拘禁中，还是得知官军获胜、苏峻被碎尸万段，心中抑制不住喜悦，不时交换一下会意的眼光。同时，又更加担心叛军狗急跳墙，对实为阶下囚的晋成帝君臣下毒手。右卫将军刘超、侍中钟雅等人秘密商量奉晋成帝逃离魔窟，可惜事泄，苏逸大怒，命兵突入仓房行宫，逮走刘超、钟雅。晋成帝不顾一切地悲号着抱住刘超、钟雅，哭道："还我侍中！还我右卫！"兵士如狼似虎一般扑上来，从晋成帝手中夺走刘超、钟雅，挥刀斩杀。

咸和四年（329年）二月，诸军猛攻石头城，苏逸被斩。建威长史滕含的部将曹据在混战中，找到缩于一角、瑟瑟发抖的晋成帝。抱起小皇帝，奔向温峤的座船。群臣见晋成帝，皆痛哭流涕，顿首请罪，晋成帝也满面含泪，哽咽难语。他想到刘超、钟雅死得悲惨，未能亲见叛军的覆灭，更加感伤。

经苏峻之乱，宫阙尽为灰烬。晋成帝从石头到建康，只得以建平园为行宫暂居。温峤建议迁都豫章，三吴豪族请迁都会稽，王导力排众议，反对迁都，朝廷才在破败的建康安顿下来。

苏峻之乱平定后，庾亮十分敷衍地表示谢罪。晋成帝却亲手写诏书宽慰他说："这是国家社稷的劫难，并非舅舅的过错。"还让他都督豫州、扬州之江西、宣城诸军事，为豫州刺史，领宣城内史，镇芜湖。庾亮以外戚辅政，措施失当，促成叛乱，使京都破败，朝廷几致倾覆，不但不给予罚惩，反仍给以政柄军权，晋成帝与辅政大臣王导等实在视国家大政为儿戏。

晋成帝于咸康元年（335年）正月即已行加冕礼并改元，按说应从此亲政，但他长期受制于舅氏，没有独立从政，又缺乏雄武的气概，所以在治国方面没有什么建树。尚可称道的是，用度节俭，不务奢华。他曾想在后园建一射堂，预算要用40金，因惜其劳费，便下令取消了建堂计划。这也许与他身历苏峻之乱、备受艰难不无关系。

咸康八年（342年）六月，晋成帝病死，时年22岁。葬于兴平陵，庙号"显宗"。

2. 晋康帝司马岳

咸康八年（342年）六月，晋成帝病重将死。执掌朝政的中书令、帝舅庾冰，恐晋成帝的儿子继位，他的亲属关系将疏远一层，影响其权柄，便打算让晋成帝的同母弟继位，他的帝舅关系不变，在朝廷中的权势和地位即可稳固无虞。于是，他再三强调，国家面临强敌，宜立年长之君。庾冰此论堂而皇之，不无道理。晋成帝已是气息奄奄，无能为力，只得依从。晋成帝的儿子皆在童稚，就自然被排除在继承人之外了。庾冰请以晋成帝同母弟司马岳为帝位继承人。中书令何充反对，说："父子相传，是千古定规。一旦改变，会酿成祸乱。"庾冰不听。朝廷按庾冰的意旨，下诏立司马岳为皇位继承人，以庾冰、何充为顾命大臣。几天之后，晋成帝病死，司马岳继位。何充因在立帝问题上与庾冰有隙，司马岳继位后，自动请求外出到徐州任刺史。

晋康帝在位的短短两年时间里，重要的国事是小舅庾翼未成功的北伐。此时北方与东晋并存的政权中，以后赵石虎最为凶暴。石虎为了掠夺江南财富，打算亲率六军，讨伐东晋。他下令征发民丁，五人出一辆车、两头牛、十五斛米、十匹绢。办不到的一律斩首。逼得百姓卖儿鬻女以供军需，实在无力办到的，往往自己吊死树上，令人惨不忍睹。

这时，东晋庾冰、庾翼兄弟控制朝政，自庾亮死后，庾翼为都督江、荆、司、雍、梁、益六州诸军事、安西将军、荆州刺史，代替庾亮镇守武昌。庾翼有志于功名，以收复失地为己任，欲率众北伐石虎，庾冰亦赞同。庾翼遂派人东约燕王慕容，西约张骏，定期大举征伐石虎。他下令征发所统六州奴及车牛驴马，引起百姓怨愤。晋康帝遣使要他停止，但庾翼违诏，擅自发兵四万，于建元元年（343年）九月自武昌出发。晋康帝在庾冰的授意下，不得已下诏加庾翼都督征讨诸军事。又命庾冰都督荆、江、宁、益、梁、交、广七州诸军事，领江州刺史，镇武昌，为庾翼继援。征徐州刺史何充领扬州刺史、录尚书事辅政。以琅邪内史桓温为都督青、徐、兖三州诸军事、徐州刺史。以褚裒为卫将军、领中书令。

这时，石虎也在加紧征兵。到建元二年（344年）正月，后赵诸州集兵百余万人。石虎颇信巫术，因太史令占卜后说不宜南行，石虎才停止了向东晋的大规模进攻。

同年九月，23岁的晋康帝还没有看到北伐取得多大进展，便因病死去，葬于崇平陵。

三、穆帝年幼享奢靡，哀帝废帝苟且生

1. 晋穆帝司马聃

建元二年（344年）九月晋康帝病重时，庾冰、庾翼兄弟打算以晋元帝司马睿的小儿子司马昱继承帝位。但中书监何充建议立晋康帝之子司马聃。晋康帝自然愿意。遂立司马聃为皇太子。过了两天，晋康帝死去。何充遂根据遗诏奉年仅2岁的司马聃即位，为晋穆帝，由皇太后临朝摄政。

永和元年（345年）正月，皇太后在太极殿幕帷后，怀抱2岁的小皇帝，举行登基盛典，宣布改元。四月，朝廷以会稽王司马昱为抚军大将军，参与大政。

同年七月，庾翼未及北伐，便得病死去。朝臣们商量，诸庾连续几代

镇守西藩，人心安定。应照庾翼的心愿，以其子庾爰之接替父任。但何充反对说："荆楚之地，是国家的西部门户。户口百万，地势险要，关系国家安危。让庾爰之这样的白面少年去镇守，令人担扰。"他提议："唯有徐州刺史桓温有文武才干，英略过人，可当重任。"

丹杨尹刘惔深知桓温既有才干，又有野心。劝司马昱说："不但不可使桓温占有险要形胜之地，还要时常抑制其权势，方可保国家社稷安而不危。"劝司马昱亲自镇守上流，遭司马昱拒绝。他又请求自去镇守武昌，司马昱还是不同意。八月，朝廷终于以桓温为安西将军、持节、都督荆、司、雍、益、梁、宁六州诸军事、荆州刺史，居于东晋的长江上流重地，权重无比。

桓温娶晋明帝之女南康公主为妻，为东晋姻亲。此人既有雄才，又有野心。他有意于收复失地，想借北伐建功立业，提高声威，以便代晋称帝。这时，占据蜀地的李氏成汉政权日趋衰乱。桓温把握了战机，欲一举灭蜀。朝廷大臣们认为蜀道险远，桓温兵少而深入，难以取胜。刘惔却说："桓温善于赌博。如果没有把握，他是不会下大赌注的。看来必可灭蜀。但灭蜀之后，他就要专制朝廷了！"

桓温于永和二年（346年）十一月，率益州刺史周抚、南郡太守司马无忌等挥兵伐成汉。沿长江直上，亲率步卒，仅带三日粮，直指成都。成汉国主李势战败投降。朝廷加封桓温征西大将军、开府仪同三司。桓温灭蜀，名声大振，朝廷忌惮。会稽王司马昱遂用享有盛名的扬州刺史殷浩参执朝政，以对抗桓温。此时，占有中原大部地区的石赵政权内部发生剧变。永和五年（349年）年底，石虎养孙、汉人冉闵杀死赵主石鉴，尽灭石氏，诛杀胡羯20余万人。次年五月，冉闵自称皇帝，建国号魏。遣使告知东晋政府："胡逆扰乱中原，现已尽力诛之。请派遣军队来，共同扫除胡逆。"东晋朝廷，因他称帝而置之不理。鲜卑慕容氏自辽西汹汹而来，集中兵力进攻冉闵。东晋坐视不救。

晋·萧山窑青釉划莲瓣纹盘

永和八年（352年），冉魏被慕容氏所灭。

在冉魏请求支援时，桓温想乘此机会北伐，几次上表，但朝廷恐其成功，扩大权威，无法控制，遂故意拖延，搁置不议。

直至永和十年（354年）二月，在外戚褚裒和扬州刺史殷浩先后北伐失败后，东晋政权才不得不同意由桓温率军北伐。桓温统率步骑四万，自江陵出发，进攻关中。在蓝田大败秦兵，进至长安近郊的霸上。三辅郡县纷纷来降。百姓带着酒食前来慰劳，夹道迎接东晋官军。有的老年人激动地流着眼泪道："想不到今日能再见到官军。"但桓温北伐只是为了提高自己的声威，并无破釜沉舟的决心。所带军粮又不足，本指望就地割麦为粮。不料苻健坚壁清野，晋军乏食。六月，桓温遂迁徙关中3000余户百姓，率军而归。

永和十二年（356年）三月，羌族酋长姚襄入据许昌，然后进攻洛阳。桓温再次从江陵北伐。八月，击溃姚襄，收复洛阳。桓温多次建议移都洛阳。但偏安江南一隅的东晋朝廷无志于北还，于是，只得作罢。

第二年（357年）正月，15岁的穆帝名义上开始亲政，改元升平。但这时的晋穆帝，仍是未经世事的少年，并不能主持国家大政。实权仍操在桓温手中。

随着年龄渐渐长大，穆帝开始懂事，然而，奢靡的宫廷生活，却使得这个年轻皇帝身体虚弱，经常闹病，因此始终未能在治国理政上有丝毫建树。升平五年（361年）五月，19岁的晋穆帝再次得病，旋即死去。葬于永平陵，庙号"孝宗"。

2. 晋哀帝司马丕

东晋哀帝司马丕（340—365年），字千龄，为晋成帝司马衍长子。3岁即袭封为琅邪王，6岁拜散骑常侍，18岁加中军将军。3年以后，又迁为骠骑将军。升平五年（361年）五月，东晋穆帝司马聃死去，无子嗣，司马丕得以继承帝位。

晋哀帝在位期间，桓温的势力继续扩展。兴宁元年（363年）五月，已经身为征西大将军的桓温，又迫使朝廷给他加上侍中、大司马、都督中外诸军、录尚书事等显赫的官衔，成为东晋最有实权的人物。

为增加东晋的财力，改变土著与侨居户籍的赋税不均，减少社会矛盾，在桓温主持下，东晋政府于兴宁二年（364年）三月庚戌日这天下令各地实行"土断"，让北方南迁的侨民，与当地土著居民一样编入户籍，纳租服役，取消了过去给予北方侨民的优待。由于这次土断规模较大，效果显著，故

史称"庚戌土断"。

晋哀帝虽已成年，却不以国事为意。他笃信方士之言，幻想长生不老，整日与道士炼丹，不理国政。侍中高崧谏道："炼金丹，求长生，乃虚妄之事。万乘帝王，不宜受骗。"晋哀帝充耳不闻，依然继续服用方士们炼成的所谓仙丹，终致中毒，于兴宁二年（364年）三月一病不起，不能处理政事，只得由褚太后再次临朝摄政。

兴宁三年（365年）二月，年仅25岁的东晋哀帝病死于太极殿西堂。三月，葬哀帝于安平陵。

3. 晋废帝司马奕

东晋废帝司马奕（341—386年），字延龄。为晋哀帝司马丕同母弟。2岁封为东海王，12岁拜散骑常侍、镇军将军。此后，又改封琅邪王，历任车骑将军、侍中、骠骑大将军、开府仪同三司。兴宁三年（365年）二月，哀帝司马丕死去，无子嗣。皇太后下诏，以司马奕继承帝位。

司马奕虽为皇帝，但只是一个牌位，实权操在权臣桓温手中。此时的桓温已身兼多种要职：征西大将军、侍中、大司马、都督中外诸军、录尚书事、荆州刺史、扬州牧。不过，他并没有满足，为了提高威望，代晋称帝，他要再次北伐。

太和四年（369年）四月，桓温率步骑五万，从姑孰出发，进行第三次北伐，进攻前燕，但北伐由于缺乏统筹安排，造成桓温孤军深入，而且粮储已尽，又听说前秦的军队将援救前燕，遂匆忙退兵。

桓温早有政治野心，曾抚枕叹道："男子汉不能流芳百世，便当遗臭万年。"他本想通过北伐，建立威名，取东晋而代之。但第三次北伐之败，使名声一落千丈。桓温为此垂头丧气，无计可施。阴险狡诈的亲信郗超，却为他揣摩好一条毒计。某夜，他俩同住在一起，郗超说："明公权倾天下，大举北伐而一朝兵败。不干一件惊天动地的大事，是难以挽回影响的。只有学伊尹、霍光，废立皇帝，方可重振雄威。"桓温早有此心，闻计大喜。两人在夜深人静的黑暗角落里，密商了推翻晋废帝司马奕的阴谋。

司马奕从登基为帝起，就是大司马桓温的傀儡，一直为自己的安危忧心忡忡。他循规蹈矩、谨小慎微。对国家大政，更不敢自作主张，唯恐越雷池一步，招致祸殃。还时常偷偷地命人占卜吉凶、预测祸福。桓温和郗超密谋废立，因找不到皇帝的劣迹，怕贸然废掉，人心不服。他俩苦思冥想，忽然计上心来。以为宫闱禁秘，性事易诬，可以任意造谣，而真相难明。于是，捏造谎言说，皇帝早有阳痿症，不能过夫妻生活。他的三个儿子，是嬖幸之人侍奉内寝时与皇帝的美人田氏、孟氏通奸所生。皇帝放纵美人淫乱，浊乱后宫，理应为国人所不齿。桓温命人将虚构的宫廷秘闻广为散布，使尽人皆知。然后，他便可以此为借口，行伊尹、霍光废立之事。咸安元年（371年）十一月，桓温气势汹汹地来到首都建康，向褚太后呈交急奏和早已写好的太后令。太后正在宫中佛堂烧香，内侍禀道："外有急奏。"太后出来，接奏在手，倚户刚看数行，大惊失色。桓温在急奏中，请废掉皇帝司马奕，而立丞相、会稽王司马昱为帝。在写好的太后令中说："穆帝、哀帝不幸短寿，又无后嗣，故以琅邪王入继大位。没想到竟如此昏聩，违背礼法，有此三孽，不知为谁人之子。人伦丧尽，丑声远扬，还有何颜面为皇帝。再者，孽子长大，便要封王为藩。这简直是欺诬祖宗，倾移皇基。是可忍，孰不可忍。为此，废司马奕为东海王。"太后悲切难禁，看了一半就看不下去了。知桓温之意难违，事已无可奈何。命人拿笔墨来，在太后令末尾加上如下的话："我身为未亡人，不幸罹此忧患，感念存没，心痛如割。"

桓温召集百官于朝堂。人们已得知要废掉皇帝，个个面色惊恐，呆若木鸡。因旷代无废皇帝之事，无此礼仪。只得找来《汉书》，按《霍光传》上所述霍光废昌邑王的程序礼仪，以太后令，宣布废皇帝为东海王。桓温命督护竺瑶、散骑侍郎刘亨强行没收皇帝的玺绶。惊恐和羞辱，使司马奕面如死灰，手足无措。穿着白布单衣，跟跟跄跄地步下西堂，乘着一辆低规格的犊车离开了神虎门。群臣含着泪水，拥到车前，与被废的皇帝告别。但没有人敢说一句同情或惜别的话，只有一片唏嘘啜泣之声。侍御史、殿中监奉桓温之命，领兵百人，名为护送，实为押解。将司马奕送到东海王府。当天，桓温率百官迎会稽王司马昱即皇帝位。废立皇帝闹剧的导演和主角桓温忙得不亦乐乎，但他没有忘记残酷地处置司马奕的后代。为了斩草除根，他派人将司马奕的三个儿子及他们的生母田氏、孟氏全部杀死。十二月，桓温又奏道："废放之人，必置之偏远之地。而且不能再管理黎民百姓。东海王应按汉朝昌邑王的先例，加以放逐。安置于吴郡。"太后下诏说："贬为庶民百姓，实在情有不忍。还是作为例外，仍封他为王吧！"桓温却蛮横地不允，又奏道："只可封为海西县侯。"于是，降封司马奕为海西县公。

东晋咸安二年（372年）四月，降封为海西县公的司马奕，被迁徙到吴县。朝廷命吴国内史刁彝着意防卫，又专派御史顾允前往监视。司马奕深知身处险境，言行稍有不慎，即随时有被杀害的危险。于是，表现出安于屈辱、愚钝无知、乐天知命、无所事事的样子。耽于内宠，终日酣饮，恣意声色。甚至生子溺死不养，以示心无远志。桓温知其安于屈辱，无意东山再起，

也就不再加害他。

司马昱当皇帝数月，于咸安二年（372 年）七月死去。此时，司马奕更加克制，以防引起当权者的疑忌，带来杀身之祸。这使他得以安度余生，到太元十一年（386 年）十月才病死于吴，享年 46 岁。

四、简文帝忧惧丧生，孝武帝戏言丢命

1. 晋简文帝司马昱

晋简文帝司马昱（320—372 年），字道万。东晋开国皇帝司马睿的小儿子，晋明帝司马绍的异母弟，母为简文宣太后郑阿春。

司马昱历经元、明、成、康、穆、哀、晋废帝七朝，先后封琅邪王、会稽王，累官抚军将军。晋穆帝时，升任抚军大将军、录尚书事，与何充共同辅政。何充逝世后，司马昱总统朝政。他引名士殷浩等辅政，企图对抗威权日重的桓温，殷浩反为桓温所废。晋废帝继位后，再次徙封琅邪王，又进位丞相、录尚书事。52 岁时，才由权臣桓温出于不可告人的政治目的，将其扶上皇位。

司马昱少小时，聪明颖慧，其父晋元帝司马睿十分喜爱他。永昌元年（322年），司马昱 3 岁时，被封为琅邪王。咸和元年（326 年），他刚 7 岁，生母郑夫人就病死了。晋成帝将他徙封为会稽王，拜散骑常侍。咸和九年（334 年），迁为右将军，加侍中。咸康六年（340 年），进位抚军将军，领秘书监。

司马昱少年时举止文雅，风度翩翩，豁然大度，不拘细节。他虽清心寡欲，简朴淡雅，却喜好史册典籍，尤好清谈玄言。一时竟博得不少人器重，连号称有鉴之明的郭璞也对人说："此人必可兴复晋朝。"

司马昱与桓温过从甚密。桓温很有政治野心，他很早就留心观察东晋宗室人物，对颇有名望的司马昱尤其注意考察。桓温十分佩服司马昱，但也有所畏惧。

建元二年（344 年）八月，晋康帝病危。权臣、外戚庾冰、庾翼，就打算立会稽王司马昱为嗣，以继帝位。但因中书监何充反对，才立了穆帝司马聃。

至永和元年（345 年），崇德太后褚氏临朝，以司马昱为抚军大将军，录尚书事。第二年（346 年）二月，朝廷以左光禄大夫蔡谟领司徒，与会稽王司马昱共同辅政。兴宁三年（365 年）七月，晋废帝司马奕迁司马昱为琅邪王，司马昱的儿子司马昌明被封为会稽王，以示朝廷的恩宠。但司马昱一再谦让，仍自称会稽王。晋废帝太和元年（366 年）十月，因司马

昱为三朝元老，德高望重，遂加官为丞相、录尚书事，给予"入朝不趋、赞拜不名，剑履上殿"的特殊荣誉。

司马昱虽以三朝元老和宗室亲王的资格长期辅政，但并无经国济世谋略，朝政大权都掌握在权臣桓温手中。桓温早有代晋称帝野心，希望通过北伐，建功立业，收取时望。但事与愿违，他于永和十年（354年）、永和十二年（356年）、太和四年（369年）三次北伐，均未成功。桓温遂与郗超密谋，行废立皇帝之事，于太和六年十一月（372年1月），桓温废司马奕，改立司马昱为帝，改元咸安。

桓温为防意外，又要显示武威，亲自坐镇中堂，分兵屯卫。司马昱名为皇帝，实同傀儡。自当皇帝以后，看到国家危机四伏，江河日下，以及桓温那种咄咄逼人的样子，他几乎无时无刻不在忧惧中生活。虽然50岁刚出头，登基不过半年多，他那本来星星点点的白发，却已经迅速扩展，连成了片，身体也日见虚弱。

咸安二年（372年）七月，司马昱终于一病不起。临死之前，仍对大司马桓温心怀恐惧，一日一夜连发四道诏书，请桓温来安排后事。傲慢无礼的桓温却一再推托不至。司马昱自感将亡，不能再拖，遂立了11岁的儿子司马昌明为皇太子，但惧于桓温的淫威，又遗诏："请大司马桓温按周公之例，居摄执掌政权。"并仿照刘备白帝城托孤于诸葛亮的做法，在遗诏中战战兢兢地写上了这样几句话："我儿子可辅佐的话，就请你辅佐他；如不成器，请你自取天下。"司马昱的遗诏当即遭到大臣的反对，司马昱便让王坦之改写遗诏，说："国事家事都要尊重大司马的意见，如同诸葛亮和王导一样。"写完遗诏的当天，司马昱死去，时年52岁。谥号简文皇帝，庙号太宗，葬于高平陵。

2. 晋孝武帝司马曜

晋孝武帝司马曜（362—396年），字昌明，东晋第九任皇帝。晋简文帝司马昱第六子，母为李陵容（孝武文太后）。

司马昱共有七个儿子，但前五个都早亡，只有司马曜和胞弟司马道子存活下来。

兴宁三年（365年），琅邪王司马奕继承皇位后，司马昱徙封琅邪王，4岁的司马曜则继其父会稽王之位。

太和六年（372年）十一月，大军阀桓温带兵入京，发动宫廷政变，通过崇德太后褚蒜子之命废司马奕为东海王，并拥立琅邪王司马昱即皇帝位，是为晋太宗简文帝，司马曜也就成为皇子。

东晋自司马睿开国江左以来，一直处于士族门阀的轮流支配之下，形成门阀政治的格局，而除了晋元帝司马睿、晋明帝司马绍稍有作为以外，其他皇帝都是几乎傀儡般的存在。到了晋简文帝司马昱时，这种皇权不振、士族专权的局面更达到极点，桓温完全掌控了朝廷大政，连谢安都视其为"君"，史称"政由桓氏，祭则寡人"，而他的野心则是要晋简文帝"禅位于己"，达到倾移晋鼎的目的。晋简文帝登基仅八个月便得了重病，于咸安二年（372年）七月二十三日连发四诏，催促尚居姑孰的桓温入朝辅政，桓温故意推辞；五天后，晋简文帝病情加剧，遂册封会稽王司马曜为皇太子，并遗诏"大司马温依周公居摄故事"，又说："少子可辅者辅之，如不可，君自取之。"此时的晋朝国运可以说到了千钧一发的地步，因为桓温完全可以凭借晋简文帝遗诏而篡晋自立，这是其他士族所不愿看到的。因此，出身太原王氏的侍中王坦之当着晋简文帝的面撕掉了这封诏书，晋简文帝被迫同意将遗诏改为："家国事一禀大司马，如诸葛武侯（诸葛亮）、王丞相（王导）故事。"随即晋简文帝驾崩。但群臣中仍有慑于桓温淫威的人提议："当须大司马处分。"出身琅邪王氏的尚书仆射王彪之正色说："天子崩，太子代立，大司马何容得异？若先面谘，必反为所责。"于是朝议确定，皇太子司马曜登基为帝，是为晋孝武帝。崇德太后又以司马曜年幼，又在为大行皇帝服丧为由，再次命桓温行周公居摄故事，命令下达后，王彪之说："此异常大事，大司马必当固让，使万机停滞，稽废山陵，未敢奉令，谨具封还。"此令遂未施行。就在晋室命悬一线、不绝如缕的关键时刻，各家士族门阀联手阻止了桓温篡晋的阴谋，确保了司马曜的顺利即位及东晋王朝的延续。

晋孝武帝司马曜刚继位三个月，就发生了道教徒卢悚率众300人攻入建康殿庭，掠取武库兵器，欲复辟海西公司马奕的变乱。此乱矛头直指桓温，客观上增加了王坦之、谢安等士族抗拒桓温的效果。桓温在宁康元年（373年）二月自姑孰入京，风传他有诛王坦之、谢安，移晋鼎的打算，王坦之、谢安等严阵以待，桓温也只就前一年冬所谓彭城妖人卢悚率众突入殿庭一事穷加究治。稍后桓温生病，病中犹要求朝廷为其加九锡，王坦之、谢安等延宕其事。是年七月，桓温死。晋孝武帝继位之初的危机期总算有惊无险地度过了。

桓温虽死，门阀政治的格局依然延续。由于晋孝武帝年幼，为了防止桓温之弟桓冲等谯国桓氏人物继续专权，谢安在桓温死后请出晋孝武帝从嫂崇德太后褚蒜子第三次临朝听政。史载："时天子幼弱，外有强臣，安与坦之尽忠辅卫，卒安晋室。"谢安和王坦之在拥立晋孝武帝、匡扶晋室的过程中立下大功，自然也得到报偿。所以，东晋实权仍由士族门阀把持，只不过由谯国桓氏逐渐转移到太原王氏和陈郡谢氏手中。

宁康三年（375年）五月，王坦之死，谢安势力更盛，与桓冲分处中外，形成东晋权力结构的平衡。同年八月，晋孝武帝大婚，迎娶太原王氏名士王濛的孙女王法慧为皇后，其弟琅邪王司马道子也迎娶王坦之的从侄女为王妃，这不仅使太原王氏的影响力继续存在于东晋朝廷，也为晋孝武帝后期主相相持的政局埋下伏笔。

淝水之战的胜利延续了东晋王朝的命脉，但内部的权力结构却发生了微妙的变化，随之而来的则是统治集团的内讧。在门阀政治下隐忍已久的晋孝武帝司马曜在前秦南侵期间的太元八年（383年）九月便以胞弟琅邪王司马道子录尚书事，开始分谢安的权。陈郡谢氏主导了淝水之战的胜利，却遭遇功高不赏的窘境。这一是因为长江上下游的桓、谢矛盾，但该矛盾由于淝水战后不久桓冲死去、桓氏暂时无人而化解；二是因为晋孝武帝、司马道子代表的司马氏皇权向士族门阀的挑战，这是导致谢氏面临危机的主要原因。当时太原王氏的王国宝等人以"谗谀之计"离间晋孝武帝与谢安关系，再加上谢安本有名士情结，不愿争权夺利，便作出让步，于太元九年（384年）八月自请北征，并于翌年四月出居广陵，八月去世。司马道子顺理成章地成为扬州刺史、录尚书事、都督中外诸军事。随着谢安被排挤及死去，谢玄也不能自安于北府之任，加以北伐失利和疾病的原因，于太元十二年（387年）正月解除兵权，退就会稽内史，一年后去世，他所节制的徐、青、兖三州也先后被司马道子（兼领徐州刺史）和谯王司马恬（青、兖二州刺史）这两位皇室成员瓜分。谢玄的引退标志着陈郡谢氏的门阀政治落下帷幕，也意味着晋孝武帝完成了皇权的收回。

尽管晋孝武帝实现了亲政，"威权己出"，但他显然不是一位合格的君主。晋孝武帝与其弟司马道子一起沉湎酒色，把宫廷搞得乌烟瘴气，又信奉佛教，宠幸僧尼，朝政日益昏暗。然而，在晋孝武帝和司马道子"酣歌为务"的表面下，兄弟之间却潜藏着深刻的矛盾，从而形成了太元后期的"主相相持"格局。主相相持直接表现为外戚太原王氏内部的矛盾，即晋孝武帝王皇后出身的王恭一系和琅邪王妃出身的王忱、王国宝一系之间的斗争。太原王氏虽继陈郡谢氏而兴，但既无人才亦无事功，不足以制约皇权并维持政局的平衡，只有分别依附司马氏而贪图门户利益，这与此前的门阀政治格局已大不相同。司马道子成为宰相后，权势越来越大，袁悦之更劝司马道子专揽朝政，王恭乃请晋孝武帝杀袁悦之。晋孝武帝托以他罪杀袁悦之于市中，"既而朋党同异之声，播于朝野矣"。主相之间的矛盾由于袁悦之被杀而公开化了，这是太元十四年（389年）十一月的事。

太元十四年（389年）六月和太元十五年（390年）正月，镇江陵的荆州刺史桓石民和镇京口的青、兖二州刺史谯王司马恬相继死去，对上下游的争夺遂成为主相相持的焦点。江陵、京口两藩分别为王忱和王恭所得，到太元十五年（390年）八月，司马道子又以其同党庾楷为豫州刺史。

太元十七年（392年）十月，王忱病死于荆州刺史任上，激起了晋孝武帝夺回荆州的努力，东晋政局又为之一变。司马道子欲以王国宝继其弟为荆州刺史，晋孝武帝自然不乐见荆州这块肥肉落入司马道子手中，他迅速采取行动，不经司马道子所控制的吏部铨选，以"中诏"任命心腹近臣殷仲堪为荆州刺史。与此同时，晋孝武帝还任命"以才学文章见昵"的郗恢代替以老病退的朱序为雍州刺史，镇守襄阳。透过这一系列的人事变动，晋孝武帝在主相相持中占了上风。

晋孝武帝的皇后是"嗜酒骄妒"的王法慧，她在太元五年（380年）去世，此后晋孝武帝未再立后，而是宠幸淑媛陈归女和张贵人。太元二十一年（396年）九月二十日，晋孝武帝在后宫清暑殿中与张贵人一起喝酒。晋孝武帝喝高了，对张贵人开玩笑说："你年近三十，美色大不如前，又没生孩子，白占着一个贵人的名位，明天我就废了你，另找个年轻貌美的姑娘。"张贵人听了后内心妒火中烧，而烂醉如泥的晋孝武帝毫无察觉，玩笑越开越厉害，张贵人遂起杀心。她先让晋孝武帝周边的宦官们也喝醉，等晋孝武帝和宦官们纷纷醉倒睡去后，她召来心腹宫女，乘晋孝武帝熟睡之际，用被子把睡梦中的晋孝武帝给活活捂死了。

青釉龟形砚滴

随后，张贵人谎称皇帝于睡梦中"魇崩"。中书令王国宝深夜前来，叩打禁宫的大门，打算进去替皇帝撰写遗诏，被王恭之弟侍中王爽阻止。而当时司马道子（已徙封会稽王）也终日声色犬马，由其子司马元显执政，这对父子原本就站在晋孝武帝的对立面，正当主相相持中被晋孝武帝一方压制，对晋孝武帝之死求之不得，因而对张贵人不予追究。皇太子司马德宗即位，是为晋安帝，晋安帝的智力残疾程度甚于晋惠帝，自然也不会追究父皇之死。史学家吕思勉怀疑晋孝武帝以酒后戏言而被张贵人所弑乃真凶散布的谣言，但他被宫人弑杀应属无疑，从而暗示晋孝武帝之死很可能是司马道子父子及其党羽王国宝等人策划的阴谋。

司马曜死后，谥号孝武皇帝，庙号烈宗，与孝武定皇后王法慧共葬于隆平陵（今南京钟山之梅花山）。

五、昌明之后有二帝，为应谶意全杀光

1. 晋安帝司马德宗

晋代奠基者司马懿以谋略著称于世，他的后代偏偏出了两个白痴，一个是西晋惠帝司马衷，另一个便是东晋安帝司马德宗。

司马德宗不会说话，连寒暑冷热都不知道。就是这样一个白痴，竟然做了22年皇帝！太元二十一年（396年），他做皇帝时15岁。

司马曜在世时，司马道子专权，司马德宗继位以后，亦是如此。接着，经过一番强藩朝臣的争斗，司马德宗这个傀儡，又由司马道子父子手中转到桓玄手中。

桓玄初入建康，新官上任三把火，装模作样地黜奸佞、擢贤才，京师居民稍感安稳。但是他豪奢纵逸，政令无常。三吴一带发生大饥荒，户口减半，有的郡县甚至荒无人烟；富民也往往穿着绫罗，捧着金玉全家饿死。连皇帝司马德宗也经常受冻挨饿。但桓玄对这一切均置之不理。

这时的桓玄却在加紧着僭位的步伐，逼着司马德宗禅位。元兴二年（403年）十一月，司马德宗被桓玄亲信卞范之扶着手，写下了禅位诏书。他又被带到大殿上，由司徒王谧捧出玉玺，宣布禅位。事后，他被安置到浔阳，封为固安王。十二月，桓玄做了皇帝，国号楚。

在桓玄称帝的时候，"乱世出英雄"，另一位有政治抱负的人刘裕也站了出来。他以讨桓复晋为名，争取政治资本。元兴三年（404年）四月，刘裕等在京口，刘毅在广陵（今江苏扬州）同日起兵，声势浩大。做贼心虚的桓玄，急急忙忙胁迫司马德宗和东晋皇室沿长江西逃到江陵。刘裕等的军队迅速进入建康。

刘毅、何无忌等率军西追，与桓玄在桑落洲（今江西九江境内）和峥嵘洲（今湖北武汉境内）打了两次大仗，把桓军打得大败。刘毅、何无忌兵锋西指，所向辄克。桓玄一看大势已去，便把司马德宗抛在江陵，往四

川逃跑，路上被杀。他所建立的楚，随之灭亡。

义熙元年（405年）三月，司马德宗在何无忌的护送下到达建康，这个被废黜了一年四个月的皇帝又复了位。刘裕以都督中外诸军事，掌起了东晋军政大权。

具有实际才能的刘裕，渐次除掉了朝廷内的刘毅和诸葛长民等敌对势力，镇压了国内的卢循领导的农民起义；在对北方用兵中，又先后灭掉了南燕和后秦，把东晋领土收复到黄河南岸。经过十多年的艰苦经营，刘裕自感已经羽翼丰满，改朝换代的时机成熟了。

当时流传着一句谶语："昌明之后有二帝。"昌明是司马曜的字，司马曜之后，再经两个皇帝，东晋国祚就结束了。为了应这种谶意，并让这一天早日到来，刘裕便派他的亲信王韶之把司马德宗缢杀于东堂。这时是义熙十四年（418年）十二月。

司马德宗被缢死时37岁。谥为"晋安帝"，葬于休平陵。

同时，他拥立司马德宗的胞弟——33岁的琅邪王司马德文继位，做了东晋末代皇帝。

2. 晋末帝司马德文

司马德文不忘乃祖乃宗，想有所作为。刘裕北伐时，他自动上疏要求随军前往洛阳，修复了西晋皇帝的陵墓。

他笃于兄弟情谊，常常随侍在司马德宗的身边，照顾这个不会说话、不能行动的胞兄，在宫廷内外很受称道。桓玄篡位，他被降为石阳县公，同被废黜为固安王的司马德宗一起被安置到浔阳（今江西九江）；以后刘裕进攻桓玄，随桓军的进退而迁徙不定，最后被劫持到江陵（今湖北江陵）。桓玄败死，桓氏一族几乎被杀尽，做了漏网之鱼的桓振谋图报复。一天，他持枪跃马，突然闯进司马德宗的住处，瞪圆双眼，怒气冲冲地说："我们桓氏家族有什么对不住国家的地方，而遭到灭族惨祸？"司马德文正服侍在他胞兄身边，回答说："杀掉你们全族，并不是我们兄弟二人的主意。"一句话，说得桓振下马拜服，就这样为他胞兄解了难。刘裕得势后，便寻找暗杀司马德宗的机会。司马德文看透这一心机，形影不离地守候在他胞兄身边，使刘裕下不得手。刘裕最终杀掉司马德宗，是利用了司马德文不在他胞兄身边的机会。

在当时人们心目中，他是一个贤王。他常常为东晋的国祚担忧。他在王府里，曾让随从们做射马的游戏。有人劝说他："马是皇族的姓，你让随从射马是不吉利的。"他被提醒，就不再玩这种游戏了。

但是，眼见东晋帝国的大厦即将倾覆，他自感无力支撑，便到佛教里寻求一点精神上的安慰。他铸钱千万，用来布施。又造了一尊高一丈六尺的金身佛像，步行几十里，亲到瓦官寺把这尊佛家圣物迎接到京师里来。由此看来，他又是一个精神空虚无所作为的亲王。

刘裕把司马德文撮上皇帝位子，目的是为应司马曜之后有两个皇帝的谶语之数。过了一年半，元熙二年（420年）六月，傅亮秉承刘裕的密旨，暗示司马德文禅位。当傅亮把禅位诏的草稿送到面前时，他欣然接受，说："晋朝早已失去了天下，事至今日正该这样办！"于是亲自照样誊写。刘裕即位后，把他废为零陵王，安置在秣陵（今江苏南京报恩寺附近）。

从此以后，司马德文深虑祸机。同被废黜的皇后褚灵媛，形影不离的伴随在他的身边，为了预防被毒，一汤一水都经她亲自检查。这样过了一年。永初二年（421年）九月，刘裕派褚灵媛的哥哥褚叔度把她诳出，随后，早已埋伏好的兵士翻墙而入，把司马德文刺杀在卧室。他终年36岁，谥为"晋恭帝"，葬于冲平陵。

晋代自泰始元年（265年）司马炎代魏，到元熙二年（420年）司马德文为刘裕所代，前后共存在了156年。

第三章 风云人物

一、贾公闾拥晋灭魏，王夷甫清谈误国

1. 贾充

贾充（217—282 年），字公闾，平阳襄陵（今山西临汾）人，是西晋开国皇帝晋武帝司马炎时的头号宠臣。

贾充自幼父母双亡，成人后承袭了父亲的侯爵。步入仕途后，他从尚书郎逐渐升迁至黄门侍郎、汲郡典农中郎将。曹魏正元二年（255 年），贾充跟随掌握曹魏实权的司马师出征，扑灭了在寿春（今安徽寿县）起兵的毌丘俭、文钦叛乱。

甘露五年（260 年），曹髦不愿忍受傀儡皇帝的处境，搜罗宫中宿卫和童仆数百人，亲自仗剑，前往相府讨伐司马昭。行至南阙，遭到中护军贾充统领的禁卫军的狙击。太子舍人成济手持兵刃杀死曹髦。贾充指使手下杀死魏帝，为司马氏代魏立了一大功。因此当朝臣们提出"斩杀贾充，以谢天下"时，司马昭却只把成济当成替罪羊，夷灭了成济全族，而贾充却被封为安阳乡侯。晋爵为晋王的司马昭在考虑确立世子时，本想选择自己喜爱的次子司马攸，可是善于观望风色的贾充却与裴秀、何曾等人一致推举司马炎。最终，司马炎被确立为世子，自然对出力甚多的贾充等人感激不已。所以在司马炎继立以后，贾充立即被晋升为卫将军、给事中。晋武帝代魏以后，贾充更以参与谋划之功，升迁为车骑将军、尚书仆射，不久又升任侍中、尚书令，成为晋武帝最为宠信的大臣。

宠极一时的贾充为人奸诈、谄媚，同太尉荀颛、侍中荀勖、越骑校尉冯统互相结为朋党，专以谄媚取悦于人，激起了朝野不少刚直之士的厌恶和不满。泰始七年（271 年），西北地区的鲜卑族反叛，晋武帝深感忧虑。任恺

启奏说："应当派遣有威望有才智的重臣前往镇压和安抚。"晋武帝问："谁能胜任？"任恺借此机会推荐贾充，庾纯也深表赞同。晋武帝乃下诏贾充都督秦、凉二州诸军事，仍兼侍中、车骑将军职务。朝廷中厌恶贾充的大臣都为这一决定而感到庆幸。可是，贾充却认为自己一旦离京就会失去权势，心里对任恺、庾纯恨得要死，又不敢违抗晋武帝的旨意，一时无计可施。

这年冬季十一月，贾充准备到长安上任，朝廷公卿在洛阳夕阳亭为他饯行。贾充私下向荀勖请教，设计拖延，荀勖献计说："明公（贾充）身居宰相之职，却受到任恺这个匹夫的挟制，太可笑了！但是西征的任务，很难辞掉，唯一的办法，就是想法让你女儿同太子结婚，这样，不用辞去出征职务就可留在朝中了。"贾充听了连连点头："这个主意很好，但谁能办成这件事？"荀勖胸有成竹地答道："尽管放心，让我去办。"他立即找到冯紞，对他说："贾公出去远征，我们就会失去权势。听说太子婚事还没有定下来，你为什么不劝皇上让太子娶贾公的女儿呢？"冯紞本来就与贾充、荀勖串通一气，对此计划自然完全赞同。当初，晋武帝准备聘卫瑾的女儿为太子妃，贾充的妻子郭槐贿赂杨皇后身旁亲信，请杨皇后劝说晋武帝聘自己的女儿。晋武帝说："卫公的女儿有五项可以纳聘的理由，贾公的女儿有五项不可以纳聘的理由。卫家女儿贤淑、美丽、身长、肤白，而且卫氏家族的妇女都是多子的；贾家女儿嫉妒、丑陋、身短，而且贾氏家族的妇女都是少子的。"由于杨皇后多次奉劝晋武帝，荀颢、荀勖、冯紞等人又极力称道贾充儿女不仅姿色非常美，而且有才有德，晋武帝终于改变主意，答应同贾家结为姻亲。当时又恰逢京城下大雪，军队不能出发，贾充因而度过了一场危机，继续留京任职。

泰始八年（272 年），皇太子和贾妃（贾南风）成婚。贾妃 15 岁，比太子年长两岁。贾妃性情嫉妒、奸诈，好使用权术，太子对她既是宠爱又是畏惧。后来，贾妃凭借自己的权术，一步一步地攫取权力，亲手挑起"八王之乱"，在历史上留下了血腥的一页。其肇祸者，可以说是贾充。

咸宁二年（276 年），为了统一全国，羊祜上疏请求平定江南的吴国。晋武帝本来已经接受了羊祜的意见，但是娴熟阴谋诡计的贾充见识短浅，对真刀真枪的拼搏胆小如鼠，他以西北尚未平定为理由，竭力反对伐吴，弄得本来就优柔寡断的晋武帝更加无所适从，伐吴的计划就此被搁置。

三年之后，王濬、杜预又相继上表请求伐吴，据理力争，言辞恳切，又得到了张华的竭力支持，晋武帝终于下定决心伐吴。直到此时，贾充、荀勖、冯紞唯恐伐吴胜利，自己没有任何功劳，还在顽固地反对伐吴，结

果惹怒了晋武帝，贾充才不得不磕头谢罪。

咸宁五年（279年），晋武帝经过10余年的准备后，发兵20余万，兵分六路，在东西长达千里的晋吴边境上同时出击。晋武帝任命贾充为使持节、大都督，担任六军统帅。贾充竟然还坚持他的态度，一直陈述伐吴的不利之处，又以年老为借口，不愿出征。晋武帝也恼火了："你如果坚持不肯出征，那就只好让我自己出征了。"贾充不敢再违抗命令，只得勉强接受了任命。

晋军攻克武昌以后，统帅贾充又企图阻挠进军，说什么："吴地未可悉定"，要求撤兵，并且派人向晋武帝提出腰斩张华以谢天下的荒谬建议，也被晋武帝拒绝了。

东吴平定以后，一向坚决反对伐吴的贾充又惭愧又惧怕，主动向晋武帝谢罪。晋武帝丝毫不加追究，反而认为灭吴之役中贾充的功劳最大，连其子弟都得到封侯的赏赐。晋武帝用贾充这等卑劣之极的统帅，自然不是英明之主。他的天下自然也不会长命。

太康三年（282年）四月，贾充病死，被追赠为太宰。

2. 王衍

魏晋是一个很重视门阀等第的时代。门第的高低，直接关系到一个人一生的命运。王衍很幸运，出生在琅邪郡临沂地方（今山东临沂），其家门是著名的琅邪王氏。出身于这样的名门望族，这对他以后性情的形成，有直接的影响。

王衍（256—311年），字夷甫，外表清明俊秀，风姿安详文雅。当他还是少年时，有一次曾去拜访当时的名士山涛。山涛看见他后，感叹了很长时间。王衍走的时候，山涛目送他走出很远，感慨地对别人说："不知道是哪位老妇人，竟然生出了这样俊美的儿子！然而误尽天下老百姓的，未必就不是这个人啊！"晋武帝司马炎听到王衍的名声，就问王戎当世哪个人可以跟王衍相比。王戎说："没有见到当世谁能跟夷甫相比，应该从古人中去寻求。"对他十分推重。

不久，王衍便开始步入仕途，先任太子舍人，后又升为尚书郎，之后出京城任元城（今河北大名东）县令，整天还是清谈，但县里的大小事务也还算理顺。不久，他又回到京城，任中庶子、黄门侍郎（皇帝侍从官）。宰相选闻王衍才华横溢，容貌俊雅，聪明敏锐有如神人，常常把自己比作子贡，加上他声誉名气很大，为当世人所倾慕。无论朝廷高官，还是在野人士，都很仰慕，又称他为"一世龙门"。王衍接连担任显要的职务，很多年轻求仕进的人，没有不景慕仿效他的。凡被朝廷进用的官员，都认为他应该做士族的首领。他崇尚浮华放诞，因此被许多人赞同，成为世间风气。还有一件关于王衍的趣闻。彭城王有一头快牛，对它非常爱惜。王衍和他赌射，赢得了这头牛。彭城王说："你如果要自己骑乘就算了，如果想杀掉吃牛肉的话，我愿意用 20 头肥牛代替它。既有肉吃，又能存下我喜爱的东西。"王衍却把牛杀掉吃了。

西晋末年，统治集团内部发生大纷争。晋武帝死后，由白痴皇帝晋惠帝即位，皇后贾南风掌权。为了巩固自己的地位，她先后杀死一批名臣，由此为契机而爆发了长达 16 年之久的八王之乱。一时间，朝野动荡不安，大权变动不居，官员们唯求自保。名士王衍也不例外，整日玄谈，不以国家大事为重，考虑的只是自己日后的万全之计。

王衍后来历任北军中侯、中领军、尚书令（宰相）。他任尚书令时，皇族之间争权混战，各族人民纷纷起义，匈奴贵族刘渊乘机举兵。当时他任宰相，专谋自保。他的女儿是愍怀太子的贵妃，愍怀太子被贾后所诬陷。王衍怕有祸患，就自己上表请求解除婚约。

王衍虽然担任国家宰相台辅的重任，但是却不认真考虑国家的治理，只想方设法保全自己。他考虑的只是在纷繁变乱的局势中，如何能够使自己长久生存下去，因此他为自己精心营造了一个退路。青州和荆州都是当时的军事要地，物产也很丰饶。因此，王衍对东海王司马越说："中原现在已经大乱，应该依靠各地的负责大臣，因此应该选择文武兼备的人才出任地方长官。"就使弟王澄为荆州刺史，族弟王敦为青州刺史。并对王澄、王敦说："荆州有长江汉水的坚固，青州有背靠大海的险要。你们两个镇守外地，而我留在京师，就可以称得上狡兔三窟了。"当时有见识的人都很鄙视他。

八王之乱引起政局的动荡，使西晋局势岌岌可危。这时候，北方少数民族纷纷起兵，企图在混乱中夺取政权。当时北方军队大部分集中在匈奴主刘渊的旗下。他派石勒、王弥攻打洛阳。

晋廷以王衍为都督征讨诸军事、持节、假黄钺，率军抵抗石勒、王弥的军队。王衍命前将军曹武、左卫将军王景等进攻敌军，击退了他们，缴获了他们的辎重。因此，王衍又转任太尉，兼任尚书令，封为武陵侯。他多次辞让封爵，不肯接受。当时洛阳危险紧急，大多数人想迁都以躲避灾难，但王衍却卖掉牛车，以示坚定来安抚人心。

东海王司马越讨伐苟晞时，王衍以太尉身份担任太傅军司。等到东海王去世，众人共同推举他为元帅。王衍认为这时战争频繁，惧怕因而不敢担当，就推辞说："我年少时就没有做官的愿望，然而积年累月，升迁到现在的地位。今天的大事，怎能让我这样一个没有才能的人来担任统帅呢？"

不久，晋军被石勒的军队攻破。石勒呼叫王公大臣前来与他相见。他以晋朝的旧事询问王衍。王衍向他陈说了西晋败亡的原因，并说责任不在自己。石勒很欣赏他，同他谈了很长时间。王衍说自己年轻时就不喜欢参与政事，想求自身避免祸患，因而劝说石勒自称皇帝。石勒大怒说："你名声传遍天下，身居显要职位，年轻时即被朝廷重用，一直到头生白发，怎么能说不参与朝廷政事呢？破坏天下，正是你的罪过。"让左右手下把他押出去。

石勒对他的参谋孙苌说："我行走天下多年了，从来没有见过这样的人，还应该让他活下去吗？"孙苌说："他是西晋朝廷的三公，一定不会为我们尽力，有什么值得可惜的呢？"石勒说："总之不可用刀刃加害于他。"于是命令士兵在半夜里推倒墙壁把他压死。王衍临死时，看着别人说："唉！我们即使不如古人，平时如果不崇尚浮华虚诞，勉力来匡扶天下，也不至于到今天的地步。"

二、江左夷吾王茂弘，乱世奸雄桓元子

1. 王导

王导（276—339年），字茂弘，晋朝琅邪临沂（今山东临沂）人。王导是王衍的族弟，其祖父王览曾做过光禄大夫，父王裁亦做过镇军司马。王导20岁左右被司空刘寔引荐为东阁祭酒，后又迁升秘书郎、太子舍人及东海王司马越的军事官员。从此，他踏上了一条坎坷不平的官宦之路。

291年至306年，西晋发生"八王之乱"，西晋"八王之乱"中最后一个卷入的东海王司马越比较有头脑。他的封地在长江下游一带，与战乱频仍的中原相比破坏较轻，进可攻，退可守，足可作为争霸的根据地。于是，司马越精心选择与其相邻的琅邪王司马睿作为援手，先封他为辅国将军，后迁升其为安东将军，管理扬州军事。当司马睿奉司马越之命出镇下邳（今江苏睢宁西北）的时候，司马睿物色辅佐之才，看中了王导的才能，便请王导担任安东司马。从此以后，司马睿与王导结为知交，共图大业。

下邳素来是兵家必争之地，王导任安东司马后，建议司马睿向司马越请求移镇建邺（今江苏南京），避开下邳这块"四战之地"。由于北方匈奴首领刘渊时时威胁长安、洛阳，司马越也想在江南培植势力，以留退路，

所以欣然同意了司马睿的请求。于是司马睿率领部下渡过长江，修缮孙吴旧都的宫室，逐步安顿下来。司马睿初到江南，江南的名士却不大愿意归附。农历三月初三是上巳节日，按民间习俗，男女老少都到水嬉游，借此除邪祈福。江南名士顾荣、纪瞻等人也在人群中。修禊事毕，忽然人群相拥而前，不知发生了什么大事。好奇心驱使他们引颈探望，只见一顶肩舆上端坐一人，正是司马睿。他相貌堂堂，神态安然，后面跟着一大群人，个个毕恭毕敬，揽辔徐行。知名人士王导、王敦均在里面。顾荣、纪瞻等人目睹此景，大为吃惊，同时被司马睿的风采打动，又见北方名流倾心相从，当时二人不由得望尘下拜。司马睿步下肩舆，雍容答礼，毫无骄吝之态，更令顾荣等人悦服。

有了这一良好的开端，还需趁热打铁。王导再向琅邪王献策说："古代的帝王，无不礼敬故老，访问风俗民情，谦虚克己，以招贤才。何况现在天下丧乱，神州大地四分五裂，建国大业才刚刚开始，正是需要人才的时候啊！以我之见，吴中最有名的人士，莫过于顾荣、贺循。目前应该首先按礼节把他们请来做官，他们两人肯来，就不用担心其他人不来了。"司马睿听后点头称妙，便派王导带着厚礼去见顾荣、贺循，传达他的敬意。顾荣、贺循二人欣然从命，随从王导来见司马睿。寒暄毕，司马睿喜出望外，当时就任命贺循为吴国内史，顾荣为军司兼散骑常侍，所有军府政事，都请他们参加讨论。顾荣与贺循转相推荐吴地名士，一时名流接踵而至。王导也因过人的智略和超凡的风度得到了南方名士们的叹赏和信任。在他的策动调和下，南北世族终于联合起来，同心辅佐司马睿执政。他们相互依靠，君臣的名分也就水到渠成地确立下来了。

建兴四年（316年），刘汉灭西晋，已在江南打下坚固基础的司马睿便于次年称晋王，晋愍帝一死，他就顺理成章地承继大统，改元称帝。东晋王朝在王导等人的苦心经营下，终于建立了偏安江南的政权。晋元帝正式登基的时候，他着实感激帮他成就基业的王导兄弟，特地让王导和自己一起坐在御床上，接受百官拜贺。王导坚

王导

决推辞，晋元帝又请了三四次，王导托词说："如果太阳也和地下万物一模一样，众生怎么能仰望日光普照呢？"司马睿见他这样说，心中着实高兴，也不再勉强了。晋元帝论功行赏，封王导为骠骑大将军、仪同三司（相当于宰相），不久又封武冈侯，进位侍中、司空、假节、录尚书、领中书监。王导在江东政权中处于机枢之地，所以时有人言："王与马，共天下。"王与马的结合开启了江东政局，奠定了东晋一朝政权的基础。

东晋元帝登位以后，王导在政治上又采取一项措施："维系伦纪，义固君臣"，即调剂王氏势力和司马氏势力的矛盾。晋元帝登帝位不久，渐渐不满意王氏势倾朝野，心存戒意。为了削弱王氏势力，便渐渐疏远王导，重用善于逢迎的刘隗、酗酒放肆的刁协做心腹，并且暗中做军事布置，名义上是北讨石勒，实际上是对付王敦。王敦对此愤愤不平，王导则安其本分，淡泊自如。永昌元年（322年），王敦自武昌举兵后，刘隗等主张铲除朝廷中琅邪王氏子弟，灭其宗族，遭到司马睿的拒绝。由此可见当时王氏势力的强大。

王敦是以讨刁协、刘隗为名起兵的，自武昌起兵后又打到石头城（今南京清凉山），连败各路东晋人马。晋元帝命刁协、刘隗出奔，刁协逃到江乘（今句容北）被杀，刘隗奔后赵。皇室势力退缩回去，王导劝说王敦："朝廷既保全了我家族安全，兄弟'清君侧'的目的也达到了，还望你就此息兵。"另一方面，王导与百官商议，暗示百官请求司马睿给王敦加官进爵。由于王导的努力，王敦被封为丞相、都督中外诸军，王敦既已得志，更加骄奢倨傲，不愿接受一切封爵，并准备违背公议另立他人。但他还是忌惮晋元帝的贤能，加之王导坚决反对，多次力争，其阴谋没有得逞。这样，东晋政权又得以苟延残喘下去。王敦还屯军武昌，遥制朝政。

同年底，晋元帝去世，晋明帝司马绍即位。王导奉晋元帝遗诏辅佐朝政，官任司徒（宰相），蹈曹魏时陈群辅佐魏晋明帝的先例。后来王敦率军又向京师逼进，朝中一片慌乱。晋明帝任王导为大都督，与丹阳尹温峤等共讨王敦。王导得知王敦患病的消息后，心生一计，称王敦已死，率王族子弟为王敦发丧。大家听说后，都认为王敦已死，于是斗志倍增，胆气十足。晋明帝下令讨伐王敦余党，派王导假节，督促诸军，领扬州刺史。

经过几个月奋战，王敦之乱终被讨平。王导因功被封为始兴郡公，食邑3000户，赐绢9000匹，进位太保。太宁三年（325年），晋明帝驾崩，太子司马衍继位，即晋成帝。当时，司马衍只有5岁，王导又和中书令、太后之兄庾亮同受遗诏，共辅幼主，效力晋朝廷。庾亮疑忌当时手握重兵的临淮太守苏峻，匆忙决定下诏召苏峻回京以除之。王导深谋远虑地对庾亮说："苏峻为人奸诈多疑，必定不肯奉诏前来。山川原野中，可以躲藏毒虫猛兽，苏峻在外，还不至于马上发难，不要打草惊蛇。"庾亮听后不以为然，最终还是下诏召回苏峻。果不出王导所料。苏峻被逼发动叛乱，从江北渡江攻建康，朝廷六军都被战败，庾亮逃走，王导进入宫中忠心侍卫晋成帝。苏峻因王导德高望重，倒也不敢加害于他，仍让他官居原职，居于自己官职之上。当时苏峻部下路永、匡术等人都竭力要求杀掉王导，尽诛朝中大臣，重新安排自己的心腹。苏峻虽心狠手辣，出于敬畏王导，始终没敢动王导一根毫毛。

正因为如此，路永等人和苏峻产生了矛盾。王导得知后，喜出望外，利用敌人的矛盾，暗中派参军袁耽诱劝路永等人，谋划让晋成帝逃出苏峻的控制，终因苏峻防守甚严，事情败露，王导不得不带着两个儿子跟随路永逃奔到白石。

经过讨伐，苏峻之乱终告平息。然而，东晋京城内的宫廷、宗庙都被焚为灰烬。面对如此一个破烂摊子，大臣们都一筹莫展。如何收拾战乱的败局，尽快恢复国力和生气，是迫在眉睫的问题。一日上朝，平乱有功的丹阳尹温峤建议迁都豫章（今南昌），但王导却说："建康，古代的金陵，从前孙仲谋、刘玄德都认为此地是建都的好地方。现今北方的诸胡都对我朝伺机侵略，一旦我们迁都示弱，敌人是求之不得的，不可贸然迁都。"成帝及诸将觉得言之有理，迁都之事就此作罢。咸康五年（339 年），王导这位著名贤相、三朝老臣去世了，享年 64 岁。

2. 桓温

桓温（312—373 年），字元子，龙亢（今安徽怀远）人，父亲桓彝为宣城太守。在桓温出生不到一岁时，受到太原温峤的欣赏，桓彝于是就取名为温。桓彝后被韩晃和江播所害，桓温才 15 岁，他枕戈泣血，志在复仇。到 18 岁时，正赶上江播去世，江播的三个儿子在居丧，桓温拿刀进入屋里，把他的三个儿子都杀了，当时受到人们的赞誉。

桓温豪爽，相貌堂堂，面有七星，被南康长公主选为驸马都尉，袭爵万宁男，出任琅邪太守，累迁徐州刺史。他与庾翼关系很要好，经常一起讨论国家大事，并受到庾翼的推荐。庾翼去世之后，桓温担任都督荆梁四州诸军事、安西将军、荆州刺史、领护南蛮校尉。

当时，蜀地成汉政权衰弱，桓温便有了灭成汉的想法。永和二年（346 年），他率兵西伐。当桓温上疏而行时，朝廷认为西蜀险要偏远，而桓温兵力不多，又是进入敌方，甚为担忧。当初诸葛亮在鱼复平沙上造八阵图，垒石为八行，每行相隔两丈。文武官员都未能认出。桓温见到当即指出这是常山蛇势。他命令参军周楚、孙盛在彭模守卫辎重，自己亲自率领兵步直接奔赴成都。李势派他的叔父李福及兄李权等攻打彭模，周楚等进行防御，李福逼却，桓温又进攻李权等，三战三捷，最后攻下成都，灭亡成汉。桓温在西蜀停留一个月，举贤旌善，百姓无不称赞。桓温因功晋升征西大将军、开府，封临贺郡公。

桓温还朝后，朝廷此时也害怕桓温的权势越来越大，便依靠殷浩等人来抗衡桓温，桓温相当愤怒，然而他很了解殷浩，并不怕他。桓温以北伐为名，顺江到达武昌时，兵力已达到四五万。害怕被废的殷浩，又想用骈虞挡住桓温的军队。后来的晋简文帝司马昱当时是抚军，给桓温写信言明社稷大计。于是桓温回军还镇，再次上疏表达了自己报效国家的志向。桓温被晋位太尉，自己固让不拜。

后来，殷浩因到洛阳修复园陵而遭惨败并导致朝野怨言四起。桓温进督司州，于是他启奏免除殷浩，从此内外大权归属桓温一人。桓温马上统率骑兵 4 万奔赴江陵，水军从襄阳进入均口，到南乡，步兵从淅川进征关中。军队所经之处民不受扰，一路上拿酒宰牛迎接桓温的有十之八九，晋穆帝也派侍中黄门到襄阳慰劳桓温。

桓温打算修复园陵，迁都洛阳，但朝廷不准。晋穆帝让桓温担任征讨大都督、督司冀二州诸军事，委以专门征伐的任务。

于是，桓温开始再次北伐。大军由江陵出发，行经金城时，看见早年他为琅邪太守时所栽种的柳树都已经长得粗大，约有十围，不禁感慨万分，手拿柳条，泫然流涕。此时，晋室南渡已经到了第五代皇帝，中原沦落已50 年。

桓温一路拼杀，击败羌族贵族姚襄，来到平阳，屯兵在老太极殿前。桓温徒步进入金墉城，拜谒先帝诸陵，命令修缮被毁的陵寝，并设置陵令，然后回师京都。升平中（359 年），桓温改封南郡公，封其次子桓济为临贺郡公。

桓温返回江南，洛阳和其他已收复的土地又相继失陷。太和四年（369年），桓温开始第三次北伐。最初，桓温进军顺利，一度离燕都仅 200 里。后来，晋军形势发生变化，水运不通，粮草不继，退军已经是必然的了。在退兵途中，又中燕军埋伏和夹击，晋军被杀者达 3 万人之多。此后，前秦又于半路阻击桓温，晋军又死伤万余人。桓温的第三次北伐遂以惨败告终。

桓温北伐虽有广大人民的支持，但因东晋统治集团内部钩心斗角的破坏，桓温的北伐大都是无功而返。后来，朝廷改授他并、司、冀三州，罢免他的都督。桓温上表不受，又加他侍中、大司马、都督中外诸军事、假黄钺。

桓温素有野心，他曾躺在床上对亲信说："为人寂然无所作为，将会被汉文帝、汉景帝所笑。"接着坐起来说："男子汉即使不能流芳百世，也应当遗臭万年！"王敦甚受桓温仰慕，有一次经过王敦墓，连声称赞说："可人，可人！"

桓温一心想篡位，参军郗超建议他废帝以重立威权，桓温表示赞同。

晋废帝太和六年（372年），桓温逼褚太后下诏废掉皇帝司马奕，改立会稽王司马昱，是为晋简文帝。桓温改立新帝后，开始打击那些与自己不合的皇族和大臣，以谋反罪将殷、庾两大强族的势力削除殆尽。

桓温诛杀了殷、庾等人以后，威势显赫至极，侍中谢安在很远的地方看见桓温就开始叩拜。

司马昱身为帝王，但只是桓温发号施令的工具而已。晋简文帝常恐被废，整日担心，以致在位两年就一病不起。晋简文帝命其子司马曜继位，为晋孝武帝，他又紧急征召大司马桓温入朝辅政，一天一夜接连发出四道诏令，桓温推辞不来。晋简文帝下达遗诏：大司马桓温依据周公的旧例，代理皇帝摄政。又说："对年轻的儿子，可以辅佐就辅佐，如果不能辅佐，君则自己取而代之。"侍中王坦之手持诏书进入宫中，在晋简文帝面前把诏书撕掉了。于是晋简文帝就让王坦之重写诏书，说："宗族国家之事，一概听命于大司马桓温，就像诸葛亮、王导辅政时的做法一样。"是日，晋简文帝驾崩。

桓温希望晋简文帝临终前将皇位禅让给自己，或者让他摄政。这个愿望没能实现，他于是把怒火发到王坦之、谢安身上。

宁康元年（373年）二月，大司马桓温来到建康，屯重兵于新亭（今南京南）。孝武帝诏令吏部尚书谢安、侍中王坦之到新亭迎接。这时，有人说桓温要杀掉王坦之、谢安，继而夺取司马氏江山。王坦之非常害怕，谢安则神色不变。在与桓温的谈话中，谢安应付自如，桓温才没有发难，晋王室也得以安稳。

三月，寓居建康的桓温去拜谒高平陵。回来后，桓温就身染重病，只好回姑孰养病。

宁康元年（373年）七月，桓温病重身死，时年62岁。

三、关中贤相王景略，风流宰相谢安石

1. 王猛

王猛（325—375年），字景略，青州北海郡剧县（今山东寿光东南）人。王猛幼时，北方战乱不已，民不聊生，王猛跟随家人逃往魏郡（今河南与河北交界处）避难。王猛家境贫寒，小时便以贩卖簸箕为业。

东晋永和七年（351年），氐族首领苻健占领关中，建都长安（今陕西西安市西北），称天王大单于，国号秦（史称前秦）。次年苻健称帝，势力日强。354年，东晋荆州镇将桓温北伐，击败苻健，驻军霸上（今西安市东），关中父老夹道欢迎，王猛闻讯前去拜见桓温。桓温问王猛，为何关中豪杰没有人到我这里效劳。王猛直言相告说，您不远千里深入敌境，长安城近在咫尺，您却不渡霸水攻取之，大家不知您的心思，所以不肯来。王猛一针见血，触及了桓温拥兵自重的心病。桓温为此称赞王猛江东无人与其相比。桓温请王猛留在军中，王猛认为东晋乃是士族的天下，自己难以有所作为，就拒绝与之南下。

前秦苻坚是十六国时期杰出的政治家。他十分重视吸收汉族文化，博学强记，潜心钻研经史典籍，成为氐族中文武双全的佼佼者。他广招贤才，以图统一天下。后经尚书吕婆楼举荐，与王猛相见，两人谈论天下大势，甚为投机。苻坚恳留王猛辅佐和出谋划策。苻坚诛灭苻生后，自立为大秦天王，以王猛为中书侍郎，掌管军国机密。王猛因功绩卓著，很快升为尚书左丞。他办事公正，执法严明，精明强干，在36岁那年，接连升迁5次，官至尚书左仆射（相当于宰相）、辅国将军、司隶校尉，一时"权倾内外"。

王猛

氐族豪帅出身的姑藏侯樊世依仗自己曾帮助苻健打天下的功劳，最先出来当众侮辱王猛，还扬言要杀死王猛。苻坚大怒，命将其斩首示众，遏制了朝野权臣对王猛的非难。当时朝廷上下有一批氐族显贵，自恃有功于朝廷，恣意妄

为，无法无天。王猛由咸阳内史调任侍中中书令（皆为宰相之职），兼京兆尹（京都长官）后，听说贵族大臣皇太后之弟张德酗酒行凶，抢男霸女，即下令逮捕张德，先斩后奏。接着又与御史中丞邓羌合作，全面整治祸国殃民的公卿大夫，铲除不法权贵20多人。文武百官有所震慑，豪强不敢妄为，百姓路不拾遗。苻坚为此感叹说，直到今天我才知道天下有法可依，天子至高无上。

王猛治国首重举荐贤才，认为吏治和用人制度化，才能保证国家长治久安。他帮助苻坚创立了荐举赏罚和官吏考核制度，其中规定：地方官分科荐举孝、悌、廉直、文学、政事人才，上报中央，经朝廷考核，合格者分授官职；凡所举荐人才名副其实，则奖励举荐者，否则受罚。

王猛把教育作为治国的重要举措，他促使前秦恢复了太学和地方各级学校，强制公卿以下子孙入学。苻坚在王猛的影响下，广泛吸收汉族先进文化，推崇孔子，宣扬儒教，使氐族建立的前秦政权拥有了文化根基。王猛还注意调整民族关系。前秦废除了胡汉分治之法，促进了各族之间的相互融合。在王猛的主持下，在全国范围内兴修水利，奖励农桑，推广先进的生产技术，减免部分租税，减轻人民负担。这些措施使国库殷实，国力增强。

前秦的一系列改革，为前秦统一北方奠定了基础。王猛为前秦制定了军事策略，即稳定西北，使无后顾之忧，然后争锋东南，以图大业。在这个战略方针指导下，首先运用政治和军事手段，收服匈奴刘氏部、乌桓独孤部，以及鲜卑没奕干部和拓跋部的代国等。随后，王猛率军进攻东晋所属荆州北部诸郡，掠取一万余户凯旋。紧接着，王猛又率军讨伐羌族叛乱者，大破前凉军队，夺占前凉重镇枹罕（今甘肃临夏东北），为前秦扫清了统一中原道路上的障碍。

正当前秦准备消灭前燕时，东晋桓温北上攻燕，燕王慕容儁以割地给秦为条件，请前秦救援。前秦群臣反对救燕，唯有王猛主张"先救后取"之策，联合前燕大破晋军，杀敌4万余人，桓温大败而归。此后，前秦以前燕毁约，命王猛指挥征讨前燕，一年后前燕亡，前凉被迫归降前秦。前秦基本上统一了北方。

王猛为前秦呕心沥血，积劳成疾，一病不起。苻坚前去探望，询问后事。王猛对苻坚说，东晋虽偏处江南，但为华夏正统，且上下一心。臣死之后，陛下万不可图灭东晋；而鲜卑、西羌等是我大敌，应尽快消灭他们。不久王猛病死，年仅51岁。遗憾的是，苻坚没有听从王猛的遗言，在王猛死后8年，不顾群臣反对，悍然发动对东晋的战争，结果在淝水之战中一败涂地，鲜卑和羌族乘机反叛，置苻坚于死地，前秦由此而亡。

2. 谢安

谢安（320—385年），字安石，陈郡阳夏（今河南太康）人。出身于世家豪族。父亲谢衷官至太常卿。他年轻时"神识沉敏，风宇条畅"，谈吐清雅，写得一手好字，青年时代的谢安，淡泊名利，不想当官，全部兴趣在于山水间。他有许多文人朋友，如著名书法家王羲之、诗人孙绰、名士许询、僧人支遁等。

谢安的弟弟谢万早就当上了中郎将，总藩任之重。谢安虽然隐居不仕，声名反而远远高于谢万。他天生具有公卿宰辅的德望，居家总以礼仪规训子弟。他的妻子认为家门显贵，丈夫理应出仕做事，说："大丈夫光想隐居自安，这算什么？"谢安回答说："恐不免此耳！"不久，谢万被贬官，谢安终于决定出仕，振兴门庭。这时，他已40多岁了。

东晋偏安江南，北方建立起多个少数民族政权。东晋从皇帝到大臣，习惯了南方的生活，很少关心北方，更谈不上统一天下的雄心壮志。征西大将军桓温控制朝政，出于私心，仍然想着北伐。谢安到桓温军中任司马，桓温对他非常敬重。桓温即将北伐，谢万忽然病故，谢安因此又回家给弟弟治丧。丧事结束，谢安出任吴兴太守，"在官无当时誉，去后为人所思"，说明他的政绩是不错的。由此发端，他被调到朝中任职，拜为侍中，迁吏部尚书、中护军。

谢安

咸安二年（372年），晋简文帝司马昱病危，桓温推荐，由谢安出任顾命大臣，目的在于颠覆晋室，能使自己当上皇帝。不想司马昱死后，谢安却拥立司马昱11岁的儿子司马曜为帝，即晋孝武帝。桓温大为恼火，立刻引兵向建康，驻军新亭，盛陈兵仗，召见谢安和中书令王坦之，准备加以杀害。王坦之万分恐惧，问计于谢安。谢安神色不变，说："晋祚存亡，在此一行。"他俩去见桓温。王坦之吓得流汗沾衣，倒执手板。谢安无所畏惧，从容落座，说："谢安听说诸侯有道，守在四邻，明公何须如此相逼呢？"桓温说："因为不能不这样。"谢安巧妙地和桓温周旋，陈说利害关系，使桓温在不知不觉中受到感染，打消了杀害谢安、王坦之的念头。他们谈笑多时，就像亲密的朋友。王坦之原与谢安齐名，经此事件，人们方知，王坦之的胆略和气魄，根本不能和谢安相比。

谢安、王坦之尽力辅佐司马曜，稳定了朝廷的形势。但是，桓温篡权之心不死，危险一直存在。好在桓温生了重病，转眼进入弥留之际。桓温希望朝廷给自己加九锡之礼。袁宏奉命起草诏书。谢安以修改为名，故意将诏书扣留，拖延 10 余日不发。桓温毙命，临死时也没得到九锡之礼的荣耀。

桓温死后，谢安任尚书仆射，领吏部，加后将军。王坦之出为徐州刺史，谢安任中书令，正式成为宰相。其间，他"镇以和靖，御以长算，德政既行，文武用命，不存小察，弘以大纲，威怀外著"。人们都把他比作王导，文雅则有过之而无不及。一次，谢安和王羲之外出游览，悠然遐想，抒发超然世外之志。王羲之说："四郊多垒，宜思自效，而虚谈废务，浮文妨要，恐非当今所宜。"谢安反驳说："战国时秦国任用商鞅变法，到秦二世灭亡，岂清言致患邪！"司马曜非常倚重谢安，再任命他为中书监、骠骑将军、录尚书事，复加司徒、侍中，都督扬、豫、徐、兖、青五州诸军事，假节，进而拜卫将军、开府仪同三司，封建昌县公。

其时，建都长安的前秦政权势力强盛，皇帝苻坚基本统一了北方，积极准备攻灭东晋。谢安意识到晋、秦之间将有一场战争，所以暗暗提前备战，以防不测。谢安命侄儿谢玄驻军广陵（今江苏扬州），把守京师的北大门；命将军刘牢之驻军北府京口（今江苏镇江），招募北方南迁的健儿，组成一支英勇善战的劲旅，称"北府兵"，随时待命。另外，在长江中游，安排大将桓冲镇守夏口，以与建康形成掎角之势。

太元八年（383 年）八月，骄狂的苻坚举兵 87 万，号称百万，水陆并进，杀向江南。建康为之惊恐，谈兵色变。谢安相当冷静，通达多谋，精心策划，诏命其弟谢石为征讨大都督，其侄谢玄为前锋都督，加上刘牢之的北府兵，共八万人，奋力拒敌。晋军只有秦军的八分之一，力量过于悬殊，人人为之捏一把汗。桓冲派遣 3000 精锐，前来保卫京城。谢安却命令说："京师不缺甲兵，你们回去，镇守西疆要紧。"桓冲不解其意，六神无主，长叹说："谢安是位好宰相，却不是位好统帅，我等怕是都要成为秦人的俘虏了！"谢玄问策于谢安。谢安夷然无惧色，说："已别有旨。"说完，他拉了谢玄等人，乘车前往别墅下棋，至夜方归。这时，他指授将帅，各当其任，井然有序。于是便有了以弱胜强的淝水之战。十一月，晋军大破秦军，秦军几乎全军覆没，苻坚身中流矢，仓皇逃回洛阳。

前方捷报传来，谢安正与客人下棋。他看了看捷报，丢在一边，没事儿似的，继续下棋。客人忍不住问道："战事进行得怎样？"谢安轻描淡写地回答说："孩儿们已破秦军了！"其实，他内心是很兴奋的，只因为涵养深厚，所以从容镇定，不喜于形色。客人走后，他再也控制不住内心的兴奋和喜悦，进入内室时，忘记跨门槛，把鞋底的木齿碰断，全不知晓。

淝水之战的胜利，是谢安一生中最辉煌的业绩，说明他不仅是一位政治家，而且是一位军事家。战后，他进位太保，上书自请北征，因此进都督扬、江、荆、司、豫、徐、兖、青、冀、幽、并、宁、益、雍、梁15州军事，加黄钺，其他官职如故。桓冲病死。有人建议由谢玄镇守荆、江二州。谢安考虑谢氏家族树大招风，容易引起朝廷怀疑，所以决定以桓氏子弟镇守荆、江、豫州，时称"三桓"。谢安这样做，属于明智之举，平衡了各种政治势力的利益，避免谢氏家族处于众矢之的的位置。东晋一朝，王氏、庾氏、桓氏等家族都曾出现过企图谋反的权臣。唯谢氏家族比较安分，忠心辅佐朝廷，别无他想。这和谢安个人品行和修养是分不开的。

谢安长期处于高位，有权有势，很会享受生活。他喜爱音乐，营建别墅，一食之费，常达百金。时人讥之，他毫不介意，完全按照自己的意志行事。他还想带领全家泛海旅游，可惜没能如愿。会稽王司马道子后来居上，专权揽政。谢安急流勇退，上书请求辞官，而且召回儿子征虏将军谢琰，命他解甲归家。太元十年（385年），谢安病亡，年66岁。司马曜追赠他为太傅，改封庐陵郡公，谥曰"文靖"。

四、中流击水祖士稚，明谋善断陶士行

1. 祖逖

祖逖（266—321年），字士稚，范阳遒县（河北涞水北）人。东晋著名将领，是东晋第一个进军北伐的人，曾经一度收复黄河以南的全部失地，由于东晋内部矛盾重重，对他不加支持，忧愤成疾，死于军中。

祖逖是北方士族，出身郡守世家。为人品行端正，重义轻财，每到田庄，总要发放谷物布帛等周济贫困人家。因此，深受同乡同族的爱戴。

西晋灭亡以后，北方出现了各少数民族贵族混战割据的局面。逃往江南的皇族首领司马睿在建康（今江苏南京）建立了士族地主政权东晋王朝。

祖逖也率领宗族部曲数百口南移，在向南迁徙的途中，祖逖把自己所乘的车马让给年老患病的人乘坐，同大家一起步行，药物衣食也让大家共享；再加上足智多谋，大家就推选他担任南迁途中的负责人。渡江以后，司马睿任命祖逖为徐州刺史、军谘祭酒（参谋长），驻守首都建康的门户京口（今江苏镇江）。祖逖所领部曲宾客（私兵）都是些强悍的勇士，祖逖对待他们就像对待自己的子弟一样。祖逖深感社稷倾覆，人民涂炭的痛苦，时刻准备收复沦陷的北方河山。

东晋王朝建立以后，流亡江南的老百姓时刻不忘自己的家乡，要求恢复失去的北方土地。生活在北方的汉族人民，遭受少数民族统治者铁蹄的蹂躏，也日夜盼望东晋军队北上解除他们的痛苦。南北人民都希望东晋政府积极北伐。

但是，以司马睿为首的东晋统治集团，所关心的只是他们在南方统治地位的巩固和经济利益的争夺，对出兵北伐和收复中原失地并不感兴趣。当时只有祖逖等少数人坚决要求北伐，积极进图中原。早在东晋建国之初，祖逖第一个向司马睿提出北伐要求，指出："由于西晋末年宗室诸王的争权夺利、自相残杀，长期激烈混战，致使少数民族贵族乘机起兵反叛，中原地区陷于分裂割据。现在，北方的汉族人民纷纷起来反抗少数民族统治者的野蛮统治，大王如果您允许我祖逖统率军队，出师北伐，解除北方人民的痛苦，那么，各地的英雄豪杰必然会闻风而动，积极响应。"司马睿只好任命他为奋威将军、豫州刺史，其实只是一顶空头的将军盔，只给他1000人的粮饷和3000匹布的军费，叫他自己制造铠甲和武器，招募军队，想法子去北伐。在如此困难的条件下，祖逖毅然率领他原来的100多名部曲，于建兴元年（313年）八月渡江北伐，当渡船驶到江的中流时，他叩击着船桨满怀壮志地发誓说："如果我祖逖不能扫清中原凯旋而归的话，就像这江水一样一去不复返！"随从的人都被他的豪言壮语所感动。

渡过长江以后，祖逖在淮阴（今江苏淮阴）铸造兵器，招募了士兵2000人，向前进发。当时，中原地区有不少屯聚的坞堡首领，他们割地分立，各自为政，互相之间矛盾很多。祖逖根据不同情况，区别对待：对于那些破坏北伐或投靠少数民族统治者的地方武装，就进行孤立和打击。

当祖逖进驻芦溯的时候，谯县（今安徽亳县）坞主张平、樊雅起兵反叛，祖逖派人诱杀张平。由于作战有功，东晋王朝派人运输粮食援助，可是路途遥远，供应不上，于是祖逖部队发生饥荒。樊雅乘机用兵夜袭祖逖，偷偷摸入军营，一边拔出兵器，一边大声呐喊，直往祖逖帐幕杀来。祖逖临危不惧，沉着应战，指挥身边随从人员进行抵抗，晋军将士英勇杀敌，经过一番激战，打退了樊雅的袭击。不久，樊雅归降祖逖。

陈留（今河南开封一带）地方的豪强地主陈川叛降少数民族统治者石勒，祖逖率领部队讨伐陈川，石勒派遣石虎领兵 5 万援救陈川，祖逖大败石虎。石虎带领残兵败将撤退，留下大将桃豹困守陈川故城，占据城西高台，祖逖部将韩潜占据城东高台，晋军从东城门出入，敌兵开南城门放牧，双方僵持了 40 多天。祖逖决定大摆迷魂阵，打破这种僵局。他利用布袋装入泥土充作大米，指使士兵运上城东高台，制造了一个热闹的搬运粮食的场面。为了避免敌兵疑心，又指使几个人挑运大米，这次口袋里装的却是真的大米。挑米的士兵假装很累的样子，在半路上歇肩，桃豹的哨兵果然追来，他们几个故作惊慌，全部丢掉担子逃跑。桃豹的部队早已发生饥荒，缴获这些大米担子后，以为祖逖的部队还有很多粮食，心里更加害怕。石勒部将刘夜堂赶着成千毛驴驮运粮食，供应桃豹。祖逖派韩潜、冯铁等领兵半路截击，全部缴获这批粮食。桃豹部队没有粮食，无法守城，只好半夜弃城逃遁。祖逖率领部队乘胜进军雍丘（今河南杞县），进击石勒，并且大败石勒精锐的骑兵部队。对在战争中抓获的老百姓，祖逖十分优待，全部遣送回家。因此，很多戍边的人们纷纷归附祖逖，石勒的统治区域逐渐缩小。

对于那些拥护东晋，支持北伐的抗战力量，祖逖则进行广泛的团结和联系，调动他们配合作战。屯聚河南一带的坞主赵固、上官巳、李矩、郭默等是当时北方的抗战力量，祖逖从中调解他们之间的冲突，使他们听从自己的统一指挥，齐心协力进行北伐。至于黄河两岸那些同情北伐而又受到少数民族统治者牵制的坞主，祖逖正确地采取了灵活的斗争策略，允许他们表面上继续维持原来的关系，还不时地出动游击部队假装偷袭他们，制造他们并未归附东晋的假象。这样，祖逖常常从他们这条秘密渠道及时获得石勒方面的军事情报，能够针对敌军的活动情况，采取对策，克敌制胜。

为了医治战乱地区的创伤，解除人民群众的疾苦，祖逖在收复的地区内，开展了生产建设活动。他严格约束自己，不占田产，带头过着勤俭节约、艰苦朴素的生活，亲自带领军民种田植桑，宗族子弟一样参加耕地、砍柴、挑担；用自己的财物赈济群众，并收葬奠祭死于战乱的无主尸骸。祖逖的这些措施，深受广大军民的拥护。

祖逖在极其困难的条件下，英勇地渡过长江，在北方人民的支持下，经过七八年艰苦的斗争，终于收复了黄河中下游以南的大片土地。北伐取得如此成就，固然是由于南北人民的拥护和支持，但是，这同祖逖的深谋远虑和长期努力是分不开的。当地人民抬酒宰牛犒劳祖逖，老人们高兴得流着眼泪说："我们都老了，想不到还能重新做回晋朝的百姓，就是死也无憾了。"人们深受感动，载歌载舞，盛赞祖逖及其所部将士的英雄业绩。

2. 陶侃

陶侃（259—334年），字士行。本是东晋鄱阳郡（今江西鄱阳县东北）人，后来全家迁往庐江浔阳（今江西九江）。东晋名将。陶侃明谋善断，屡立战功，为吏清正，且为人谦恭谨慎，品节超群，堪为将吏楷模。

陶侃少年时候就成了孤儿，家境清贫。最初他任县吏，后经鄱阳孝廉范逵推荐，被庐江太守张夔任为督邮，领枞阳令。陶侃到任后工作认真，小有名气，不久被任为主簿。这时恰逢州部从事来到郡里，他想借视察之名勒索贿赂，陶侃便让手下诸吏安心办公，自己出面对从事说："如果我的郡里有违反规定的地方，请您当面指出，我自当承担责任。如果您对我不以礼相待，我是有办法对付你的。"从事听了便退了出去。

尚书乐广想要召集荆、扬一带的士人，武库令黄庆向乐广进荐陶侃，有人认为这不妥，黄庆则说："此人前途无限，又有什么怀疑呢？"黄庆后来做了吏部令史，举荐陶侃补武冈令。后因和太守吕岳有隔阂，陶侃辞职回去，做了郡里的小中正。

"八王之乱"引起江南动荡不安的局势，为陶侃施展才干提供了机遇。太安二年（303年），刘弘为荆州刺史，任陶侃为南蛮长史，派他先出发去襄阳讨伐贼军张昌。陶侃一战大捷，大破敌军。陶侃后以军功被封为东乡侯，食邑千户。

永兴二年（305年），扬州刺史陈敏作乱，刘弘任陶侃做江夏太守，另封应扬将军。陈敏派弟弟陈恢来侵犯武昌，陶侃派兵抵拒。随郡内史扈环到刘弘处挑拨他和陶侃的关系，陶侃暗中闻知此事后，立即派儿子陶洪和哥哥的儿子陶臻去见刘弘，陈说情况，以解开刘弘的疑点。刘弘便任他们为参军，又加陶侃为都护，让他和诸军

陶侃

并力抵拒陈恢。陶侃用运输船当作战舰攻打陈恢,所向必破。陶侃军纪严明,所得战利品全都分给士卒,自己不私自占有分毫。

光熙元年(306年),陶侃因母亲去世而离职。永嘉五年(311年),陶侃调任龙骧将军、武昌太守。皇帝下令让陶侃去攻打杜弢,令振威将军周访、广武将军赵诱受陶侃节度。陶侃令二将做先锋,二将所带军众英勇作战,大破敌军。随之,陶侃又率军兼程三天,打败贼众,解荆州之围。后来,参军王贡、部将张奕背叛,陶侃兵败,被降罪免官,王敦上表让陶侃白衣领职。陶侃再整军队带周访等进军入湘,派都尉杨举做前驱,打败了杜弢,屯兵于城西。因此战有功,陶侃官复原职。他又劝降了杜弢的将领王贡,攻克长沙,全胜而还。

其后,陶侃遭到心怀异志的顶头上司王敦的诬陷,被调离战马奔腾、刀光剑影的中原战场,来到太平无事的广州任刺史。

一天,陶侃自觉体发胖、身发虚,便要侍官着人运100块大砖放在书房。从此,陶侃天不亮就起床,将书房内百块大砖全部搬往房外,天黑又搬进书房。起初,每次搬5块,还觉腰酸背痛,经过长期锻炼,后来一次可搬10块。一天夜晚,天黑得对面看不见人,一位副将前来陶府禀报要事,透过书房内微弱的灯光,看见一个人影,猫着腰走进房内,不知做什么事。副将大步跟进,原来是刺史大人在搬砖头,赶忙跑过去,要接过刺史手中的砖,被陶侃拒绝,他又跑到房外去搬砖,也被陶侃阻拦。副将不解地说:"刺史大人,你身为主帅,为何干此等脏累粗活?"陶侃笑笑不语,直至将砖搬毕,方搓搓手上灰尘,一本正经地说:"此事何谓小矣!你看敌军已夺我北国,现正觊觎江南。我身为朝臣武将,久已立志报效国家,时刻准备与敌拼杀。可现在南方无战事,过安逸日子,会养娇身体,衰退斗志。我运砖旨在增强体质,磨砺意志,一旦朝廷需要,我将重赴中原,为国效命。"这番赤诚之言,说得副将连连点头,赞不绝口。就这样,陶侃不论阴晴雨雪,还是酷暑严寒,天天如此,因而使自己的体魄健壮如初。

永昌元年(322年),王敦叛逆,晋廷复任陶侃为荆州刺史。到了晋成帝咸和三年(328年),年高70岁的沙场老将陶侃被晋成帝司马衍任命为征西大将军,挂帅出征,一举平定苏峻、祖约叛逆,为晋王朝的安宁再立战功。

太宁三年(325年),陶侃复任荆州刺史后,深入营帐,了解军情,发现荆州官兵军纪涣散,官兵赌博、酗酒、打架斗殴,处处可见。陶侃面对此情此景，感慨万分。一支好端端的部队，才几年的工夫就变成一群乌合之众，真叫人痛心疾首。

陶侃为了重整军威，复振中原，他每到一个营地，都语重心长地告诫将士们："大禹王是一个圣人，还珍惜一寸光阴，至于我们这些普普通通的人，就应该珍惜一分光阴。人生一辈子岂可逸游荒醉？人活着不能造福社会，死后不能留名于世，那是自弃也。"（《晋书·陶侃传》）"再说，你们的父母大人，谁不盼望自己的儿子在外好好练武习文，为民除害。若知道自己的儿子竟是这般模样，岂不伤心？""希望你们要趁现在年轻、精力旺盛之时，发扬荆州官兵勤奋好学的美德，珍惜光阴，刻苦求知，活着为民造福，死后流芳百世。"

官兵们听到刺史大人的肺腑之言，很受感动，许多士兵激动得流下了热泪，有的当场砸烂酒杯，扔掉赌具，有的闭着嘴、咬紧牙，暗下决心要改邪归正，弃旧图新，争做一个有所作为的好士兵。

荆州官兵在陶侃的耐心教育下，精神面貌有了明显好转。在军营和演武场上，队列整齐，厮杀格斗，龙腾虎跃；营帐之中，书声琅琅，秩序井然；官兵之间，以礼相待，亲如兄弟。陶侃偶尔发现躲在偏僻角落酗酒和袒胸露体的士卒时，即令侍官没收酒具，责其严整衣冠。有一次陶侃突然深入部队伙房看望伙夫，发现一位下级军官和几个伙夫围聚灶口，敞胸斜帽，赌兴正浓，令其当场将其赌具扔掉，并严厉教训："赌博是浮浪子弟的恶习，不符圣贤之理。作为军官理应发奋求知，端正仪表，为士卒表率，而你却蓬头垢面，衣襟不整，哪像个军官。今后若再有此等恶习，我将严厉惩治。"士卒们深感刺史大人为人恭敬有礼，治军威严可亲，再也不敢以身试法、不学无术了。

一个炎热的中午，骄阳似火，倾注全部心血、致力整顿中原军纪的陶侃，冒着酷暑，骑着战马，疾驰在通往属部军营的小道上，远远看去，前面有几个士卒边走边用手捋着未成熟的稻谷，在手掌中抖来抖去，尔后又扔往稻田里；有个士兵还将一把稻穗握在手中悠荡。陶侃快马加鞭，追赶上去，喝令士卒站住，下马询问："你们拿它何用？"士卒们看着他那炯炯有神、威严逼人的目光，个个都吓得目瞪口呆。其中一位士卒胆战心惊地说："我们行道于此，聊取玩玩，不为何用。"陶侃大怒："你们身为农家之子，本知粮食来之不易，却故意糟蹋庄稼。人不吃饭是要丧命的。这稻子就是人的命根子，你们怎能拿自己的命根子当儿戏！"

正当陶侃教育士卒之时，周围百姓不知出了何事，纷纷前来围观。陶侃面对围观百姓，深感罪过难容，连忙施礼道歉："我陶侃身为主帅，对部属教育不严，士卒损害了你们的稻谷，请求父老乡亲宽恕。"百姓看到陶侃身居刺史高位，竟然如此礼遇百姓，爱护百姓庄稼，个个都深受感动，纷纷表示要勤于农殖，积极为大军筹足粮秣。此后，荆州官兵行军、训练再也不敢践踏百姓庄稼，军民之间鱼水情深。

咸和三年（328 年），苏峻之乱爆发，建康被叛军所占领，陶侃的儿子陶瞻也被叛军杀害。此时，平南将军温峤邀请陶侃出兵一同勤王。在平定苏峻之乱的过程中，陶侃是勤王军的盟主。当时庾亮率军攻苏峻，反为其所败，于是把符节交给陶侃谢罪。陶侃却说："古人曾有三败，君侯您才败两次。现在是紧急关头，不该计较这些。"陶侃对庾亮如此宽容，诸将都奋力作战。其次，陶侃能听从建议和意见。如招郗鉴自广陵渡江扼守京口，对于东西夹击苏峻起了重要作用。诸军与苏峻军战，数战皆败。温峤军缺粮，向陶侃借粮，陶侃恼怒之下反而想撤回荆州。经毛宝劝解，陶侃才分五万石米给温峤，并打消撤军念头。苏峻之乱终于在众人合作下得以平定，东晋政局危而复安。自此后，江南保持了 70 余年的安定局面，没有出现大的动乱。

咸和四年（329 年），苏峻之乱平定，陶侃回师江陵。三月初十，陶侃因功升任侍中、太尉，加授都督交州、广州、宁州等七州军事，加羽葆鼓吹，封爵长沙郡公，食邑 3000 户，又赐绢 8000 匹。陶侃因为江陵位置偏远，于是移镇巴陵。当时割据辽东的慕容廆与陶侃通信，不仅称赞王导和庾亮，而且称陶侃是"海内之望中唯足为楚汉轻重者"，可见陶侃此时的地位威望。

咸和九年（334 年）六月，陶侃在病中上表逊位，派左长史殷羡将官印节传等送还朝廷。十三日（7 月 30 日），陶侃于樊溪去世，享年 76 岁。晋成帝下诏追授陶侃为大司马，赐谥号"桓"，以太牢礼祭祀。

第四章　科技文化

一、陈寿著史说三国，张华奇书《博物志》

1. 陈寿与《三国志》

《三国志》是唯一保存至今同时又是兼记魏、蜀、吴三国史事的优秀著作，这是中国史学上的一大幸事。

陈寿，字承祚，蜀汉巴西安汉（今四川南充）人，为经学大师谯周的学生。勤奋博学，为人质直，有良史之才。晋平蜀后，陈寿经张华推荐，官至佐著作郎。280年（太康元年）开始编写《三国志》，以王沈的《魏书》、韦昭的《吴书》、鱼豢的《魏略》等书为参考，并自己搜集蜀汉故事，经5年笔耕，于285年撰成史学不朽之作《三国志》。《三国志》由魏、蜀、吴三志65卷组成，（其中《魏志》30卷、《蜀志》15卷、《吴志》20卷）为纪传体通史，但只有纪传，没有表、志。书以取材精良、文笔简约、言辞质直而受到好评。

《三国志》书成时"时人称其善叙事，有良史之才"。司空张华"深善之，谓寿曰：'当以晋书相付耳。'"《晋书·陈寿传》中讲：陈寿撰《三国志》与司马彪撰《续汉书》大致同时，但他比司马彪早卒约10年。他们是西晋最有成就的两位史家。

《三国志》记事，起于东汉灵帝光和末年（184年）黄巾起义，迄于西晋灭吴（280年），不仅仅限于三国时期（220—280年）的史事，故与《后汉书》在内容上颇有交叉。从《三国志》看陈寿的史才，首先是他对三国时期的历史有一个认识上的全局考虑和编撰上的恰当处置。三国鼎立局面的形成，三国之间和战的展开，以及蜀灭于魏、魏之为晋所取代和吴灭于晋的斗争结局，都被其在纷乱复杂中从容不迫地叙述出来。在编撰的体例上，陈寿以魏主为帝纪，总揽三国全局史事；以蜀、吴二主史事传名而纪实，既与全书协调，又显示出鼎立三分的格局。这种体例上的统一和区别，也反映在著者对三国创立者的称谓上：对曹操，在《魏书》中称太祖（曹操迎献帝至许昌后称公、魏公、魏王），在《蜀书》《吴书》中称曹公；对刘备，在《蜀书》中称先主，在《魏书》《吴书》中均称名；对孙权，在全书中一概称名。此外，在纪年上，著者虽在魏、蜀、吴三书中各以本国年号纪年，但也注意到以魏国纪年贯串三书，如记蜀后主刘禅继位、改元时书曰"是岁魏黄初四年也"（《蜀书·后主传》），记孙亮继位、改元时书曰"是岁魏嘉平四年也"（《吴书·三嗣主传》）。这些都表明陈寿对于三国史事的总揽全局的器识和在表述上的精心安排。他以一部纪传体史书兼记同时存在的 3 个皇朝的历史，这是"正史"撰述中的新创造。

陈寿的史才，还在于他善于通过委婉、隐晦的表达方法以贯彻史家的实录精神。他先后作为蜀臣和蜀之敌国魏的取代者晋的史臣，对于汉与曹氏的关系、蜀魏关系、魏与司马氏的关系，在正统观念极盛的历史条件下，都是在历史撰述中很难处理的大问题，但陈寿却于曲折中写出真情。

陈寿的史才还突出表现在叙事简洁。全书以《魏书》30 卷叙魏事兼叙三国时期历史全貌，以《蜀书》15 卷、《吴书》20 卷分叙蜀、吴史事兼三国之间的复杂关系，而无冗杂之感，反映出陈寿对史事取舍的谨慎和文字表述的凝练。有人评论《三国志》"练核事情，每下一字一句，极有斤两"。但记载又过于简洁，对一些重要的历史事件和人物事迹，语而不详，甚至遗漏，由是南朝宋文帝命裴松之作补注。

陈寿在撰述旨趣上推重"清流雅望"之士、"宝身全家"之行的士族风气，所以他对制定"九品官人法"的陈群赞美备至，对太原晋阳王昶长达千余字的诫子侄书全文收录。

陈寿在历史观上有浓厚的神秘色彩和天命思想，他用符瑞图谶、预言童谣来渲染魏、蜀、吴 3 国君主的称帝，用"天禄永终，历数在晋"（《魏书·三少帝纪》）来说明晋之代魏的合理性，他断言"神明不可虚要，天命不可妄冀，必然之验也"（《蜀书·刘二牧传》）。这种推重"清流雅望"和宣扬天人感应的政治观点和历史观点，是陈寿史学中的消极因素，也在一定程度上局限了《三国志》的史学价值。后人将《三国志》《史记》《汉书》《后汉书》合称"前四史"，认为是"二十四史"中的代表性著作，这是充分肯定了《三国志》在史学上的地位。

2. 张华与《博物志》

张华(232—300年),字茂先。范阳方城(今河北固安)人。西晋时期政治家、文学家、藏书家,西汉留侯张良的十六世孙、唐朝名相张九龄的十四世祖。

张华年轻时多才多艺,受到时人赞赏。在曹魏时历任太常博士、河南尹丞、佐著作郎、中书郎等职。西晋建立后,拜黄门侍郎,封关内侯。他博学多才、记忆力极强,被比作子产。后拜中书令,加散骑常侍,与杜预坚决支持建晋武帝司马炎伐吴,战时任度支尚书。吴国灭亡后,进封广武县侯,又调镇幽州,政绩卓然。后入朝任太常。晋惠帝继位后,累官开府仪同三司、侍中、中书监,被皇后贾南风委以朝政。张华尽忠辅佐,使天下仍然保持相对安宁。后封壮武郡公,又迁司空。永康元年(300年),赵王司马伦发动政变,张华惨遭杀害,年69。

张华工于诗赋,辞藻华丽,钟嵘《诗品》评其作品多为"儿女情多,风云气少",实际上其作品多有"侠骨柔肠",可谓诗如其人。

张华编纂有中国第一部博物学著作《博物志》。《博物志》共10卷,分类记载了山川地理、飞禽走兽、人物传记、神话古史、神仙方术等,为继《山海经》后,中国又一部包罗万象的奇书,填补了中国自古无博物类书籍的空白。在中国小说史上具有不可磨灭的地位,对后世小说的发展有一定的影响。此书原400卷,晋武帝令张华删订为10卷,《隋书·经籍志》杂家类著录《博物志》即为10卷。

张华雅爱书籍。精通目录学,曾与荀勖等人依照刘向《别录》整理典籍。家中藏书甚多,曾在搬家时,"载书三十乘(车)"。身死之日,家无余财,只有文史书籍满架盈箱,且多珍善之本。他见多识广,知识渊博,当世没有人能与他相比。秘书监挚虞撰写官史时,都要借阅张华家藏图籍,以资取正勘对和参考。《册府元龟·聚书》称其"天下奇秘,世所稀有者,悉在华所"。他对汉代典章制度,知其源流,晋武帝和群臣无不感

张华

到叹服。

二、竹林共游七子贤，江左名士多三人

1. 竹林七贤

竹林名士就是历史上有名的"竹林七贤"，他们是嵇康、阮籍、山涛、向秀、刘伶、阮咸和王戎七位名士的合称。这个名称的来历，一直有争议，一般根据东晋史学家袁宏的《名士传》而习称（《世说新语·文学》注引），尽管后来人对此尚有不同看法，但可以肯定在东晋时已经这样叫开了。东晋文学家、玄言诗代表作家孙绰《道贤论》中直接将七位高僧比附"竹林七贤"，著名隐士戴逵作《竹林七贤论》，可见当时"竹林七贤"之名已经被普遍接受。

从"竹林七贤"所处的历史实际看，虽然他们生活的时代与"正始名士"基本相同，但是稍后的社会情势却是变化很大，因此他们与"正始名士"的思想观念、人格特征有着非常明显的不同，而"七贤"本身也是一个很复杂的组成，七人的出身、地位、与曹马的关系以及各人的价值观、政治态度、人格等都有明显差异。他们是正始名士与后代名士之间的转折点，对西晋乃至以后各代的文人都有很深刻的影响。

南京六朝砖室墓砖画之阮咸

影响深远的七贤"竹林之游"的确切时间已经难以从现存文献中准确把握了，一般认为应该在正始年间，缩小一点说，当在正始晚期。因为正始元年，王戎才6岁，向秀也仅13岁。因此，"竹林之游"的时间段不会很长。"高平陵政变"后不久，阮籍立即被司马氏征聘，山涛不久也去找司马师要求做官了。也就是说，"竹林之游"终止了。

"竹林七贤"的出现有时代的必然和事件的偶然。他们中的阮籍与嵇康虽然早已名满天下，但是正始名士的势力正如日中天，

他们还不是士林最耀眼的星星，也不是统治核心人物最为关注的对象，因此还可以做一段时间的边缘人物，做局外人。到了嘉平元年（即正始十年），司马懿剪灭曹爽，"天下名士减半"，司马懿立即"命"阮籍为其从事中郎。嘉平三年（251年），司马懿死，其子师接任，又命阮籍继任从事中郎之职。嘉平四年（252年），山涛去找司马师，不久举秀才，除郎中，随即成为司马氏的心腹。显然，在正始后期，统治核心间的斗争正处于白热化，没有精力来关心夺权以外的事，阮籍、嵇康他们有时间和条件作"逍遥"的"竹林之游"。

2. 江左名士与江左十贤

东晋建都建康（今南京），偏安江左，因此东晋名士历史上常称"江左名士"。

偏安一隅的东晋王朝虽然内忧外患不断，但是却也绵延百年（317—420年），成为魏晋南北朝历时最久的朝代，也是文人艺术创造最辉煌的时代。宗白华先生曾有一段精彩的经典性论述："汉末魏晋六朝是中国政治上最混乱、社会上最苦痛的时代，然而却是精神史上极自由、极解放，最富于智慧、最浓于热情的一个时代……这晋人的美，是这全时代的最高峰。"这里所说，其实主要应该指的是东晋。

东晋可以说是名士的时代。建安名士、正始名士、竹林名士、中朝名士，自然也在他们那个时代风光无限，但是结局完美者绝少，而结局不错的又往往有些人格方面的很大缺憾。东晋则明显不同。除了晋末基本上军阀左右朝政外，名士们是国家的柱石、朝廷的重臣，也是士林民间追捧的对象。整个社会崇尚名士之风，欣赏名士风度，到处洋溢着名士的玄远飘逸和潇洒自由。这个时代也是名士最多的时代，人数之多，历代罕有其比。而且名士的"普及"也是达到了空前绝后的程度：上自皇帝（如晋简文帝）下至一般文士（如罗含），无论文臣（如王导、谢安）还是武将（如谢玄），不管是僧侣（如支遁、慧远）还是道徒（如王羲之等），几乎遍及社会各个阶层、各种职业，各种各样的人里都有名士。

江左十贤，是东晋后期的代表人物，一时翘楚，在后世亦有很大声名。这十人分别为谢玄、王献之、桓伊、顾恺之、王徽之、谢道韫、戴逵、袁山松、羊昙、张玄之。

谢玄出生于陈郡谢氏家族，其家在谢玄时代已经成为江左高门，号称"诗酒风流"。谢玄生父为安西将军谢奕，母亲阮容，乃阮籍、阮咸族人。王献之自幼聪明好学，在书法上专攻草书隶书，也擅长绘画。他自小跟随父亲练习书法，胸有大志，后期兼取张芝，自创新体。他以行书和草书闻名，但是楷书和隶书亦有深厚功底。王献之亦善画，张彦远在《历代名画记》中目其画为"中品下"。桓伊文武全才，忠肝义胆，雅好音律，一时无匹，才艺伎俩，无人匹及。御宴高歌，清越慷慨，肝胆照人，青溪畔吹笛，风流俊爽，千古传颂。顾恺之擅诗词文赋，尤精绘画。擅肖像、历史人物、道释、禽兽、山水等题材。王徽之（338—386年），字子猷，东晋名士、书法家，书圣王羲之第五子，王献之之兄。曾历任车骑参军、大司马参军、黄门侍郎，但生性高傲，放诞不羁，对公务并不热忱，时常东游西逛，后来索性辞官，住在山阴（今浙江省绍兴市）。其书法有"徽之得其（王羲之）势"的评价，后世传帖《承嫂病不减帖》《新月帖》等。谢道韫长于诗文，刘孝标注《世说新语·言语》引《妇人集》说：谢道韫有文才，所著诗、赋、诔、讼，传于世。她的作品《隋书·经籍志》载有诗集两卷，已经亡佚。戴逵（326—396年），东晋著名美术家、雕塑家。字安道，谯郡铚县（今安徽濉溪）人，居会稽剡县（今浙江绍兴嵊州市）。他是顾恺之时代另一有名画家，南渡的北方士族。晚年长期住在会稽一带。戴逵终生不仕，初就学于名儒范宣，博学多才，善鼓琴，工人物、山水，坚拒太宰武陵王召其鼓琴之命，王徽之曾雪夜访之，到门未入，晋孝武帝时累征不就。著《戴逵集》9卷，已散佚。羊昙是谢安的外甥，很受谢安器重。谢安生病还京时曾过西州门。谢安死后，羊昙一年多不举乐，行不过西州路。有一天吃醉了酒，沿路唱歌，不觉到了西州门。左右提醒他，他悲伤不已，以马鞭敲门，诵曹植诗："生存华屋处，零落归山丘。"恸哭而去。后将羊昙醉后过西州恸哭而去的事用为感旧兴悲之典。袁山松（？—401年），陈郡阳夏（今河南太康）人。博学有文章，为吴郡（今江苏苏州）太守。性情秀远，擅长音乐，曾改作旧歌《行路难》，酒酣高歌，听者无不下泪，时人号为一绝。张玄之，一作张玄。少以学显，历任吏部尚书，出为冠军将军、吴兴太守，世称张吴兴。与谢玄齐名，有"南北二玄"之说。

三、"二王"书法天下绝，开创书风垂青史

1. 王羲之

王羲之（303—361年，一作321—379年），字逸少。琅邪临沂（今山东临沂）人，后迁会稽山阴（今浙江绍兴），晚年隐居剡县金庭。历任秘书郎、宁远将军、江州刺史，后为会稽内史，领右将军。东晋时期著名书法家，有"书圣"之称。其书法兼善隶、草、楷、行各体，精研体势，

王羲之《神龙兰亭》

心摹手追，广采众长，备精诸体，冶于一炉，摆脱了汉魏笔风，自成一家，影响深远。风格平和自然，笔势委婉含蓄，遒美健秀。代表作《兰亭序》被誉为"天下第一行书"。在书法史上，与其子王献之合称为"二王"。

王羲之出身于一个书法世家的门庭，他的伯父王翼、王导；堂兄弟王恬、王洽等都是当时的书法名家。

王羲之7岁那年，拜女书法家卫铄为师学习书法。王羲之临摹卫书一直到12岁，虽已不错，但自己却总是觉得不满意。因常听老师讲历代书法家勤学苦练的故事，使他对东汉"草圣"张芝的书法产生了钦羡之情，并决心以张芝的"临池"故事来激励自己。

为了练好书法，他每到一个地方，总是跋山涉水四下钤拓历代碑刻，积累了大量的书法资料。他在书房内、院子里、大门边甚至厕所的外面，都摆着凳子，安放好笔、墨、纸、砚，每想到一个结构好的字，就马上写到纸上。他在练字时，凝眉苦思，以至废寝忘食。

他认为养鹅不仅可以陶冶情操，还能从鹅的某些体态姿势上领悟到书法执笔、运笔的道理。有一天清早，王羲之和儿子王献之乘一叶扁舟游历绍兴山水风光，船到县襄村附近，只见岸边有一群白鹅，摇摇摆摆的模样，磨磨蹭蹭的形态。王羲之看得出神，不觉对这群白鹅动了爱慕之情，便想把它买回家去。王羲之询问附近的道士，希望道士能把这群鹅卖给他。道士说："倘若右军大人想要，就请代我书写一部道家养生修炼的《黄庭经》吧！"王羲之求鹅心切，欣然答应了道士提出的条件。

20岁时，太尉郗鉴派人到王导家去选女婿。当时，人们讲究门第等级，门当户对。王导的儿子和侄儿听说太尉家将要来提亲，纷纷乔装打扮，希望被选中。只有王羲之，好像什么也没听到似的，躺在东边的竹榻上一手吃烧饼，一手比画着衣服。来人回去后，把看到的情况禀报给郗太尉。当他知道东榻上还靠着一个不动声色的王羲之时，不禁拍手赞叹道：这正是我所要的女婿啊！于是郗鉴便把女儿郗浚嫁给了王羲之。

王羲之一生最好的书法首推《兰亭集序》。那是他中年时候的作品。

东晋有一个风俗，在每年阴历的三月初三，人们必须去河边玩一玩，以消除不祥，这叫作"修禊"。永和九年（353年）三月初三，王羲之和一些文人，共41位，到兰亭的河边修禊。大家一面喝酒，一面作诗。

作完了诗，大家把诗搜集起来，合成一本《兰亭集》，公推王羲之为《兰亭集》作一篇序文。这时王羲之已经喝醉了，他趁着酒意，拿起鼠须笔，在蚕茧纸上，挥起笔来。这篇序文，就是后来名震千古的《兰亭集序》。此帖为草稿，28行，324字。记述了当时文人雅集的情景。作者因当时兴致高涨，写得十分得意，据说后来再写已不能逮。其中有20多个"之"字，写法各不相同。宋代米芾称之为"天下行书第一"。传说唐太宗李世民对《兰亭集序》十分珍爱，死时将其殉葬昭陵。留下来的只是别人的摹本。今人所见，皆为《兰亭集序》临摹本。王羲之的书法作品很丰富，除《兰亭集序》外，著名的尚有《官奴帖》《十七帖》《二谢帖》《奉橘帖》《姨母帖》《快雪时晴帖》《乐毅论》《黄庭经》等。其书法主要特点是平和自然，笔势委婉含蓄，遒美健秀，后人评曰："飘若游云，矫若惊龙"，王羲之的书法是极美的。

王羲之既有洒脱漂亮的外在风貌，又有富赡的内心世界。晋代玄学盛行，崇尚老庄哲学，王羲之对人生、社会、自然的思考当然受其影响。王羲之辩才出众，再加上性格耿直、处世豁达，享有美誉。朝廷公卿看重王羲之的才气，屡次征召为侍中、吏部尚书等职，他都坚辞不受。后来，征西将军庾亮请他做参军，王羲之欣然应往，不久升为长史，进宁远将军、江州刺史，官至右军将军、会稽内史。

王羲之不喜欢当官，更喜欢清静。但是当他不得已而任官时，又决不尸位素餐。他在任职期间，曾对宰相谢安和参与朝政的殷浩等人发表过重要而切实的政见，还对饥民开仓赈济，这些都说明他不慕荣利为人正直的品格。晋室南渡之初，他见会稽山水俱佳，适合修身养性，便有终老之志。再加上与王述不和，王羲之称病去职，归隐会稽。

辞官归隐后，山川相映、万物交辉的大自然，使王羲之应接不暇。他泛舟大海、远采药石，心中多年积累的尘世之污逐渐被涤荡干净，用更宽广的胸怀、更大的热情、更纯真的感受去接受自然万物之美，发现宇宙的深奥微妙。这些体会又印证到书法上，使他在艺术境界上进一步得到提高、得到升华。正如王羲之在《书断》中所说："千变万化，得之神功，自非造化发灵，岂能登峰造极。"

以王羲之一生的作为与成就，我们可以看到一个多姿多彩的名士形象，其主要特征表现在以下四个方面：

（1）正直伟岸的人格追求。

王羲之生前死后都受到人们的尊敬与高度评价。"庾公（庾亮）云：'逸少国举。'故庾倪（庾倩）为碑文云：'拔萃国举。'"（《世说新语·赏誉》）可见当时已有定评，而此评价足以见出王羲之的人格之伟岸。殷浩也是当时名望甚高的名士，评之云："逸少清贵人。吾于之甚至，一时无所后。"（同上）时人评名士阮裕："骨气不及右军。"（同上）所谓"骨气"当指品格中的正直伟岸之气概，也就是《晋书》本传所言的"以骨鲠称"。王羲之"东床袒腹"而成为名士郗鉴的女婿，此一佳话一般以自然释之。其实，这是远远不够的。听到郗家来求女婿，其他王氏少年都有矜持之态，实际上表明他们的欲念驱使他们紧张，或曰努力要表现得"好"一些，内存私欲而行为难免作态。王羲之的袒腹，显然具有坦然正直的人格内涵，无私无欲，无欲则刚，无私则直。

王羲之的书风，也可见其人格。前人之评甚多，现略举一二："羲之书如壮士拔剑，壅水绝流。头上安点，如高峰坠石；作一横画，如千里阵云；捺一偃波，若风雷震骇；作一竖画，如万岁枯藤；立一倚竿，若虎卧凤阁；自上揭竿，如龙跃天门。""道劲雄迈，有威风翔霄，神骥追影之势。""羲之书，字势雄逸，如龙跳天门，虎卧凤阁，故历代宝之。"（以上均见马宗霍《书林藻鉴》卷六）我们不必再作具体分析，从这些品评之语可以看出，王羲之的书法风格具有万钧之力、排山之势，而其风格之由无疑是创作主体的正直伟岸之人格所致。

（2）爱民忧国的拳拳赤子。

王羲之自己素无廊庙之志，喜欢清净的大自然，爱好平淡的家居生活，但是他系念于社稷苍生，救民忧国之心，也是相当炽烈的。他在会稽内史任上，冒着极大的风险，打开仓库，将百姓上交的赋税发放给灾民，真是为民父母，不计后果；他在名士风流、饮酒成风的东晋，看到因灾害与战争等原因导致严重的粮食紧张状况，断然下达禁酒之令，节约了谷物，缓解了粮食的紧张；他谏言朝廷复开漕运，以方便百姓，发展生产；他要求严惩贪官污吏，肃清吏治，解救百姓的苦难……

这些足以看出王羲之对社稷百姓的赤子之心，也可以看到东晋名士新的人格形象。明末张溥题其集曰："诚东晋君臣之良药，非同平原辩亡，令升论晋，此乃实为苍生之虑，而非为一家之情也。羲之忠怀，拳拳可感。"

（3）三家兼摄的宽广心胸。

东晋是我国历史上儒、道、释三家开始并流的时代。王羲之生活于这样的时代，并以包容并蓄的心态吸收各家营养，成为三家兼摄的名士。著名学者商承祚先生说："羲之的思想不仅儒、道混合，还或多或少受佛家支遁思想的影响。支遁是'即色宗'的代表人物，羲之既然对他倾倒而与之交游，在思想感情上自有交融相通之处，因此，可以更确切地说，羲之的思想是儒、释、道三者的混合物。"王羲之出身于孝道之家，长于官宦之族，自小受儒家思想的深刻影响。

在执政理念上，王羲之更赞成儒家的勤政爱民，对清谈务虚持否定态度。诸葛恢是崇尚儒家旧道的，其家风严守儒家之道。他生前无论如何不肯把女儿嫁给谢家，尽管当时谢家已经是东晋显贵。待其亡，还是与谢家结为婚姻，王羲之前往谢家看新妇："犹有恢之遗法，威仪端详，容服光整。王叹曰：'我在遣女裁得尔耳！'"（《世说新语·方正》）他对诸葛恢家的遗风深为感叹，可以想见其内心深处的儒家法度的情结。

道家思想对王羲之影响也是相当大的。他的家族世奉五斗米道，爱好服食养性，以为服食可以得道，可以延年益寿。到了晚年更是不远千里地到深山采集药石，服食从不间断。他还有巢父、许由之志："刘真长（刘恢）为丹阳尹，许玄度（许询）出都就刘宿。床帷新丽，饮食丰甘。许曰：'若保全此处，殊胜东山。'刘曰：'卿若知吉凶由人，吾安得不保此！'王逸少在坐曰：'令巢、许遇稷、契，当无此言。'二人并有愧色。"（《世说新语·言语》）显然，王羲之对两位名士的贪图物质享受甚为不满，而与轻物质重精神的上古贤士相通。他素无廊庙之志，更喜山水幽林。在自然中优游不倦，乐其所在。他自从辞官始，一直生活于乡间山林，告诉友人其乐无穷。这种彻底的自然之乐，只有老庄的意味相契。

王羲之接受释家思想影响当也有征。《世说新语·文学》有这样一段："王逸少作会稽，初至，支道林在焉。孙兴公谓王曰：'支道林拔新领异，胸怀所及乃自佳，卿欲见不？'王本自有一往隽气，殊自轻之。后孙与支共载往王许，王都领域，不与交言，须臾支退。后正值王当行，事已在门，支语王曰：'君未可去，贫道与君小语。'因论《庄子·逍遥游》。支作数千言，才藻新奇，花烂映发。王遂披襟解带，留连不能已。"支道林对《庄子》的阐释明显具有释的意味与思维方式，这是为哲学史家所公认的。王羲之对这样的阐释，一改素日轻视的态度，立即披襟解带，甚至是情不自禁地"留连不能已"！这样的变化，不仅仅是因为支道林的文章辞采华茂，更重要的是他对以释阐玄的新理由衷地欣喜，可能深中其内心，可以说支理与其内在的佛性玄理高度地契合。自此以后，王羲之与支道林过从甚密，经常一起游处。

王羲之

王羲之佛教的"色空"观无论逻辑的严密还是思辨的玄妙，都胜过道家。所以，他认为精于佛理，就会看到《庄子》理论的不足，以为"诞漫如下言"。他以自己理解的道教教意与佛理在根本上是一致的，只是有些小的差异，自然表明了这位信奉道教的教徒对佛教的基本态度。他对于佛教"诚心终日，常在于此"，并且旦而言："足下试观其终！"自己对佛教的虔敬之心早已昭然。这段文字虽然简洁，还不很详细，但是王羲之对佛教的深刻认识与虔诚信奉，已经非常清楚了。

（4）倾心艺术的书画人生。

王羲之的书法成就古今罕有其比。究其因，显然与时代的风气相关，更与他以艺术为生命的人生观念和人格理想有关。他的书法风格显示了人格完美时代的名士风度，我们可以从其书法思想中见出他的人格风范：充分表现出书法艺术的主体性。

2. 王献之

《乌衣巷》是唐代大诗人刘禹锡写的一首著名的咏史诗，诗中有这么两句："旧时王谢堂前燕，飞入寻常百姓家。"所谓"王谢"是晋代两大豪门望族，其中"王"即是以"书圣"王羲之为代表的王氏家族。王献之是王羲之的第七子，因其精于书法，后世将他与父亲王羲之并称为"二王"。

王献之（344—386年），字子敬，因官至中书令，故又称"王大令"。东晋著名书法家、诗人、画家。建兴四年（316年），西晋愍帝司马业被俘，东晋南渡，琅邪王氏亦南迁至会稽山阴（今浙江绍兴）。至王献之出生时，王氏家族已经在山阴扎下了根基。琅邪王氏本来就是晋代的名门望族，王献之的祖父王旷曾任淮南太守，叔祖王导为晋元帝司马睿丞相，权倾一时。

王献之《廿九日帖》

父亲王羲之是东晋时代的文学家和书法家，曾官至右军将军。几个哥哥也各有所长，自小便声名远播。生长在这样的家庭环境中，王献之得到了最好的教育和熏陶，加上天资聪颖和后天的勤奋，王献之在很小的时候就表现出过人的才华。

父亲王羲之名垂青史，源于他实现了草书与楷书的完美结合，开创了有晋一代的新书风。父亲写字时，王献之总喜欢在旁边观看，父亲行笔"飘若浮云，矫若惊龙"，写出来的字遒劲有力，流美自然，王献之多么希望自己将来也能像父亲那样成为一代书法大家，为此，他常常偷偷地溜进书房拿出父亲的作品临摹。长到七八岁，王献之便开始正式跟随父亲学习书法。王羲之认为掌握一定的书写技巧只是写好字的一个方面，关键还在于练习者不懈地努力。因此，他在讲解了一些书法理论和书写技巧之后，就把一大堆字帖摆在王献之面前，让他认真研读，反复练习。在这些字帖中，王献之最喜爱三国书法家钟繇和东汉书法家张芝的作品。张芝善草书，而钟繇则精于隶书、楷书、行书，王献之觉得，钟繇的字体势端整横扁，用笔显得沉着而遒劲，张芝的字则变化多端，华彩粲然，和父亲的字似乎有很大的不同，却又存在着千丝万缕的联系。王献之沉醉其中，经常一个人在书桌前边看边练，对外面发生的事情浑然不觉。

一天，王羲之送走客人，途经书房，透过窗户看见王献之正端端正正地坐在书桌前练习书法，便轻轻推开房门，蹑手蹑脚地走了进去。王献之正在临摹《笔阵图》，只见他表情严肃，眼神随着笔的走势而移动，王羲之推断，目前儿子所有的注意力都集中于笔端。虽然习字的时间不太长，但字里行间已颇有乃父之风，王羲之不禁捻须而笑。习字讲究运笔，更看重笔力，王羲之想考察一下儿子这方面的功力，便伸出手，从王献之身后冷不防地抓住他的笔，猛地一抽，毛笔却被王献之牢牢地握在手中，不能拔出。事后，王羲之赞叹道："此儿后当复有大名！"意思是说，这孩子将来肯定又是一个出大名的人。

王献之善写草书、行书、楷书、隶书诸体，尤善草书。有一次，王献之和兄弟们在离家不远的地方玩耍，不知是谁提议，说要在墙上写字，看谁写得大，写得好。兄弟们互不相让，争相施展本领。结果，年龄最小的王献之独占鳌头，他写的字一丈见方，引来几百人围观。有精通书法的人评论说，这个字儿写得流畅奔放，乍看上去与王羲之的字有几分神似，但精心玩味，又不尽相同，他已经改变了王羲之用笔含蓄回锋的内敛之法，应该说是在王羲之书风基础上的创新呀。

王献之不仅工于书法，亦擅长丹青。大将军桓温曾请王献之画幅扇面，一不小心，王献之误点了一笔，在场的人暗暗着急，大家紧张地注视着王献之，都替他捏一把汗。王献之不慌不忙，他静静地思忖一会儿，又提起笔来，因势象形。顷刻间，一只体色斑驳、筋骨强健的黑花母牛跃然纸上，它出神地凝视着远方，好像在期盼贪玩的小牛的出现，神态逼真，俨然人世间的慈母。

王献之书画的风格灵动地体现了其人格精神的神韵，也蕴含了魏晋时期艺术的自觉。他开创的"王献之一笔书"变以往的草书多字字独立、不相连属，为上下一气呵成，对后代"狂草"的形成起到巨大的引领作用。

四、左思畅吟《三都赋》，干宝猎奇《搜神记》

1. 左思与《三都赋》

左思（约250—305年），字泰冲，齐国临淄（今山东淄博）人。西晋著名文学家，其《三都赋》颇被当时称颂，造成"洛阳纸贵"。另外，其《咏史诗》《娇女诗》也很有名。其诗文语言质朴凝练。后人辑有《左太冲集》。

左思自幼其貌不扬却才华出众。晋武帝时，因其妹左棻被选入宫，举家迁居洛阳，任秘书郎。晋惠帝时，依附权贵贾谧，为文人集团"金谷二十四友"的重要成员。永康元年（300年），因贾谧被诛，遂退居宜春里，专心著述。后齐王司马冏召为记室督，不就。太安二年（303年），因张方进攻洛阳而移居冀州，不久病逝。

"洛阳纸贵"这个成语现在很多人都知道，但是它来于哪里呢？原来，左思曾作了一篇《三都赋》在京城洛阳广为流传，人们啧啧称赞，竞相传抄，一下子使纸价昂贵了几倍。原来每刀千文的纸一下子涨到2000文、3000文，后来竟倾销一空；不少人只好到外地买纸，抄写这篇千古名赋。

然而，《三都赋》从创作到名声名大噪却经历了很多曲折。

在左思小时候，他的父亲就一直不看好他。父亲左雍从一个小官吏一直做到御史，他见儿子身材矮小，貌不惊人，说话结巴，总显出一副痴痴呆呆的样子，就常常对外人说后悔生了这个儿子。直到左思成年，左雍还对朋友们说："左思虽然成年了，可是他掌握的知识和道理，还不如我小时候呢。"

好强的左思不甘心受到这种鄙视，便开始发愤学习。当他读到东汉班固写的《两都赋》和张衡写的《两京赋》时，虽然很佩服文章的宏大气魄，华丽的文辞，写出了东京洛阳和西京长安的皇城气派，可是也看出了其中虚而不实、大而无当的弊病。他决心依据事实和历史的发展，写一篇《三都赋》，把三国时期的魏都邺城、蜀都成都、吴都南京写入赋中。

为写作《三都赋》，左思开始收集大量的历史、地理、物产、风俗人情的资料，以使得笔笔有着落有根据。收集完成后，他便闭门谢客，开始一心创作。他在一个满是书纸的屋子里昼夜冥思苦想，常常好久才推敲出一个满意的句子。经过十年艰辛，这篇凝结着左思甘苦心血的《三都赋》终于完成了！

可是，令左思没有想到的是，当他把这篇呕心沥血之作拿给别人看时，却受到了无情的打击。当时著名的文学家陆机也曾起过写《三都赋》的念头，他听说名不见经传的左思写了《三都赋》，就挖苦道："不知天高地厚的小子，竟想超过班固、张衡，太自不量力了！"陆机还给弟弟陆云写信说："京城里有位狂妄的家伙写了一篇《三都赋》，我看他写成的东西只配给我用来盖酒坛子！"

在当时的文学界，那些文人们一见作者是位无名小卒，就根本不予细看，摇头摆手，就把一篇《三都赋》说得一无是处。左思不甘心自己的心血遭到埋没，便找到了著名文学家张华。

张华先是仔细阅读了《三都赋》，然后仔细询问了左思的创作动机和经过，当他再回头来体察句中的含义和韵味时，不由得为文中的辞赋深深打动了。他越读越爱，到后来竟不忍释手了。他称赞道："文章太好了！那些世俗文人只重名气不重文章，他们的话是不值一提的。皇甫谧先生很有名气，而且为人正直，就让我和他一起把你的文章推荐给世人吧！"

皇甫谧看过《三都赋》以后也是感慨万千，他对文章予以高度评价，并且欣然提笔为这篇文章写了序言。他还请来著作郎张载为《三都赋》中的魏都赋做注，请中书郎刘逵为蜀都赋和吴都赋做注。刘逵在说明中说道："世人常常重视古代的东西，而轻视新事物、新成就，这就是《三都赋》开始不传于世的原因啊！"

在这些名人的作序推荐下，《三都赋》很快风靡京都，文学界无一不对它称赞不已。甚至以前讥笑左思的陆机听说后，也在重新细细阅读一番后，点头称是，连声说："写得太好了，真想不到。"他断定若自己再写《三都赋》决不会超过左思，便就此停笔。

我们可以看到，同是一篇文章，有人将它贬得一钱不值，有人使之名噪一时。这其中当然有鉴别力高低的区别，更重要的是反映了人们是否重视新生力量，能不能慧眼识英才的问题。

2. 干宝与《搜神记》

干宝（约282—351年），字令升，新蔡（今河南省新蔡县）人，后迁居海宁盐官之灵泉乡（今属浙江）。东晋文学家、史学家。

根据历代神话传说，干宝编撰了中国第一部志怪小说集《搜神记》。《搜神记》所记多为神怪灵异，但也保存了不少民间传说，如《韩凭夫妇》《李寄》《干将莫邪》等篇。《干将莫邪》写楚人干将、莫邪为楚王铸剑，三年剑成，却被楚王盛怒杀死。其子子赤立志报仇，不惜自刎，托头于山中客，山中客持头往见楚王。"王大喜，客曰：'此勇士头也，当于汤镬煮之。'王如其言煮头，三日三夕不烂，头踔出汤出，瞋目大怒。客曰：'此儿头不烂，愿王自往临视之，是必烂也。'王即临之，客以剑拟王，王头随堕汤中。客亦自刎己头，头复堕汤中。三首俱烂。"惊心动魄，壮气淋漓。《韩凭夫妇》写宋康王见韩凭的妻子何氏美丽，强加抢夺，并迫令韩凭服劳役，逼得二人先后殉情自尽。何氏留下遗言，请求与韩凭合葬一处。而宋康王却说："尔夫妇相爱不已，若能使冢合，则吾弗阻也。"一宿之间，

《搜神记》书影

两棵梓木从两家中长出来，树干相交，根于地下缠绕，树枝也牵连在一起，人称之为"相思树"，树上又有鸳鸯一对，晨夕不肯离去，交颈悲鸣，音声感人。

《搜神记》一书篇幅较大，所收内容多有价值，在六朝志怪小说中占重要地位，被当时人刘惔称为"鬼之董狐"，开了我国志怪小说的先河。

五、痴黠各半顾恺之，归隐田园陶渊明

1."三绝"顾恺之

顾恺之（348—409年），字长康，小字虎头，晋陵无锡（今江苏无锡）人。顾恺之博学有才气，工诗赋、书法，尤善绘画。精于人像、佛像、禽兽、山水等，时人称之为三绝：画绝、文绝和痴绝。顾恺之与曹不兴、陆探微、张僧繇合称"六朝四大家"。顾恺之作画，意在传神，其"迁想妙得""以形写神"等论点，以及提出的"六法"，为中国传统绘画的发展奠定了基础。

顾恺之对一些世俗事物的率真、单纯、乐观、充满真性情的生活态度，就曾经在若干传说故事中被形容为"痴"。但也有一些是形容他的聪明的，所以曾有人说他身上"痴黠各半"。他不只是在绘画艺术方面表现出了卓绝的才能，也是一个擅长文学的人。他遗留下来的残章断句中，保存着形容浙东会稽山川之美的"千岩竞秀，万壑争流，草木蒙茏，若云兴霞蔚"的名句。

顾恺之

相传，有一年春天，他要出远门，于是就把自己满意的画作集中起来，放在一个柜子里，又用纸封好，题上字，交给一位叫桓玄的人代为保管。桓玄收到柜子后，竟偷偷地把柜子打开，一看里边都是精彩的画作，就把画全部取出，又把空柜子封好。两个月后，顾恺之回来了，桓玄把柜子还给顾恺之，并声明未动。等顾恺之把柜子拿回家，打开一看，一张画也没有了。顾恺之惊叹道："妙画有灵，变化而去，犹如人之羽化登仙，太妙了！太妙了！"

又有一次，还是他的那位"好朋友"桓玄，非常郑重地对他说："你看，我手中拿的这片树叶，是一片神叶，是蝉用来藏身的，人拿了它，贴在自己的额上，别人就立刻看不见你了。"顾恺之听了特别高兴，而且特别相信，随即把那片叶拿过来，贴在自己额头上。略过了一会儿，桓玄竟然在他面前撒起尿来，顾恺之不以为怪，反而相信桓玄看不见他了，所以才有如此动作。

义熙三年（407年），顾恺之做了散骑常侍，心里很高兴。一天晚上，在自家院子里，看着明月当空，诗兴大发，于是便高声吟起诗来，他的邻居谢瞻，与他同朝为官，听到他的吟咏，就隔着墙称赞了他几句。好，这一称赞不要紧，顾恺之一时兴奋，忘了疲倦，一首接一首，一句接一句，没完没了地吟起来。谢瞻隔着墙陪着折腾了一会儿感到累了，就想回屋睡觉，于是就找了一个下人代替他和隔墙的那一位继续折腾。人换了，调变了，顾恺之不知有变，就这样，一直吟咏到天亮才罢休。

《世说新语》说顾恺之吃甘蔗一反常态。别人从最甜的地方吃起，不甜了就扔掉，而顾恺之吃甘蔗从末梢吃起，越吃越甜，渐入佳境。顾恺之倒吃甘蔗节节甜蕴含了深厚的生活哲理，不能不说是人生的大智慧。

顾恺之的绘画在当时享有极高的声誉。我国古代东晋，在南京建造了一座佛教寺庙叫瓦棺寺，寺庙落成后，和尚请众人捐施。一天，有位年轻人来到寺庙，在捐款簿上写了个"百万"的数字，人们都很惊讶，因为数日来，在众多捐施者当中，还没有一个人捐款超过十万的，大家以为这个小名叫"虎头"的穷年轻人吹牛乱写，所以和尚当即让他把写的数目涂掉，但是这位年轻人却十分有把握地说："别忙！你们先给我找一面空白墙壁。"于是，他就关起门来，在指定的空白墙壁上画了一幅唯独眼珠没有的画像。

这时，年轻人对和尚说："第一天来看画的人，每人要捐十万钱给寺庙；第二天捐五万钱，以后，捐助数目由你们规定。"等这位青年人当众点画眼珠时，寺门大开，如同神光显耀，满城轰动，人们争相来寺观画。纷纷称赞这幅画画得生动传神。看画的人络绎不绝。没有多久，百万数目就凑足了。

这就是顾恺之曾为南京瓦棺寺绘壁画募得巨款的故事，可见他的绘画之吸引力。

顾恺之的作品，据唐宋人的记载，除了一些政治上的名人肖像以外，还画有一些佛教的图像，这是当时流行的一部分题材。另外还有飞禽走兽，

《女史箴图》

这种题材和汉代的绘画有联系。他也画了一些神仙的图像，因为那也是当时流行的信仰。而最值得注意的是他画了不少名士们的肖像。这就改变了汉代以宣扬礼教为主的风气，而反映了观察人物的新的方法和艺术表现的新的目的，即：离开礼教和政治而重视人物的言论丰采和才华。这表示绘画艺术视野的扩大，从而为人物画提出了新的要求——表现人的性格和精神特点。在顾恺之的著作言论中，反复强调描写人的神情和精神状态。

顾恺之在绘画理论上也有突出成就，今存有《魏晋胜流画赞》《论画》《画云台山记》3篇画论。提出了传神论、以形写神、迁想妙得等观点，主张绘画要表现人物的精神状态和性格特征，重视对象的体验、观察，通过迁想妙得来把握对象的内在本质，在形似的基础上以形写神。顾恺之的绘画及其理论，为中国传统绘画的发展奠定了基础。

2. 田园诗人陶渊明

陶渊明（365—427年），字元亮，又名潜；私谥"靖节"，故又称靖节先生。浔阳柴桑（今江西九江）人。东晋田园诗人、辞赋家，开创了诗歌的创作领域和艺术境界，他的不事权贵、隐逸田园的隐士精神影响了中国历代文人。

陶渊明生于官宦之家。他的曾祖父陶侃是东晋的开国元勋，因军功显赫而官至大司马，总督八州军事。他的祖父也当过武昌太守。然而，到陶渊明出世的时候，他们陶家已经家道中落，无复当年了。少年时代，陶渊明好学深思，读了大量书籍，并从儒家学说那里接受了出仕思想，希望大济苍生。

陶渊明的一生中有好几次为官的经历，然而每一次都因为适应不了官场上虚伪的应酬拂袖而去。陶渊明在29岁那一年第一次出门做官。担任一个祭酒的官职，他的上司是王羲之的儿子，仗着贵族出身，没有什么真本事，还迷信一种奇怪的道教，整天忙着炼丹服药，想长生不老。陶渊明看到这样的情况，觉得这样的人不能管理国家大事，而在这种人的手下供职实在大挫雄心，于是没过多久他就提出了辞呈。

回家以后陶渊明潜心读书，并在自己住的房子前边栽了五棵柳树。他经常在柳荫下面读书。他读书的范围很广，诸子百家，诗词歌赋百读不厌。读到高兴的地方，连饭都忘了吃。他的院子的围墙残破，到处长着野草。可他精神总是那么愉快。在那段时间陶渊明写了一篇《五柳先生传》，把自己的生活和理想写得如天空中飞翔的鸟一样自由自在。

读书自然愉快，可因为没有经济来源，生活越来越贫困了。

一天，陶渊明的叔叔来看他，见他家境一贫如洗，五个子女都饿得骨瘦如柴。叔叔很心痛，语重心长地劝陶渊明，应该去谋个一官半职，好养家糊口。这不是为自己，而是为了妻子儿女谋生。

陶渊明叹了一口气，点点头。地方官知道了这一消息，就推荐他去彭泽县做县令。彭泽县在现在的江西省，距离他家很远。他把妻子儿女留在家里，自己背井离乡来到彭泽县。当时陶渊明已经 40 岁了。他怕家里妻子儿女生活艰难，就花钱雇了一个小伙子。到家里帮助做一些田里的农活。他望着跟自己长子一样大的小伙子，不由得生出同情怜爱之情，于是写了一封信，让小伙子带回家里。他在信里对他的长子说，你要像对待自己的亲兄弟一样对待这个小伙子，不可摆主人的架子，决不要欺负他。

这一次，陶渊明出外做了 80 天县令，但最终还是因为他厌恶官场的腐败生活而决心归隐。回到家里，妻子和孩子虽然非常高兴，但还是觉得很意外。他则为自己毅然辞官而自豪，于是提笔写了一首著名的诗篇《归去来兮》：归去来兮，田园将芜胡不归！实迷途其未远，觉今是而昨非。

他在这篇著名的诗篇中，表示决不再去做官，而要在农村住一辈子，好好种地。还有一首《归田园居》的诗，也表达了他热爱田园生活的思想。

他的作品表现了很高的气节，表现了作者对当时社会的不满以及对理想社会的追求。陶渊明热爱劳动，热爱乡村，常常陶醉在美丽的田园风光之中。和农民一样，心甘情愿地过着艰苦的生活。他在一首诗里写道：

种豆南山下，草盛豆苗稀；晨兴理荒秽，带月荷锄归。
道狭草木长，夕露沾我衣；衣沾不足惜，但使愿无违。

陶渊明流传于世最著名的作品是《桃花源记》，远离尘嚣的仙境般的村舍田园千百年来一直被人们所向往，文章中寄托了他对宁静淡泊的隐逸生活的向往和迷恋。

陶渊明是我国历史上著名的文学家和思想家。今存诗虽仅120多首，赋与文10多篇，但是开创我国田园诗派，而且其作品文显而意深，平淡而味浓。刘廷琛《陶靖节先生祠堂记》说他"虽妇人孺子，田夫野老，皆知爱慕"。萧统深爱其文，且敬其德，以为读其文者"驰竞之情遣，鄙吝之意祛，贪夫可以廉，懦夫可以立，岂止仁义可蹈，爵禄可辞"（《陶渊明集序》）。可以想见其人格的力量。确实，陶渊明的人格吸引着一代又一代人；其人格的魅力有如陈年佳酿，越久越醇。他的人格究竟有什么特别之处，以至于具有如此久远而巨大的魅力呢？这是值得我们深究的。

陶渊明给人印象最深的是他的率意纯真。苏轼说："陶渊明欲仕则仕，不以求之为嫌；欲隐则隐，不以去之为高；饥则叩门而乞食，饱则鸡黍以延客。古今贤之，贵其真也。"仕与隐是士人一生之大节，一般人都会反复掂量，寻找时机，即使真的出仕还要再三推辞，然后正式弹冠相庆，走马上任。隐退也要寻找合适的理由，做到滴水不漏。而陶渊明则一任自己性情，真是率意之至，纯真之极，自然而然。陶渊明的真率自然在他的创作中就有很多的表现。没有苦心经营，不去字斟句酌，而是脱口而出。清代方东树说："读陶公诗，专取其真事、真景、真理，真不烦绳削而自合。"甚至有人说他："渊明随其所见，指点成诗，见花即道花，遇竹即说竹，更无一毫作伪。"（施德操《北窗炙輠录》）这话是有道理的。陶渊明的诗作，都是道当前之景、当前之事、当前之理、当前之情。这些在诗中随处可见："有酒有酒，闲饮东窗。愿言怀人，舟车靡从。"（《停云》）"人亦有言，称心易足；挥兹一觞，陶然自乐。"（《时运》）"白发被两鬓，肌肤不复实。"（《责子》）我们读着，仿佛直接听着陶渊明就在身边自言自语，而不是什么专门"创作"出来的作品。全然是大白话，全然是口语，就是在韩愈等高唱反对雕琢，提倡"生活化"的作家的散文里也很难看到这样的白话。

在士人中崇尚自然而又真正能得自然真趣者，唯有陶渊明。当然他的这种人生追求以及理想的实现，是经历了一段曲折而又痛苦的心路历程的。

作为文学史上最成功的隐逸诗人，陶渊明的诗文在当时并未引起人们的关心，直到南北朝时期的诗评家钟嵘在《诗品》中才读到他的作品，但是未得到应有的评价。

真正有价值的作品是不会被埋没的，陶渊明的作品到了唐朝，开始大放异彩，几乎所有的大诗人都对他的作品倾慕和崇拜，敬仰他那种超乎世俗凡尘，心归自然的洒脱与悠然自得。从此，他逐渐成了中国文学史上地位最为显赫、影响最深远的文学大家之一。

第三编

十六国风云

从西晋灭亡到北魏统一北方期间，中国北方和部分南方地区是"十六国"。中国北方境内主要是五个北方民族在活跃，他们分别是匈奴、鲜卑、羯、氐、羌。十六国时期，汉地江南、荆湘地区由东晋控制，而汉地北部和西南部则先后建立了20多个国家。十六国是指成汉、前赵、后赵、前凉、北凉、西凉、后凉、南凉、前燕、后燕、南燕、北燕、夏、前秦、西秦、后秦。十六国时期（304—439年）是中国历史上的一段大分裂时期，也是中国北部民族割据并开始走向民族融合的时代。这期间战乱频繁，生灵涂炭，北方成为一片炼狱战场。

第一章 / 百年风云

一、五胡乱华风云起，百余年间十六国

两汉以至魏晋，为了便于控制，也为了补充兵源和劳动人手，朝廷经常通过强制和招引，使边远地区的少数族人相继内迁。西晋时，西自今青海、甘肃，东经宁夏、内蒙古、陕西、山西、河北以至辽宁，南到河南，都有少数族人与汉人错居杂处。其中除辽河流域的鲜卑和青海、甘肃的氐、羌外，大都由原住地迁来。早在晋初，由于晋政权和地主豪强的压迫和剥削，也由于少数族的权贵谋求恢复他们在本族中已失去的权位和满足他们的掠夺贪欲，以民族形式组织起来的暴动甚至战争已不断发生。到晋惠帝时（290—306年）皇室间的夺权斗争由宫廷扩散到地方，混战使人民饱受痛苦，也削弱了晋政权的统治力量。晋惠帝晚年，阶级矛盾和民族矛盾一齐激化，西晋皇朝崩溃。从304年巴氏李雄和匈奴刘渊分别建立政权开始，到439年魏灭北凉止，136年间，在中国北部和四川先后建立了习惯上称之为十六国（其实不止十六国）的各族割据政权。其中除四个汉族政权（西凉、北燕、前凉、冉魏）外，建立这些政权的统治者为匈奴（包括匈奴卢水胡和匈

胡人牵驼陶俑

奴铁弗部）、羯、鲜卑、氐、羌五族，史称"五胡"。

以383年东晋和前秦的淝水之战为界，十六国的建立可分前后两期：前期的政权有：成汉、汉和前赵、后赵、前燕、前秦、前凉，还有鲜卑拓跋部的代和冉闵的魏不在十六国内。后期的政权有：后秦、后燕、南燕、北燕、后凉、南凉、西凉、北凉、西秦、夏，此外还有西燕不在十六国内。

这16个政权互相攻战，乍兴乍亡，建国的时间都很短暂，而且特别混乱，这一段特殊的历史时期，历史上称为"五胡十六国"时期，或简称十六国时期。

这16个政权存在的时间都很短，最长的百把年，最短的才十几年或几年，占领的国土面积也不大，它们为什么这么快地便兴起或灭亡呢？

从当时情况来看，他们建立政权的基础并不十分牢固，而建立政权之后，有的开始还比较开明，政治上也较清廉，但一旦坐稳了江山，立即贪图享乐，政权内部钩心斗角，互相攻杀。统治者对人民残酷地压迫、剥削，拿人命当儿戏，你杀得来，我杀得去，新建的政权很不牢固，很容易便被推翻了。从几个政权的变更中便可看出这一特点来：

如刘渊建立汉政权以后，传到刘聪这一代，刘聪对掌握兵权的石勒和刘曜产生了怀疑，刘曜和石勒干脆不服刘聪的管制，各自称王称帝，建立起自己的政权。刘曜继承皇位后，将汉改成赵，历史上称前赵，后来被石勒建立的后赵消灭。

又如建立夏国政权的赫连勃勃，他曾经在苻坚手下当大将，被苻坚封为西单于，势力扩大后，遭到北魏拓跋珪的进攻，失败后逃到后秦高平公没弈干（人名）手下，没弈干很器重赫连勃勃，并招他为女婿。可赫连勃勃却在406年杀了岳父没弈干，将岳父的兵力收归自己，于407年建立夏政权，自称天王、大单于；418年在长沙称皇帝，留下太子守长安，自己迁到新建的都城统万城（在今内蒙古乌审旗南白城子）。他好大喜功，建立统万城时，他动用了十几万人，自称"统一天下，君临万邦"，所以给首都起名为"统万城"。

这统万城有四个城门，东门叫招魏门，南门叫朝宋门，西门叫服凉门，北门叫平朔门，意思是平定四面八方。建这座城时，用工十分残酷，筑墙的土要蒸过才能用，筑好的墙用铁锥刺戳检查，如能刺进一寸深，就杀死筑墙的人，并把被杀死的人也埋进墙里，所以工人们不敢有丝毫懈怠，城墙也修得牢固无比。打造兵器更残酷。他让匠人们造出剑、矛和盾牌，造成之后，用矛与盾互相比试，如果盾被剑砍破或被矛戳穿，就杀掉造盾的人，如戳不穿又说剑、矛不锋利，就杀掉造矛和剑的人。大臣们如果用不满的眼光看他，就挖掉这个人的眼睛；如果对他笑一下，就割破他的嘴唇；有人敢劝阻他做什么事情，就先割舌头，后砍脑袋，面对这样残暴的帝王，谁还愿意和他一起共事呢？赫连勃勃病死后不久，夏国政权也就灭亡了。

384年，慕容垂建立了后燕政权，到396年便病死，太子慕容宝即位为帝。慕容宝即位以后，立即检索国中户口，受到贵族们的强烈反对，内部危机一触即发。这时，北魏太祖拓跋珪率大军40万向后燕进攻，围住了后燕的首都中山（在今河北境内），兵临城下时，后燕的政权内部还在互相残杀，慕容宝逃出中山，留慕容详守城，慕容详就在孤城中称帝，想过一下皇帝瘾，又被慕容麟杀死；慕容麟又称帝，不到两个月便被攻破城池，丢了性命。

后来又是慕容盛、慕容熙先后称帝，寿命都很短，而且就在很短的时间里，尽情享受。

其他各小国政权都是匆匆建立，又匆匆灭亡的，十六国的不断更迭变化，让人民的生活苦不堪言。

二、战乱频仍民频迁，政权不稳世道艰

在这个历史时期里，各族之间征服与被征服、统治与被统治的关系经常变换，民族压迫与反压迫的斗争反复进行。长期的动乱，统治者的狂暴屠杀和劫掠，漫无限制的劳役，给各族人民带来巨大灾祸。在战乱中生产极其困难，有时人民需要背着盾，带着弓箭到地里劳动，为了生活与生产，大量的劳动人民不得不投身坞壁主或在部落贵族的武装庇护下成为荫附户口。各族政权为了便于奴役，常常通过军事征服把各族人民迁到自己国都周围；一个政权消灭，另一个政权建立，随着统治中心的转移，又进行另一次的迁移。这种频繁的迁来迁去，使人民的生活与生产更加不能安定。

1. 政治

十六国时代的统治的一个特色是胡汉分治，将汉人与胡人以不同的制度作统治。以汉赵（即前赵）为例，刘聪同时居皇帝（汉人的君主）和单于（胡人的首领），汉人以户为单位设官统治，而胡人以落（指以帐篷营生的单位）为单位，设不同系统的官员来统治。另一个统治特色是，以种族、部族为中心的军政结构。

许多国家延续原本游牧社会中，以部族和血缘为中心的体制，国家仅是各部族之间的联盟，因此各部族领袖在军政上有较高的权力，皇帝的君权不能如其他朝代那样直接透过官僚机构达成，也容易造成因宗室、部族

领袖之间发生内讧而造成内战。前秦的苻坚和王猛即希望针对加以改革但尚未完全成功，后来北魏的拓跋珪将部落解散，设立新的统治机构，才逐渐减弱这种统治特色。

许多五胡的君主如刘渊、苻坚等皆深染中国文化，所以皆采用其文化如提倡儒术、禁止烝妻报嫂等等。九品中正制也继续

北魏（十六国）出土鎏金羊

使用，用来拔选世族（亦作士族）人才，使为己用。当时世族之所以和胡族君主合作，主要为了苟全性命，许多世族轻视胡族君主文化低落。甚至有些世族，告诫子孙不可将出仕胡族的经过写在墓碑上。

石勒曾典定士族九法、慕容宝定士族旧籍、苻坚复魏晋士籍，皆用来承认世族权利。石勒每破一州，必集中世族于"君子城"或"君子营"，下令不可欺辱之。华北动乱时，众多人民逃往辽东，慕容廆设侨郡收留，并辨别世族清浊，后来这些世族成为前燕的基石。直到后燕、西燕及南燕仍然继续执行。前秦苻坚受谋士王猛影响，十分热爱汉文化。他在攻灭前燕后，即听王猛建议，重用关东世族。后来在王猛与众士大夫经营之下，前秦国力提升。苻坚也接受"大一统"的思想，发兵南征，但大败。北魏拓跋鲜卑自开国之初即重用清河崔氏，大约亦采用九品中正制，至拓跋焘时期已出现了"中正官"的记载。这些都助长北方世族的发展。

2. 军事

十六国时期的北方诸国多实行异族分治制度，或称为胡汉分治制度，在一国之中，实行两种不同的军政体制。对汉族人民，仍按汉族的传统方式进行统治。对少数民族，则按各自的部落传统进行统治。在军队形式上大致同西晋兵制，具有中军、外军组织及都督、将领等职务。中军直属中央，编为军、营，主要保卫京师；外军为中央直辖的各州都督所统率的军队。

在兵役制度方面，则是实行本族全民皆兵制度，并兼有魏晋世兵制的特点。凡识于战斗的本族人民，皆作为军队基本兵力。其他人民方面皆实行征兵制，征发各郡、县的各族人民补充军队。其中汉族兵的来源，还包

括来自投降的坞堡和招募的农民，一般都是终身为兵。

3. 社会

五胡乱华后，中原残破不堪，人民四处逃难，形成流民潮。诸国君主亦掠夺人口，以充实国力，深深破坏北方的社会结构。残留在北方的世族，在面对险恶的环境下，有些聚集乡民和自家的附属人口，建立坞堡以便自守。而流民也纷纷投靠，形成人数众多的部曲。有些则与诸国君主合作，以保本族安全。五胡君主在建国后，为了能够统治中原地区，也需要熟悉典章制度的士大夫（世族）的协助。由于处境艰困，北方世族对同族常存抱恤的温情，家族组织趋向大家庭制，有远来相投的亲戚，莫不极力相助。在团结力量及参与政事后，北方世族并没有因战乱而衰落，反而经过长期相处，使胡人融入汉人文化中。

坞堡是一个自给自足的社会组织，投奔的流民可以受坞堡保护。人民必须服从坞主命令，平时接受军事训练及农业生产，战时成为保卫坞堡的战士。人民的生产所得也须课税给坞主。坞主除负责生产与作战外，也要提倡教育及制定法律。由于坞堡众多又难攻破，往往会左右战局，使得五胡君主十分忌讳。例如祖逖在北伐时，由于与当地坞堡合作，最后成功收复黄河以南领土，与石勒隔河相持。五胡君主为了解决坞堡问题，往往会与其妥协以笼络之。到北魏宗主督护出现，坞堡的时代渐渐过去。

4. 经济

总的看来，这一时期中国北部的社会经济遭到严重破坏，但是不同区域、不同时期，情况也不尽相同。经过流民起义建立起来的成汉政权地处西南，李雄统治的31年内（304—334年）"事少役稀，百姓富实"，益州成为全国最安定的地区。在北方，前凉统治的河西走廊和前燕统治下的辽河流域，都比较安定。西晋末年乱时，中原人民纷纷避难，大致黄河以南的人民南下江南；关中秦、雍地区人民小部分南流巴蜀、荆州，大部分西迁河西走廊；河北人民北入辽东、辽西。前凉、前燕地处边远，地广人稀，大量人民的流入提供了开发荒地的劳动力。前燕慕容皝统治时（333—348年）开放供贵族游猎的官地，仿照曹魏分成办法，使流人佃种，显然有利于荒地的开发。前凉的农业、畜牧业都有所发展，特别是60年（317—376年）较稳定的政局，保证了自古以来著称的丝绸之路畅通，凉州州城姑臧成为国际、国内东西使节、商旅往来的枢纽。

黄河南北与关中地区是遭受战祸最剧，社会经济破坏最严重的地区，但在战事间歇期间，有的统治者为了巩固其政权，不得不推行一些有利于生产的措施，使被破坏的社会经济有所恢复。后赵石勒经过一番杀掠，在占领河北后颁布的租调征收额却比西晋减轻，还曾派使者出去劝课农桑；石虎统治之初（335 年左右），征集的大量租谷，下令每年输送 100 万斛到京都，其余储藏在水道旁的粮仓。大量租谷当然为剥削农民所得，但也表明后赵境内农业有所恢复。曾经一度统一北方的前秦，政治比较清明，苻坚信任汉人王猛，抑制氐族权贵，奖励关心农业生产的清廉官吏，史籍称赞当时"豪右屏气，路不拾遗"，平定前燕后，据说"关陇清晏，百姓丰乐"，从国都长安到境内各地商贩在驿道上往来不绝。这些话虽不能尽信，也反映了继前、后赵破坏之后，关中的农业、手工业和商业在这时获得恢复和发展。继前秦的后秦姚兴统治时（394—416 年）虽然兵戈不息，也还注意政治，曾下令解放百姓由于饥荒而自卖的奴婢，并注重刑罚，惩治贪污，这些措施直接间接有利于前秦末年大乱后关中经济的恢复。其他如西凉李暠（400—417 年在位）在玉门、阳关扩大耕地，注意农业，史籍记载"年谷频登，百姓乐业"；北燕冯跋曾减轻赋役；南凉秃发乌孤也注意农桑，他们统治的一隅之地也曾为生产提供了较有利的条件。

三、东西交通通有无，胡汉分裂兼融合

各少数民族政权是在众多汉人居住的地域上建立的，为了巩固其政权，各族统治者无例外地都力图取得固有封建势力的合作。后赵石勒颁布法令，不准侮辱"衣冠华族（即士族）"，并恢复为士族服务的九品官人法，派遣专职官员掌管士族定品和参加选拔。对于汉族人民，石虎是个非常残暴的异族君主，蓄意"苦役晋人"，作为消除反抗力量的措施；另一方面他也尊重传统的士族特权，不仅继续承用九品官人法，并且下令被征服的前赵境内（雍、秦二州）士族也给予免役和优先选任官吏的权利。辽河流域涌入大量流人，因此前燕政权之始就任用作为流人首领的中原士族参加统治，有的甚至领兵征伐。以后前燕分支后燕、南燕也都承用这一以汉制汉政策。后燕慕容宝曾"定士族旧籍"，前秦苻坚也恢复"魏晋士籍"，其目的都在于区别士庶，一面承认士族的免役特权，又一面清除挤入士族行列的庶族，以免减少劳役征发对象。以上举的只是一些明显事例，其他各少数民族政权在不同程度上都有迹象表明他们对于士族特权的尊重，也都吸收士族豪门参加统治。

1. 东西交通

当时常有僧人西行求经，留下东西交通最可靠的记录。其中最值得称道的是法显。399 年，他从长安出发，经历十分艰苦的行程，越过葱岭，渡印度河，以达北天竺，又从海道回国，几经危难，412 年才到达刘宋所属的青州长广郡（今山东青岛北）。他所著的《佛国记》记载国内西域各族和今印度、巴基斯坦的历史传说和地理，是研究东西交通的要籍。

河西走廊是通往西域的要道，建立于此地的政权除后凉外，都自认为是凉州地方政权。他们接待来自国内外的使节、僧人、商旅，并继续管理国内西域各族事务。前凉于 327 年将原由戊己校尉管理的高昌屯田区改为高昌郡；后凉吕光派其子吕复为西域大都护，镇守高昌；西凉李暠也命儿子为西夷校尉，管理西域。北凉沮渠蒙逊、沮渠牧犍父子受拓跋魏任命为"西域羌戎诸军事、凉州牧"，受刘宋任命为"西夷校尉、凉州牧"，沮渠蒙逊灭西凉后，曾接见鄯善国王，并受西域各国的贡献。通过河西走廊和西域，通往天竺、波斯、大秦等国的通道在这个动乱时期仍然通行。当时除出玉门经鄯善，沿南山北坡西行的南道和出玉门经伊吾、高昌、龟兹西行的北道外，有时因为战乱，绕过河西走廊由西平（今青海西宁）入吐谷浑境，通过柴达木盆地至鄯善，也是一条道路，此路又是西域经益州和江南交往的通道。经由这些道路，西域和内地、中国和西方各国间的经济、文化交流继续进行，中国的丝和纺织物以及蚕桑丝织技术这时传到高昌、焉耆、龟兹等地，并有可能传到波斯、大秦。随着佛教东来，西方雕塑艺术传入，世界著称的艺术宝库——敦煌石窟，就是在这时开凿的。

贵妇出游画像砖

2. 文化与教育

边疆各族在华北地区立国后,互相混战。在这些国家中,以前秦(氐族)和后秦(羌族)的文化最为兴盛,其次则是鲜卑慕容氏建立的前燕及后燕。此外,汉族张轨、李暠所建立的前凉和西凉,更是当时的文化中心,史称"河西文化"。各国的统治者为了维护政权的稳定也发展教育。前赵刘曜设置太学、小学,选拔人才。前燕慕容皝设置官学,并著教材《太上章》和《典诫》。后秦、南凉设置律学,召集地方散吏入学。这促使北方各族接受汉文化,对于民族融合具有积极意义。

前凉政权抗拒了刘曜、石虎的入侵,凉州(今甘肃武威)是北方最安定的地区,传统的汉魏制度和文化在那里受到尊重。前凉政权建立前,张轨任凉州刺史,到任后建立学校,征集管内九郡士族官僚子弟500人入学。西凉李暠也曾立学,增置高门生至500人。根据吐鲁番出土文书和石刻,西凉和北凉都曾在境内策试秀才。由于凉州没有遭到严重破坏,保留汉魏旧籍较多。314年,晋愍帝定都长安时,前凉张寔曾进献经史图籍。437年北凉沮渠牧犍向南朝刘宋进献各类书籍154卷,其中多数是凉州人的著作。

为了获得统治者需要的人才,加强与固有封建势力的合作,有些少数族统治者还设置学校。前赵刘曜设置太学、小学,选拔百姓25岁以下、13岁以上资质可教的1500人为学生,太学生后来通过考试,授予官职。所谓"百姓"实际上应是士族豪门子弟。后赵设置太学、四门学、郡国学,学生是将佐和豪右的子弟,将佐可能也包括部分少数族人。前燕慕容皝设置"官学",入学的是大臣子弟,称为"高门生",达千余人,他还自著开蒙读物《太上章》和《典诫》15篇作为教材。南燕慕容德南渡称帝,坐席未暖,就设置太学,选公卿、士族子弟200人为太学生。后秦姚兴时,来自各地的一些老儒生在长安开馆授徒,聚集生徒一万几千人。姚兴经常接见这些老儒,还鼓励诸生游学洛阳。特别是他设置律学,召集地方上没有专职的"散吏"入学,其中学得好的便派回原来郡县主管刑狱。律学的设置开唐代的先声。那时甚至在不太安定的南凉,秃发利鹿孤当政时也曾设立学校,置博士祭酒,教导贵族大臣子弟。设学授经,固然为了统治者的需要,但客观上有利于遭到严重破坏的传统文化的保存与传播,而且促使部落上层分子加快接受汉文化,对于民族融合具有积极意义。前燕王慕容皝能够著书作教材,前秦苻坚弟苻融、从子苻朗都读书能文,通晓佛学、玄谈。苻朗的著作《苻子》,至今还有片断流传。姚兴能讲佛教经典,又通晓佛学。他们接受传统文化,表明少数族上层分子汉化的深度。

3. 佛教兴盛

佛教早就在东汉时期传入中国，当时由于儒教兴盛，所以没有广泛发展。等到十六国时期，北方动荡不安，以致人人厌苦、家家思乱。时而感到人生无常，精神缺乏寄托。此时五胡君主希望利用佛教教理的戒恶修善、六道轮回来安抚各族百姓，并借由属于外来宗教的佛教来支持其政权。最后佛教得以在北方流行，并与南方佛教互相交流。至于道教，虽然在西晋就有五斗米道（天师道）的出现，但在十六国时期衰弱下来。一直到十六国末期北魏的寇谦之改革道教，才有能力与佛教抗衡。

鸠摩罗什

当时从西域进入中土的僧侣，为数众多，或译经论，或弘教理。在佛图澄、道安及鸠摩罗什的推广下，为佛教奠定发扬的基石。五胡君主中，石勒、石虎、苻坚与姚兴等极力支持佛教发展。苻坚的从兄之子苻朗著有佛学论书《苻子》。佛图澄为西域僧人，他精通经文并擅长幻术。后赵的石勒、石虎奉他为"大和尚"，让他参与军政机要。并支持佛教发展，甚至卜令不论华夷贵贱，都可以出家，开启汉人出家之端。道安为佛图澄的弟子，在晚年备受前秦苻坚的崇敬。他致力整理和翻译佛经，将长安经营成北方佛教的译经中心。他于襄阳编定《综理众经目录》，还为僧团制定法规，为寺院制度奠定基础。中国出家僧人改姓"释"，即是从道安开始。道安的弟子后来分布各地，成为传教的主要力量。

鸠摩罗什为西域龟兹人。382 年，前秦苻坚听从道安之建议，命大将吕光西征龟兹、迎接鸠摩罗什到长安。但后来前秦大乱，吕光随即割据凉州，鸠摩罗什留居凉州共 17 年。直到 401 年，后秦姚兴得以迎至长安。鸠摩罗什备受姚兴尊敬，待以国师之礼。当时僧人群聚长安，在鸠摩罗什主持下共译出《般若经》和大乘中观学派的论书《中论》《十二门论》《百论》及《大智度论》《法华经》等 35 部 200 多卷经典。这些皆成为后来佛学教派和宗派所依据的主要法典。

4. 文学与艺术

该时期的作品以前凉和前秦的文人居多。前凉张骏著有乐府诗《薤露》《东门行》两首,收录于《乐府诗集》。前凉大臣谢艾的奏疏曾被《文心雕龙》提到,他的文集可在《隋书·经籍志》中看到。西凉李暠所著的《述志赋》载于《晋书》本传,这篇赋表现出他建功立业的志趣和对西凉局势的忧虑,内容颇有文采。前秦赵整著有两首五言四句诗,用比兴的手法讽谏苻坚。他还有一首琴歌《阿得脂》是杂言体,有些字句难解,大约杂用氐语。苻坚的侄子苻朗为散文家,作有《苻子》,其中有不少片段颇具文学意味。女诗人苏蕙的《织锦回文诗》虽然有文字游戏的意味,但仍表现出遣词用语的功力,成为流传不绝的佳话。另外,后秦宗敞为王尚申辩的奏章,被吕超认为可与曹魏的陈琳、徐干,以及西晋的潘岳、陆机相比。后秦胡义周为赫连勃勃作《统万城铭》,获《周书·王褒庾信传论》赞扬为典雅庄重。

民族的大融合带来艺术文化的交流与整合,由于多元民族文化的渊源,不仅增补了固有文化停滞的不足,更可以强化文化新生发展的生机。由于佛教的兴盛,带动石窟雕像的发展。这个时期最突出的建筑类型是佛寺、佛塔和石窟。

佛教的兴盛带来高层佛塔的建筑以及印度、中亚一带的雕刻、绘画艺术。使当时的石窟、佛像、壁画等有了巨大发展,将汉代比较朴直的风格,变得更为成熟、圆淳。位居中国四大石窟的敦煌莫高窟和麦积山石窟,都是在十六国时期建造。

麦积山石窟始建于后秦时期(约384年前后),素有"东方雕塑陈列馆"美誉。敦煌莫高窟则建于前秦时期,是世界上现存规模最大、内容最丰富的佛教艺术地,以精美的壁画和塑像闻名于世。由于当时敦煌与西域各国交流频繁,使得早期的莫高窟包含河西文化及西域艺术的风格。其中属于十六国时期的275窟,绘有本生、

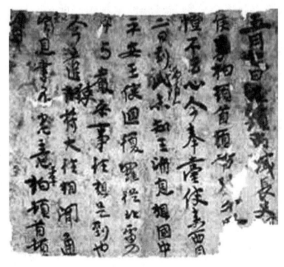

《李柏文书》

佛传等故事画。这些绘画以圈圈晕染的方式凸显出人体特征，并以细线勾勒，画风豪放生动，是当时壁画的典型风格。

书法方面，著名的作品有前凉的《李柏文书》、前秦的《譬喻经》、西凉的《十诵比丘戒本经》和《妙法莲华经》等。其中《李柏文书》与东晋王羲之的《姨母帖》皆保存行、楷书变迁过程，对书写考究与风格变化有很高的参考价值。其他作品则介于书、楷之间。至于碑刻方面，著名作品有前秦的《广武将军碑》及《郑太尉祠碑》、北凉的《沮渠安周造像碑》等。其字体大多在隶、楷之间，风格朴茂古拙。《沮渠安周造像碑》为沮渠安周在高昌所立，原石在新疆吐鲁番高昌故城出土。《广武将军碑》则于前秦建元四年（368 年）刻。笔画浑朴，结构拙厚，天趣浑成。书法家于右任曾作《广武将军歌》以推崇之。由于前秦碑文稀少，所以此碑与《邓太尉祠碑》皆备受珍惜。

5. 分裂与融合

十六国时期是一个民族分裂时期，同时又是各族大融合的时期。由于各族统治者的暴行和暴政，给人民带来严重灾祸。社会经济和文化遭到严重破坏，但被破坏的经济在不同时期有所恢复，西南、西北、东北几个地区在不同程度上还有所发展。被破坏的传统文化终于保存下来，而且在一定程度上吸收了西部和北部各族文化，甚至还吸收了外来文化。经由这场动乱，内迁各族的社会形态发生了很大变化，有的进一步接受汉族成熟了的封建制度，有的由家长奴役制进入封建社会。各族成员都按照各自的阶级成分逐渐分别与汉族地主和农民两大阶级融合。在 136 年中，有的种族名称基本上已经消失，例如匈奴、羯、巴氐、河西鲜卑，都已成为汉族的组成部分。

第二章 政权林立

从前赵灭亡西晋王朝开始，北方地区就进入了极端混乱的十六国时期。"十六国"一般以淝水之战分为前后两段，前半段的主角是匈奴和羯族民族，他们的凶暴造成了极大的破坏，还引起了更为惨酷的大屠杀——冉闵屠胡。幸好在北方风雨凭陵的时候，西凉地区还保持着一隅静土。

一、前赵承续刘汉业，石勒自立建后赵

1. 刘汉

十六国时匈奴贵族刘渊所建政权，但不在十六国之列。先后都左国城（今山西离石北）、蒲子（今山西隰县）、平阳（今山西临汾西）。历3主，共14年。

西晋八王之乱中，成都王司马颖结纳刘渊为外援，遣刘渊回并州调发匈奴五部之众以助攻战，拜刘渊为北单于。刘渊至左国城，被匈奴贵族刘宣等推为大单于，建庭离石，拥有五万之众。刘渊等为恢复匈奴贵族以往的权势，利用匈奴族人民对西晋统治者的反抗情绪和西晋统治阶级内部混战的有利形势，起兵反晋。西晋永安元年（304年）十月，刘渊于左国城即王位，建国号曰汉。随即向晋展开军事进攻。马牧率汲桑、上郡四部鲜卑陆逐延、氐酋长单徵、东莱人王弥及石勒等均归附于刘渊，受汉官爵。西晋永嘉二年（308年），刘渊徙都蒲子。十月，刘渊改称皇帝，迁都平阳。此后，石勒在河北各地屡败晋军。部众发展到10余万之多。刘渊遣将败晋军于延津，沉杀男女三万余口于黄河。西晋永嘉四年（310年）七月，刘渊病死，太子刘和继位，刘渊第四子刘聪杀刘和自立。十月，刘聪遣刘曜、王弥率大军攻掠河南诸州郡。次年六月，破洛阳，俘晋怀帝司马炽。西晋建兴四年（316年），刘聪遣刘曜等攻关中，十一月破长安，晋愍帝司马邺

被俘，西晋亡。至此，中原广大地区都纳入汉的版图，是其全盛时期。但石勒的势力也在发展，形成割据，汉政权直接控制的地区只限于山西和陕西各一部。刘聪在其直接控制地区实行胡汉分治政策：设左、右司隶，各领户20余万，万户置一内史，构成统治汉族人民的组织系统；又继承刘渊时制度设大单于，其下设单于左、右辅，各主六夷十万落，万落置一都尉，以统治各少数族人民。在非直接控制地区则设置州牧、郡守。刘聪穷兵黩武，荒淫残暴，不断激起各族人民的反抗，加以饥荒，国势渐衰。318年，刘聪病死，太子刘粲继位，旋即为匈奴贵族靳準所杀，汉亡。

2. 前赵

十六国之一。匈奴贵族刘曜所建，实为汉政权的继续。都长安（今陕西西安）。历1主，11年。

东晋建武二年（318年）七月，汉主刘聪死，子刘粲继立，为匈奴贵族靳準所杀。镇守长安的刘聪族弟刘曜闻变，发兵攻靳準。十月，刘曜自立为皇帝。与此同时，石勒亦以讨伐靳準为名，率军攻破汉都平阳，于是，自平阳、洛阳以东之地尽入石勒手。东晋建武三年（319年），刘曜徙都长安，改国号为赵，史称前赵，也称汉赵。此后刘曜、石勒常相攻伐。东晋咸和三年（328年），两军大战于洛阳城西，刘曜饮酒过量，兵败被擒，前赵主力被消灭。石勒军乘胜西进，刘曜太子刘熙弃长安，逃奔上邽（今甘肃天水）。329年9月，石勒军攻占上邽，杀刘熙，前赵亡。

刘曜继承刘汉政权胡、汉分治的政策。一方面以子刘胤为大司马、大单于，置单于台于渭城（今陕西咸阳），自左、右贤王以下皆用少数族豪酋充当。另一方面又大体沿用魏晋九品官人法，设立学校，肯定士族特权，与汉族的豪门望族相勾结，以维护其统治。此外，还仿效刘渊、刘聪徙民都城地区的办法，将被征服的各族人民大量徙置长安一带，以便直接控制。前赵全盛时，拥兵28万余人，据地有今陕西、山西、河南、甘肃各一部，当时，关陇氐、羌，莫不降附。前凉张茂，亦遣使贡献。

3. 后赵

十六国之一。羯族石勒所建。都襄国（今河北邢台），后迁邺。盛时疆域有今河北、山西、陕西、河南、山东及江苏、安徽、甘肃、辽宁的一部分。历7主，共32年。

石勒从305年起兵后，辗转归于汉刘渊，为刘渊部将。311年石勒军全歼西晋主力，并会同刘曜、王弥之众攻破洛阳。312年以后，石勒以襄国为基地，发展成为今河北、山东地区的割据势力。318年，汉内乱，他率军攻破汉都平阳（今山西临汾西）。319 年，刘曜自立为帝，建前赵，迁都长安。石勒脱离前赵，自称大单于、赵王，定都襄国，史称后赵。石勒攻灭鲜卑段氏，又进据河南、皖北、鲁北。329 年攻破长安、上邽，灭前赵，并有关陇。至此，北方除辽东慕容氏

山西吕梁离石玉林山石勒墓

和河西张氏外，皆为石勒所统一。以淮水与东晋为界，初步形成南北对峙局面。330 年石勒改称大赵天王、行皇帝事，同年称帝。

333 年 7 月石勒病死，太子石弘继位，以石勒侄石虎为丞相、魏王、大单于，总摄朝政。

334 年十一月，石虎废石弘，自称居摄赵天王。以后，石虎诛杀石弘及石勒诸子，迁都于邺。337 年改称大赵天王，349 年称帝。

石勒初起时，往往对攻下的坞堡壁垒征收义谷，有时也以掠夺方式获取军粮。约在 313 年始采用租调剥削方式。314 年下令州郡检查户口，征收田租户调，规定户赀出帛二匹、租谷二斛。称赵王后，较留意于农业生产，常遣使者循行州郡，劝课农桑。故当石虎统治之初，租入殷广，邺都的中仓每年有 100 万斛的租谷输入，沿水道诸仓也储积了不少粮食。

后赵采用胡、汉分治政策，设置大单于统治各少数族人，又设置专门的官职管理胡人辞讼和出入，甚至强行规定称汉人为"赵人"，胡人为"国人"，并严禁呼羯为胡。

石勒、石虎均沿用刘汉的徙民办法，将被征服地区的各族人民迁往其统治中心襄国、邺及其周围地区，以便控制。对人民的统治，除以州、郡行政系统管理外，同时存有以军事组织形式管理并占有人口的制度。

石勒初起时，对西晋王公卿士、坞堡主及士大夫多加杀戮。以后则在俘虏中区分士庶，将士族集为"君子营"，以示优待。并选用某些士族为官。称赵王后，石勒对一些士族委以要职，明令不准侮辱衣冠华族。恢复魏晋以来的九品官人制度，使士族取得了特权。石勒两次清定九品，又设立太学、小学和郡国学，培养将佐和豪族子弟。石虎即位后，也肯定士族特权，并将对关东士族的优待扩大到关中的望族。

石虎是十六国时期有名的暴君。在其统治期间，军旅不息，众役繁兴，征调频仍，刑罚严酷。他有意"苦役晋人"，严重地破坏了农业生产，使阶级矛盾和民族矛盾日益激化，起义不断发生。其中，梁犊起义规模最大。348年石虎杀太子石宣，把无辜的东宫卫士10余万人谪戍凉州，其中万余人于次年到达雍城（今陕西凤翔南）时，在高力督（石宣挑选身强力壮者守卫东宫，号"高力"，设置督将率领，称高力督）梁犊领导下发动起义，各族人民纷纷参加。义军所向披靡，及至长安，众已10万，击败石苞，东出潼关，两次大败大司马李农。石虎继续派兵镇压，又利用氐族贵族苻洪和羌族贵族姚弋仲的武装力量合兵进攻，梁犊兵败牺牲。这次起义虽然失败，但动摇了后赵统治的根基。349年石虎病死，后赵内乱，诸子争立，互相残杀。305年，石虎养孙汉人冉闵（即石闵）乘政局混乱，杀石鉴，灭后赵，政权落入冉闵之手。次年，称帝于襄国的石祗也被冉闵消灭。

二、巴氏李雄建成汉，据守东南四十载

十六国之一。巴氏贵族李雄所建。都成都，盛时有今四川东部和云南、贵州的各一部分。历6主，共44年。

西晋末年，秦、雍二州连年荒旱，略阳、天水等六郡氐人和汉人等不得不流徙至梁、益地区就食。他们入蜀后，由于地方官吏的贪暴和政府限期迫令流民还乡，流民领袖、略阳氐人李特等利用流民的怨怒，于301年在绵竹（今四川德阳北）聚众起义。303年义军攻成都，晋益州刺史罗尚联络诸堡坞的地方大族，袭杀李特。李特弟李流继续领兵作战，不久病死。李特子李雄继领部众，于同年攻下成都，逐走罗尚，据有益州。304年李雄称成都王，306年改称皇帝，国号大成，都成都。334年李雄病死，兄子李班继位。同年李雄子李期杀李班自立。338年李特弟李骧之子李寿杀李期自立，改国号为汉，史称成汉。343年李寿死，子李势继位。347年东晋桓温伐蜀，李势兵败出降，成汉亡。

十六国时期九子莲花灯

秦雍六郡流民起义在巴氐李氏和六郡大姓领导下，演变成为外来大族与土著大族的斗争。外来大族一度势危，由于涪陵大族徐举和青城范长生的归附，才转危为安，建立起成汉政权。范长生是世领部曲的大姓，又是天师道教教主，在成汉建国过程中起过重要作用。李雄称王后，拜范长生为丞相。尊称"范贤"；称帝后，加为天地大师，封西山侯，免除其数千家部曲的课役，令其自收租税。通过对范长生的优待尊重和对部曲制的承认，两类大族相互妥协，形成联合统治，同时，巴氐贵族间也推行了部曲制。

李雄统治时，战事稀少，政刑宽和。赋税也较轻，男丁每年纳谷三斛，女丁半之；户调绢数丈，绵数两。这是成汉全盛时期。李雄死后，宗室间为争夺帝位不断发生内乱，安定局面被破坏。李寿父子统治时务为奢侈，大兴土木，滥施淫威，致使上下离心，百姓不满，在东晋进攻下迅速灭亡。

三、前后南北西凉王，五凉所属各不同

1. 前凉

十六国之一。汉族张寔所建。都姑臧。盛时疆域有今甘肃、新疆及内蒙古、青海各一部分。历8主，共60年。

晋惠帝时，张轨为凉州刺史，治姑臧。延用当地有才干的人共同治理凉州，课农桑、立学校，阻击入侵的鲜卑部，保境安民，多所建树。自洛阳沦陷（311年）后，中原和关中地区人民流入凉州的很多。他于姑臧西北置武兴郡，分西平（今青海西宁）郡界置晋兴郡，以处流民。又铸五铢钱，通行境内。314年病死，长子张寔继任，晋愍帝司马邺任命寔为都督

高昌国故城遗址

凉州诸军事，凉州刺史，西平公。西晋亡后，自317年起，张氏世守凉州，长期使用晋愍帝的建兴年号，虽名晋臣，实为割据政权，史称前凉。

张骏、张重华父子统治时，前凉达于极盛，境内分置凉、沙、河三州，设西域长史于海头，在今吐鲁番市设置高昌郡，其疆域"南逾河、湟，东至秦、陇，西包葱岭，北暨居延"。353年张重华死后，张氏宗室内乱不绝，凉州大姓也起兵反抗。十年争权夺位的斗争，使国势大衰，到张天锡时已失去今甘肃南部。376年，前秦主苻坚以步骑13万大举进攻，张天锡被迫出降，前凉亡。

张氏的前凉政权依靠凉州大姓，并始终对东晋表示忠诚，借以维系人心。各代统治者除张祚外，都自居晋朝的刺史或州牧，接受晋的封号。张骏为了和东晋通使命，甚至不惜向成汉李雄称臣，以求假道。前凉先后与前赵、后赵发生过战争，多次击败刘曜、石虎的进攻，但慑于对方军事力量的强大，也曾向前赵、后赵称臣纳贡。

张氏子孙世代保守的凉州，是当时中国北部较为安定的地区，都城姑臧是西北地区政治、经济和文化中心。河西走廊原是通往西方的陆路交通要道，商业繁荣，农业和畜牧业生产也较发达。西晋灭亡后，内地流亡人民相继到来，劳动力增加，生产经验传播，凉州的社会经济更有发展。当时的凉州还是中国北部保存汉族传统文化最多和接受西域文化最早的一个重要地区。

2. 后凉

十六国之一。氐族吕光所建。都姑臧。盛时有今甘肃西部和宁夏、青海、新疆各一部。历4主，共18年。

前秦主苻坚统一北方后，于382年命吕光率兵七万、铁骑5000，进军西域。光下焉耆，破龟兹，西域30余国陆续归附。淝水之战后，前秦趋于瓦解。吕光于385年率兵载物东归。前秦凉州刺史梁熙以兵五万拒于酒泉，吕光击败梁熙军，入据姑臧，自称凉州刺史。386年，吕光自称凉州牧、酒泉公，都姑臧，史称后凉。389年改称三河王，396年自称天王，国号大凉。399年吕光病死，太子吕绍继位，吕光庶长子吕纂旋杀吕绍自立。401年，吕光弟吕宝之子吕隆又杀吕纂自立。吕隆以南凉、北凉不断侵逼，内外交困，于403年7月请降于后秦主姚兴。后凉遂亡。后凉初建时，国势颇盛。但立国不久，境内各族便纷纷割据，建立政权。后凉与四周各族政权频繁交战，势力渐弱。吕光死后，诸子争立，互相杀夺，百姓饥馑流亡，死亡大半。至灭亡前夕，姑臧城谷价斗值5000文，民人相食，饿死10余万人；国境除姑臧而外，仅存昌松（今甘肃武威南）、番禾（今甘肃永昌）二郡之地。

3. 北凉

十六国之一。卢水胡（或作匈奴族）酋长沮渠蒙逊所建。都张掖（今属甘肃）。盛时有今甘肃西部及青海、宁夏、新疆各一部，西域各国均遣使贡献。历2主，共39年。

397年后凉进攻西秦战败，吕光杀死从征的部下沮渠罗仇兄弟，罗仇侄沮渠蒙逊以会葬为名，与诸部结盟起兵反抗吕光，并与从兄沮渠男成推后凉建康（今甘肃高台西北）太守段业为凉州牧、建康公。399年段业入据张掖，自称凉王。401年段业杀沮渠男成，沮渠蒙逊以此起兵，攻破张掖，杀段业，自称大都督、大将军、凉州牧、张掖公，建国北凉。后屡次出兵击败南凉，并几次进围姑臧。410年南凉秃发傉檀被迫放弃姑臧，退回乐都。412年十月沮渠蒙逊迁都姑臧，称河西王。421年沮渠蒙逊灭西凉，取得酒泉、敦煌，据有河西走廊。433年四月，沮渠蒙逊死，子沮渠牧犍（亦作茂虔）继位。439年北魏大军围攻姑臧，沮渠牧犍出降，北凉亡。沮渠蒙逊弟沮渠无讳等率残余势力西走，后立国于高昌，460年为柔然所灭。

北凉沮渠氏联合境内汉族大姓势力，以郡县方式管理人民，征发赋役。又大兴佛教，译经造像。还不时与刘宋互通使节，使河西与江南的文化交流得以继续保持。北魏灭北凉，徙凉州民三万余户至平城（今山西大同）一带，其中一批东迁的学者，对北魏的文化有重大影响。

4. 南凉

十六国之一。南凉（397—414年），国号凉，为拓跋鲜卑政权。河西鲜卑秃发乌孤所建，都乐都（今属青海）、姑臧（凉州），盛时控有今甘肃西部和宁夏一部。414年为西秦乞伏炽磐所灭。"秃发"即"拓跋"的异译。历3主，共18年。

曹魏黄初元年（220年），鲜卑首领拓跋诘汾卒，次子拓跋力微因母为"天女"，有神异，故被推举为首领。而拓跋匹孤虽为长子不得继位，仅分得一些部众。

之后拓跋匹孤及所率部众为获得新牧场，在219—256年间由塞北阴山、河套一带沿黄河两岸顺贺兰山脉东麓南下，至河西以北，即今内蒙古自治区额济纳旗、凉州至宁夏回族自治区北部游牧。

甘露元年至景元四年间（256—263年间），魏镇西将军邓艾都督陇右诸军事时，又迁秃发等部鲜卑数万人至雍、凉二州之间，即今陕西省中部及甘肃省一带，最后聚居于凉州东部及青海湖以东，与汉、羌等族杂居

共处。

主要游牧地东至麦田、牵屯，西到湿罗，南达浇河，北接大漠，即大致东起今甘肃省平凉市西北的牵屯山、靖远县北的麦田城，西至今青海湖东，南至今青海省贵德县，北接今腾格里沙漠、巴丹吉林沙漠。

秃髪鲜卑自迁入雍、凉后，曹魏及西晋统治者以其与羌、胡相似，设"护羌校尉"监领之，各部仍自有部帅。但鲜卑等往往被征发为兵，或被掠沦为奴婢或佃客，同时还要缴纳赋税，使民族矛盾日益尖锐。西晋初，终于爆发了以秃髪树机能为首的西北诸民族反晋斗争。

泰始五年（269年），西晋为了镇压因灾荒而引起的骚乱，设置秦州，派遣"勇而无谋，强于自用"的胡烈担任秦州刺史，以镇抚河陇鲜卑。但胡烈一上任，即采取高压手段，致"失羌戎之和"，成为爆发反晋斗争的导火线，秃髪树机能为秃髪寿阗孙，秃髪寿阗卒后，继统其部众，活动于安定、陇西一带，史称其"壮果多谋略"。

泰始六年（270年）六月起事后，率众击杀秦州刺史胡烈于万斛堆（今甘肃省皋兰县东北黄河北岸），又拒击尚书石鉴进讨之师。陇右、河西其他诸民族纷纷响应。

泰始七年（271年），联合北地胡攻金城，击杀凉州刺史牵弘于青山（今甘肃省环县西），后又败凉州刺史苏愉于金山（今甘肃省山丹县南）。及275年，秃髪鲜卑的势力由凉州金城郡（治榆中县，今甘肃省榆中县西北黄河南岸）西北更向西发展。高昌以东的一些鲜卑部落也起而反抗晋朝统治。

咸宁五年（279年），秃髪树机能攻破凉州，占据主要城镇，阻断西晋与河西之交通，西晋朝廷大震，遣武威太守马隆统军攻之。秃髪树机能部碎跌韩、且万能等率众万余落归降，马隆又"前后诛杀及降附者以万计"。是年十二月，马隆遣归降的率善戎设骨能等与秃髪树机能大战，秃髪树机能终因寡不敌众，兵败被杀，秃髪部复降于西晋。

秃髪树机能反晋斗争虽然失败，但秃髪鲜卑部落并没有因此而溃散。数传至秃髪乌孤立，采取养民务农的经济政策，在政治上礼俊贤，修政刑，对外"循结邻好"，不事争战。十余年间，秃髪部在后凉东南广武一带势力渐盛。

太元十九年（394年，后凉麟嘉六年），后凉吕光"遣使署为假节冠军大将军、河西鲜卑大都统、广武县侯"。次年，破乙弗、折掘等部，筑廉川堡（今青海省民和县西北）以居之，又陆续征服意云鲜卑等部。河西一带汉族豪门士族如广武人赵振等纷纷投奔秃髪乌孤，充当谋士，吕光见其日益壮大，遣使拜之为"广武郡公"。

太元二十一年（396年），吕光即天王位，改国号为大凉，遣使拜秃髪乌孤为征南大将军、益州牧、左贤王。秃髪乌孤决意摆脱吕光控制，谢绝封爵。次年，自称大都督、大将军、大单于、西平王，年号太初，建立政权，以弟秃髪利鹿孤为骠骑将军，秃髪傉檀为车骑将军。继而治兵广武，攻取金城，败吕光将军窦苟于街亭（今甘肃省永登县乌鞘岭）。

太初二年（398年），乘后凉衰弱，郭黁、杨轨反吕氏之机，取得洪池岭南五郡（广武、西平、乐都、浇河、湟河）之地，改称武威王。

太初三年（399年），徙都乐都（今青海省乐都区），专力经营河湟地区，并以秃髪利鹿孤镇安夷（治今青海省化隆县南），秃髪傉檀镇西平（治今西宁市西），叔秃髪素渥镇湟河（今化隆县南），族人分镇各地，又量才叙用汉、夷各族豪门及"杰俊之士"，使南凉政权得以逐渐完善和巩固。

是年八月，秃髪乌孤因酒醉坠马受伤死，弟秃髪利鹿孤即武威王位，迁都西平，并遣记室监鞠梁明聘于段业，进一步加强与北凉联盟，以对付后凉，南凉开始兴盛。次年正月改元建和，遣秃髪傉檀败后凉兵于三堆（今大通河南），并进围其都城。

建和二年（401年），秃髪利鹿孤改称河西王。同年三月，败后凉吕隆军，徙2000余户而还。后又遣兵攻北凉临松，虏6000余户、沮渠蒙逊遣质请和，始还所掠，召军返。十二月，南凉攻围后凉姑臧，又攻昌松郡，执后凉太守孟祎。

建和三年（402年）三月，秃髪利鹿孤卒，弟秃髪傉檀立，更号为凉王，迁都乐都，改元弘昌，史称南凉。十月，秃髪傉檀攻后凉姑臧。十二月，后秦姚兴拜秃髪傉檀为车骑将军、广武公。

弘昌三年（404年），因后秦势盛，秃髪傉檀去年号，称臣于后秦。

弘始十年（408年），秃髪傉檀大败后秦军，复称凉王，改元嘉平，置百官。

嘉平七年（414年），南凉连年不收，上下饥窘，秃髪傉檀率军西击乙弗鲜卑，留太子武台（虎台）守乐都。西秦乞伏炽磐乘机袭取乐都，俘秃髪武台等及百姓万余迁于枹罕（今甘肃省临夏市西南），秃髪傉檀降西秦，年终被毒死，南凉亡。

南凉亡后，原秃髪氏部人大部分为西秦所统治，后西秦为夏所灭，夏又亡于吐谷浑，西秦领域大部分入于吐谷浑，后又为北魏所占有。在陇西、河湟的乞伏、秃髪鲜卑最终与北魏拓跋鲜卑同被汉化，至今在青海省西宁市还留存着秃髪氏的后代。

秃髪鲜卑的另一部分贵族和部民则投归了河西的北凉。如秃髪傉檀弟、南凉湟河太守秃髪文支、秃髪傉檀兄子秃髪樊尼等。而秃髪傉檀子秃髪保周、秃髪破羌（即源贺）等在南凉亡后，亦投奔北凉。

后北凉亡于北魏，在河西的秃髪氏皆归北魏统治，北魏封秃髪保周为张掖王，破羌为西平公等。源氏一族在北魏地位显赫，后裔源乾曜曾担任唐玄宗的宰相，已完全汉化，与汉官无别。此外《新唐书·吐蕃传上》载秃髪樊尼后裔为吐蕃王族来源之一，云："或曰南凉秃髪利鹿孤之后，二子，曰樊尼（应为侄），曰傉檀（应为弟）。傉檀嗣，为乞佛（伏）炽盘（磐）所灭。樊尼挈残部臣沮渠蒙逊，以为临松太守。蒙逊灭，樊尼率兵西济河，逾积石，遂抚有群羌云。"或谓秃髪樊尼在北凉亡后，率部进入青海、甘南一带羌族聚居地，被同化于羌，形成党项中的拓跋氏。

秃髪鲜卑及其建立的南凉对河湟地区经济、文化的发展起了积极的促进作用。在秃髪利鹿孤和秃髪傉檀时，劝课农桑，修筑和扩建城镇，使之成为河陇最为繁荣地区，从苑川至乐都、西平经扁都口至张掖的这段河西路的支线，曾招来了许多中外商人和僧人，在中亚陆路交通上起了一定作用。

5. 西凉

十六国之一。河西走廊一带曾先后产生过 5 个凉政权，史家为区别其他的 4 个，将中心位于凉州西部酒泉的李氏政权称为西凉（400—421 年）。

西凉，今甘肃省武威市凉州区，自西汉建武威郡以来名字换了多次，匈奴族统治河西走廊时称姑臧，西汉占领后建武威郡，东汉称西凉，其疆域也时大时小，大时把大半甘肃都占了，还扩延周围几省，史称凉州。李广后裔李暠，400 年建立了西凉王朝，在敦煌称"凉公"。405 年迁都酒泉，逼近北凉。疆域在今中国甘肃西部及新疆部分。417 年，武昭王李暠卒，子李歆嗣位。420 年，李歆与北凉交战被杀，其弟敦煌太守李恂在敦煌嗣位。次年北凉军继续围攻敦煌，李恂战败，乞降不成后自杀。西凉就此被北凉攻灭。西凉太祖李暠被唐朝皇室尊为先祖，唐玄宗李隆基天宝二年（743 年）追尊为兴圣皇帝。因其统治地区古为凉州，故国号为"凉"，又位于凉州西部，故名"西凉"。

十六国后期，在西域吐鲁番盆地地区先后出现了两个流亡小朝廷，它们分别是高昌北凉与伊吾西凉。

421 年,西凉被北凉所灭,422 年西凉王室后裔李宝（李暠孙）西渡流沙，占据伊吾（今哈密），建立伊吾西凉（又称后西凉），442 年投降北魏。

439 年，北凉被北魏所灭，440 年北凉王室后裔沮渠无讳西渡流沙，占据高昌（今吐鲁番），建立高昌北凉（又称后北凉），460年被柔然所灭。

四、前后二燕相继立，南北双燕各自飞

1. 前燕

十六国之一。鲜卑贵族慕容皝所建。都邺城。盛时有今河北、山东和山西、河南、安徽、江苏、辽宁的一部分，西接前秦，与东晋以淮水为界。历3主，共34年。

魏晋之际，鲜卑慕容氏自辽西迁于辽东北。294年，其酋长慕容廆徙居大棘城（今辽宁义县西北），开始了定居的农业生活。307年前后，慕容廆自称鲜卑大单于。西晋亡后，慕容廆得汉族士人辅佐，以大棘城为中心据有辽水流域，受东晋官爵。子慕容皝继立。于337年称燕王，建燕国，史称前燕，慕容皝继续尊奉东晋，并用兵扩展领地。342年迁都龙城（今辽宁朝阳），东破高句丽，攻灭鲜卑宇文部及扶馀，成为东北地区强大国家。348年慕容皝死，子慕容儁继立，349年进攻后赵，夺得幽州，迁都于蓟（今北京西南）。352年击灭冉魏，占有河北，慕容儁乃抛弃东晋旗号，自称燕皇帝。357年迁都邺城。慕容儁自恃强盛，检括人口，欲使步卒满150万，以攻灭东晋和前秦。360年慕容儁病死，11岁的太子慕容暐继位，慕容儁弟慕容恪辅政，前后七年，前燕王朝政治稳定，慕容恪还率兵攻占东晋的河南、淮北土地。369年东晋桓温北伐，燕军连败失地，后慕容垂在襄邑大败晋军，桓温退走。370年前秦苻坚命王猛率大军攻燕，破邺城，俘慕容暐，前燕亡。

慕容廆时即招徕流民，在辽水流域设置侨郡（慕容皝时改郡为县），许多山东、河北一带的汉族世家大族纷纷迁徙辽西，投靠慕容氏。又将被征服地区的各族人民大批迁徙到自己的统治区内。除以州郡县管理编户外，还用军事化方式占有大量称为营户、军封或荫户的人口，也有被榨取高额地租的屯田民

慕容儁雕像

户。慕容氏自慕容廆起即与汉族士大夫合作，共同统治。前燕政权循魏晋九品官人法，肯定士族特权，承认坞主壁帅势力。境内大族势力有所发展。368年，一次就搜括出荫户20余万户。又兴立学校，培养统治人才。慕容皝时能留意农桑，兴修水利，国势日盛。到慕容暐时政治腐败，矛盾交错，终至亡国。

2. 后燕

十六国之一。鲜卑族慕容垂所建。都中山（今河北定州市）。盛时有今河北、山东及辽宁、山西、河南大部。历7主，共26年。十六国后期中原地区最强盛的一个王国。

前燕慕容暐在位时，慕容垂因宗室内部矛盾投奔前秦，为苻坚将领。淝水之战后，慕容垂至邺拜谒先人陵墓。时丁零族翟斌于河南起兵反秦，镇守邺城的苻丕（苻坚庶长子）命慕容垂及宗室苻飞龙前往镇压。途中慕容垂袭杀苻飞龙，与前秦决裂。384年，慕容垂自称大将军、大都督、燕王，建元立国，史称后燕。率众20余万，进围邺城。385年苻丕自邺城撤往晋阳（今山西太原西南），河北之地尽属后燕。386年，慕容垂自立为帝，定都中山。392年消灭割据河南的丁零族翟魏政权，394年灭西燕，基本上恢复了前燕版图。

395年慕容垂命太子慕容宝率军8万进攻北魏，在参合陂（在今山西阳高境）大败。396年慕容垂亲率大军往攻，一度取得平城（今山西大同东北）。同年四月慕容垂病死，其子慕容宝继位。北魏拓跋珪以步骑40万来攻，夺取晋阳，进围中山。397年慕容宝突围北奔龙城（今辽宁朝阳），开封公慕容详、赵王慕容麟先后据中山称帝，十月北魏攻下中山，河北郡县尽为魏有，后燕被分截为两部分。

398年鲜卑贵族兰汗杀慕容宝，慕容宝之子慕容盛又杀汗自立。401年慕容盛为臣下所杀，慕容垂少子慕容熙立。407年汉人冯跋等杀慕容熙，拥立慕容宝养子慕容云（高句丽人，本姓高氏）为主。409年，慕容云为其宠臣离班等杀死，后燕亡。

后燕大体承袭前燕制度，除州郡县治理的编户之外，还有不隶郡县而属军营的人口。后燕慕容氏以坞堡主为守宰，与汉族豪强大族合作，共同统治。慕容宝时核定士族旧籍，分辨清浊，尊重士族特权，大族势力得以发展。他又下令校阅户口，罢除军营封荫之户，分属郡县，招致怨恨和反对。后燕原不采用胡、汉分治政策，但慕容垂时已由太子慕容宝领大单于，置留台于龙城。慕容盛时曾立燕台于龙城，以统诸部杂夷。慕容熙即位，将北燕台改为大单于台，置左右辅。后来在龙城实行了胡、汉分治。

3. 南燕

十六国之一。十六国时期慕容氏诸燕之一，由鲜卑族慕容德所建，398年建都滑台。统治范围包括今山东及河南的一部分，国号为燕。历2帝，12年。

后燕慕容宝在位时，叔父慕容德镇守邺城。397年北魏攻后燕都城中山（今河北定州），慕容宝北奔龙城（今辽宁朝阳）。十月，北魏破中山，后燕被截为两部分。慕容德以魏将来攻，邺城难保，于398年率户4万南徙滑台（今河南滑县东），自称燕王，史称南燕。399年滑台为北魏攻占，慕容德率众向东，攻取青、兖，入据广固。400年慕容德改称皇帝。405年，慕容德病死（谥世宗献武皇帝），兄子慕容超（末帝）嗣位。慕容超好游猎，委政宠幸，诛杀功臣，赋役繁多，百姓患苦。409年东晋刘裕率师北伐，次年二月攻下广固（今山东益都），慕容超被俘斩，南燕亡。

4. 北燕

十六国之一。汉人冯跋所建。都龙城（今辽宁朝阳）。盛时有今辽宁西南部和河北东北部。历2主，共28年。

冯跋（？—430年），字文起，长乐信都（今河北冀州市）人。父冯安，慕容永时仕西燕为将军。西燕亡，冯跋东徙龙城，为后燕禁卫军将领。慕容熙荒淫无道，407年4月，冯跋等杀慕容熙，拥立后燕主慕容宝养子慕容云（即高云）为主。慕容云称天王，以冯跋为使持节，都督中外诸军事、录尚书事，掌军国大权。409年十月，慕容云被其宠臣离班等所杀，冯跋又杀离班等，自称燕天王，仍以燕为国号，都龙城，史称北燕。430年9月，冯跋病死，其弟冯弘杀冯跋诸子自立。冯弘之世，北魏连年进攻，掠徙北燕民户。435年，冯弘遣使请高句丽出兵迎冯弘。436年4月，北魏大军又攻龙城。5月，冯弘在高句丽军保护下率龙城百姓东渡辽水，奔高句丽。北魏军入占龙城，北燕亡。

冯跋统治时，能留心政事，革除后燕苛政，简省赋役，奖励农桑，惩治贪污，社会较为安定，有利于农业生产的恢复和发展。又建立太学，选派2000石以下子弟入学读书，培养统治人才。除以州郡治民之外，还以太子冯永领大单于，置前后左右四辅，推行胡、汉分治政策。冯跋、冯弘都曾派遣使者到江南，当时南朝称北燕为黄龙国。

五、氐羌鲜卑立三秦，两都长安一都甘

1. 前秦

前秦(350—394年)，十六国之一。氐族苻健所建。都长安(今陕西西安)。

盛时疆域东至海,西抵葱岭,南控越巂,北极大漠,东南以淮、汉与东晋为界。历6主,共44年。

333年,后赵主石虎徙关中豪杰及氐、羌于关东,以氐族酋长苻洪为流民都督,率氐、汉各族百姓徙居枋头(今河南汲县东北)。石虎死,苻洪遣使降晋,接受东晋官爵。350年,冉闵诛胡羯,关陇流民相率西归。此时苻洪拥众10余万,自称大都督、大将军、大单于、三秦王,欲率众还关中,尚未成行,被人毒死。苻洪子苻健继领其众,称晋征西大将军,自枋头西入潼关。关中氐人纷起响应,苻健遂攻占长安,据有关陇。351年自称大秦天王、大单于,国号大秦,史称前秦。352年改称皇帝,都长安。

354年,东晋桓温率军攻秦,苻健坚壁清野,晋军攻入潼关后,因粮食不继而退兵。355年苻健死,子苻生继位。357年苻生堂兄苻坚杀苻生自立。苻坚即位后的十几年内,前秦国内相对安定,呈现一派"小康"气象。在此基础上,前秦势力渐强大,他集中氐族武装力量,开始了统一黄河流域的征战。370年灭前燕,371年灭仇池(今甘肃威县西北)氐族杨氏,373年攻取东晋的梁、益二州,376年灭前凉,同年乘鲜卑拓跋氏衰乱灭代,382年苻坚命吕光率军进驻西域。至此,前秦统一整个北方,与东晋形成南北对峙局面。

苻坚雕像

苻坚自恃强盛,不断对东晋发动进攻,战事主要在东线徐州一带和西线襄阳一带进行。379年前秦攻占东晋战略重镇襄阳,而进攻淮南的行动受阻,进攻江陵的军队也被击退。苻坚遂决定重新部署,全力发动对东晋的进攻。382年10月,召集群臣,提出亲率百万大军一举灭晋。臣僚多不赞成,有的还极力谏阻,但他执意不从。383年下诏进攻,八月以苻融为前锋都督,率步骑25万先行,九月苻坚亲统步兵60余万、骑兵27万为后继。益州、凉州、河北等地的秦军也纷纷出动。东晋谢安当国,命谢石为征讨大都督、谢玄为前锋都督,率水陆8万迎敌。十月,两军会战于淝水,秦军大败。溃散的秦军饥饿寒冻,死亡十之七八。苻坚中箭，仓皇逃至淮北，沿途收集残兵，到洛阳时有众 10 余万。年底，回到长安。

淝水之战后，原先归附前秦的其他民族，纷纷乘机独立，黄河以北又再陷入分裂的状态。

385 年（前秦建元二十一年、后秦白雀二年）七月，后秦王姚苌骁骑将军吴忠率骑兵包围苻坚。苻坚虽见身边的前秦军都溃散，但亦神色自若，坐着安然等待吴忠。吴忠及后将苻坚送至新平（今陕西彬县），幽禁别室。姚苌派人向苻坚索要传国玺，苻坚瞋目斥责，不给。姚苌又派右司马尹纬去苻坚处，要求禅代，苻坚曰："禅代，圣贤之事，姚苌叛贼，何得为之！"并为免姚苌凌辱两名女儿，于是先杀苻宝和苻锦。

太子苻宏至下辨，南秦州刺史杨璧拒之。杨璧妻，苻坚之女顺阳公主也，弃其夫从苻宏。苻宏奔武都，投氐豪强熙，假道来奔，诏处之江州。八月辛丑日（385 年 10 月 16 日），姚苌命人将苻坚缢杀于新平佛寺（今彬县南静光寺）内，时年 48 岁，张夫人及苻诜亦跟着自杀，是为新平之祸。姚苌为掩饰他杀死苻坚的事，故意谥苻坚为壮烈天王。至此，前秦已名存实亡，但它在河北、关中的残余势力则延续了近 10 年之久。

386 年九月，苻坚被杀的消息才传到凉州，前秦将领吕光听到噩耗，悲痛欲绝，他命令所部为苻坚披麻戴孝。十月，吕光宣布改元太安。十二月，吕光自称使持节、侍中、中外大都督、督陇右、河西诸军事、大将军、凉州牧、酒泉公，建立后凉。

394 年七月，前秦帝苻登在马毛山以南跟后秦帝姚兴交战，废桥之战为后秦尹纬击溃，被生擒后斩首，太子苻崇投奔湟中继承帝位。十月，苻崇被西秦首领乞伏乾归驱逐，投奔陇西王杨定，两人于攻击西秦时被西秦凉州刺史乞伏轲弹斩杀，前秦到此灭亡。

2. 后秦

十六国之一。羌族姚苌所建。都长安（今陕西西安）。盛时控有今陕西、甘肃、宁夏及山西、河南的一部分。历 3 主，共 34 年。

西晋永嘉（307—313 年）年间，羌部落的一支由豪酋姚弋仲率领从赤亭（今甘肃陇西西）迁徙到隃糜（今陕西千阳东）一带居住。后赵时石虎徙关中豪杰及氐、羌于关东，333 年，以姚弋仲为西羌大都督，率羌众数万迁于清河之滠头（今河北枣强东北）。石虎死后，姚弋仲遣使降晋，受东晋官爵。352 年姚弋仲病死，子姚襄继领部众，与东晋关系破裂。姚襄欲率众还关中，357 年与前秦军战于三原，兵败被杀。姚襄弟姚苌率众降

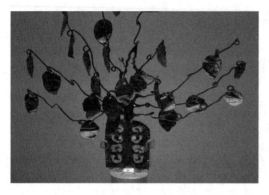

十六国 花树状金步摇

于前秦，为苻坚将领，累建战功。淝水战后苻坚回长安不久，鲜卑贵族慕容泓起兵反秦，姚苌参与讨慕容泓战败，逃奔渭北，得羌人及西州豪族尹详等的支持，也起兵反秦。384年姚苌自称大将军、大单于、万年秦王，史称后秦。姚苌率军进屯北地（今陕西耀县），渭北羌胡10万余户归附，势力发展很快，385年擒杀苻坚。及至慕容永率鲜卑30余万离关中东归，姚苌于386年入据长安称帝，国号大秦。

393年姚苌病死，太子姚兴继立，次年，打败前秦的残余势力苻登，灭前秦，据有关陇。并乘西燕败亡，取得河东。随后又相继攻占东晋的洛阳，臣服西秦，攻灭后凉。416年姚兴病死，太子姚泓继位，东晋刘裕北伐，进攻后秦，收复洛阳。后秦宗室骨肉相残，自相削弱。417年刘裕进取潼关，攻占长安，八月姚泓兵败出降，后秦亡。

后秦统治者为了补充劳动力和兵源，常将被征服地区的各族人民大批迁徙到都城长安及各军事要地，以便控制。对于境内各族人民的统治，后秦除以州郡系统进行管理外，还实行以营领户，以户出兵吏的制度。营户不隶州郡，而由姚氏宗室和达官贵人分领。一般营户既要当兵作战，又要提供军粮；但由后秦皇帝亲领的大营营户则受到优复，仅从征战。后秦又有不属州郡而由军镇管理的镇户。

在十六国后期的帝王中，姚兴是较有作为者。他为了巩固统治，初期注意选才纳谏，又相继采取了一些有利于社会经济、文化发展的措施。如：百姓因荒乱自卖为奴婢者，下令一律放免为良人；简省法令，慎断刑狱，奖励清廉，惩治贪污；设置律学，调集郡县散吏学习法律，郡县疑狱可上送廷尉审理；提倡儒学，允许收徒讲授，长安儒生达一万数千人。此外，又大兴佛教，奉名僧鸠摩罗什为国师，译出经论300余卷，境内佛教大行。姚兴晚年，因国用不足，增收关市之税，盐竹山木，无不有赋，加重了人民的负担。

3. 西秦

十六国之一。陇西鲜卑族（一说属赀虏）酋长乞伏国仁所建。都苑川（今甘肃榆中东北）。盛时有今甘肃西南部和青海一部。历 4 主，共 47 年。

鲜卑乞伏氏在汉魏时自漠北南出大阴山，迁往陇西并定居于此。前秦主苻坚在位时，乞伏鲜卑酋长、乞伏国仁父乞伏司繁被命为镇西将军，镇勇士川（今甘肃榆中东北）。乞伏司繁死，乞伏国仁代镇。淝水之战，苻坚败亡，乞伏国仁招集诸部，众至 10 余万。385 年，乞伏国仁自称大将军、大单于、领秦河二州牧，筑勇士城为都（在勇士川内，后即苑川郡城），史称西秦。388 年 6 月乞伏国仁死，弟乞伏乾归继位，称河南王，迁都金城（今甘肃兰州西北）。394 年前秦主苻登败死，乞伏乾归尽有陇西之地，改称秦王。400 年迁都苑川。同年败于姚兴，遂降附后秦，为其属国。407年乞伏乾归被姚兴留居长安，两年后回到苑川，复称秦王。412 年乞伏乾归死，子乞伏炽磐继位，称河南王，迁都枹罕（今甘肃临夏）。414 年攻灭南凉，十月改称秦王。428 年 6 月乞伏炽磐死，子乞伏暮末继位，政刑酷滥，民多叛亡；又屡为北凉主沮渠蒙逊所侵逼。430 年乞伏暮末欲东趋上邽（今甘肃天水），归附北魏，途中遭夏主赫连定阻击，退保南安（今甘肃陇西东南）。431 年一月夏军攻围南安，乞伏暮末出降，西秦亡。

西秦的统治者为巩固和扩大其统治区域，连年与后秦、南凉、北凉、大夏等国进行战争，并将被征服地区的各族人民强制迁徙于其统治中心或军事要地。

六、赫连勃勃建大夏，残暴留名统万城

大夏（407—431 年），十六国时期最后出现的一个政权。匈奴铁弗部赫连勃勃所建。都统万（今内蒙古乌审旗南白城子）。盛时有今陕西北部、内蒙古南部和甘肃一部。历 3 主，共 25 年。

中国古代以"夏"为国号的政权颇多，因此史家又称十六国时期的夏政权为赫连夏。

1. 赫连勃勃建夏

391 年赫连勃勃父刘卫辰被北魏攻杀，赫连勃勃投奔后秦。后秦主姚兴以赫连勃勃为安北将军、五原公，配以五部鲜卑及杂虏两万余落，镇朔方（今陕西延安）。407 年赫连勃勃袭杀后秦高平公没弈干，众至数万；六月，自称大夏天王、大单于，国号大夏。夏国初建，不立都城，流动袭击，消灭后秦有生力量；413 年始发民 10 万筑统万城为都。417 年东晋大将刘裕北伐灭后秦，留子刘义真守长安。次年，赫连勃勃攻下长安，即皇帝位，并追歼刘义真所率晋军。

统万城城墙遗址

赫连勃勃以残暴著名，为筑统万城和制造兵器，杀死无数民工和数千工匠。对外连年战争，穷兵黩武，以掠夺人口和财富。赫连勃勃生性凶暴，嗜好杀人，没有常规。常常站在城头上，把弓剑放在身旁，凡是觉得嫌恶憎恨的人，就亲自杀死，大臣们有面对面看他的，就戳瞎眼睛，有敢发笑的，就割掉嘴唇，把进谏的人说成是诽谤，先割下其舌头，然后杀死。胡人、汉人都躁动不安，民不聊生。

南朝宋元嘉元年（424 年），赫连勃勃想废太子赫连璝为秦王，立酒泉公赫连伦为太子。赫连璝听说父亲要废黜自己而立赫连伦为太子，于是就率兵七万北伐赫连伦，赫连伦率骑兵三万抵抗，在平城被赫连璝所败，赫连伦被杀。太原公赫连昌率骑兵一万袭杀赫连璝，然后率兵 8.5 万人回到统万。赫连勃非常高兴，立赫连昌为太子。

元嘉二年（425 年），赫连勃勃在永安殿去世，终年 45 岁，谥号武烈皇帝，庙号世祖，葬于嘉平陵，太子赫连昌继位。

2. 赫连昌

胡夏德武帝赫连昌（？—434 年），本名赫连折，字还国，匈奴铁弗部人。十六国时期胡夏第二任皇帝，武烈帝赫连勃勃第三子。

赫连昌身材魁岸，容颜俊美，初封太原郡公。真兴六年（424 年），平定先太子赫连璝之乱，册立为太子。真兴七年（425 年），正式即位，年号承光。承光二年（426 年），受到北魏攻击，失守长安。承光三年（427 年），都城统万城（今内蒙古乌审旗白城子）失守，逃往上邽（今甘肃天水市）。承光四年（428 年），上邽会战，马失前蹄，兵败被擒。

北魏延和三年（434年），叛魏西逃，途中成擒，全族被杀。胡夏后主赫连定即位，追谥为德武帝。

3. 赫连定

赫连定（？—432年），小字直獖，匈奴铁弗部人。十六国时期胡夏皇帝，武烈帝赫连勃勃第五子，德武帝赫连昌之弟。

赫连定凶暴无赖，初封平原公，镇守长安。赫连昌即位，封平原王，拜司徒、大将军。承光四年（南朝宋元嘉五年，428年），赫连昌为北魏所擒后，逃奔平凉（今甘肃平凉），正式即位，年号胜光，联合刘宋攻打北魏。胜光四年（南朝宋元嘉八年，431年），攻打西秦和北凉，途中为吐谷浑所俘。北魏延和元年（432年），被吐谷浑王解送北魏，处死，史称胡夏后主。

大夏自赫连勃勃立国到赫连定被擒，前后一共存在25年。

夏国的统治者凭借武力，经常强徙被征服地区的各族人民于统万及各军事重镇。境内不立郡县，只设城堡、军镇，实行军营统户制，城镇所属户口即是军营所统户口。赫连勃勃以残暴著名，为筑统万城和制造兵器，杀死无数民工和数千工匠。对外连年战争，穷兵黩武，以掠夺人口和财富。

第三章　风云人物

一、前凉桓公张重华，抛弃祖训称凉王

张重华（327—353年），字泰临，一作字太林，凉州姑臧人，前凉文王张骏第二子，十六国时期前凉政权的君主。

东晋咸和七年（332年），张重华被立为世子。建兴三十四年（346年），张骏去世，张重华继位，自称持节大都督、太尉、护羌校尉、凉州牧、西平公，假凉王，仍奉晋愍帝年号。

张重华为人宽和持重，沉默寡言。继位以后，对内减轻赋税，减少御用园林，对外派使修好于后赵，似乎很想有所作为。不过，他的命运不佳，刚刚接位不久，前凉就屡遭后赵的袭击，护军曹权、胡宣被后赵俘虏，7000多户前凉臣民被后赵迁到雍州；金城太守张冲当了叛徒；负责抵挡后赵军队的征南将军裴恒驻扎在广武，观望不战，坐失良机。凉州人心惶惶，坐镇姑臧（今甘肃武威）的张重华见状坐立不安。这时，司马张耽认为主簿谢艾文武双全，善于用兵，能够击敌寇。张重华于是召见谢艾询问抗战方案。谢艾不卑不亢，侃侃而谈。张重华当即封谢艾为中坚将军，率步骑兵3万进军临河，大败赵军，俘斩1.3万余人，后赵大将麻秋只身脱逃。不久麻秋又指挥12万人前来报复，又被谢艾以2万军士击败。张重华接到捷报，脸上的愁云一扫而光，将谢艾封为福禄伯。后赵国君石虎不服输，第二年又派出几万大兵企图报复张重华，结果又被谢艾打垮。

战场上的胜利，使张重华趾高气扬，东晋永和三年（347年）十月，张重华想乘东晋侍御史俞归到达姑臧之机直截了当地向他提出要求，但是，快要走到俞归的住所时，张重华想到自己世世代代以效忠于晋朝而闻名，不宜亲自出面，便让亲信沈猛私下对俞归说："张重华世世代代都是晋朝的

忠臣，为什么还不如鲜卑人受器重？朝廷封慕容皝为燕王，为什么才把张重华封为大将军？"俞归知道沈猛是受张重华的指使，所以直接找到了张重华，对他连哄带骗终于使他打消了称王称帝的念头。

张重华当时虽被说服了，但事后又感到很不是滋味，心里总觉得称凉州牧显示不出自己的尊严和威风，称王称帝似乎就丢掉了张家的忠君传统，对不起列祖列宗。抱着这种矛盾的心理过了两年，到东晋永和五年（349年）九月，张重华终于抛弃了祖训，自称凉王、丞相，雍、秦、凉三州牧。

张重华陶醉在这些不伦不类的称号之中，渐渐地厌烦政务，整天与宠臣以下棋为乐，玩得高兴时就赐给宠臣钱帛。征事索振看不下去，给他提意见。张重华听完索振的话不仅没有责备他，反而对他的直言表示感谢。从此放弃了整天以下棋取乐的习惯，改变了对宠臣大手大脚赏赐的做法，处理政务也比较认真、及时，国库开始逐渐充实。但是，国库一旦充实，张重华又不甘寂寞了。东晋永和九年（353年）二月，张重华派张弘、宋修、王擢三位将军带兵向前秦开战。张重华做梦也不会想到，龙黎一战，前凉被打得丢盔卸甲，1.2万名官兵阵亡，张弘、宋修当了俘虏，王擢扔掉秦州跑回了姑臧，上邽（今甘肃天水）被前秦占领。这次惨败把张重华气得暴跳如雷。同年五月，张重华再次派王擢带上2万人的军队袭击上邽，由于得到了秦州一些郡县的支持，王擢一举攻克上邽。

张重华被这次胜利冲昏了头脑，认为前秦根本不是对手，便上书晋穆帝，请求伐秦。但是，东晋还没有答复，张重华就染病在身，卧床不起。同年十月，张重华把年仅10岁的张曜灵立为太子。当时，都尉常据见张重华的大哥张祚怀有夺位野心，便对张重华说："张祚有胆有识，支持他的人也有不少，恐怕让他继续留在姑臧会对太子不利。"张重华气喘吁吁地说："我把张祚比作周公，让他辅佐幼子，你怎能说出这种话呢！"这时，受大臣谗毁到酒泉当太守的谢艾也给张重华写信请求把张祚赶出姑臧，并诉说了自己的不幸，恳求张重华把他调回姑臧。病情已十分沉重的张重华看了谢艾的上疏，非常感动，下手令调谢艾为卫将军，监中外诸军事并辅政。但是，这个手令却被张祚藏匿起来，秘而不宣。几天后，张重华便死了，时年27岁，共在位11年。私谥昭公，后改谥桓公，晋穆帝赐谥号为敬烈，葬于显陵。其兄前凉威王张祚继位后，追谥张重华为桓王，庙号世宗。

二、李雄称帝号大成，亲子疏离传李班

成武帝李雄（274—334年），字仲俊，巴氏族首领李特第三子，母罗氏，十六国时期成汉开国皇帝。

李雄身高八尺，仪表堂堂。据说，道士刘化曾对人说："关陇的人以后都会南迁，李氏中只有李雄最终会成为君主。"李雄确很幸运。李特在四川起兵时，李雄被封为前将军。晋太安二年（303年），李特战死，李雄叔父李流准备向晋军投降。李雄和叔父李骧轮流劝说李流，但李流根本不听。这时，李离要求李雄袭击晋军，李雄哭丧着脸说："此计可取，但叔父不同意又怎么办呢！"李离果断地说："胁迫他干。"李雄马上和李离一起鼓动流民攻击晋军，流民个个摩拳擦掌，跃跃欲试。于是，李雄便带兵攻打晋建平、太安、孙阜，一举取胜。通过这次军事行动，李流对李雄刮目相看，把军权全部交给了李雄。同年九月，李流病死，李雄自称大都督、大将军、益州牧。不久，李雄攻克了成都。但是，成都城内早就断粮，李雄进城后无法维持官兵的生活，只好又带兵到郫县（今四川广汉）。

晋永兴元年（304年）十月，李雄自称成都王，建元建兴，废除晋朝法律，约法七章。封李骧为太傅，李始为太保，李离为太尉，李云为司徒，李璜为司空，李国为太宰，阎式为尚书令，杨褒为仆射。李离、李国有智有谋，李雄有事就向他们请教。建兴三年（306年）三月，隐居西山的道教首领范长生到达成都，李雄亲自出城迎接，封他为丞相，尊称范贤。同年六月，李雄称帝，改元晏平，国号大成，史称成汉。封范长生为天地太师、西山侯，并给了他许多优厚待遇，包括对他的部曲免征租税和兵役。

建国伊始，没有什么法规，不少大臣经常为争官位高低闹得不可开交。李雄采纳了尚书令阎式的建议，建立百官制度，这才平息了争官闹剧。虽然没有人再争官了，但是，由于财政入不敷出，李雄便默认部下可以用金银买官。买官的门一打开，马上又发现弊病太多，于是又严禁买官。为了解决财政危机，李雄开始注意发展农业生产，并适当减轻租调徭役，规定每个男丁每年缴纳三斛谷子，女丁缴纳一半，有病的只缴1/4，每户缴绢数丈，绵数两。几年以后，实力便大大增强。

成汉晏平五年（310年），李雄的两位得力助手李离、李国分别被他们的部下杀害，梓潼、巴西重新成了罗尚的地盘。李雄十分恼火，对大将张宝说："你能夺取梓潼，我就把李离的官衔授给你。"张宝以杀人犯罪为名逃到梓潼，取得信任，不久，乘梓潼守将出城迎接罗尚使者的机会，关上城门，

轻易夺占了梓潼。李雄也不食言，把张宝封为太尉。不久，罗尚病死，李雄乘机派李骧攻陷涪城，俘虏梓潼太守谯登。成汉玉衡四年（314年），汉中的杨虎和梁州的张咸也先后投奔了李雄。于是，汉嘉、涪陵、汉中地区也都成了成国的领地。

十六国时期鲜卑拓跋部的金头饰

李雄共有 10 个儿子，但没有一个合他的心意，所以想立侄子李班为太子，但大臣们都极力反对。李雄费了一番口舌，才算说服大家，终于立了李班为太子。成汉玉衡二十四年（334年），李雄头顶生疮，脓水四流，他的儿子看后直感恶心，躲得远远的，只有李班不分昼夜地在身边侍候，经常用嘴为他吸脓水。李雄病了 6 天就去世了，时年 61 岁。谥号武皇帝，庙号太宗，葬于安都陵。

三、前赵政权开国帝，刘渊病逝光极殿

刘渊（？—310年），字元海，新兴（今山西忻州北）人，匈奴族，匈奴首领冒顿单于之后，南匈奴单于于夫罗之孙，左贤王刘豹之子，母呼延氏，十六国时期前赵政权开国皇帝。

刘渊自幼喜欢学习，幼年就拜上党崔游为师，增长了不少知识和才干，也产生了远大志向和抱负。刘渊还发奋练习武功。由于他身材魁伟，有两只很长的胳膊，手臂也很有力气，练了没有多久，就成了远近闻名的射箭高手。

曹魏咸熙年间（264—265年），刘渊以人质的身份来到洛阳，广泛结交汉族官僚。司马氏建立西晋之后，刘渊仍留居洛阳，但未受到重用。晋咸宁四年（278年），左部帅刘豹病死，晋武帝让刘渊接替左部帅之职。太康（280—289年）末年，刘渊又被封为北部都尉。刘渊严肃法治，惩治奸佞，轻财好施，以诚待人，吸引了一大批有志之士，匈奴的五部、幽冀的名儒潮水般地涌向了刘渊。随着兵多马众，刘渊的官衔也不断升级，到晋惠帝时已经升任了五部大都督，后来又被调到邺城，提拔为宁朔将军，负责匈奴五部的军事。

这时，李特、张昌在荆、益起义，"八王之乱"已经拉开了序幕，北

刘渊蜡像

方地区成了西晋宗室互相残杀的舞台，刘渊的堂祖父、匈奴左贤王刘宣等人见恢复匈奴故业的时机已到，便秘密推举刘渊为大单于，并委托呼延攸到邺城请刘渊回到他们身边。刘渊迫切希望马上离开邺城，但司马颖不同意，刘渊只好先让呼延攸回去联络匈奴五部和杂胡，自己则等待适当机会再离开邺城。永兴元年（304年），王浚、司马腾起兵反晋，刘渊乘机离开邺城，马不停蹄地奔向了左国城（今山西离石），自称大单于，起兵反击司马腾，不到20天，兵众就发展到5万人。刘渊离开邺城不久，王浚的将军祁弘就率领鲜卑人包围了邺城。

永兴元年（304年），刘渊在南郊筑坛设祭，自称汉王，把国都从离石迁到左国城，赦免境内囚犯，建年号为元熙，追尊刘禅为孝怀皇帝，建造汉高祖以下三祖五宗的神位进行祭祀，立妻呼延氏为王后。署置百官，任命刘宣为丞相，经师崔游为御史大夫，宗室刘宏为太尉，其余的人授官各有等差，国号为汉，史称汉赵、前赵。

同年年底，刘渊派建武将军刘曜攻陷太原、泫氏、屯留、长子、中都等地。元熙二年（305年），刘渊又派前将军刘景袭击并州刺史刘琨，不料被刘琨打败，晋阳失陷。于是，刘渊转向河东挺进，攻取了蒲阪、平阳，占据了蒲子（今山西隰县）。这时，在赵魏起兵的汲桑、在山东起兵的王弥、在河北起兵的羯族石勒遭到晋军重创后，先后投入了刘渊的怀抱，刘渊的势力更加壮大。

元熙五年（308年）七月，刘渊迁都蒲子，自称皇帝，改年号为永凤。刘渊想进攻洛阳，所以又把国都迁到了平阳（今山西临汾西北）。接着，刘渊又派王弥、刘曜两次进攻洛阳，但都没有成功。

永嘉四年（310年）七月，刘渊卧病，准备嘱托后事，任命刘欢乐为太宰，刘洋为太傅，刘延年为太保，刘聪为大司马、大单于，并且统领尚书事务，在平阳西部建造单于台，任命其子刘裕为大司徒。刘渊病重，召刘欢乐和刘洋等人到宫禁中接受遗诏，辅佐朝政。八月，刘渊在光极殿去世，共在位6年。刘渊死后，其子刘和继位。不久，刘聪自西明门攻入西室，杀刘和自立。同年九月，刘聪葬刘渊于永光陵，上谥号为光文皇帝，庙号高祖。

四、奴隶石勒逆袭记，暴君石虎荒淫事

1. 后赵高祖石勒

石勒（274—333年），字世龙，初名㔨，小字匐勒，羯族，上党武乡（今山西榆社）人。部落小帅石周曷朱之子，十六国时期后赵建立者，史称后赵明帝，也是中国历史上的唯一一个奴隶出身的皇帝。

石勒的祖先是匈奴别部羌渠的后裔，祖父耶奕于，父亲周曷朱，也叫乞翼加，都曾当过部落小帅。后来家道中落，为生活所迫，石勒年仅14岁就跟随老乡常到洛阳做一些小买卖。一天，石勒背靠上东门不住地发愣，不时长吁短叹。晋太尉王衍见后，感到有些奇怪，过了一会儿，回头对随行的人说："这个小胡的声音有些奇特，恐怕以后会给天下带来灾难。"当王衍让人骑马去抓石勒时，石勒已经离开了上东门。

家庭环境的熏陶和长年累月的商贩生涯，培养了石勒惊人的胆量和高超的骑马射箭水平。石勒的父亲周曷朱十分粗鲁，对部下动辄打骂，部下对他非常反感。为了缓和一下和部下的关系，周曷朱让石勒代管这个部落。由于石勒管理有方，得到了部下的信任和尊敬。

晋太安年间，并州一带发生饥荒，不少人活活饿死。石勒为了活命，便和几个人一起从雁门逃到阳曲，投奔宁驱，后来又离开宁驱家中，偷偷地投奔都尉李川，途中被晋东嬴公马腾的手下郭阳、张隆捉住带往冀州，卖给了山东茌平人师欢。师欢感到石勒有些不寻常，便填写了一张放免书，让石勒当一个平民百姓。

离开师欢不久，石勒便召集了一支小队伍，号称"十八骑"。永兴二年（305年），公师藩起兵反晋，石勒率领"十八骑"投奔公师藩，被任命为前队督。公师藩在白马被濮阳太守苟晞杀掉后，石勒率领牧民冲击附近郡县的监狱，收编了一些犯人当兵，又到处召集逃在山林沼泽的流民，建立了一支军队。晋永嘉元年（307年）五月，石勒配合汲桑攻进了邺城（今河北临漳西南）。同年八月，石勒在与晋将苟晞等人交战时被苟晞打败，逃奔乐平。不久，又投奔了胡部大（胡人一部之长）张督、冯莫突。张督等人无智无谋，生怕部下背叛自己，便于永嘉元年（307年）十月暗中跟着石勒投靠了刘渊。石勒被刘渊封为辅汉将军、平晋王，张督被封为亲汉王，冯莫突被封为都督部大，张督、冯莫突二人均受石勒调遣。

石勒在刘渊那里无意之中听说刘渊曾多次向乌桓伏利度招降，伏利度就是不听。石勒为了博取刘渊的欢心，便假装得罪了刘渊，投奔伏利度。伏利度信以为真，和石勒结为把兄弟，让石勒率兵侵扰其他胡人。石勒在用兵过程中，十分注意收买人心，把不少人拉到了自己这一边。石勒见时机已到，便借赴宴之机抓起伏利度，然后领着伏利度的兵马向刘渊报功领赏。刘渊为了嘉奖石勒，提拔石勒为督山东征讨诸军事，并把伏利度的兵马分配给石勒管理。从此以后，石勒的兵众开始强盛起来。

晋永嘉二年（308年），一年之内，石勒先后攻陷了魏郡、汲郡、顿丘、邺城、中丘等地。到第二年时，石勒的兵众已经发展到10多万人，石勒把其中的衣冠人物集中起来，建立君子营，对他们实行优待政策。

永嘉五年（311年），汉赵攻陷洛阳，永嘉之乱爆发。当时天下无主，西晋司空领乌丸校尉王浚在大乱后生不臣之心。他假立太子，设立行台，自置百官，更打算自立为帝，骄奢淫虐。石勒打算消灭并吞并其势力，张宾则提出让石勒假意投降王浚。石勒于是卑屈地向王浚请降归附，在王浚使者来时更加特意让弱兵示人，并且故作卑下，接受王浚的书信时朝北向使者下拜和朝夕下拜王浚送来的尘尾，更假称见尘尾如见王浚；又派人向王浚声称想亲至幽州支持王浚称帝。王浚于是完全相信石勒的忠诚。然而，石勒一直派去作为使者的王子春却为石勒刺探了王浚的虚实，让石勒做好充足准备。

建兴二年（314年），石勒正式进兵攻打王浚，乘夜行军至柏人县，并因张宾的建议，利用王浚和刘琨的积怨，写信并送人质给刘琨请和，并称要为他消灭王浚。故此刘琨最终都没有救援王浚，乐见王浚被石勒所灭。石勒一直进军至幽州治所蓟县，先以送王浚礼物为由驱赶数千头牛羊入城，阻塞道路，及后更纵容士兵入城抢掠，并捕捉王浚，数落王浚不忠于晋室，残害忠良的罪行。石勒于是命将领王洛生送王浚到襄国并处斩，又尽杀王浚手下精兵万人，擢用裴宪和荀绰为官属。石勒留蓟两日后就焚毁王浚宫殿，留刘翰守城而返。

石勒回到襄国后将王浚首级送给刘聪，刘聪于是任命石勒为大都督、督陕东诸军事、骠骑大将军、东单于，并增封二郡。刘聪更于建兴三年（315年）赐石勒弓矢，加崇为陕东伯，专掌征伐，他所拜授的刺史、将军、守宰、列侯每年将名字及官职上呈就可，又以石勒长子石兴为上党国世子。

晋太兴元年（318年），汉王刘聪病死，其子刘粲继位，大司空靳準发动叛乱，杀了刘粲。同年十月，刘渊侄刘曜继承帝位，石勒被封为大司空、大将军。石勒亲率 5 万骑兵讨伐靳准，靳准一看来势凶猛，马上派侍中卜泰向石勒请和，石勒抓起卜泰就送给了刘曜。石勒虽效忠于刘曜，但刘曜对石勒却不怎么信任。太兴二年（319 年）二月，刘曜听信谗言，杀害了石勒的左长史王脩。石勒听到这一消息后，气得脸色发青，自此与前赵结了仇怨。

当年十一月，石勒称大将军、大单于、领冀州牧、赵王，于襄国即赵王位，正式建立后赵，称赵王元年。然后命令法曹令史贯志制定了法律条文——辛亥制度，在襄国四门增设了宣文、宣教、崇儒、崇训等 10 多所小学，又建筑社稷坛、宗庙、东西宫；提拔理曹参军续成为律学祭酒，中垒将军支雄、游击将军王阳为门臣祭酒，专门负责管理胡人的诉讼，严禁胡人欺负汉族官僚；提拔从事中郎裴宪、参军傅畅、杜嘏为经学祭酒，任播、崔浚为史学祭酒，张宾为大执法，总管朝政。为了给自己树碑立传，石勒还命令记室佐明楷、程机编写《上党国记》，中大夫傅彪、贾蒲、江轨编写《大将军起居注》，参军石泰、石同、石谦、孔隆编写《大单于志》。从此之后，石勒接见大臣时常用天子礼乐，出门则穿起了天子的服装，俨然成了一个真龙天子。

太和元年（328 年），石虎攻蒲阪，前赵帝刘曜亲率全国精兵救援蒲阪，大败石虎，于是乘势进攻石生镇守的洛阳，以水灌城，同时又派诸将攻打汲郡和河内郡，后赵举国震惊。于是石勒与石虎及石堪、石聪分三道夹击刘曜，最终大败前赵，更生擒刘曜并押送到襄国。

次年，留守长安的前赵太子刘熙知道刘曜被擒后大惊，于是弃长安而西奔上邽，各征镇都弃守防地跟随，于是关中大乱，更有前赵将领以长安城归降后赵。石勒又派石虎进攻关中的前赵残余力量，终于当年八月，前赵刘胤率大军反攻长安时被石虎击败，前赵一众王公大臣都被石虎所捕，同年石勒亦杀刘曜，前赵亡。石勒又于咸和二年（327 年）派石虎击败代王拓跋纥那，令对方徙居大宁回避其军事威胁。至此后赵除前凉、段部鲜卑的辽西国及慕容鲜卑的辽东国三个政权外几乎占领整个中国北方。

太和三年（330 年）二月，石勒称大赵天王，行皇帝事，并设立百官，分封一众宗室。至九月，石勒正式称帝，改元建平，将妻子刘氏立为皇后，又规定了昭仪、夫人、贵族、贵人、三英、九华、淑媛、淑仪、容华、美人的等级和数额。

后赵建平四年（333 年）六月，石勒突然病倒，卧床不起。石虎有夺位野心，假称诏令不让太子石弘和大臣前去看望石勒，并把石宏、石堪从外地叫到襄国。七月戊辰日（8月17日），石勒逝世，享年60岁。当天夜里，石虎就把石勒偷偷地埋到山谷深处，过了12天才为石勒发丧。庙号高祖，谥号明帝，葬于高平陵。

2. 后赵太祖石虎

石虎（295—349年），字季龙，羯族，上党武乡（今山西榆社）人。十六国时期后赵第三位皇帝，明帝石勒之侄。

后赵建平四年（333年），石勒驾崩，其皇位由儿子石弘继承。翌年，石虎废杀石弘，自立为王。至335年，其首都由襄国（今河北邢台）迁至邺（今河北邯郸市临漳县城西南20千米邺城遗址）。石虎在位期间，表现了其残暴的一面，因此被认为是五胡十六国中的暴君。石虎卒年54岁，其子为争帝位互相残杀，后赵逐渐衰落。

石虎是石勒的侄子，在11岁那年突然丢失。永嘉五年（311年），石虎由西晋并州刺史刘琨送还石勒，这时他已是一个17岁的青年。多年不见，石虎变得游手好闲，十分残暴，多次用弹丸打人，激起了官兵的不满情绪。石勒见状，准备把他杀掉。其妻王氏劝他再观察一下，于是石勒把石虎提拔为征虏将军。石虎身高七尺五寸，骑马射箭是把好手，治军也非常严格。每次出征，所向无敌，但抓到降兵不分男女一律杀掉。石勒虽然经常批评他，但渐渐地认为石虎是块带兵打仗的好料，慢慢对他比较器重了，并亲自到将军郭荣家说媒，把郭荣妹妹嫁给了他。

咸和五年（330年），石勒称帝，封石虎为中山王、尚书令。石虎本来想着石勒称帝后会把大单于的位子送给自己，不料却给了石弘。石虎勃然大怒，对儿子石邃说："自从石勒占据襄国（今河北邢台）以来，我南擒刘岳，北追索头，东平齐、鲁，西定秦雍，攻克了13个州，立下汗马功劳。大单于之位应当给我，却给了石弘。每想起这些，就气得我吃不下饭睡不着觉。等石勒死后，我要把石勒的子孙斩尽杀绝！"三年之后，石勒病死，石虎有了发泄私愤的机会。他先把右光禄大夫程遐、中书令徐光逮捕下狱，然后逼迫太子石弘继位。石弘害怕石虎，便以软弱无能为借口，一再要求把帝位让给石虎，石虎训斥石弘说："我也知道你不能胜任，不过你先当着，过些日子自然会有人换你，你不要再啰唆了！"石弘无奈，只好称帝，封石虎为魏王、大单于。石弘名义上是皇帝，但大小权力全操纵在石虎手中。延熙元年（334年）十一月，石虎把石弘废为海阳王，自称赵天王，改元建武，立儿子石邃为太子。不久，石虎就把石弘、石弘的母亲程氏、秦王石宏、南阳王石恢全部杀掉，总算解了心头之恨。

建武二年（336年），石虎下令在襄阳建太武殿，在邺（今河北临漳）建东、西两宫，一月之内全部完工；同年，又在显阳殿后面营建灵风台九殿。为了供自己寻欢作乐，石虎又派人在民间挑选一万多名女子，分配到各殿。

石虎只顾营建宫殿，寻欢作乐，把政事全部委托给太子石邃。石邃是个酒鬼、色棍、暴徒，经常在夜里闯进大臣家中，奸淫大臣妻妾。还经常把美姬杀掉，把头颅洗干净放在盘子上让大臣传看。更令人啼笑皆非的是，石邃有时把认为应该汇报的事情告诉石虎，石虎气愤地说："这点小事还值得告诉我！"有时不告诉他，石虎又暴跳如雷，说："为什么不向我汇报！"举起鞭子就打，平均每月都要把石邃打上两三次。石邃无法忍受，带着500名骑兵到了冀州准备杀掉河间公石宣，发动叛乱。走了几里路，骑兵不愿跟他去送死，纷纷逃跑。石邃无奈，只得又回到宫中。石虎见到石邃一边怒骂，一边用鞭子抽打，骂够打累之后，便把他软禁在东宫里面。过了几天，石虎消了气，又把石邃放了出来。石邃见了石虎，连声感谢的话都没说掉头就走。石虎喝令他站住，石邃当作没有听见，扬长而去。石虎气得脸色铁青，当即宣布把他废为庶人，当天夜里又把石邃及其妃子张氏、儿女26人全部杀掉，塞到一个棺材里抬出去埋掉；并诛杀石邃宫臣中的门党200多人，废黜郑皇后为东海太妃。石虎立儿子石宣为天王皇太子，石宣的母亲杜昭仪被封为天王皇后。

建武四年（338年）一月，石虎调动3万兵马向辽西鲜卑段辽出击。三月，石虎进据金台，大将友雄长驱入蓟。段辽渔阳太守马鲍、代相张牧、北平相阳裕等人贪生怕死，纷纷向石虎投降。段辽见状，十分震惊，扔掉令支，率领妻子儿女向密云山逃命。石虎派将军郭太、麻秋一口气追到密云山，活捉了段辽的母亲、妻子。段辽自知无路可逃，便派儿子乞特真向石虎请降，石虎便将段辽的2万多户百姓迁到司、雍、兖、豫四州。

回到国都邺城（今河北临漳西南）后，石虎很为消灭段辽兴奋了几天，但事过不久又感到索然无味，想向前燕用兵。然而多次向前燕用兵，均被打得丢盔弃甲，狼狈逃窜。吃了前燕的苦头，石虎恼羞成怒，把愤怒倾注在南征东晋、西征前凉和东征前燕的战争上面，但也大都以失败而告终。

石虎本来就喜欢打猎，到了晚年，因身体发胖无法跨鞍，便制作了1000辆辕长三丈，高一丈八尺的猎车供他使用。石虎的猎场很大，西起灵昌津东到阳都。石虎命令御史监督猎场，严禁人们伤害禽兽。御史则借机作威作福，欺压百姓。他们见谁家有美女、好牛好马，就去索取；如果得不到，就诬陷他们伤害了禽兽，就把他们置于死地，因此而死的多达100多家，海岱、河济一带民不聊生。石虎早已在民间搜罗了3万多13岁以上、20岁以下的女子充实后宫，石虎嫌不够，又于建武十一年（345年）增设女官，搜寻民女。各郡县官吏为了巴结石虎，只要见到漂亮的女人不管是否婚配，一律抢送给石虎，仅已婚妇女就有9000多人被夺走。地方官吏也趁火打劫，抢夺美女，不少人遭到了野兽般的蹂躏。有大臣上书劝谏，反遭残杀。石虎虽然占据了10个州的土地，金帛珠玉堆积如山，但他贪婪成性，永不满足，经常挖掘前代陵墓，偷取金宝。

永和四年（348年）四月，后赵秦公石韬受到石虎宠爱，石虎想立他为太子，可是因为已立长子石宣，遂犹豫不决。石宣曾违背后赵王的指令，石虎气愤地说："真后悔当初没立石韬为太子！"石韬因此而更加傲慢无忌。他在太尉府建造了一座殿堂，命名为宣光殿，横梁长达九丈。石宣看到后认为冒犯了他的姓名，勃然大怒，便杀掉了工匠，截断了横梁，拂袖而去。石韬对此也怒不可遏，又把横梁加长到十丈。石宣听说后，对他的亲信杨杯、牟成、赵生说："这小子竟敢如此傲慢刚愎！你们如果能把他杀掉，我继位入主西宫后，一定把他如今占据的封国郡邑全都分封给你们。石韬死后，主上一定会亲临哀悼，到时我趁机把他也杀掉，没有不能成功的。"杨杯等人同意了。

八月，石宣派杨杯等人杀死了石韬。石虎怀疑石宣杀害了石韬，想召见他，又怕他不来，于是便谎称他母亲杜后因悲哀过度而病危。石宣没有察觉已怀疑到了自己头上，入朝来到中宫，便被扣留了起来。建兴人史科知道石宣策划杀害石韬的计谋，告发了他们，石虎便派人去抓杨杯、牟成，但他们都逃跑了，只抓到了赵生。经过追问，他全部招供。石虎听完后更加悲痛愤怒，于是便把石宣囚禁在贮藏坐具的仓库中，用铁环穿透他的下巴颏并上了锁，拿来杀害石韬的刀箭让他舔上面的血，石宣的哀鸣号叫声震动宫殿。不久，石虎在邺城北部堆起干柴，让石宣的亲信郝稚、刘霸分别拖着石宣的头发，扯着石宣的舌头，把石宣拖到了干柴上面；石虎又让刘霸把石宣的手脚砍断，挖出眼睛和肠子，然后点燃了干柴。石虎登上中台亲眼看着大火把石宣烧成灰烬，仍不解心头之恨，于是又把石宣的妻子、儿女共9人全部杀掉。石宣的小儿子才几岁，抱着石虎的腿哇哇直哭，石虎突然产生了怜悯之心，把他抱了起来，但执行命令的刽子手硬是从石虎怀中把他夺去残杀。周围的人看后痛哭流涕，石虎也十分生气惭愧，因此染病在身。

石宣被烧死后，摆在石虎面前的首要事情是立谁为太子。当时太尉张举劝石虎在石斌、石遵中任意选择一个，但石虎对这二人都不感兴趣，偏偏看中了齐王石世，于建武十四年（348 年）十月立石世为太子。永和五年（349 年）正月，石虎即皇帝位，实行大赦，改年号为太宁，并将儿子们的爵位全都晋升为王。

染病在身的石虎本想通过称帝、改元消灾祛病，得到安宁，但昔日的穷兵黩武，不惜民力，荒淫无度，使后赵人民饥饿不堪。就在石虎称帝不久，被石虎贬谪的士兵在梁犊领导下发动起义。起义军举起大斧，攻下郡县，兵众发展到 10 多万人，石虎倾尽全国兵力才把起义军镇压下去。

太宁元年（349 年）四月，石虎病情加重，下令石遵、石斌、张豺三人辅佐太子。太子母亲刘皇后讨厌石斌辅佐朝政，怕这样对太子不利，因此和张豺一起谋划想除掉他。假传诏令，称石斌毫无忠孝之心，将他免官归家，派张豺的弟弟张雄率宫中的龙腾卫士 500 人看守他。

四月十九日，石遵从幽州来到邺城，不得见石虎。张豺派张雄假传诏令杀掉了石斌。四月二十二日，刘氏再次假传诏令，任命张豺为太保、都督中外诸军，总管尚书职事，就像西汉霍光辅政专权一样。

四月二十三日，石虎去世，太子石世继位。六月，石虎被安葬在显陵，上庙号为太祖，谥号武皇帝。

五、帝出五将久长得，柔仁邀名秦天王

苻坚（338—385 年），字永固，又字文玉，小名坚头，氐族，略阳临渭（今甘肃秦安）人。前秦奠基者惠武帝苻洪之孙、丞相苻雄之子。十六国时期前秦的君主（357—385 年在位）。在位前期励精图治，重用汉人王猛，推行一系列政策与民休息，加强生产，终令国家强盛，接着以军事力量消灭北方多个独立政权，成功统一北方，并攻占了东晋领有的蜀地，与东晋南北对峙。苻坚于 383 年发兵南下意图消灭东晋，史称淝水之战。但最终前秦大败给东晋谢安、谢玄领导的北府兵，国家亦陷入混乱，各民族纷纷叛变独立，苻坚最终亦遭羌人姚苌杀害。

在后赵石虎进攻关中时，苻洪率族归服，并迁徙到现今的河北临漳一带。后又投靠东晋，被任为征北大将军，不久自称秦王。苻洪死后，其子苻健在公元 351 年入驻关中，次年称帝，建都长安。苻健是苻坚的伯父，苻坚的父亲苻雄因辅佐长兄创业有功，被封为东海王。

皇始五年（355 年），苻健病死，苻生继承帝位。苻坚袭父爵东海王，

符坚墓

另亦获封龙骧将军。符生是个暴君，把杀人当作儿戏，宗室、功臣几乎全被杀光。在位的大臣官员都怕他恨他，要么以身体多病为由辞职回家，要么暗中巴结符坚弟兄。符坚乘机结交了王猛、吕婆楼、强汪、梁平老、权翼等人，把他们当作心腹，密谋杀掉符生。

符坚感到实力不足，不敢轻易动手，而在暗中谋划。或许符生也听到了风声，在寿光三年（357 年）的一个夜晚对一位侍女说："符法和符坚兄弟也不可信赖，明天就把他们除掉。"侍女等符生熟睡后，秘密报告了符坚。符坚兄弟才不得不立即采取行动。召集亲兵，分两路冲进符生的王宫，把睡懵懵的符生拉到另外一个房间幽禁起来，废为越王。

废掉符生后，符坚将帝位让给庶兄符法，但符法自以庶出不敢受，符坚在群臣的劝进下继位，并降号天王，称"大秦天王"，改年号永兴，把母亲苟氏封为皇太后，妻子苟氏立为皇后，儿子符宏为皇太子，实行大赦。后遣使杀了废帝符生，谥其曰厉。

符坚继位时，前秦社会一派混乱。关中本来是各民族杂居的地区，民族仇杀此起彼伏。前秦在战乱中建国，法律制度都不健全。符生又实施残暴统治，已有水旱灾害发生，致使千里秦川豪强横行，老百姓苦不堪言。

符坚在做东海王时，就痛感时弊误国害民，因而继位后决心开创清明的政治局面，整顿吏治，惩处不法豪强，平息内乱，实行与民休养生息的政策。他深知明政无大小，以得人为本的道理，所以广招贤才，并首先从调整最高领导机构入手，果断地处斩了帮助符生作恶的佞臣董荣、赵韶等20 余人。提拔重用了一批精明廉洁的汉族士人参与朝政，其中最有影响的就是寒门出身的王猛。符坚杀掉符生继承帝位后，把王猛提拔成中书侍郎。当时，始平是豪强的老巢。这些豪强横行霸道，无恶不作，光天化日之下肆意抢劫，拦路强奸，百姓大受其害，苻坚感到需要好好治理一下，于是任命王猛为始平令，把消灭不法豪强作为当前的首要任务。

特进樊世出身于氐族豪强之家，根本不买王猛的账，曾当着众人的面辱骂王猛。苻坚见樊世如此狂妄，当即下令把樊世拉出去杀掉。杀掉樊世的第二年（甘露元年，359年）八月，王猛又向特进强德开刀。强德是苻坚伯父苻健的小舅子。此人喜欢喝酒，每次喝酒都要大发酒疯，胡作非为，抢劫财物，夺人妻女，长安市民非常不满。一天，王猛见到强德又在大街上胡闹，便下车把他绑了起来，没等向苻坚报告，就砍掉了强德的头，把尸体扔在大街上任人践踏。王猛趁热打铁，和邓羌在几十天之内又接连不断地杀掉了20多个豪强、贵戚。这一招见效很快，豪强、贵戚，不法分子开始老老实实，循规蹈矩，社会风气也大为好转，出现了路不拾遗、夜不闭户的良好秩序。

随着吏治的整顿，恣意妄为、贪污受贿等腐败现象日趋消除，社会风气和社会治安大为好转。苻坚又开始了礼治建设，也就是设立学校办教育，提高民众的文化素质，培养治国人才。他自幼学习汉族文化，仰慕儒家经典，为扭转氐族迷信武力、轻视文化知识的落后观念，积极恢复了太学和地方各级学校，广修学宫，招聘满腹经纶的学者执教，并强制公卿以下的子孙入学读书。苻坚每月到太学一次，考问诸生经义，品评优劣，勉励他们刻苦学习。

苻坚还亲自挑选品学兼优的学生，让他们到各级权力机构任职。同时规定：俸禄百石以上的官吏，必须"学通一经，才成一艺"。如果不通一经一艺，则一律罢官为民。由于苻坚的大力倡导，并同官吏的选任结合，前秦很快就出现了劝业竞学、养廉知耻的风气。不仅培养了官僚后备队伍，提高了统治阶层的文化素质，同时也促进了民族间的文化交流。

苻坚继位后，前秦的经济形势也极其困难。由于战乱不息，天灾连年，出现了国库空竭，民生凋敝。为了迅速扭转百废待兴的萧条局面，苻坚决定偃甲息兵，大力发展生产。由于苻坚把发展农业作为基本国策，前秦的经济恢复很快，几年后便出现了安定清平、家给人足的新气象。史载，从长安到各州郡，都修了通道驿亭，游人和商贩沿途取给十分方便。

建元五年（369年），前燕吴王慕容垂在击退东晋桓温的北伐军后因受到慕容评排挤，于是出奔降秦。苻坚早于两年前知道慕容恪去世的消息时就已经有吞并前燕的计划，还特地派了使者出使前燕以探虚实，然而苻坚因为慕容垂的威名而不敢出兵。现在慕容垂自来，苻坚十分高兴，并亲自出郊迎接，对其极为礼待，更以其为冠军将军。

同年十二月，苻坚以前燕违背当日请兵的诺言，不割让虎牢（今河南荥阳汜水县西北）以西土地予前秦为借口出兵前燕，以王猛、梁成和邓羌率军，进攻洛阳（今河南洛阳市），并于次年年初攻下。六月，苻坚再命王猛等出兵前燕，自己更亲自送行。王猛终在潞川击溃率领30多万大军的前燕太傅慕容评，并乘胜直取前燕首都邺城（今河北临漳县西南），苻坚更在王猛围攻邺城时亲自率军前往邺城助战。拿下邺城后，正出奔辽东的前燕皇帝慕容暐被前秦追兵生擒，前燕在辽东的残余反抗力量亦遭消灭，前秦正式吞并前燕。

随着苻坚先后攻灭前燕、前仇池和前凉三个割据政权，北方唯一的割据政权就是拓跋氏建立的代国。建元十二年（376年），苻坚以应刘卫辰求救为由，命幽州刺史行唐公苻洛率兵10万，另派邓羌等率兵20万，一起北征代国。当时代王拓跋什翼犍先后命白部、独孤部及南部大人刘库仁抵御，但都失败，而拓跋什翼犍因病而不能率兵，被逼北走阴山，但高车部族此时却叛变，拓跋什翼犍只得回到漠南，并看准前秦军稍退，于是返回云中郡盛乐（今内蒙古和林格尔北）的都城。此时，拓跋斤挑拨拓跋什翼犍子拓跋寔君，令其起兵杀死父亲及其他弟弟；前秦军闻讯亦立刻出兵云中，代国于是崩溃，为前秦所灭。

苻坚随后杀死拓跋斤及拓跋寔君，拓跋窟咄被强迁至长安，而拓跋什翼犍诸子亦被杀，拓跋什翼犍孙拓跋珪尚幼，再无于当地有效控制代国统下诸部的人。苻坚因而听从燕凤的话，分别以刘库仁及刘卫辰分统代国诸部，借两人之间的矛盾互相制衡。至此，前秦成功统一北方，只剩下据有江南地区的东晋。

建元十九年（383年）五月，东晋荆州刺史桓冲出兵襄阳、沔北及蜀地。桓冲于七月退军后，苻坚便下令大举出兵东晋，每10丁就遣1人为兵；20岁以下的良家子但凡有武艺、骁勇、富有、有雄才都拜为羽林郎，最终召得3万多人。八月，苻坚命苻融率张蚝、梁成和慕容垂等以25万步骑兵作为前锋，自己则随后自长安发兵，率领60余万戎卒及27万骑兵的主力，大军旗鼓相望，前后千里。十月，苻融攻陷寿阳（今安徽寿县），并以梁成率5万兵驻守洛涧，阻止率领晋军主力的谢石和谢玄等人的进攻。当时正进攻晋将胡彬的苻融捕获胡彬派去联络谢石的使者，得知胡彬粮尽乏援的困境，于是派使者向正率大军在项城的苻坚联络："晋军兵少易擒，但就怕他们会逃走，应该快快进攻他们。"苻坚于是留下大军，秘密自率8000

轻骑直抵寿阳。然而，晋将刘牢之及后率军进攻洛涧，击杀梁成，前秦军队溃败，谢石等于是率领大军水陆并进，与前秦军隔淝水对峙。苻坚和苻融此时从寿阳城观察晋军，见其军容整齐，连八公山上的草木都以为是晋军。苻坚及后答允晋军要他们稍微后撤，让晋军渡过淝水作战的要求，并认为能待晋军半渡淝水之时进攻晋军，获得胜利。但当前秦大军一退就出现全军溃退，苻融骑马入乱军中试图统率乱军，但坠马被杀，晋军于是追击溃败的前秦军，令前秦军伤亡惨重，连苻坚亦中流矢受伤，单骑逃到淮北。

淝水战后，前秦元气大伤，先前被统一的鲜卑、羌等部族酋豪纷纷举兵反叛，建立割据政权。先是慕容垂逃回前燕故地复国称王，慕容宗族的子弟跃马披甲，遍地狼烟；拓跋什翼犍之孙拓跋珪亦在牛川称王复国；羌族的姚苌等人也重新崛起；丁零、乌丸相续起兵反叛。北方重新四分五裂。

长安城外，慕容暐之弟慕容冲率部歼灭秦军数万，占据阿房城，步步逼近。长安城内，犹有鲜卑数千人在大宅子里住着，慕容暐时刻不闲，秘密召集族人准备埋伏人马袭杀苻坚，其间消息泄露，苻坚大惊，这才诛杀慕容暐父子及其宗族，城中鲜卑不论少长及妇女全被杀光。自此之后，灭人国者如果不忍心对亡国家族下绝杀令，劝谏者往往以苻坚为"柔仁邀名"的首例，致使后代亡国之皇族少有保全者。

慕容冲在长安城外围城日久，城中乏粮，以致出现人吃人的惨剧。苻坚倾最后家底设宴款待群臣，打仗的将军也分不到几片肉吃，塞进嘴里不敢咽下，回到家"吐肉以饴妻子"。数月之间，烟尘四起，百姓死亡无数。慕容冲率众登长安城，苻坚全身甲胄，亲自督战，飞矢满身，血流遍体。最后，苻坚听信谶言"帝出五将久长得"的鬼话，从长安出奔，只留太子苻宏守城。慕容冲纵兵大掠长安，死者不计其数。

苻坚怎么也不会想到，自己和张夫人、儿子苻诜、女儿苻宝、苻锦进了五将山后，被姚苌所包围。随从士兵见势不妙，纷纷逃跑。苻坚似乎已经意识到大难将至，变得异常镇静，一动不动地坐在那里。一会儿，姚苌的部下吴忠赶来，把苻坚捆绑起来押送到新平，关进佛寺。姚苌厚颜无耻地向苻坚索要玉玺，苻坚瞪大眼睛骂道："怎么也没想到你这个小羌竟然敢逼迫天子。你也不想想你有什么资格？玉玺已送给了东晋，有能耐你自己去向他们要。"姚苌很有耐心，遭到苻坚臭骂后又派尹纬劝说苻坚，把帝位让给姚苌。苻坚怒不可遏，把姚苌再次痛骂一顿。八月辛丑日（10 月 16 日），姚苌命人将苻坚绞死于新平佛寺（今彬县南静光寺）内，享年 48 岁。

姚苌为掩饰他杀死苻坚的事，故意谥苻坚为壮烈天王。而苻坚去世同年，苻丕得知其死讯，便继位为帝，谥苻坚为宣昭皇帝，上庙号世祖。征西域后回到凉州的吕光得知苻坚去世，亦谥其为文昭皇帝。

第四编

南朝风云

　　南朝是指5世纪初至6世纪末南北朝时期，在中国南方与北朝对峙而立的宋、齐、梁、陈四个朝代。宋（420—479年）由刘裕建立，传八帝；齐（479—502年）由萧道成建立，传七帝；梁（502—557年）由萧衍建立，传四帝；陈（557—589年）由陈霸先建立，传五帝。581年，隋灭北周，是为开皇元年。开皇九年（589年），隋灭陈，南北统一。

　　南朝建立之初力量稍强于北方，敢于和北方强大的北魏相抗衡。但是南朝宋、齐两朝接连发生子弟相残的惨剧，内耗消磨了国力，为南朝的衰弱铺下了初步的底子。中国古代宫廷相残的残酷性，也以宋、齐两朝最为显著。

第一章 南朝名帝

一、南朝四代都建康，宋齐梁陈各逞雄

南朝四朝都建都于建康。其疆土以刘宋时最广，黄河以南，淮水以北以及汉水上游大片地区皆属于宋。大明八年（464年）计有扬、南徐、南兖、南豫、徐、青、冀、兖、豫、东扬、江、郢、荆、湘、雍、梁、南秦、益、宁、广、交21州。宋明帝时，淮北的徐、兖、青、冀四州和豫州的淮西诸郡被北魏占领，南朝疆土从此压缩到淮水以南。齐对刘宋的州郡进行了部分调整，据《南齐书·州郡志》，齐世计有23州。梁设州转多，最多时达107州。陈朝时，雍州、益州归北周，荆州归后梁，北面与北齐划江为界，疆域最为狭小，全境初分为42州，后来又多设新州，史称数倍于前。政区划分的加细，反映土地的开发和生产的发展，同时也是对人民加重剥削的表现。南朝还有双头州或双头郡（即两州或两郡同治一地），大都设在军事要地或边荒区域。

1. 南朝宋

刘裕创建的南朝第一个王朝。宋初疆域北以秦岭、黄河与北魏为界，西至今四川，西南至今云南，南至今越南横山，东和东南直抵海滨，是东晋南朝时期疆域最大的王朝。历8帝，共59年。

刘裕，京口人，寒门出身。早年曾为北府兵将刘牢之参军。桓玄篡晋后，刘裕联合部分北府旧人举兵攻灭桓玄，从此掌握晋室军政实权。义熙六年（410年），刘裕灭南燕，取得今山东大部地方。镇压卢循起义后，又消灭割据益州（今四川）的谯纵，义熙十三年（417年）灭后秦，取得潼关以东、黄河以南大片土地。元熙二年（420年），刘裕代晋称帝，改元永初，国号宋，历史上又称刘宋。

刘裕鉴于东晋门阀专政、王权弱小、方镇割据的积弊，在中央任用寒人掌典机要，地方则多由宗室出任方镇，以求加强专制皇权。宋世士族门阀虽然位遇很高，但军政实权却大为削弱，从而使国内的统一程度和中央权力都大为增强。刘裕还采取了一系列抑制豪强兼并，减轻人民负担和恢复农业生产的措施，使农民的境遇有所改善。

永初三年（422 年）刘裕死，长子刘义符继位。两年后，大臣徐羡之等废杀刘义符，立其三弟刘义隆为帝

刘裕

（宋文帝）。刘义隆继续执行刘裕的政策，在东晋义熙土断的基础上，清理户籍，下令减轻或免除人民积欠政府的"逋租宿债"。劝农、兴学、招贤，开炉铸钱。人民得以休养生息，社会生产有所发展，经济文化日趋繁荣。宋文帝元嘉之世（424—453 年）是东晋南朝国力最强盛的时期，史称"元嘉之治"。

刘宋时，黄河以北的北魏日益强大。早在刘裕统治末年（422 年），北魏已陆续夺去滑台（今河南滑县东）、虎牢（今河南荥阳汜水镇）和洛阳等重镇。北魏统一北方后，又调集 60 万大军南下。元嘉二十七年（450 年），北魏太武帝拓跋焘亲率 10 万大军进攻悬瓠（今河南汝南），被宋军击败。宋军又分数路北进。其中柳元景一路自卢氏（今属河南）出发，在当地汉族人民积极支持下，连克弘农、陕县和潼关。但由于宋军主力王玄谟部久攻滑台不下，为北魏主力击溃，宋文帝只得令柳元景部亦撤退。同年冬，拓跋焘率兵号称百万，南下直抵瓜步（今安徽六合东南），准备渡江进攻建康。由于江淮人民坚壁清野，北魏军抄掠无所获，人马饥乏；加之宋军在沿江数百里内建立起坚固的防线，北魏军只得北撤。北魏军这次南侵，对江、淮、青、济广大地区进行了前所未有的野蛮破坏；所至之处，一片焦土，宋朝国力从此大为削弱。

元嘉三十年（453 年），太子刘劭杀文帝自立。同年，文帝第三子江州刺史武陵王刘骏起兵诛刘劭，即帝位，是为孝武帝。他为了加强对地方军政的控制，无论"长王临藩"或"素族（指皇族以外的士族）出镇"，

都派典签分掌实权，严加监视。诸王和镇将因遭疑忌，先后起兵作乱，于是皇室内部，君臣之间，相互残杀，愈演愈烈。孝武帝在位时，杀叔父刘义宣，并杀四个亲弟。宋明帝刘彧时，又杀尽孝武帝诸子，还把尚存的五个亲弟杀掉四个。被疑忌的文臣武将，有的被杀，有的叛国投敌。如幽州刺史刘休宾、兖州刺史毕众敬、徐州刺史薛安都、冀州刺史崔道固、青州刺史沈文秀等，先后投降北魏，刘宋失去了淮河以北大片土地，南朝疆域再次缩小。

东晋以来，门阀士族地主大量占山固泽，政府虽一再禁止，但效果不大。大明年间（457—464年），孝武帝企图改禁为限，规定：地主原占山泽一律归地方所有；此后占山护泽以官品为准，数量由一顷至三顷，原占已足此数的不得再占；在此规定以外擅占山水者，按强盗律治罪。从此，占山护泽合法化，而数量的限制仍无法实行。

元嘉以后，宋王朝对人民的剥削亦日益加重。当时实行计资分等纳调，地方官为了提高户等以增加税收，桑长一尺，田进一亩都计在资产之内，甚至连屋上加瓦都要计税，使得农民不敢种树垦荒、泥补房舍，更无意发展生产。沉重的徭役，甚至连儿童也不放过，以致造成"田野百县，路无男人；耕田载租，皆驱女弱"。阶级矛盾十分尖锐，小规模的农民起义不断发生。泰豫元年（472年）明帝死，子刘昱（后废帝）继位，内乱更加炽烈。这时实权已落入中领军萧道成手中。元徽五年（477年）萧道成杀刘昱，立刘昱弟刘准为帝（即顺帝）。昇明三年（479年），萧道成废刘准，称帝建齐朝，宋亡。

2. 南朝齐

南朝第二个王朝。萧道成创建。都建康。疆域北至大巴山脉和淮南，西至四川，西南至云南，南至今越南横山，东南直抵海滨。历7帝，共24年。

萧道成，低级士族出身。领兵30多年，他利用刘宋末年皇室内部、君臣之间相互残杀的混乱局面，以中领军掌握实权，于昇明三年（479年）代宋称帝，国号齐，年号建元，历史上又称南齐、萧齐。齐初虽对宋末暴政做过一些改革，注意劝课农桑和学校教育，但人民的负担并未减轻，濒于破产的农民纷纷沦为豪强大族的隐户。齐世寒人兴起的趋势继续发展，中央以寒人掌典机要，地方则重用典签，对皇室和方镇严加控制、监视，门阀士族的实权进一步削弱。齐初，鉴于宋末统治阶级内部相互残杀而失天下的教训，终齐武帝萧赜之世，虽然爆发过唐㝢之暴动，尚能维持政局的稳定。齐明帝萧鸾在位五年，皇室间的相互残杀更甚于宋末。高帝、武帝子孙，几乎被萧鸾杀绝。萧鸾死后，继位的萧宝卷（东昏侯）更是专事杀戮的暴君，人人自危，众叛亲离，政局混乱达于极点。永元三年（501年），宗室雍州刺史萧衍自襄阳起兵攻占建康，尽杀明帝后裔，次年称帝，建立梁朝，齐亡。

3. 南朝梁

南朝第三个王朝。萧衍创建。都建康。历4帝，共56年(502—557年)。

萧衍（464—549年），字叔达，小字练儿，南兰陵中都里（今江苏常州西北）人，南齐宗室，官至雍州刺史，镇襄阳。永元二年（500年），萧衍之兄萧懿被齐东昏侯萧宝卷杀害，永元三年（501年），萧衍乘南齐君臣互相残杀，政局极端混乱之际，自襄阳举兵东下，攻占建康，并于次年称帝。国号梁，建元天监，历史上又称萧梁。

梁朝56年中，萧衍在位长达48年。其统治具有如下特点：①优容士族。如专设谱局，改订士族百家谱；下诏州、郡、县，置州望、郡宗、乡豪各一人，专掌搜荐人物，特别是东晋以来湮没不显的旧族；增设官职，满足士族入仕要求。但梁世士族业已全面腐朽，在实际政务中仍须使用寒人。②宽纵皇族。如削弱典签权势，给诸工以实权，对他们的横征暴敛甚至公开抢掠也不闻不问。结果到了萧衍晚年，皇室间的相互残杀较之宋、齐两代更为残酷。③萧衍博学能文，重视思想意识上的统治。如大力提倡佛教，不顾劳民伤财，大规模兴建佛寺。创立三教同源说，调和释、儒、道三者矛盾。三次舍身同泰寺，公卿等以成亿的钱奉赎。④以虚伪的勤俭、仁慈掩盖其残暴腐朽的统治。梁世徭役较以往更为繁重，甚至役及女丁。赋税由过去的计资改为计丁。规定每年丁男之调，布、绢各二丈，丝三两，绵八两；禄绢八尺，禄绵三两二分；租米五石，禄米二石。丁女减半。此外每亩田还要收税米二升。他责令地方官"上献"，因而莫不竞相聚敛。梁世用法，对皇室、士族分外宽容，对劳苦大众极其严酷。民众犯法连坐，老幼不免；一人逃亡，举家罚作苦役。人民纷纷逃亡或奋起反抗，各种规模的农民起义接连不断。侯景之乱前夕，更是达到"人人厌苦，家家思乱"的严重地步。

梁初疆域与齐末略同，北以淮河与北魏为界。此时北魏虽日趋衰落，但由于萧衍昏庸无能，故几次对魏战争均未取得成果，反而给人民带来很大灾难。如天监四年（505年）北伐，梁军装备精良，但萧衍舍良将韦叡不用，以其贪残昏懦的六弟萧宏为主帅。天监五年（506年），军至洛口（今安徽怀远内），一夜风雨骤起，萧宏弃师潜逃。大军溃退，损失五万多人。天监

南朝 12 番使朝贡图

十三年（514 年），萧衍不顾水工关于淮河沙土不坚，不可筑堰的警告，役使 20 万军民修筑浮山堰（在今安徽凤阳境内），企图蓄淮水淹没北魏军。浮山堰果为洪水冲塌，沿淮军民 10 余万被吞没。当北魏在各族人民起义打击下摇摇欲坠之时，萧衍把希望寄托在南逃的北魏宗室元颢身上，命陈庆之于大通二年（528 年）率 7000 人送他北归。元颢阴谋叛梁，陈庆之孤立无援而全军覆灭。

太清元年（547 年），东魏大将侯景降梁，萧衍不顾朝臣反对，认为"得景则塞北可清，机会难得"，以侯景为大将军、河南王、都督河南北诸军事、大行台，并派萧渊明率军五万前往支援。结果梁军在寒山堰（今江苏徐州市外）被东魏军击败，萧渊明被俘。不久，侯景军亦被消灭，仅得 800 人进据寿春。太清二年（548 年）八月，侯景自寿春举兵叛梁。十月，叛军在萧衍侄萧正德接应下顺利渡江，占领建康。台城（宫城）被围期间，萧衍的子孙们虽据重镇，拥强兵，均不积极驰援，反而伺机夺取帝位。太清三年（549 年）三月，叛军攻占台城，萧衍饿死。太清四年（550 年），侯景立萧纲为帝（简文帝）。大宝二年（551 年），侯景杀萧纲，自称汉皇帝。首都建康和三吴地区遭到空前破坏。这时盘踞郢州（镇夏口，今湖北武昌）的萧纶（萧衍第六子）附北齐，盘踞襄阳的萧詧（萧衍之孙、萧统之子）附西魏，盘踞荆州的萧绎（萧衍第七子）则反复于北齐和西魏之间，此外还有盘踞益州的萧纪（萧衍第八子），他们之间展开了殊死的皇位争夺战。同年，萧绎勾结西魏灭萧纶。大宝三年（552 年），萧绎攻灭侯景，在江陵称帝（梁元帝）。承圣二年（553 年）萧纪举兵东下攻江陵，西魏乘机夺取益州，萧纪亦旋被萧绎消灭。承圣三年（554 年），萧詧勾结西魏攻破江陵，杀萧绎。西魏复占有襄阳，并将江陵被俘王公以下男女数万口分给将士作奴婢，仅留一座空城让萧詧做傀儡皇帝，史称后梁。至此，梁朝疆土已丧失大半：长江下游以北沦于北齐，益州、汉中、襄阳沦于西魏，江陵实际亦为西魏控制。次年，王僧辩、陈霸先在建康立萧方智（萧绎之子）为梁王。时北齐派兵送萧渊明至建康，王僧辩畏齐，立萧渊明为帝。陈霸先袭杀王僧辩，复立萧方智为帝（梁敬帝）。太平二年（557年），陈霸先称帝，建立陈朝，梁亡。

4. 南朝陈

南朝最后一个王朝。陈霸先创建。都建康。仅控制江陵以东、长江以南的狭小地区。历5帝，共33年。

陈霸先，出身寒门。以平侯景之乱功，官至司空。太平二年（557年），陈霸先代梁称帝，建元永定，国号陈。在位三年死。其侄陈蒨即位（陈文帝），清除尚存的萧梁残余势力，削平长江中游的割据势力，击退北齐、北周的军队。宣帝陈顼时，陈朝政权已比较稳固，社会经济也有所恢复，而北齐政局正极度混乱。太建五年（573年），陈宣帝命吴明彻为主帅大举北伐，连战皆捷，尽复淮南失地。太建九年（577年），北周灭北齐，统一北方。陈宣帝欲夺取徐、兖，再次出兵北伐。太建十年（578年），吴明彻率水军猛攻彭城（今江苏徐州），但后路被周军截断。陈军撤退到清口（古泗水入淮之口，今江苏淮阴西），被周军击溃，吴明彻和三万将士被俘。淮南之地复为北周占领。太建十四年（582年），宣帝病死。继位的陈叔宝是历史上有名的荒淫皇帝。在他的统治下，政治腐败不堪，人民生活极为穷困。此时，北方的北周已为隋朝所代。祯明二年（588年），强大的隋朝派大军50余万分8路南下。次年，隋军攻下建康，陈叔宝被俘，陈亡。分裂了200多年的中国再次统一。

二、出身微贱刘寄奴，励精图治宋武帝

刘裕（363—422年），字德舆，小名寄奴。祖籍彭城郡彭城县绥舆里，生于晋陵郡丹徒县京口里。西汉楚元王刘交之后。东晋至南北朝时期杰出的政治家、改革家、军事家。南朝刘宋开国皇帝。

刘裕出身寒族，小名寄奴，京口（今江苏镇江市）人。他年轻时，由于家境十分贫寒，种过地，砍过柴，捕过鱼，做过小买卖。后来，他参加北府兵，成为刘牢之的部下。他先后镇压了孙恩、卢循领导的农民起义，讨灭了攻入建康的野心家桓玄，从而逐步掌握了东晋的军事大权。

刘裕很聪明，他懂得自己出身微贱，要达到篡位称帝的政治目的，没有一定的政治资本是不行的。为建功树威，刘裕曾于义熙五年（409年）和义熙十二年（416年）先后讨伐南燕和后秦。经过两次北伐，他把东晋的北界，从淮、泗推进到了黄河南岸，在失陷100年的长安城头，又重新插上了汉家王师的旌旗。这期间，刘裕又出兵荆州和益州，也都凯旋而归。

刘裕功勋卓著，是东晋以来任何一个权臣、名将都不可比拟的，因而他在朝野都赢得了很高的声望。这样就为其夺取东晋的政权捞取了巨大的政治资本。419年，他被晋封为宋王后，压倒了一切政敌。420年六月，又和他的心腹傅亮密谋篡晋，当了宋朝的开国皇帝。

刘裕受禅称帝后，十分重视寒人掌政，改变了魏晋以来门阀垄断政权的局面。因为门阀的特权地位，决定了他们凭门第出身，便可世代相袭从中央到地方的官职，无须具备什么样的政治才能。因此，刘裕在日常统治事务中，不得不委任一些有才能的寒人来处理问题。这样一来，就使大族失去了统治能力，给寒人掌握实权提供了机会。于是，寒人有的因真才实学受到执政者的宠信，有的因军功卓著受到擢拔，权力逐步提高。如宋武帝封寒人戴法兴为中书舍人后，凡属用人、行政及赏罚方面的大事，都与他商量决定。后来武帝死去，由他的儿子继位，一切大政也都由戴法兴决定，连宗室辅政大臣也要听戴法兴指挥。所以，当时民间称戴法兴为"真天子"，称小皇帝为"假天子"。

鉴于东晋灭亡的教训，宋武帝很注意集权于中央。对于反对他的人，绝不心慈手软，毫不留情地予以打击。著名的高门士族王愉、谢混等人，都曾因反对他而被处死。宋武帝很注重对荆、江两郡的控制，因而，他派出镇守两郡的将领，都是他的亲属或亲信。此外，针对当时"治纲大弛，权门兼并，强弱相凌，百姓流离"的情况，宋武帝采取了一些抑制土地兼并的办法，以缓和矛盾，巩固统治。会稽余姚大族虞亮因藏匿隐户1000多人，被宋武帝发现后处死。当时许多豪强地主封占山湖沼泽，农民打柴、捕鱼都要向他们缴税，而宋武帝却下令禁止豪强向农民征税。对于从前因军事需要而被征发的奴童，他下诏一律交还原主。有的奴童已经死亡或因有功而被放免的，由政府偿还原主身份。

宋武帝在东晋、南朝统治者中间，是一个比较开明的皇帝。他有时发表言论，群臣多半是随声附和，唯有郑鲜之经常据理力争。宋武帝当时听了虽不高兴，但过后却对人说："我没什么学问，道理讲不透，诸贤臣多是宽容。只有郑鲜之不这样，我表示特别感谢！"

宋武帝生活也是比较节俭的。他宴饮不多，嫔妃也很少，左右侍从不过10余人；有时还步行到附近大臣家里看望或谈心。宁州曾经给他贡献琥珀枕，光色华丽。宋武帝听说琥珀能治疗创伤，就叫人把琥珀枕打碎，分送给手下的将领受用。他的一些公主出嫁，陪送的嫁妆也不过20万，没有锦绣和金珠宝玉等装饰之物。永初三年（422年）五月，宋武帝病死在西殿，享年 60 岁。

三、刘义符懒政被废，宋文帝元嘉之治

1. 宋少帝刘义符

宋少帝刘义符（406—424 年），小字车兵，宋武帝刘裕长子。南朝宋第二位皇帝。

永初元年（420 年），刘裕称帝后，刘义符被立为太子，成为皇位当然继承人。刘义符自幼不爱读书，喜欢骑马射箭，颇有勇力。围绕在他周围的全是一班被正人君子所不齿的小人，他们在一起骑马游乐嬉戏，引起一些大臣的不满和忧虑。刘裕整日忙于建功立业，代晋称帝，无暇顾及对儿子的教育，再加上他本身就是个不大爱读书的人，所以也没把刘义符的所作所为看作很严重的事情。领军将军谢晦曾对刘裕说过："陛下春秋既高，宜思江山社稷存万世，神器至重，不可交给非才之人。"刘裕虽认真听取了谢晦的意见，却一直未下重立太子的决心，只是在临终之前任命了几位顾命大臣辅佐刘义符。

永初三年（422 年）五月，南朝宋开国皇帝刘裕去世，17 岁的太子刘义符继承帝位。次年改年号为景平。尊皇太后萧文寿为太皇太后；封太子妃司马茂英为皇后。司马茂英是晋恭帝司马德文的女儿海盐公主。同年六月壬申日，以尚书仆射傅亮为中书监、尚书令，与司空徐羡之、领军将军谢晦共同辅政。

刘义符在位时居丧无礼，又好为游狩之事。青春少年，童心未泯，但知玩耍嬉戏，什么父丧，什么军国大事，更不放在心上。群臣谏言，也是一概不听。魏兵犯境，作战失利，将军自刭，国人惊惶，他也不管。随着时间的推移，几位顾命大臣对刘义符越来越失望。

顾命大臣中书令傅亮、司空徐羡之、领军将军谢晦见刘义符无德，便密谋废帝另立。他们首先将刘裕次子庐陵王刘义真废为庶人，后召手握重兵、威震殿省的先朝旧将南兖州刺史檀道济和出身世族高门的江州刺史王弘入京，将废立之谋告诉他们。二人没有异议，留在京师参与预谋。对这一切阴谋，刘义符全然不知，毫不警觉，依然变着花样玩乐，对朝政国事不管不问。

景平二年（424 年）四月，徐羡之、谢晦等开始行动。谢晦事先借口领军府房屋破旧，让家人全部外出居住，而在府内暗聚将士；又令中书舍人邢安泰和潘盛为内应，时刻准备动手。起事的前一天晚上，谢晦邀请檀

道济到领军府同宿，他思前想后，紧张得难以入睡，檀道济却倒头便睡，谢晦因此深服檀道济处事不乱的大将风度。

第二天一早，檀道济、谢晦引兵领先，徐羡之等继其后，自云龙门入宫。因邢安泰事先已安排妥当，所以一路上没有卫士阻挡，一行人长驱直入天渊池。玩乐了一天的刘义符这一天没有回宫，就在天渊池的龙舟上就寝，徐羡之等人进来时，他仍在酣睡，毫无知觉。兵士们持刀冲入龙舟，将刘义符身边的两个侍者杀死。刘义符被惊醒，未及反抗，手指即被刀戳伤。几个士兵上前，将惊魂未定的刘义符扶出东阁，收拾玺绶，等候在外的群臣一齐拜辞，将他卫送至故太子宫东宫。刘义符先被废为营阳王，被迁往吴郡，幽禁在金昌亭。六月，刘义符被杀，死时仅19岁。

徐羡之又派人杀刘义真于新安，后立刘裕三子刘义隆为帝，是为宋文帝。

2. 宋文帝刘义隆

宋文帝刘义隆（407—453年），小字车儿，宋武帝刘裕第三子，宋少帝刘义符之弟，母文章太后胡道安。中国南北朝时期刘宋王朝的第三位皇帝。

义熙十一年（415年），刘义隆受封为彭城县公。刘裕北伐，令刘义隆为冠军将军留守，东晋朝廷加封其为监徐、兖、青、冀四州诸军事、徐州刺史。刘裕收复关中、还军彭城（今江苏省徐州市）后，又加封刘义隆为监司州、豫州之淮西、兖州之陈留诸军事、前将军、司州刺史，并命其镇守洛阳（今河南省洛阳市），还未到任，又改封为都督荆、益、宁、雍、梁、秦六州豫州之河南广平扬州之义成松滋四郡诸军事、西中郎将、荆州刺史。

元熙二年（永初元年，420年），刘义隆受封为宜都王，食邑3000户，加号镇西将军。

永初三年（422年），宋武帝刘裕驾崩，太子刘义符继位（即宋少帝），因他游戏无度，被辅政的司空徐羡之、中书令傅亮、领军将军谢晦、护军将军檀道济于景平二年(424年)五月，发动政变废黜,将其幽禁并派人杀害。废杀刘义符和刘义真后，侍中程道惠曾请改立武帝五子刘义恭，然而徐羡之属意刘义隆，百官于是上表迎作为武帝第三子，宜都王、荆州刺史刘义隆为皇帝。

七月，傅亮率行台到荆州治所江陵迎刘义隆入京。当时已是七月中，江陵已听闻少帝遇害的消息，刘义隆及一些官员都对来迎队伍有所怀疑，不敢东下，但在王华、王昙首及到彦之的劝告下决定出发。并在八月八日到达建康，次日继位为帝，改元"元嘉"。

继位不久，刘义隆正式任命谢晦为荆州刺史。接着，刘义隆又下令，以定策安社稷之功，徐羡之进位司空，傅亮加开府仪同三司，谢晦进号卫将军，檀道济进号征北将军。

元嘉二年（425年）春正月，刘义隆登皇位已5个月了，徐羡之、傅亮上表归政。对此，他心中暗暗

刘义隆

高兴，但仍不肯马上接受，而是谦让再三，经三次上表，才勉强准许，开始亲理万机。

徐羡之归政后，辞官还第，不预朝事。其侄子徐佩之和王韶之等人怕徐羡之一朝无权便会大祸临头，皆苦劝他不要这样做。徐羡之在众人的劝说下，对自己退出朝政以自保的做法又怀疑动摇起来。刘义隆听说后，虽然心里不高兴，表面上仍宽宏大量，下诏请其临朝视事，徐羡之奉诏重新摄任。出身世族高门的王弘对政局的分析却要清醒得多，初被任为司空，他就以自己未参与定策废少帝为由，多次上表辞让，一年后，刘义隆才答应他的请求，以其为车骑大将军、开府仪同三司。

徐羡之、傅亮身居权要，专权朝政，使得迫切追求富贵的侍中王华、步兵校尉孔宁子愤恨不已，一提及此便咬牙切齿。二人日夜在刘义隆面前挑拨，望他早日行动，诛杀徐羡之、傅亮等。刘义隆表面上很平静，暗地里却在加紧准备。

元嘉三年（426年），刘义隆宣布徐羡之、傅亮及谢晦擅杀少帝及刘义真的罪行，要将徐羡之及傅亮治罪，并决定亲征谢晦，命雍州刺史刘粹、南兖州刺史檀道济、中领军到彦之先行出兵。徐羡之闻讯自杀，傅亮被捕处死，谢晦则出兵反抗，但知檀道济协助刘义隆讨伐即惶恐不已，无计可施，不久谢晦军队溃散，谢晦试图逃走，但被擒处死。

宋文帝刘义隆在消灭徐羡之等权臣后下诏派大使巡行四方，奏报地方官员的表现优劣，整顿吏治；又宣布一些年老、丧偶、年幼丧父及患重疾

而生活困难者可向郡县求助获得支援，更广开言路，欢迎人民进纳有益意见和谋策。文帝亦多次去延贤堂听审刑讼。元嘉十七年（440年）更下令开放禁止平民使用的山泽地区，又禁止征老弱当兵的这些伤治害民的措施，要求各官依从法令行事。另在历次天灾时都会赈施或减免当年赋税以抚慰人民。

宋文帝亦鼓励农桑，元嘉八年（431年）即下诏命郡县奖励勤于耕作养蚕的农户和教导正确农作方法，并将一些特别优秀的农户上报。元嘉十七年（440年）又下令酌量减免农民欠政府的"诸逋债"，后更于元嘉二十一年（444年）悉数免除元嘉十九年（442年）以前欠的"诸逋债"，又下令租借种子口粮给一些想参与农耕但物资缺乏的人，更赐布帛奖励营治千亩田地的官民；元嘉二十一年（444年）夏季因连续下雨而出现水灾，影响农业，刘义隆除了下令赈济外，还在秋季命官员大力奖励农民耕作米麦，又令开垦田地以备来年耕作，并于元嘉二十二年（445年）重新开垦湖熟的千顷废田。

宋文帝在其统治期间，采取抑制豪强的政策，努力推行繁荣经济政策，重视农业生产，并使赋役均摊，国家生产经济因此大力提升，有元嘉之治之称。

诛杀徐羡之、傅亮、谢晦后，刘义隆收回了朝政大权。为加强皇室对中央政权的统治，他于元嘉六年（429年）调四弟彭城王刘义康回京，任司徒，录尚书事，与王弘共辅朝政。王弘深知官场之艰险，加上身体欠佳，便事事推让给刘义康，所以朝政内外之务皆由刘义康决断。元嘉九年（432年），刘义康加领扬州刺史，元嘉十六年（439年），又进位大将军。由于刘义隆多年来疾病缠身，权力越发集于刘义康一身，凡方镇以下的官员，全委托他受用，生杀大事亦以"录命"而行，所以刘义康势倾天下，府门每天早晨常有数百辆车等候，朝野人士纷纷巴结靠拢。四方所献物品，也是以上品献给刘义康，而以次者供皇帝刘义隆所用。

刘义康专总朝权后，感到司空、江州刺史檀道济对自己将构成威胁。檀道济是当时硕果仅存的北府名将，曾随宋武帝刘裕灭南燕、后秦；元嘉初击败谢晦，为刘义隆收回朝政大权立下汗马功劳；元嘉八年（431年）斩北魏济州刺史悉颊库结。他身经百战，战功卓著，威名远扬。其左右腹心也皆久经战阵，诸子又有才气，朝廷对他既疑又惧。元嘉十三年（436年），刘义隆久病不愈，刘湛劝刘义康：皇上一旦晏驾，檀道济将不可制服，应采取措施。刘义康向刘义隆请示后，召檀道济入朝。檀道济虽知无事被召，祸事不远，但仍应召入京。月余之后，刘义隆病情稍一好转，遣檀道济还江州。檀道济的船未及出发，刘义隆病又加重，刘义康于是矫诏召檀道济入祖道，将其逮捕。三月，收付廷尉，檀道济与其子檀植等 11 人一同被杀，唯未成年尚为童稚的孙子可免一死。檀道济被抓时，极为愤怒，目光如炬，摘下头巾扔在地上说："乃坏汝万里长城！"北魏统治者听说檀道济被杀，都很高兴，庆贺说："道济死，吴子辈不值得害怕啦！"

元嘉十七年（440 年），刘义隆与刘义康之间的矛盾开始激烈起来。不过，刘义康自以为皇帝是至亲，率性而行，行事都不避嫌，没有君臣之礼。其时刘义康亲信刘湛等人更力图想将刘义康推上帝位，趁文帝病重时称应以长君继位，甚至去仪曹处拿去东晋时晋康帝兄终弟及的资料，更去诬陷一些忠于国家，不和刘湛一伙的大臣。文帝病愈后知道这些事，即令兄弟之间生了嫌隙。最终文帝在元嘉十七年（440 年）诛杀了刘湛等人，并应刘义康上表求退而让他外调江州。随后文帝将司徒、录尚书事及扬州刺史分别授予江夏王刘义恭及尚书仆射殷景仁，然刘义恭鉴于刘义康被贬，虽然担当实质宰相，但行事小心谨慎，只奉行文书；殷景仁当时已病重，数月之后便病逝，实际大权重新返回至宋文帝，主相之争以权力归回宋文帝刘义隆于中结束。刘义隆杀害了弟弟彭城王刘义康，揭开了刘宋王朝骨肉相残的序幕，父子兄弟之间开始了延绵不断的相互残杀，导致了刘宋政权的覆灭。

自晋朝被迫南迁立国江南以后，北伐收复失地便成为朝野瞩目的大问题。东晋时，有祖逖、桓温、刘裕的几次著名北伐。刘义隆虽文弱多病，却雄心勃勃，想继承父亲刘裕未竟之业，金戈铁马，驰骋中原，统一全国。加上元嘉以来，社会安定，人口增加，生产发展，兵精粮足，国力强盛，刘义隆分别于元嘉七年（430 年）三月、元嘉二十七年（450 年）七月、元嘉二十九年（452 年）七月发动了三次北伐，但基本都无功而还。

刘义隆晚年与太子刘劭的关系越来越紧张，竟至水火不相容。元嘉三十年（453 年），太子刘劭与始兴王刘濬听信女巫严道育，为了不再让宋文帝知道他们做过的那些见不得人的事，就唆使严道育施以巫蛊，在含章殿前埋下代表宋文帝的玉雕人像。此事东阳公主的婢女王鹦鹉、王鹦鹉的情人陈天兴、黄门郎庆国亦有参与。后来，因刘劭提拔陈天兴为队主之事被文帝盘问，刘劭、刘濬与王鹦鹉为防文帝追查，杀陈天兴灭口。陈天兴死后，黄门郎庆国担心自己也被灭口，为自保就将巫蛊之事报告给宋文帝知道。宋文帝立即下令收捕王鹦鹉、严道育，严道育成功逃脱追捕，在其家中找到了刘劭和刘濬写的数百张写有诅咒之言的纸，又将那人像找了出来。宋文帝诘责二人，二人恐惧无言，只能一直道歉。起初文帝见二人反省悔过得很诚恳，便原谅了二人。但到二月，文帝得知刘劭和刘濬私藏嫌犯严道育，还与严道育有来往，极其痛心，便决定实行废太子和杀刘濬的计划。刘劭从刘濬口中得知这一消息，遂决定发动政变。二月二十日夜晚，刘劭召萧斌等人入宫，计划起兵之事。刘劭与萧斌在次日凌晨以讨伐反贼为由，率领数万东宫军队杀进皇宫，并带着军队顺利从万春门杀入文帝的禁宫。那一晚，文帝正与徐湛之整夜讨论新太子的事情，至刘劭军队攻入时蜡烛还亮着。刘劭心腹张超之等人举刀入殿，值班的卫兵还在睡觉，张超之踢开殿门，亲自上前砍杀宋文帝。宋文帝手举坐凳自卫，被砍掉五指，接着张超之举刀捅向宋文帝的腹中，将宋文帝残忍杀害，一旁的徐湛之也被叛军杀害。

刘义隆死后，刘劭继皇位，为他加庙号为中宗，谥曰景皇帝。三月，被葬于长宁陵。武陵王刘骏闻听父皇被弑，马上兴兵讨伐，击败刘劭，继皇位，为刘义隆重加尊号，谥曰文皇帝，庙号太祖。

四、开国皇帝齐高帝，昏狂无道东昏侯

1. 齐高帝萧道成

齐高帝萧道成(427—482年)，字绍伯，小名斗将，祖籍东海郡兰陵县(今属山东省临沂市)。西汉丞相萧何二十四世孙，刘宋右军将军萧承之之子。南北朝时期南齐开国皇帝。

由于宋武帝刘裕的继母为萧氏，故萧道成的父亲得以在刘宋为官，且因军功屡迁。所以，萧道成的为官之路也很顺利。到明帝初年，萧道成已官至右将军。多年的征战和宫廷生活，培养了他丰富的作战经验和指挥才能，还有敏锐的洞察力。

景和元年（465年），南朝统治集团发生了一场大混战。其中一方是以晋安王刘子勋为首的孝武帝系诸王，另一方是以明帝为首的文帝系诸王。四方州郡大多举兵响应晋安王刘子勋，明帝势单力薄，处于斗争弱势。在宋皇室内部爆发的这场大规模混战中，萧道成审时度势，选择站在明帝一边。因为他知道虽然刘子勋人多势强，但内部纷争也不少，再者，他到那边也得不到重用，或者即使被重用了，也会遭到各藩王的猜忌。而在明帝这一边，正因为其力弱，他才能被委以重任。结果证明他这个选择没错，他随即被授以辅国将军，率军讨伐叛军。明帝平定四方之乱后，萧道成与其他忠于明帝的将领迅速崛起，成为国家的重臣藩将。萧道成靠着远大的

眼光，让自己走入了皇帝心腹的行列。

不过，皇帝往往是多疑的，他需要你的时候，臣子就是他的依靠，得到重用；然而当这臣子的权力越来越大后，皇帝又会猜忌。泰始三年（467年），萧道成任南兖州刺史。四年后，他接到调令，让他回京任黄门侍郎、越骑校尉。萧道成以敏锐的观察力得知，这一定是明帝的猜忌，如遵命回京，那就离被打击不远了。如果抗命的话那么就等于是在给明帝一个讨伐借口。于是，他故意挑起与北魏的争端，以边境紧张为由避开了祸端。

这时的明帝已经知道自己身体不好，难以长命。为了保住年幼的太子刘昱不在未来受到威胁，已经杀了好几个兄弟。一些有影响的重臣也被他逐出了朝廷。不久后，明帝召萧道成进京，部下都怕他有何不测纷纷劝阻。萧道成又以超人的判断力，不带一兵一卒火速回京。明帝见他如此，便打消了对他的怀疑。明帝死前，他被明帝命为托孤大臣辅佐幼主刘昱。

元徽二年（474年），江州刺史、桂阳王刘休范起兵，直逼京师。萧道成见朝中大臣无人敢应战，认为这是一个谋权并树立威信的好机会，于是自告奋勇，请命出战。当日，萧道成加平南将军，率兵前去平乱。因为刘休范有备而来，朝廷仓促应战，故而实力悬殊。战斗中，萧道成多次处于劣势。后来还是他用计杀了刘休范，叛军见首领已死，自然无心恋战，萧道成顺利平息了叛乱。萧道成由此威望大增，被任为中领军，南兖州刺史，留任建康，并与袁粲、褚渊、刘秉一起，轮流当值决事，被称为"四贵"。从此，萧道成逐渐掌握了朝政。

刘昱凶狠残暴，以杀人为乐，萧道成因功高权重而遭其嫉恨。几次险遭杀害，故深为忧虑，遂起废立之心。那些不满刘昱的人纷纷投靠萧道成。

元徽五年（477年）农历七月初七晚，刘昱被杀后，王敬则立即跑到萧道成的府上，报告刘昱已被左右杀死，并请萧道成入宫主事。萧道成听后仍不敢开门，害怕是刘昱设下的圈套。王敬则急中生智，隔墙把刘昱的人头扔进去，打消了其顾虑萧道成这才换上戎装，骑马直奔皇宫。他来到承明门，对门内称是皇上回宫，因为平时刘昱回宫时，守门卫士怕惹祸不敢看他，所以萧道成等顺利进宫。

天一亮，萧道成以太后令召袁粲、褚渊、刘秉入宫商量大事。用武力逼迫三人不再管理朝政，于是萧道成做主，让安成王刘准做了皇帝，萧道成出镇东府，任司空、录尚书事、骠骑大将军，尽掌刘宋朝政大权。

萧道成掌握了刘宋政权后，又将自己的亲信安插在朝廷大小的军政部门。其实这时候萧道成已萌生代宋自立的野心，他开始为篡位事宜进行准备。

他首先要做的，就是镇压荆州刺史沈攸之和袁粲等人的起兵反对，清除所有反对势力。沈攸之本来与萧道成关系很好，萧道成的长女还许给了沈攸之的儿子。可是萧道成迎立刘準，专权朝政后，沈攸之开始不平衡起来。因为他也曾是刘宋的重臣，自己当时可比萧道成的威望高，于是领兵来犯。萧道成得知后，马上调兵遣将。然后自己亲自去了石头城见袁粲，以与之同谋。然而袁粲却避而不见，袁粲自有他的心思，他想与刘秉等人除掉萧道成，力保刘宋江山。幸亏后来有人告知萧道成，于是他命王敬则为直阁，以监督防范袁粲等人。

袁粲与刘秉等要谋杀萧道成之日，因为刘秉恐惧，提前暴露了目标，让萧道成先发制人，结果袁粲等人皆被杀。这股反叛势力被消灭后，萧道成得以全心对付沈攸之，并移居阅武堂。以黄回为平西将军，将重兵西上作战，又派心腹随军前往。

沈攸之率大军出来，以为能争得个半边天下，却不料每战皆败。最后实在是走投无路，与儿子沈文自缢身亡。平定沈攸之叛乱后，萧道成又将曾经参加过反叛的黄回杀死。从此以后，萧道成的主要反对派就全部被消灭了。他离皇帝的位置也越来越近。

萧道成要代宋称帝，就需大量网罗有识之士和在社会上有重大影响的时贤参赞大业。比如，只有20多岁的王俭，好学博闻，少有宰相之志，颇为当时的人看好，萧道成就命他为太尉右长史，太尉府中的大小事都由他来处理。还有其他出身名门的王僧虔、王延之等，都为萧道成所用。

萧道成还利用一切手段争取褚渊的支持。一次，他到褚府造访，说了一大套闲话后才道："我做了一梦，梦到我应得官。"褚渊答："萧公刚加太尉、都督，恐怕一二年间不容移官，况且吉梦也未必应在旦夕。"见褚渊不答应，萧道成无奈而归。后来，他派人对褚渊频频施压，褚渊才不敢反对。建元元年（479年），萧道成又晋为相国，封为齐公，加九锡。齐国的官爵礼仪等也都是完全

萧道成

模仿朝廷而设。可见其当时也只是在找时机而已。不久后，刘準就禅位于萧道成。他终于代宋称帝，建立南齐。

萧道成即位后，一心操持政务。为了稳固基业，萧道成广开言路，要群臣议政，大臣们有的建议废除宋时苛政细制，有的建议停止讨伐交州，有的建议减免宋时的苛捐杂税，限制贵族富民封掠山湖侵渔百姓等，百官积极提出自己的建议，萧道成皆加以重赏，并根据百官的建议一一予以解决。针对宋奢侈浪费之风，萧道成特别强调节俭。一次，他发现主衣库中有玉带，很不高兴，马上命人击碎。又命人翻检有何异物，凡认为能助长豪华奢侈风气的，全部销毁。他常说："使我治天下十年，当使黄金与土同价。"建元四年（482年），萧道成病重，临终告诫太子："宋氏若不骨肉相残，其他族岂得乘其衰敝而取代之！汝深戒之。"三月，这位叱咤风云的南齐开国皇帝逝世，时年56岁。

2. 东昏侯萧宝卷

萧宝卷（483—501年），字智藏，齐明帝萧鸾次子，南朝齐第六位皇帝。

萧宝卷原名明贤，其生母刘惠端（萧鸾正妻）早亡，由潘妃抚养。萧鸾在萧昭业在位时辅佐朝政，大权在握，特将他的名字改为宝卷。因其兄萧宝义自幼残废，难有作为，萧鸾称帝后，萧宝卷于建武元年（494年）被册立为皇太子。

永泰元年七月己酉日（498年9月1日），齐明帝萧鸾去世，太子萧宝卷继位，改元永元。萧宝卷见父亲的灵枢停在太极殿，心里很感厌恶，急着要速葬。老臣徐孝嗣据理力争，他才无可奈何同意一个月后再举行葬礼。

萧宝卷性格内向，很少说话，不喜欢跟大臣接触，常常出宫闲逛，每次出游都一定要拆毁民居、驱逐居民。后宫失火被焚，就新造仙华、神仙、玉寿三座豪华宫殿。并且大量赏赐臣下，造成国家的财政困难。

南朝皇帝多奢靡，萧宝卷尤甚。萧宝卷又极其吝啬钱财，他特别喜欢干屠夫商贩之类的事情。曾在宫苑之中设立市场，让太监杀猪宰羊，宫女沽酒卖肉。潘妃充当市令，自己担任潘妃的副手，遇有急执，即交付潘妃裁决。

萧宝卷继位时只有16岁，所以按照其父遗诏，由顾命大臣辅佐朝政。扬州刺史始安王萧遥光、尚书令徐孝嗣、右仆射江祏、右将军萧坦之、侍中江祀、卫尉刘暄轮流值日于内省，分日贴敕，时称"六贵"。

萧宝卷秉承父训，宰辅大臣，稍不如意，立即加以诛杀，逼得文官告退，武将造反，京城几度岌岌可危。齐宣德太后的懿旨中指斥他。萧宝卷也杀害不少的大臣，继位之后"六贵"陆续被杀。也由于萧宝卷的昏暴，导致发生始安王萧遥光、太尉陈显达与平西将军崔慧景先后起兵叛乱，但都兵败被杀。

诛灭陈显达，萧宝卷以为从此无人约束与威胁自己了，越发骄纵不羁，京师百姓深受其害。他渐渐迷上了出外游走，一个月要出游20余次，有时白天，有时夜晚。每次出游，左右盛气凌人，尽驱沿途人家，只留下一座座空宅。百姓一闻鼓声大作，顾不上穿衣蹬靴，立刻呼儿唤女逃离住宅，一旦行动迟缓被萧宝卷等遇上，即刻丧命。萧宝卷每次出游，事先都不说定向，东西南北，无处不至。常常三四更中，百姓正在梦乡，突然鼓声四起，火光照如白昼，士兵喧哗奔走，老幼震惊，啼号塞路，满街人一会儿涌向东，一会儿又涌向西，只见处处路断，不知该往何方。萧宝卷又令人在巷陌之中高悬布幔为鄣，派人防守，称为"屏除"，又谓之"长围"。有一次，他到定林寺，一老僧病重没有离去，藏身草中。萧宝卷发现后，命随从射箭，一时百箭齐发，老僧当即丧命。京师百姓遭其骚扰，苦不堪言。四民废业，婚冠丧葬皆不得依时而行事，甚至死了人都无法埋葬，只好弃尸路边。

"远君子,近小人"是萧宝卷的主要特点之一。他所宠信的有左右31人，黄门10人。直阁、骁骑将军徐世标是他的杀手，每有杀戮之事，皆由徐世标执行。陈显达反，虽用崔慧景为都督，而兵权却掌在徐世标手中。后来，徐世标得罪了萧宝卷，被禁卫军杀死。宦官王宝孙只有十三四岁，号为"伥子"，最为得宠，连梅虫儿之辈也在其下。他参与朝政，控制大臣，移易诏敕，甚至敢骑马入殿，诋诃天子。公卿大臣见了他，无不恭恭敬敬，屏息静气。

萧宝卷身边的提刀左右及应敕者，皆是其亲信，在朝中专横跋扈，不可一世，被呼为"刀敕"。"刀敕"们的家，成了萧宝卷经常去游宴的地方，遇有吉凶之事，也必去庆吊。整个朝廷是小人得势，皇帝昏狂无道，大臣朝不保夕，百姓苦不堪命，社会动荡不安，一场大的危机一触即发。

萧宝卷平定叛乱之后更加昏暴，除了与爱妃潘玉奴、佞臣梅虫儿等人日夜玩乐之外，并且派人毒杀平定叛乱最有力的尚书仆射萧懿，结果导致萧懿之弟、雍州刺史萧衍发兵进攻建康，并且扶植南康王萧宝融于江陵称帝。而萧宝卷整日与侍从、宫人们在华光殿前演练军阵，用以取乐，对城外的兵马却不放在心上。永元二年（500年）十二月，萧衍的军队已攻打到城外，当他听到城外的鼓声传来时，竟穿上大红袍，登上景阳楼屋顶看热闹，流矢几乎射伤了他的腿脚。萧衍联合齐将攻入建康城的那一夜，萧宝卷在含德殿寻欢作乐才罢，还没有睡熟。听到军队闯进来的声音，连忙从北门溜出，宦官黄泰平举刀砍伤了他的膝盖，他摔倒在地，骂道："奴才要造反吗？"另一名宦官张齐不由分说一刀砍下他的头。指使行刺的是负责保卫建康的兼卫尉张稷和北徐州刺史王珍国等，他们随后派中书舍人裴长穆把萧宝卷的首级送到萧衍那里。

萧衍掌权后，处死潘玉奴及萧宝卷宠臣共 41 人，并授意宣德太后王宝明褫夺萧宝卷的帝号。萧宝卷被追贬为涪陵王，不久依汉海昏侯故事进一步贬为东昏侯，谥号炀，但陵墓仍按皇帝的级别修筑而成。

五、平步青云萧叔达，天威难犯梁武帝

梁武帝萧衍（464—549 年），字叔达，小字练儿，南兰陵郡武进县东城里（今江苏省丹阳市访仙镇）人。南北朝时期梁朝的建立者。

南朝宋孝武帝大明八年（464 年），萧衍出生于建康。479 年，齐高帝萧道成建齐，萧氏家族顿时成为贵族。有了这样的便利条件，再加上自身的条件，萧衍在仕途上可以说是平步青云。

永元三年（501 年）三月，南康王在江陵继皇帝位，改元中兴。此后，萧衍彻底击败了萧宝卷的军队，以太后令废其为东昏侯。随后萧衍被任命为中书监、大司马、录尚书事、骠骑大将军、扬州刺史，并被封为建安郡公。此后，萧衍在朝中权势日盛。天监元年（502 年）正月，萧衍进位相国，"总百揆，扬州牧，封十郡为梁公，备九锡之礼"，随后"增封十郡，晋爵为王"。四月，以太后令即皇帝位，以梁为国号，建元天监。

梁武帝萧衍即位后，大力整顿吏治，时时唯才是举。另外，梁武帝还鼓励耕种，提倡节俭。他本人身体力行，常常身穿粗布衣服，每顿都吃素菜。每次选拔长吏时，他也会以廉洁作为考核项目之一。尚书殿中郎到溉、左户侍郎刘叡以廉洁著称，分别被擢升为建安内史和晋安太守。

在法律制度上，梁武帝令人编

萧衍

纂《梁律》20卷、《令》30卷、《科》40卷，使得官吏能依法治国，百姓能有法可依。在教育方面，梁武帝广开学舍，聘用《五经》博士，大力推行已经中断了的儒学，为儒学的继承和发展做出了很大的贡献。

除此之外，梁武帝还善于纳谏。梁武帝在位期间责罚不公，对贵族、朝士等多有偏袒，而对百姓却异常严格。百姓一旦有罪，连坐家中老幼；一人逃亡，全家都要为质。一次，梁武帝到郊外祭祀，秣陵的一位老人拦驾上谏说："陛下为法，急于庶民，缓于权贵，非长久之道。诚能反是，天下幸甚。"此后，梁武帝牢记于心，对百姓中犯罪者多有宽缓。

在梁武帝的治理下，齐朝时造成的社会弊端和遗留的矛盾得到消除或缓解，梁朝逐渐显现出了繁荣景象。然而，梁武帝虽然创造了齐朝的昌盛，但也导致了齐朝的衰落。

梁武帝为人有孝道，慈善而恭俭，且博学能文，对阴阳、卜筮、骑射、声律、草书、隶书、围棋等无不精通。他勤于政务，"冬月四更竟，即起视事，执笔触寒，手为皴裂"。到了晚年更加节俭，长期不食鱼肉，每天只吃一餐，且以贫民所吃的菜羹、粗饭为食，遇到繁忙时"日移中则漱口以过"。他一冠戴三载，一衾盖二年，"后宫贵妃以下，衣不曳地"。梁武帝也不饮酒，不遇宗庙祭祀、大宴、法事等都不曾作乐，虽然居于暗室，但衣冠整齐，在盛暑时也不解衣。

然而，梁武帝对待小臣却以大宾之礼，且过于宠爱士人，以致牧守经常鱼肉百姓。另外，他宠信小人，且多造塔庙。由是，"江南久安，风俗奢靡"。不仅如此，梁武帝崇尚文雅，遂疏简刑法，公卿大臣都得以免罪。于是，奸吏玩权弄法，贿赂日盛；王侯子弟多骄淫不法。梁武帝年迈，开始厌烦各种政务，又一心向佛，每当审断重罪时都会整日不悦。即使发现反逆之事，他也只是哭着宽恕谋反者。王侯因此更加骄横，或于白昼在街市上杀人，或于暮夜公然剽掠。一些畏罪潜逃者匿于王侯之家，有司便不敢搜捕。梁武帝虽然深知社会弊端，但因沉溺于佛学慈爱，始终没有采取任何措施。

太清二年（548年）八月，羯族人侯景发动叛乱，率兵攻入建康城。85岁的梁武帝萧衍临危不惧，问部下："还能战吗？"部下答曰："不能。"萧衍叹道："梁之天下，自我得之，自我失之！"于是，端坐太极东堂接见侯景。他从容问话："侯将军是哪一州人，因何兴兵犯阙？妻子儿女还在北方吗？"侯景见此情形，竟不敢仰视，以致惶恐不知所对，最终诺诺而退，方敢喘口粗气："我鞍马征战，矢刃交加，并无所怕，今见萧衍，却有惧怕之意，果真天威难犯！"

此后，丞相侯景控制了梁朝朝政。但无论侯景奏请什么事，梁武帝总是反对。后侯景怀恨在心，不仅不搭理梁武帝，而且还裁节其已够节俭的膳食，使得梁武帝忧愤成疾。太清三年（549年）五月，梁武帝在净居殿休息，因口苦向左右要蜂蜜而不得，很快离开人世。

六、胸怀大志陈霸先，全无心肝陈叔宝

1. 陈武帝陈霸先

陈霸先（503—559年），字兴国，小字法生。吴兴（今浙江长兴）长城下若里人，祖籍颍川（今河南禹州），汉太丘长陈寔之后，南北朝时期陈朝开国皇帝。

陈霸先少年时就意气雄杰，风流倜傥，胸怀大志，长于谋略，不喜欢从事任何生产劳动。读过大量的史书和兵书，至于纬候、孤虚、遁甲之术也多有涉猎。他身材高大魁梧，练就一身好武艺，再加处事明达果断，故深为当时人所推服。

陈霸先初登仕途，不过是乡中里司小官，后来到了梁都建康做油库吏。陈霸先忠于职守，深受新喻侯萧暎赏识。大约在大同六年（540年），萧暎任广州刺史，陈霸先随任直兵参军，镇守宋隆郡，降服所辖安化二县的头领。不久又出任西江督护、高要郡太守。梁大同年间，萧暎被朝廷任命为吴兴太守，即指名带陈霸先赴任。后来萧暎转任广州刺史，又举荐陈霸先为中直兵参军，监理宋隆郡，并令招兵买马，所部达千人。不久陈霸先又因讨平安化二县之功升任西江督护、高要太守。

大同八年（542年），交州刺史萧谘因待部属与百姓暴虐刻剥，颇失众心。当地豪族李贲趁机联结几州豪杰起兵造反。朝廷命高州刺史孙冏、新州刺史卢子雄领兵平叛，孙冏与卢子雄率部行至合浦，士兵因染瘟疫而死者十有六七，所余部众全部溃散逃回。孙冏、卢子雄二人被朝廷赐死。孙冏的儿子、侄子和卢子雄的弟弟卢子略怂恿主帅杜天合与杜僧明共同起兵，逼迫南江督护沈顗，大举进攻广州。广州刺史萧暎急忙召陈霸先平乱。陈霸先率3000精兵迅速赶到广州城下，经过几次激战，杀死杜天合，生俘杜僧明。陈霸先见僧明骁勇过人，义而释之。僧明感其德，由此成为陈霸先手下一员骁将。捷报传至朝廷，梁武帝萧衍非常高兴，下诏授陈霸先为直阁将军，封新安子，邑300户，并遣画工描绘陈霸先容貌以随时观看。

太清二年（548年）冬天，东魏降将侯景举兵反梁，侯景之乱发生。

陈霸先

次年三月，侯景攻破宫城，梁武帝病饿而亡，太子萧纲被侯景扶为皇帝。由于镇守广州的梁宗室曲江侯萧勃无意讨伐，陈霸先只好遣使往江陵，投到梁武帝第七子、湘东王萧绎帐下，受其节制。

大宝元年（550年）正月，陈霸先大军从始兴出发，抵达大庾岭，击败奉萧勃之命在南野（今江西南康以南约15千米处）拦截的蔡路养，乘胜进驻南康。陈霸先被萧绎授为明威将军、交州刺史。此后近一年半时间，陈霸先与响应侯景的高州刺史李迁仕在南康一带展开了拉锯战，终于擒斩李迁仕，于大宝二年（551年）六月发兵南康，沿赣江北下。八月，陈霸先准备与萧绎部下都督王僧辩会师。由于陈霸先名声在王僧辩之上，故王僧辩心存畏忌。当时，王僧辩等西路各军正好缺粮，情势不妙，而陈霸先已贮有军粮50万石，陈霸先以大局为重，迅速馈送30万石给西军，这打消了王僧辩的顾忌，也在西路各军中赢得了威信。

陈霸先发兵南康时，战局发生了转变，萧绎部下大将王僧辩、胡僧祐、陆法和等在巴陵（今湖南岳阳）、郢州（今湖北武汉）一带击败侯景主力，叛军大将任约、宋子仙被擒，侯景从攻势转为守势。

大宝二年（551年）七月，侯景废梁简文帝萧纲，立梁豫章王萧栋为帝。十月杀萧纲，十一月又废萧栋，自立为帝。

大宝三年（552年）正月，陈霸先南路征讨大军从豫章（今江西南昌）出发，这时已有甲士3万人，强弩5000张，舟舰2000艘，水陆俱下，另有前军5000由骁将杜僧明统领，已抵达湓口（鄱阳湖入长江口）。二月，王僧辩等西路大军又从寻阳起行，在白茅湾（今安徽怀宁以东）与陈霸先会师。王僧辩与陈霸先登坛设誓，缔结盟约。征讨大军沿路攻克芜湖、姑孰（今安徽当涂），三月在建康与侯景展开了大决战，终于彻底摧毁了侯景暴乱势力，侯景被杀。经王僧辩、陈霸先等各路将士劝进，萧绎在江陵称帝，即梁元帝。陈霸先奉命镇守在京口（今江苏镇江）。

承圣三年（554年）十二月，梁元帝萧绎死于西魏之手。陈霸先与王僧辩等商议，决定迎立晋安王萧方智。次年二月，年仅13岁的萧方智由寻阳来到建康，登上帝位，给陈霸先加了个征西大将军的头衔。

陈霸先因在平定侯景之乱时与王僧辩配合默契，故与王僧辩关系密切。这时北齐把贞阳侯萧渊明送了回来，王僧辩又决定立萧渊明为帝，陈霸先派使者往返数次苦争保留萧方智帝位，王僧辩坚决不同意。陈霸先由此开始与王僧辩发生矛盾，于是密作战备器械。同年九月，陈霸先袭杀王僧辩，废黜萧渊明，拥立萧方智为帝，改元绍泰，是为梁敬帝。陈霸先任尚书令、都督中外诸军事、车骑将军，领扬、南徐二州刺史，掌握实权。

这时，由王僧辩一手提拔起来的吴兴刺史杜龛见王僧辩被杀，立即起兵反抗，义兴太守韦载和王僧辩之弟、吴郡太守王僧智也以本郡响应，据城抗拒陈霸先。陈霸先派部中将周文育进攻义兴，出师受挫，心中焦躁，自己亲率大军前往接应。绍泰元年（555年），谯（今安徽和县）、秦（今江苏六合）二州刺史徐嗣徽举州投降北齐，乘陈霸先东讨义兴之机，暗中与豫州刺史任约密谋以精兵5000袭建康（今江苏南京），占据石头城。建康告急，陈霸先只得卷甲返回京师。绍泰二年（556年）正月，陈霸先遣陈蒨、周文育攻克吴兴（今属浙江），杜龛败死。王僧智等逃奔北齐。二月，攻克会稽（今浙江绍兴），斩扬州刺史张彪。至此，除江州刺史侯瑱占据江州、豫章外，王僧辩余部都被平定。

太平二年（557年）八月，陈霸先进位太傅，加黄钺，剑履上殿，入朝不趋，赞拜不名，并给羽葆鼓吹一部；九月，进位相国，总百揆，封十郡为陈公，备九锡之礼，位在诸侯之上；十月，晋爵为王，以会稽、晋陵、豫章等10个郡，益封陈国，并前为20郡。

就在这个月，梁敬帝萧方智被迫"禅让"，陈霸先继位称帝，改元永定，宣布了又一个新王朝——陈朝的诞生。

曾经当过梁湘州刺史的王琳一向不大听话。陈霸先曾以司空征辟，王琳却不仅不受征调，反而大造船舰，准备进攻陈霸先。陈霸先命周文育、侯安都率舟师至武昌，进击王琳。征讨王琳大军开拔不久，陈霸先便在建康受禅称帝。侯安都弃郢州，移兵趋沌口，与周文育兵会合，据守西岸，王琳据守东岸。两下相持数日，王琳获胜，竟将侯安都、周文育等将领悉数擒获。

王琳把侯安都、周文育等人用一条长链锁住，置于后舱，令亲信宦官王子晋看守，自己领兵驻于溢城白水浦。侯安都、周文育甜言蜜语，许以重赂收买王子晋。王子晋为利所诱假装用小船垂钓，靠近后舵，将安都等三人移入小船，连夜载渡上岸，从荒野草丛中偷偷逃回陈军驻地。陈霸先得知安都军败，非常惊慌，后见安都等逃回建康请罪，不禁转忧为喜，当即下诏赦免败军之罪，各还其官如故。

永定二年（558年）正月，王琳兵据溢城，拥众10万，奉萧庄继位称帝，改元天启，拜王琳为梁丞相、都督中外诸军、录尚书事。

不断的忧患和战争，已经搞得陈霸先精疲力竭。永定三年（559年）六月十二日，陈霸先病重。六月二十一日，陈霸先在璿玑殿病逝，享年57岁。遗诏追命临川王陈蒨继位。八月，群臣上谥号曰武皇帝，庙号高祖。同月，葬于万安陵（今江苏南京郊区）。

据史书记载，陈亡后，陈霸先政敌王僧辩之子王颁，纠集其父旧部，夜掘陈武帝陵，破棺焚尸，并将骨灰倒于池塘中，命上千人喝掉，极尽污辱，万安陵被彻底掘毁，成为轰动一时的大事。

2. 陈后主陈叔宝

陈后主陈叔宝（553—604年），字元秀，小字黄奴，陈宣帝陈顼长子，母皇后柳敬言。南北朝时期陈朝最后一位皇帝。

陈叔宝出生时陈霸先已掌握南朝实权，成为一方霸主。陈霸先由于平定侯景叛乱，居功至伟，势力日益壮大，梁元帝萧绎为了牵制掌控陈霸先，使其子侄宗亲俱居江陵，陈顼及妻妾亦在其中。承圣三年（554年）江陵失陷，其父陈顼被囚于关右，留陈叔宝于穰城。至天嘉三年（562年），陈周和好，陈叔宝与生母柳氏由中记室毛喜接回建康，被立为安成王世子，时年仅10岁。

自北朝南归后，陈顼逐渐掌握了南朝大权，陈叔宝从此成为南陈皇族的重要成员。文帝天康元年（566年），陈叔宝14岁，官授宁远将军，置左史，由此正式开始了他的仕途生涯。光大元年（567年），担任太子中庶子，不久升任侍中。太建元年（569年）正月，陈顼登基称帝，即陈高宗，叔宝被立为皇太子。

陈宣帝太建九年（577年）十二月，东宫落成，陈叔宝正式入主东宫。在此期间，他师从周弘正学习《论语》《孝经》等儒家经典，并多次亲自释奠太学。此外，陈叔宝尤为喜爱文艺，大量文士成为其东宫僚属，并开始举办文学宴会。这个时期聚集在陈叔宝身边的文人群体为陈后主东宫文人群体。陈叔宝的文学集团的主要成员有江总、姚察、顾野王、褚玠、陆瑜、谢伸及义阳王陈叔达等30余人。

太建十四年（582年）春正月，陈高宗病逝，陈叔宝身为皇太子，本应立即继承皇位，不想兄弟之间却又发生一大变故。原来，陈高宗共有四十几个儿子，其中次子陈叔陵"少机辩，徇声名，强漂无所推屈"，很与常人不同。太建六年（574年），受封始兴郡王，授使持节，都督江、郢、晋三州诸军事。其时叔陵年仅16岁，就已经"政由己出，僚佐莫预焉"。陈叔陵虽有奇才，但却恃才自骄。他在地方任职期间，性情严苛，征求役使，没有限度，至令诸州镇闻其将至，皆惶恐万分。至陈高宗病重时，太子陈叔宝与始兴王陈叔陵、长沙王陈叔坚一起入内侍疾。陈叔陵见陈高宗病已不治，即生出杀太子夺皇位的念

陈叔宝

头。过了两天，陈高宗病逝。宫中准备丧事，人来人往，忙碌不堪。陈叔陵于仓促之中令左右去宫外取剑，左右不知其情，拿来朝服木剑，交与陈叔陵。陈叔陵大怒，随手一掌，将拿剑的人打倒。这时陈叔坚正在旁边，见此情景怀疑有变，便时时注意陈叔陵的举动。

第二天，陈高宗小殓，陈叔宝伏在地上号啕痛哭，陈叔陵即找出锉药刀，从陈叔宝背后砍将下去，正中脖颈，叔宝猛叫一声闷绝于地。陈叔宝在柳皇后及乳母吴氏的帮助下逃出，派大将萧摩诃讨伐陈叔陵，最后陈叔陵被杀，诸子赐死。

陈叔陵伏诛之后，陈叔宝继皇帝位，是为陈后主。之后，以长沙王陈叔坚为骠骑将军、开府仪同三司、扬州刺史；萧摩诃为车骑将军、南徐州刺史，封绥远公。始兴王陈叔陵家中财资数万悉数赏赐给陈叔坚与萧摩诃。以司马申为中书通事舍人。当初陈叔陵刺杀后主时，后主脖颈被砍受伤，在承香殿中养病，朝政之事，全都委托给太后处理。并且摒去诸姬，独留贵妃张丽华随侍。后主病愈，对张贵妃更加爱幸。立妃沈氏为皇后，大封诸弟为王，封皇弟陈叔俨为寻阳王，陈叔慎为岳阳王，陈叔达为义阳王，陈叔能为巴山王，陈叔虞为武昌王。不久正式册立皇子陈胤为太子。

自陈叔坚、毛喜等大臣相继被贬谪杀戮，陈朝谏官皆若虚设，无人进言。陈叔宝乃得以恣意妄为，无所顾忌，每日里饮酒赋诗，做些风流韵事。当

年陈叔宝在承香阁养病，几乎全靠张贵妃一人服侍。陈叔宝病愈后又借皇帝之威于民间广采美女，得王、李二美人，张、薛二淑媛及袁昭仪、何婕妤、江修容等七人。陈叔宝因此更加荒耽酒色，无暇过问政事。所有百官奏事，皆由宦官蔡脱儿、李善度进请，陈叔宝倚在"隐囊"之上，将张贵妃抱坐怀中，共决可否。李善度、蔡脱儿二人有不能记述的，即由张贵妃逐条裁答，无所遗漏。因此张贵妃得以干预外政，宠幸冠于后庭。宦官近侍无不与她内外联结，援引宗戚，纵横不法，卖官鬻爵，贿赂公行。陈叔宝反觉张贵妃精明能干，一应赏罚诏命，皆决于张贵妃。张贵妃因而更加骄纵，凡大臣有不从己者，必于陈叔宝面前毁谮。群臣害怕，无不从风谄附，张贵妃之权势因此熏灼四方，使天下人只知有张贵妃，不知有陈叔宝了。

至德二年（584年），陈叔宝令于光昭殿前筑起临春、结绮、望仙三阁，各高数十丈，连延数十间。其窗户壁木，横楣栏槛，均用沉檀香木制成，又饰以金玉，间以珠翠，外悬珍珠帘，内设宝床宝帐，一切服玩，皆瑰奇珍丽，光怪陆离，人间少有。陈叔宝每次宴饮，必使妃嫔群集，女学士与诸狎客列坐赋诗，互相赠答，凡有文采特别艳丽的，即谱以词曲，选宫女千余人学习演唱，按歌配曲，分部迭进。君主臣子，乐此不疲，酒酣歌舞，通宵达旦，把国家大事，尽皆抛诸一边。

妃嫔宫女之外，还有几个佞臣，竞相诣媚，阿谀迎合。其中都官尚书孔范，与孔贵妃结为兄妹，深知陈叔宝恶闻过失，所以每遇有谏之叔宝者，必以种种罪名斥退，然后曲为文饰，称颂赞美，把过失全说成美德。陈叔宝因此转怒为喜，对孔范宠遇优渥，言听计从。又有中书舍人施文庆，聪敏强记，心算口占，非常条理，所以也得陈叔宝宠幸。施文庆又引荐沈客卿、阳慧朗、徐哲、暨慧景等人，陈叔宝一概录用。陈叔宝对孔范信而不疑，去部卒，交给孔范等人分管，将任忠迁为吴兴内史。于是文武解体，士庶离心，距覆灭不远了。

陈叔宝继位之时，正值隋文帝开国之初。文帝有削平四海之志，于是隋之群臣，争劝文帝伐陈。祯明二年（隋开皇八年，588年）底，文帝下诏数后主20款大罪，散写诏书20万纸，遍谕江外。然后命晋王杨广、秦王杨俊、清河公杨素为行军元帅，总管韩擒虎、贺若弼等率51万大军分道直取江南。

陈叔宝却深居高阁，整日里花天酒地，不闻外事。他下令建大皇寺，内造七级浮屠，工尚未竣，为火所焚。沿边州郡将隋兵入侵的消息飞报入朝。朝廷上下却不以为意，只有仆射袁宪，请出兵抵御，后主却不听。及隋军深入，州郡相继告急，后主叔宝依旧奏乐侑酒，赋诗不辍，而且还笑着对侍从说："齐兵三来，周师再至，无不摧败而去，彼何为者耶？"孔范说："长江天堑，古以为限，隔断南北，今日隋军，岂能飞渡？边将欲作功劳，妄言事急。臣每患官卑，虏若渡江，臣定做太尉公矣。"有人妄传北军的马在路上死去很多。孔范说："可惜，此是我马，何为而死？"后主听后大笑，深以为然，君臣上下歌妓纵酒，赋诗如故，似乎亡国的威胁并不存在。

祯明三年（589年）正月，陈叔宝朝会群臣时大雾迷漫，吸入鼻中，致陈叔宝昏睡到日中才醒。这一天，隋将贺若弼已引兵过江，韩擒虎亦渡过采石。不久，隋将韩擒虎攻破南豫州，掳去豫州刺史樊猛妻子儿女。又过了几天，隋军已进据钟山，陈人大惊，降者相继。这时建康尚有10余万甲士，兵多将广，犹可决一雌雄。然而陈叔宝素来怯懦，不懂军事，见此危急情势只知日夜啼哭，朝中庶务，尽委施文庆。施文庆忌诸将有功，诸将凡有启请，皆搁置不行。

其时形势已十分危急，陈叔宝却又因见萧摩诃妻室年轻美貌，与之通奸。事为萧摩诃所知，遂无战意。唯鲁广达率军力战，打败隋贺若弼军，杀死200多人。陈军争抢人头，献于建康请功。隋军趁机复出，直冲孔范大营，孔范部溃走，陈军大乱，萧摩诃也被隋军俘虏。任忠见大势已去，竟自赴石子岗，投降韩擒虎，引隋军入朱雀门。守城将士闻言一哄而走，城内文武百官也皆逃匿。此时隋军已排闼而入，从宫中的一口枯井中捉住后主张贵妃、孔贵妃等人，押到韩擒虎帐前来。隋军一面扫荡残敌，令后主手书招降陈朝未降将帅，一面收图籍，封府库，又将张丽华及施文庆、沈客卿、阳慧朗、暨慧景等奸佞枭首于市。陈朝宣告覆亡，隋文帝终于统一了全国。

陈叔宝于阳广门观拜见隋主杨坚，杨坚先宣诏抚慰，又传敕责其君昏臣佞。陈叔宝惶恐伏地，不敢答置一词。后来听到杨坚发下赦书，竟高兴得舞蹈谢恩，叩拜再三。过了几日，陈叔宝见隋朝优待有加，便屡次向监守官求一官号。杨坚闻此，脱口说道："叔宝全无心肝！"又问监守陈叔宝平日做什么。监守回答："日夜饮酒，少有醒时。"杨坚又问："一天能饮多少呢？"监守答说："与其子弟，一天约饮一石。"杨坚大惊，说："一石怎么能行，应让他节饮才好。"过了片刻，杨坚又说："任他去吧，不然叫他如何度日！"

仁寿四年（604年）十一月，即投降隋朝16年后，陈叔宝在洛阳城病死，终年52岁，葬于洛阳的北邙山。隋朝皇帝杨广因宠爱其妹宣华夫人，追赠陈叔宝为长城县公；又据陈叔宝生前行为，追谥曰"炀"。因"炀"字后为杨广本人占用，故历史上称陈叔宝为陈后主或长城公。

第二章 / 南朝名人

一、刘宋宰相徐羡之，废少帝鲜克有终

徐羡之（364—426 年），字宗文，东晋东海郡郯县（今山东郯城）人。晋安帝隆安二年（398 年），徐羡之被晋朝廷征辟为太子少傅主簿。后来，北府兵元帅刘牢之请他去担任镇北功曹和尚书祠部郎（主管祭祀的官）。

隆安三年（399 年）十月，浙东一带爆发了孙恩领导的农民起义，东晋政府派北府兵前往镇压。东晋王朝炙手可热的抚军将军桓修任命徐羡之担任抚军中兵曹参军。在桓修的抚军将军府，徐羡之结识了当世的枭雄刘裕。晋元兴元年（402 年）五月，卢循起义，东晋朝野震惊。总揽朝政的太尉桓玄派刘裕起兵镇压。

刘裕按徐羡之计极力拉拢受桓玄排挤和迫害的北府兵诸将。他派徐羡之携带密信，前往北府兵大将何无忌、刘毅、孟昶、诸葛长民、刘道规等营中游说，晓之以理，揭穿桓玄的阴谋，并阐明只有各路兵马联合起来，才能保存实力，不至于被桓玄各个铲除。于是各路军马与刘裕合兵一处与卢循交战，连连取胜。卢循兵败，无路可退，只得弃岸逃往海上。

在平定卢循起义的过程中，由于各路北府兵将领纷纷投靠刘裕，刘裕的实力大增，威震朝野。桓玄借刀杀人之计不仅落空，还使刘裕形成尾大不掉之势。

晋元兴二年（403 年），桓玄自称大将军、楚王。十二月，在建康篡位称帝，国号楚，贬晋安帝于浔阳（今江西九江）。于是，刘裕向各路兵马下达命令，令大将刘毅、何无忌等率各路人马同时起兵，由京口直攻建康，桓玄匆忙间率军与北府军交战，一触即溃，不得已，只得挟安帝西逃，后被刘毅诛杀。

　　义熙元年（405 年），刘裕等迎安帝还都建康。桓玄之乱，遂告平息。平定桓玄之乱。复兴晋朝，刘裕首功可鉴。晋安帝欲让他都督中外诸军事，实质是把全国兵权交给刘裕。

　　晋恭帝元熙元年（419 年），安帝驾崩，恭帝即位。恭帝被迫加授刘裕为宋王，并给予特殊礼仪，尊宋王妃为太后，世子刘义符为太子。宋永初元年（420 年）刘裕在建康修筑高台，接受恭帝禅让，即皇帝位，建元永初，史称宋武帝。

　　永初三年（422 年）三月，刘裕病倒。徐羡之、傅亮等重臣入宫照料。五月，刘裕病危，下诏立太子刘义符，又亲写遗诏："后世如有幼主，朝廷大事全部委托宰相，皇太后不能临朝干政。"并任命徐羡之、傅亮、谢晦等为顾命大臣，辅助刘义符。刚刚开创的刘宋天下，治理的重任便落到徐羡之等人肩上。

　　刘裕去世，太子刘义符即皇帝位，年仅 17 岁，史称少帝。

　　少帝童心未泯，只知玩乐，朝中大事无论巨细都由徐羡之等处理。他遂与傅亮、谢晦三人密谋，最后决定废除少帝，迎立刘裕三子、宜都王刘义隆。而依旧制，废除少帝后应立刘裕次子、庐陵王刘义真，但此人生性轻浮，毫无声望，而宜都王刘义隆却具有帝王气质。于是徐羡之决定先弹劾义真，再废少帝，最后迎立刘义隆。

　　徐羡之联合傅亮等几十位大臣联名上疏弹劾刘义真，少帝批准，贬其为平民，放逐新安郡（今浙江淳安县）。不久，徐羡之派人将他处死。

　　刘义真已除，下一步便是废除少帝。徐羡之密令大将檀道济、王弘入京，与傅亮、谢晦几人商讨具体行动计划。他借口谢晦修理家宅，将军队藏于谢府，又派心腹潜入皇城收买禁卫军。元嘉元年（424 年）五月二十四日，徐羡之、檀道济率兵直奔天渊池。一路毫无阻拦，徐羡之领军冲上龙舟，斩杀侍卫，制服少帝。取下皇帝印信后，将他押出天渊池。随后，徐羡之前往朝堂，紧急召集百官，拿出早已拟好的诏书，假称是奉太后之命，已将少帝拿下，历数刘义符荒淫不孝等罪状，废为营阳王，贬居吴郡。迎立宜都王刘义隆即位，派傅亮率行台百官前往迎接。随后，徐羡之暗下令杀死刘义符，以绝后患。

　　接连诛杀两亲王，徐羡之恐怕刘义隆即位后对己不利，于是就命谢晦出镇荆州，兼都督荆、湘等七州军事和荆州刺史。把精锐部队和能征善战的将领，全部配给谢晦，希望他居于外地，与自己在朝廷遥相呼应，作为声援。

八月，宜都王刘义隆在建康即位，改元永嘉，史称宋文帝。宋文帝下诏百官一律擢升二级，提升徐羡之为司徒。刘宋王朝的军国大事仍由徐羡之等顾命大臣处理。

宋文帝登基伊始，为避免重蹈兄长覆辙，下诏一切典章不变，并推说年幼，一切政事归由顾命大臣处理，自己要为先帝刘裕守孝满三年。徐羡之见宋文帝毫无怪罪自己之意，便放开手脚，毫无顾忌。他把自己的亲信大力提拔，担任朝中和地方的要职。朝中事务必须由他批准方可办理。徐羡之身为司徒，把握朝中权柄，使宋文帝形同虚设。

宋文帝深居皇宫，但却没有空闲一刻。他表面不问朝政，暗地里积极结交名士，拉拢与徐羡之不和的官员，将前宜都王府的亲信都分封了高官，在朝中让他们替自己活动并充当耳目。元嘉三年（426年）正月十六日，宋文帝下诏，宣布徐羡之、傅亮、谢晦谋杀少帝和庐陵王的罪行，在朝堂埋伏武士，伺机诛杀徐羡之、傅亮。

这一天，宋文帝下诏急命徐、傅二人入宫商讨大事。徐羡之走到西明门外，得知宫中有变，他马上回到西城，乘坐宫廷车马混出建康，出城后下车步行，一口气走了20多里，来到一处叫新林的地方，这才停下喘口气，悔恨不该迎立刘义隆，而应迎立年幼的刘义康，如今悔之晚矣。转念一想：此番在劫难逃，不该逃走，反落个骂名。想想自己辅助刘裕，顾命辅助幼主，为刘宋王朝呕心沥血，不辞辛劳，到如今反而招致杀身之祸，实在再无面目见人。痛定思痛，别无选择，最后，他含着热泪钻进路边一个陶窑里，上吊身亡。纵观徐羡之一生，功大于过，瑕不掩瑜。

二、自负才高沈休文，历仕三代著《宋书》

沈约（441—513年），字休文，吴兴武康（今浙江吴兴）人。他出身士族，学识渊博，历仕宋、齐、梁三朝。齐中兴二年（502年），他参与策划梁武帝萧衍代齐自立的政变，建梁后，官拜尚书令，领太子少傅，受封建昌县侯，荣耀于世。沈约不仅在政坛大有作为，且在文学、史学领域颇有建树，著有《宋书》100卷，位列二十四史。历代宰相如沈约勤于政事又著书立说流传后世者，实乃鲜见。

沈约从小聪明过人。据史载，他一生下来左眼就有两个瞳仁，腰间有紫痣，有异人之相。少年时代的沈约勤奋好学，日夜手不释卷，母亲担心他过于劳累，常不得不到他书房去减油灭灯，限制他的夜读。不得已，沈约便白天读书，夜晚背诵，这使得他博览古今，满腹经纶。不久，郢州（治所在今湖北武汉市武昌）刺史蔡兴宗闻其才华不同凡人。便延请沈约为安西外参军，兼记室。

479年，萧道成建立南齐，38岁的沈约出仕齐朝，在东宫主管文书。沈约以其渊博的学识、儒雅的风度、绝佳的口才，甚得太子萧长懋的赏识和倚重，因此，他常与太子促膝谈心，有时谈至日出东方。当时，太子弟、竟陵王萧子良开西邸招纳名士，沈约与兰陵萧琛、琅邪王融、陈郡谢朓、南乡范云、乐安任昉、吴郡陆佳、兰陵萧衍等人，皆交游于竟陵王府，被世人称为"竟陵八友"。也就在这时，沈约与后来成为梁武帝的萧衍结下了深厚的情谊。

齐明帝死后，东昏侯萧宝卷继位，他统治混乱，政出多门，萧衍乘此良机于襄阳起兵，联合长史萧颖胄在荆州拥立齐和帝，紧跟着攻克建康，诛杀东昏侯。萧衍因功被任命为丞相，封为梁公。他任用沈约为骠骑司马，随侍左右，出谋划策。齐中兴二年（502年）四月，萧衍在建康南郊即皇位，国号梁，建元天监，梁武帝天监二年（503年），沈母去世。皇上亲临悼唁，武帝因怕沈约年事已高，不宜过度悲伤，专遣中书舍人去沈家阻挡客人，劝沈约节哀。沈约服丧期满后，又升迁为侍中，授右光禄大夫。天监九年（510年），沈约70岁，萧衍特授他左光禄大夫。这是正一品的散职。沈约一生为提高南方士族和吴兴沈氏的地位而努力，到这一步也算得上是功成名就了。

沈约才堪撰述，学综文史，在递嬗频仍的南朝政治生活中世故练达。他除在复杂莫测的政坛上周旋外，同时著书立说，享有盛名。他"历仕三代，该悉旧章，博物洽闻，当世取则"（《南史·沈约传》），具备史学家的素质。他著述宏富，一生近400卷著作中，历史著作占大半。他的历史著述在中国史学上有着不可抹杀的地位。

沈约撰写的《宋书》问世前，已有三部《宋书》存世。他在前人

沈约

的基础上加以改进、创新、整理，撰写出论述刘宋（420—479年）兴亡的一部完整的纪传体断代史。其内容包括政治、礼乐、天文、州郡、百官等各个方面。他在著述时，注意为少数民族、外邦小国立传。现代其他人所编的刘宋历史均已亡佚，只散见于一些书或注释中，完整保留下来的，就只有这部《宋书》了。总的来说，《宋书》的史料价值已超出刘宋历史范围，不仅为考察魏、晋、宋史所必需，且为唐修《晋书》诸志所大量取用，并为研究刘宋王朝历史提供了主要依据。

中国史学素有文史结合的传统，沈约作为史学家著书立说自然与他深厚的文学修养分不开。沈约是当时的文坛领袖，齐、梁两朝的许多重要诏诰多是出自他的手笔，除了例行的公文之外，大量的赋、论、碑、铭类文章都足以表现他的"高才博洽"。沈约还是讲究声律的"永明体"诗歌的创始人之一。齐梁之际，我国汉语音韵学已经有了相当的发展，沈约把同代人周颙发现的"平、上、去、入"四声用于诗的格律，并归纳出比较完整的诗歌声律论，为唐代五言律诗的正式形成开辟了通途，而且影响到骈体文。

南朝时期，除开国的少数皇帝外，后代帝王多为荒淫无道的昏君，世家大族也奢侈淫佚。文人想在政治上有所作为，是很艰难的。沈家又属南方世族，靠军功起家。被北方世族所轻视。因此，沈约想以自己的努力取得世族高贵的地位，也只能曳裾王门，虽不趋炎附势，也不能有大作为，所以只有"唯唯而已"。官场之上，他深感"伴君如伴虎"。有一次侍宴，沈约言谈间冒犯了尊颜，梁武帝拂袖而去，沈约连惊带吓，一病不起。他病中常做噩梦，请来巫师作法，巫师说是齐和帝在作祟，沈约便让巫师上章对阴曹地府的齐和帝说：禅代的主张并非由自己提出的，请齐和帝之魂放过自己。此事传入梁武帝耳中，梁武帝自然对他这种不忠的态度十分不满。自此，他俩多年的旧友之谊、患难的君臣之情随着时间的推移慢慢地被消磨掉了。

天监十二年(513年)，沈约忧病而卒，终年73岁。梁武帝下诏，谥号"隐侯"。"隐"字隐含着多层意思，被人们猜测至今。

三、唱筹量沙雄名振，功高震主遭残杀

檀道济（？—436年），高平金乡（今属山东）人。自幼父母双亡，与兄姊流落京口。晋安帝隆安末年，随刘裕镇压孙恩，平定桓玄之乱，以军功先后封吴兴县五等侯、作唐县男。

晋义熙十二年（416年），刘裕北伐后秦，檀道济为冠军将军，与王镇恶同为先锋，引军沿淮水、泗水向许昌、洛阳进发。檀军先抵项城，后秦守将姚掌不战而降，但在进攻新蔡（今属河南）时，遭到了后秦大将董遵的顽强抵抗。檀道济督军猛攻，破其城，杀董遵，继而攻克许昌，擒获后秦颍川太守姚垣及大将杨业。利用军威大振之机，檀道济乘胜前进，拔阳城，克荣阳，直抵成皋（今河南荣阳）。秦征南将军姚洸屯戍洛阳，急向关中乞求援兵。姚泓派将姚益男领一万人马星夜赶赴往救。可援军尚未到达，檀道济已攻下成皋，并会同其他部队，四面环攻洛阳。姚洸孤军难守，只得开城门率4000兵卒出降。对这些俘虏，晋将纷纷主张杀掉，以壮军威，檀道济却不同意，他下令尽数释放俘虏，让他们回归乡里，并申明晋军入城后，严明纪律，不得扰民。

次年三月，刘裕让毛修之留镇洛阳，令檀道济率师继续西进。王镇恶克渑池，抵潼关。檀道济和沈林子渡河北击，进攻蒲坂（今山西永济），想以此绕过潼关，进入关中。但后秦守军战斗力甚强，城坚难下。檀道济不得不回军河南，会同王镇恶合攻潼关。后秦太宰姚绍率军5万援救，开关出战。晋军奋击，杀伤秦军千余人。秦军受挫后退驻定城（今陕西华阴东），据险固守。数月后，姚绍病死军中。秦军失去主将，无心战守。八月，王镇恶率舟师由黄河入渭水，至渭桥登岸，破后秦军。姚泓出城投降，后秦灭亡。

刘裕东归后，任檀道济为征虏将军、琅邪内史。及刘裕建宋，檀道济以佐命之功，改任丹阳尹、护军将军。永初三年（422年），又奉命出为镇北将军、南兖州刺史，镇守广陵（今江苏扬州），监淮南诸军。

武帝死，少帝继位，檀道济与徐羡之、傅亮、谢晦四人同为顾命大臣。北魏以宋值新丧，大举南进，共出数路，攻略宋地，司州全部及青州、兖州、豫州大部分地区很快被魏军夺占。檀道济闻警，率军救援。军至彭城，司、青二州并告危急，檀道济领兵不多，不足分赴，而青州道近，守军薄弱，便统兵兼程往救。魏军见宋援军将至，撤去青州治所东阳（今山东费县西南）之围。檀道济兵至东阳，军粮耗尽，只得停止追击，又见东阳城已凋敝不堪，移青州治所于不其城（今山东即墨西南），尔后回军湘陆（今山东鱼台东南），阻止了魏军南进的势头。

次年，因少帝游戏无度，荒怠朝政，徐羡之等密谋废立，召回檀道济共谋其事。当晚，檀道济与谢晦同宿领军府。谢晦心怀恐惧，辗转难寐，而檀道济触床即鼾声如雷。为此,谢晦深深佩服檀道济的镇静和胆量。次日,几位顾命大臣入殿矫诏太后令，废少帝，迎刘义隆入承大统。

文帝继位之初，朝中大权仍掌握在徐羡之、傅亮等人的手中。元嘉三年（426年），文帝下令追查弑立之事，徐羡之畏罪自缢，傅亮被缚诛杀。当时，谢晦已出镇荆州，闻徐羡之、傅亮已死，知道文帝秋后算账，便拥三万精兵抗拒朝命。

文帝从广陵召回檀道济，对他说："废立之事，你未参与谋划，我不加追究。现在谢晦据荆州之地，抗表犯上，威胁建康，不知你有何良策？"檀道济说："谢晦老练干达，富有谋略，我过去与他同从武帝北征，入关十策，有九策出于谢晦胸中。但他未曾率军决胜于疆场，戎事非其所长。若陛下信任，可让我衔命征讨，可一战擒之。"文帝大喜，遂亲统大军数万，以檀道济为先锋，溯江西上，击溃谢晦。因此平乱之功，檀道济进号征南大将军，任江州刺史。

元嘉七年（430年），为解除北魏对宋的威胁，文帝命檀道济统军北伐。宋军前部到彦之进军河南，收复洛阳、虎牢等地，但很快又失守，退驻滑台。翌年一月，檀道济率师往救滑台，虽然与北魏军先后交锋数十次，每战皆捷，但终因寡众悬殊，他所率领的孤军已处于北魏大军的围困之下。更使他焦虑不安的是，由于运输跟不上，眼下部队已经没有多少粮食了。正在这万分焦急之时，传令官又送来了一则极为不利的消息，据刚刚逃回的几位士兵汇报，有几个被俘的刘宋士兵向魏军主帅泄露了南军军中粮食已经告罄的机密，北魏军正在秣马厉兵，准备一举歼灭檀道济所部。

檀道济果断召来传令官，命令立即率领一队士兵前来接受任务。士兵召集来了以后，檀道济命令他们准备好柳条笆斗和锹锨，迅即赶到军中的囤粮处。一切准备就绪以后，檀道济命令一部分士兵去河滩取沙，另一部分负责运沙装囤，他亲自守候在粮囤旁，每倒进粮囤一笆斗沙，他就令人高唱一个数码，就好像真的在计量粮食一样。运沙的士兵虽然还不明白其中的奥秘，但是看到自己的主将如此认真，便一个个的劲头十足地干起来了，大家完全忘记了敌军正在向他们逼近的危险。由于众人齐心协力，粮囤很快就灌满了沙子，远远看上去，倒也像是囤得满满的粮仓。这时，檀道济才命令停止取沙，叫士兵把军中的存粮扛来，覆盖在堆得尖尖的沙囤上，直到粮食全部遮住了黄沙，他才命令士兵们回营去好好休息。

第二天清晨，檀道济的士兵一走出营房，就看到了堆得满满的粮囤。尽管有的士兵已经知道了其中的奥妙，但是还是有很多官兵不明原委，所以原已动摇的军心，很快就稳定下来了。这一情景，不多时就被北魏的探子侦察去了。北魏军主帅根据探子的汇报，认为投降的南军士兵禀报的是假情报，是檀道济故意安排来施离间计的，于是立刻把他们推出营门斩首示众了。

檀道济乘着魏军还未摸清南军的内幕，命令所有士兵全部穿上甲衣，唯有他自己身罩白服，乘着战车，徐徐地向后撤退。北魏军队见檀军这样沉着，怀疑檀军设有埋伏，不敢进逼，结果檀道济终于"全军而返"。事后，檀道济的"雄名大振"，北魏军队对他产生了一种由衷的畏惧，甚至将他的形象描绘下来，悬挂在营中，用以避鬼。檀道济"唱筹量沙"的故事，从此也就成为我国古代军事史上的治军佳话。

檀道济立功数朝，威名日重，左右心腹都是百战之将，他的几个儿子又多具才气，引起了朝廷的猜忌。当时，文帝久病不愈，执掌朝政的彭城王刘义康及领军将军刘湛担心文帝晏驾后，难以钳制檀道济，便向文帝屡进谗言，劝其尽早除掉檀道济，以绝后患。

元嘉十三年（436年），檀道济奉诏回京。临行前，其妻向氏说："震世功名，必遭人忌，古来如此。朝廷今无事相召，恐有大祸。"檀道济却说："我率师抵御外寇，镇守边境，不负国家，国家又何故负我心？"于是坦然入京。适逢文帝病情好转，卧榻召见，文帝慰勉鼓励，让他返阙议事，用心边防。不料檀道济刚要启程，文帝病情加剧。刘湛劝刘义康不可放虎归山，即假托王命，以收买人心、图谋不就之名逮捕檀道济，旋加杀害，同时被杀害的还有檀道济的11个儿子及薛彤、高进之等大将。

四、当时堪笑王僧辩，待欲将心托圣明

王僧辩（？—555年），字君才。太原祈（今山西祈县）人。南朝梁名将。

王僧辩之父王神念为梁青、冀二州刺史，其兄王遵业位太仆卿。王僧辩学识渊博，尤其通晓《左氏春秋》。他从小就善于言辞，思维敏捷，器宇肃然。虽然他体质虚弱，但颇有凌云之气。王僧辩最初在北魏政权任职，南朝梁武帝天监年间（502—519年）随父从北朝投奔南朝，出任梁湘东王萧绎的左常侍。以后，随着湘东王职位的调动，先后任过湘东王府行参军、中兵参军、府司马等职，又代替柳仲礼为竟陵太守，号雄信将军。

梁武帝太清二年（548年），东魏降梁大将侯景与梁宗室萧正德勾结举兵反叛，进攻梁都城建康（今南京）。湘东王派王僧辩为大都督统领一万军队赴救建康之危。救援军到建康时，京城已陷落，梁武帝亦蒙难而死。梁武帝死后，其尚存的子弟，一个是侯景控制的皇帝萧纲，还有是在侯景

王僧辩

起兵时，被任命为北讨大都督的萧纶，此外即占据上流重镇的湘东王萧绎。萧绎凭借其强大的军事力量欲争皇位，但必须除去已逃至郢州（今武昌）被推为中流盟主的六兄萧纶，因此他派王僧辩带军即日进逼郢州。当时，王僧辩因部下未全部集中，想等军队齐集后再发兵，引起湘东王的忌恨。王僧辩提出推迟发兵时，湘东王用刀砍伤王僧辩，并交付廷尉准备判刑。后来，当进攻萧纶的军队不能攻克长沙时，湘东王才将王僧辩从狱中放出，派去指挥大军。在王僧辩的指挥下，湘东王的军队很快击溃了萧纶军队，王僧辩也恢复了领军将军。

萧纶军被击溃不久，侯景带军沿江西进，攻取了江州、郢州，准备西上进攻萧绎。当时，侯景的水军"号二十万，联旗千里"。在与侯景交战中，王僧辩充分发挥了其指挥才能。他首先带军屯居巴陵城与侯景军对峙，以静对动。侯景不断派军轮番攻城，都被王僧辩指挥大军采用火阵、围长栅、列舸舰等办法击退，大将任约也被擒。侯景见巴陵城久攻不下，大将又被擒，只得烧营夜遁。王僧辩在取得巴陵城守卫战胜利后，带军乘胜沿江东下进攻侯景，很快收复江州和郢州，并直指建康。在建康城外，王僧辩与陈霸先军队会合联营进逼侯景。侯景带军出战，与王陈联军大战于建康城北。联军又兵分两路，派强弩 2000 张进攻石头城西，很快攻陷石头城，并入居台城。侯景战败东奔，与心腹数十人乘船逃往海上，其党徒有的投降，有的北奔，建康复归梁军。逃往海上的侯景被其部下杀死，给江南人民带来灾难的侯景之乱最终被平息。战后，萧绎继帝位，是为梁元帝。王僧辩因功被封为司徒、侍中、尚书令、永宁郡公，食邑 5000 户。

不久湘洲的陆纳反叛，被李洪雅打败，陆纳于是和同反的人商定拜李洪雅为大将军，尊他为主。梁元帝便派王僧辩平定湘洲，王僧辩大获全胜。

在平定侯景之乱前，梁元帝萧绎曾向西魏称臣，既称帝便不再称臣，并要求西魏归还所侵占去的梁、益等州和襄阳等地。当时，西魏的实权掌握在大臣宇文泰手中，他在据襄阳的萧詧的请求下，派军进袭江陵。城破后，梁元帝被执处死。江陵城破后，王僧辩、陈霸先在建康拥立梁元帝子萧方智为帝，是为梁敬帝，王僧辩以拥立之功被任命为骠骑大将军、中书监、都督中外诸军事，录尚书事。

江陵陷落后，郢州刺史陆法和以郢州（今武昌）投降了北齐，北齐又捎信给王僧辩，认为萧方智年幼，梁朝处在多事之秋，应该推立长君，寒山被俘的萧渊明年龄较大，又是梁武帝的亲侄子，推他做皇帝较为适宜。实质上是谋求通过扶植傀儡皇帝，使梁国成为附属国。这种要求遭到王僧辩等人的拒绝。北齐于是派高欢第七子高涣领兵护送萧渊明过江。由于王僧辩无力抵挡高涣的大军，只得要求立萧方智为太子，得到萧渊明同意后，迎立其继位为帝，王僧辩被封为大司马，领太子太傅、扬州牧。

王僧辩拥立萧渊明为帝的行为，引起了陈霸先的反感。承圣四年（555年）冬天，陈霸先偷袭并俘获王僧辩，废黜萧渊明，改立萧方智为帝，并以萧渊明为太傅、建安王。陈霸先派人通报北齐仍然请求向北齐称臣，永远当北齐的附属国，北齐派遣行台司马恭和南朝梁国在历阳订立盟约。同时，上表朝廷，说王僧辩阴谋篡逆。最终，王僧辩被杀于绍泰元年九月二十七日（555年10月26日）。

建中三年（782年），礼仪使颜真卿向唐德宗建议，追封古代名将64人，并为他们设庙享奠，当中就包括"梁太尉永宁郡公王僧辩"。及至宣和五年（1123年），宋室依照唐代惯例，为古代名将设庙，72位名将中亦包括王僧辩。在北宋年间成书的《十七史百将传》中，王僧辩亦位列其中。

王僧辩代表的"儒家"积极入世，以在乱世中匡扶朝纲为己任，谱写过无数可歌可泣的颂歌。但是，面临生死抉择，"儒家"缺乏变通的正统观念和优柔寡断、心不狠手不辣的角色特点，注定了他们永远只能在历史舞台上充当王者的配角，成为一株依附在参天大树上的藤蔓。陈霸先代表的"兵家"实用性强，惯行诡道，不计手段，以成功为终极目标，所以关键时刻总能"明达果断"，快刀斩乱麻。因此，"兵家"在乱世中更容易如鱼得水，闯出属于自己的一片天。晚唐诗人孙元晏有诗云："彼此英雄各有名，石头高卧拟争衡。当时堪笑王僧辩，待欲将心托圣明。"

第三章　科技文化

一、科学奇才祖冲之，自然科学领先筹

祖冲之（429—500年），字文远，范阳逎县（今河北涞水北）人，祖先侨居江南。中国南北朝时期杰出的数学家、天文学家、机械制造家。

祖冲之一生钻研自然科学，其主要贡献在数学、天文历法和机械制造三方面。在数学方面，他在刘徽的基础上，推求出圆周率为 3.1415926 至 3.1415927 之间，提出圆周率的约率为 22/7，密率为 355/113，密值的提出比欧洲早了 1000 多年。由他撰写的《大明历》是当时最科学最进步的历法，对后世的天文研究提供了正确的方法。其主要著作有《安边论》《缀术》《述异记》《历议》等。

祖冲之博学多思，曾造指南车、千里船、水碓磨及木牛流马，十分精妙。水碓磨是以水力推动的粮食加工机具，可以同时转动石杵舂米和石磨磨面。千里船是一种脚踏机械船，在建康城南的新亭江中试航成功，日行 100 多里，因而，被称为"千里船"。

指南车、水碓磨、千里船，都堪称祖冲之的精巧之作，然而，最足以表现其精巧的，还是祖冲之在天文历法和数学上的杰出成就。

祖冲之年轻时，就爱好天文和数

祖冲之

学，33 岁时就编制出最先进的新历法。那时正是南朝刘宋的大明年间，因而名为《大明历》。祖冲之在何承天的《元嘉历》颁行后不久，就发现它不够精密，于是在 462 年他编了一部《大明历》，当年成书。祖冲之，首次运用东晋虞喜发现的"岁差"原理，测定冬至日在斗 15 度，并统计得岁差约 45 年差 1 度。更进一步测定出岁实（回归）的日数为 365.24281481，朔策的日数为 29.530591，均非常精确。

大明历，是以祖冲之的长期天文观测作基础制定的，比以前的 12 家古历都精确得多。祖冲之应用了东晋天文学家虞喜首次发现的岁差原理，计算出 1 回归年是 365.24281481 日，同近代科学测量的结果比较，1 年只差 50 秒。他又测出月亮环行地球一周（交点月）的时间是 27.21223 日，同近代科学家测量比较，相差还不到一秒。他还改革了置闰方法。以往 19 年置 7 闰，这样每 200 年比实际多出 1 日，造成历法同天象不合。他采用 391 年置 144 闰的方法，使之更符合天象实际。这些，在天文历法史上，都是重大的改革和进步。

《大明历》的科学性明显优于《元嘉历》，但上奏皇帝后，孝武帝曾命令群臣讨论，其中戴法兴极力反对，并提出责难，祖冲之据理力争，驳斥，并写成著名的《驳议》一书。但《大明历》在宋、齐两朝没有施行。到梁天监九年（510 年）才正式使用，至隋开皇九年（589 年）废，前后共用 80 年。

祖冲之在中国天文学史上是一颗巨星，在世界数学史上，也是古代数学家中的巨擘之一。他采用割圆术的科学方法，计算出圆的直径同周长的比，在 3.1415926 和 3.1415927 之间，在世界上第一次提出了最精确的圆周率。

割圆术，即把圆形分割成内接的正多边形，利用求正多边形总边长的方法，去求得圆周长度的近似值。始初从正六边形开始，再求正十二边形、二十四边形……边数一倍倍增加，依次算到正二万四千五百七十六边形，才能得出上述的圆周率近似值。当时，不但没有今日的电子计算机，连算盘也还没有发明。祖冲之是用筹码进行演算的，十分繁难。然而他计算的圆周率比今日通常使用的 3.1416 还精密得多。

圆周率的近似值用分数形式表示，早在祖冲之以前就有人提出，那就是当它的分数值是 3.1428571,在其第三位小数以后就同圆周率不相符合了。祖冲之认为它过于粗疏，称之为"疏率"。他自己经过反复测算，测得其分数值是 3.1415929，这数的六位小数都与圆周率相符，是圆周率的最佳

渐近分数，称之为"密率"。

当地球绕太阳又转过了一千几百周圈以后，勤奋的荷兰工程师安托尼兹以及德国人奥托，也求得这个圆周率近似值的分数。欧洲数学史家当时还不知祖冲之早已提出过"密率"，误以为首次提出的是荷兰人，故而称之为"安托尼兹率"。日本数学家有人主张应改称为"祖率"。在祖冲之的祖国，今天人们已习惯地称其为"祖率"。

祖率，原只是祖冲之的数学研究成果之一。他曾把其研究成果总汇成一部著作，叫《缀术》。《隋书》评论"学官莫能究其深奥，故废而不理"，认为《缀术》理论十分深奥，计算相当精密，学问很高的学者也不易理解它的内容，在当时是数学理论书籍中最难的一本。《缀术》的命运同《大明历》一样，在祖冲之生前未显于世。《大明历》被搁置了48年，它被采用颁行时，祖冲之已逝世10年。《缀术》则是在祖冲之死后的100多年，才为唐朝的国立太学列为必读的《算经十书》之一。此书最难，学习期限规定为四年。《缀术》后来东传。据说12世纪时，日本与朝鲜也曾把它列为教科书。可惜，这部书终竟失传了。

祖冲之的成就不仅限于自然科学方面，他还精通乐理，对于音律很有研究。祖冲之又著有《易义》《老子义》《庄子义》《释论语》等关于哲学的书籍，都已经失传了。文学作品方面他著有《述异记》，在《太平御览》等书中可以看到这部著作的片段。

二、卓越不群范子真，唯物经典《神灭论》

范缜（450—515年），字子真，舞阴（今河南泌阳北）人，是我国古代杰出的无神论者。

范缜少孤家贫，学习非常刻苦，敢于坚持真理，绝不随波逐流。《梁书》中说他"卓越不群而勤学"，"恒芒履布衣，徒行于路"，"性质直，好危言高论，不为士友所安"，反映了他的一些真实情况。在南朝齐、梁两代先后当过宜都（今湖北省宜都）、晋安（今福建省福州市）太守、尚书左丞等官。他生活的时代是一个政治上动荡不定的时期，社会阶级矛盾十分尖锐。统治阶级为了麻痹人民的斗志，追求虚幻的福荫，拼命提倡佛教。流毒所至，举国若狂。以致出现"兵挫于行间，吏空于官府，粟罄于情游，货（指金钱）殚于泥木"的怪现象。范缜继承了前人唯物主义的思想传统，挺身而出，公开宣传无神论思想，批判佛教的种种谬论。

在齐朝的时候，范缜同信奉佛教的竟陵王萧子良曾经进行过一次激烈的辩论。争论的焦点是有没有所谓的因果轮回。萧子良质问他说：你不相信因果报应，那么世界上为什么有的人富贵，有的人贫贱？范缜便回答说：人生下来，好比一树之花，风吹花落，有的落到"茵席"之上，有的落到"溷粪"之侧。人生到富贵或贫贱的不同家庭，正像落花，哪里有什么前生决定的因果关系可言呢？这番话，有力地批判了佛教因果报应的胡说，也把萧子良驳得无言答对。

范缜为了进一步阐明自己的观点，便写出了充满战斗气息的唯物主义杰作《神灭论》。全文用问答体裁对有神论者的种种谬论，特别是佛教的"神不灭论"，逐条进行有力的批驳。文章一开头就对物质第一还是精神第一这个哲学上的根本问题作了唯物主义的回答。针对佛教徒所鼓吹的人有生死而灵魂永在的谎言，范缜断然宣称："形者神之质，神者形之用"，"是以形存则神存，形谢则神灭也"。意思是人的肉体是本质的东西，而精神则是人体的一种功能。所以人体生存，精神就存在；一旦人体死亡，精神也就随之消灭了。他把人的肉体同精神的关系，用刀口同锋利作了极为形象的比喻。指出人的精神对于肉体的关系就好比锋利和刀口的关系一样：刀是一种客观物质，锋利是刀口的作用。离开了刀口就无所谓锋利，怎么能说精神能够离开肉体而存在呢？他还进而分析了人的知觉和精神活动是人体内各种器官的功能，如手能感觉痛痒，眼有视觉，耳有听觉，而更高级的思维活动则是由心主管的。尽管由于当时科学水平的限制，范缜没有能够摆脱心脏主管思维的误解，但是他却正确地阐明了感觉、思维从属于人体的唯物主义观点。这在1400多年前各种宗教和唯心主义派别猖獗的时候，还是非常难能可贵的。

《神灭论》的流传，打破了佛教笼罩下思想界万马齐喑的沉闷空气，使那些依倚佛教作为护身符的反动统治者惊慌失措。历史记载说：当时"此论出，朝野喧哗"，震动了整个舆论界。萧子良曾召集一批熟悉佛教经典的和尚，诘难围攻范缜，妄图驳倒《神灭论》，但是论战结果，仍以失败告终。萧子良无可奈何，便采取卑劣的手法，一方面指使人用"神灭非理，恐伤名教"的大帽子压他，同时派人私下劝说范缜放弃无神论，答应给他高官厚禄。范缜不为所动，并义正词严地宣布决不"卖论取官"，表现了维护真理的坚定立场。萧衍（梁武帝）即位后，宣布佛教为国教，更把范缜视为眼中钉，亲自给范缜加了一个"违经背亲"的罪名，借故把他流放到广州去了。

范缜的神灭论思想，继承了王充的唯物主义传统，是汉晋以来无神论思想的继承和发展。他对自然现象，有深刻的观察和认识，用以论证自己的唯物主义论点，克服了以前一些"神灭论"学说在理论上的许多弱点。在认识论上他提出了"即物而穷其理"的唯物主义认识路线；在逻辑思维方面，也有许多贡献，确实不愧为我国古代的杰出思想家。

当然，和所有古代唯物主义者一样，一旦涉及社会现象时，范缜的弱点就暴露出来了。比如，他把社会上的贫富现象，归结为偶然的因素；又把所谓"圣人"和"凡人"的区别，说成是由于形体和器官上的差异。这些地方，还是摆脱不了宿命论的影响，表现出他的唯物主义的不彻底性。尽管如此，他对发展唯物主义思想的贡献，还是要充分肯定的。

三、萧统呕心编《文选》，刘勰批评著《雕龙》

两汉魏晋南北朝是我国文学大发展的时期，文坛上涌现出不少的杰出文学家和优秀文艺作品。在这基础上，同时也出现了我国现存的最早一部较好的诗文选集——《文选》（《昭明文选》）和带有综合研究性质的文学批评、文学理论专著《文心雕龙》，为这一时期的文学又增添了新的色彩。

1. 萧统与《文选》

《文选》的编纂者萧统（501—531年），字德施，小字维摩，是南朝梁武帝萧衍的长子，天监元年（502年）立为太子，31岁病死，谥号"昭明"。

萧统从小就聪明、好学。史书说他5岁遍读儒家经典，"读书数行并下，

萧统

过目皆忆"。这虽是过誉之词，但也可以看出他从小就博览群书，酷爱学习。他不但自己能诗善赋，而且在太子东宫里，延集了一批"才学之士"，经常与他们"讨论坟籍"，"商榷古今"，研究"文章著述"等事。他又收集了梁朝以前的书籍达3万卷之多，放入东宫，这样，就在南朝形成了一个围绕着他的"名才并集"的文学中心。萧统依靠这些优越条件，编纂了《文选》。

关于《文选》的编辑目的和原则，萧统在《文选》序中说得很明白。他说，历代的作家甚多，作品浩如烟海，我们很难尽读，只有去粗取精，加以选择，阅读其

中优秀的篇章，才能够收到事半功倍的效果。这正是他编纂《文选》的目的和出发点。

究竟什么样的诗文才能够入"选"呢？

萧统认为，经书是神圣的著作，深奥玄妙，不可随便删选；诸子的书，以立论为主，是哲学著作，因此，也略而不选；史书以纪事为主，不同于文学作品，也不选入。但是，史书中的赞论和序述部分，却都颇有文学辞藻，可以例外选入。最后他说，入"选"的文章必须要"事出于沉思，义归乎翰藻"。也就是说，只有那些内容经过反复推敲，而又文辞流畅华美，文情并茂的文学作品才是《文选》编辑的对象。《文选》起自周代，迄于梁朝，用30卷的篇幅，囊括了这一长时期各种文体的代表作品。

虽然由于种种局限，《文选》过于强调了辞藻华美，而使一些好的诗文未能入选，但是，它还是比较注重文章内容。如当时盛行的内容空虚、义近淫靡的"艳体诗"一类"作品"，《文选》都一概不取。

《文选》成书后，唐朝时出现了李善作注和吕延济、刘良、张铣、吕向、李周翰等人作注两种本子。今天我们见到的《文选》本，分60卷，可能就是李善的本子。

《文选》对后世文学的影响很大。大诗人杜甫就教他的儿子要"熟读文选理"；唐代时更有"《文选》烂（读熟），秀才半"的谚语。至于后人的文学选本，受《文选》启发，就更不待言了。

2. 刘勰与《文心雕龙》

刘勰（约465—约520年），字彦和，东莞莒（今山东莒县）人，生活在南朝宋、齐、梁三朝。

刘勰早年时，因家境贫寒，投依著名的佛僧僧祐，在定林寺整理、编排佛经。10多年的寺庙生活，刘勰不但研读了大量佛经，而且还博览儒书，因此，佛教和儒家的思想对他都有较深的影响。到了梁武帝时，他曾做步兵校尉兼东宫舍人的小官，深受昭明太子萧统的喜爱。晚年，刘勰出家做了和尚，改名慧地，不久死去。《文心雕龙》

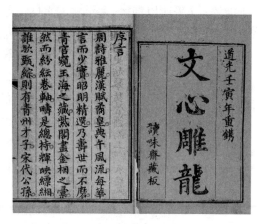

《文心雕龙》书影

是他留下来的主要著作。

刘勰是一个学者，精通儒家的经典和佛学，在文学方面有很卓越的见解，超过了前人，他同时的人也没有一个能比得上他的。501 年，他开始撰写《文心雕龙》，后于梁代成书，成书时不过三十三四岁。

《文心雕龙》是一部总结性的文学评论著作。此书为一部优秀的文学批评专著，全书共 50 篇。《原道》《征圣》《宗经》《正纬》《骚辩》前 5 篇为全书总纲领，主要阐述文学创作应该宣扬圣道、裨益风化原则。《明诗》至《书记》等 20 篇，主要论述各种文体的源流、演变及其作品的特征、优劣。《神思》《体性》等 24 篇，主要探讨创作方法及文学批评标准。最后附有《序志》总结全书。

《文心雕龙》几乎涉及了文学中所有的问题，其主要内容有总论、文体论、创作论和批评论，是我国自西周以来文学的大总结。

当佛学和玄学盛行的时候，刘勰坚持了唯物主义的倾向。他强调文学的社会政治作用，认为文学的变化是由于时代的不同，指出建安文学的"雅好慷慨"，是由于"世积乱离，风衰欲怨"，初步建立了用历史眼光来分析、评价文学的观念。在文学上形式主义风靡的时代，他赞成"为情造文"，反对"为文造情"，主张内容决定形式，而不是相反。他不承认有抽象的文学天才，认为一切好作品，莫不是对事物作了仔细的观察，在表现方法上下了苦功的缘故。

《文心雕龙》针对当时片面追求华丽辞藻、不管内容的形式主义文风，提出了自己对文章形式和内容相互关系的正确认识。它认为，文章的好坏，最重要的还是它的内容。它说"夫铅黛（化妆用品）所以饰容，而盼倩分于淑姿；文采所以饰言，而辩丽本乎性情"。翻译成白话就是，铅粉、黛（黑）色（女子描眉用的）能够装饰美容，是因为她原来就长得美丽；文采所以能修饰文章，是因为文章的内容、情感本来很美。所以他认为，只追求辞藻而缺乏内容、情调的文章，是乏味的文章，人们是不会愿意看的。但是同时，刘勰也并不忽视辞藻和形式对文章的重要作用。他说："虎豹无文（纹饰），则鞟同犬羊；犀兕有皮，而色资丹漆"，老虎、豹子要是没有花纹美丽的皮毛，就和狗羊一样了，犀牛因为有厚厚的皮才会现出独特的外表。所以他又说："质待文也。"肯定了内容还要有好的形式和辞藻才能够表现出来。这是很正确的意见。

刘勰在《文心雕龙》里提出了自己对于文学评论的看法。他反对以"贵古贱今"的标准去批评文艺作品，也反对以"文人相轻""会己则嗟讽，异我则沮弃"的单凭主观之见和个人爱好的态度评价文章；而是主张评论者必须"无私于轻重，不偏于憎爱，然后能平理若衡，照辞如镜也"。为此，他提出了正确观察和批评文章的 6 个方面，即"六观"。这就是："一观品位（看作品的思想、主题）；二观置辞（看作品的修辞技巧和用词是否得当）；三观通变（看作品的内容、形式是否推陈出新、独具一格）；四观奇正（看作品的布局是否合乎规格、有无出奇制胜的地方）；五观事义（看作品的取材用典是否确切）；六观宫商（看作品的声律是否和谐优美）。"6 个方面，既包括了作品的内容、思想立意，又注意了形式和艺术风格。这在当时来说，确是提出了一个比较全面的文艺评论准则。为后世提供了文学批评的标准。

此外，刘勰还提出："凡持千曲而后晓声，观千剑而后识器。"认为文艺批评者必须具有广博的学识，深厚的修养，才能够鉴别作品的好坏。这些看法也都是很有见地的。

《文心雕龙》以前，已有一些人做过文学评论方面的文章，如曹丕的《典论·论文》、陆机的《文赋》，挚虞的《文章流别论》等，但是都不完整，只有《文心雕龙》才第一次比较系统、深入地讨论了文学的各个方面，全面地总结了西周以来的文学，确实是一部文学评论的巨著。

刘勰之后，在封建社会，文论的著作很多，但没有一个作家像刘勰那样严肃而系统地探索过那么多的问题。在我国古代文学理论和批评的著作中，《文心雕龙》不愧为一部体大思精的巨著。

《文心雕龙》对后世的文学创作和文学批评产生了很大影响。唐时的文人，以刘勰的文学主张为武器，一扫六朝时颓废萎靡的文风，使文坛出现了一个空前繁荣昌盛的局面。

直到今天，《文心雕龙》和《文选》都还是我们研究先秦至六朝时期文学发展的重要参考资料。

四、谢灵运放浪山水，陶弘景归隐山林

1. 谢灵运

谢灵运（385—433 年），原名公义，字灵运，以字行于世，小名客儿，世称谢客。南北朝时期杰出的诗人、文学家、旅行家。

谢灵运出身陈郡谢氏，祖籍陈郡阳夏（今河南太康县），生于会稽始宁（今绍兴市嵊州市三界镇）。为东晋名将谢玄之孙、秘书郎谢瑍之子。东晋时世袭为康乐公，世称谢康乐。曾出任大司马行军参军、抚军将军记室

谢灵运

参军、太尉参军等职。刘宋代晋后，降封康乐侯，历任永嘉太守、秘书监、临川内史，元嘉十年（433年）被宋文帝刘义隆以"叛逆"罪名杀害，享年49岁。

谢灵运少即好学，博览群书，工诗善文。其诗与颜延之齐名，并称"颜谢"，开创了中国文学史上的山水诗派。谢灵运所开创的山水诗，把自然界的美景引进诗中，使山水成为独立的审美对象。他的创作，不仅把诗歌从"淡乎寡味"的玄理中解放了出来，而且加强了诗歌的艺术技巧和表现力，并影响了一代诗风。他还兼通史学，擅书法、绘画，曾翻译外来佛经，并奉诏撰《晋书》。明人辑有《谢康乐集》。

谢灵运年轻十分好学，他博览群书，写的文章非常优美。他的才情很为他的堂叔谢琨所赏识。

东晋末年，谢灵运历任名将刘毅的记室参军、秘书丞、中书侍郎、相国从事中郎等官，并且袭世爵做了康乐公。可是政局动荡不安，元熙二年（420年），宋武帝刘裕篡位建立了刘宋王朝。谢灵运便被降爵为康乐侯。从此，他在官场中越来越不得意。这大半是因为谢灵运个性偏激，多违"礼度"。宋武帝不重视他，他却认为自己才华过人，应该参与权要。因不被重用，他便益发地愤懑。

景平元年（423年），宋武帝驾崩，少帝即位，朝中大权落到了重臣的手里。对此，谢灵运十分不满，常常攻击权贵，因而被权贵们忌恨，被贬为永嘉太守。他对贬官极为不满，于是便不理政事，带人肆意游览名山大川。每到一地，他常常题诗吟咏。他的《登池上楼》一诗，写得清新隽永，是著名的山水诗，其中名句："池塘生春草，园柳变鸣禽。"成为千古流传的佳句，历来极为诗人们所推崇。

元嘉元年（424年），宋文帝即位，召谢灵运做秘书监。当时谢灵运隐居在会稽，不愿意出仕。他开始不肯就任，经光禄大夫范泰的催促，于元嘉二年（425年）就职，开始率人整理秘阁图书、补足旧文。在殷淳等目录学家的协助下，于当年冬编撰出《秘阁四部目录》，著录秘阁图书14582卷，另有佛经书籍438卷，分为1645帙。比东晋李充所编《晋元帝四部书目》著录更为宏富。之后又根据秘阁图书，撰《晋书》未成。以后，他又担任了侍中和临川内史等官职。元嘉十年(433年)，有人向朝廷告发说他想谋反。朝廷派随州从事郑望生去抓他，他却把郑望生抓了起来，兴兵叛逃。他在官衙的壁上留了一首诗，写道：

> 韩亡子房奋，秦帝鲁连耻。
>
> 本自江海人，忠义感君子。

他在诗中表明他起兵是要替晋朝复仇。然而，他很快就失败了，被收捕入狱，流放南海（即广州）。后来，他在南海被杀，死时只有49岁。

也有人传说谢灵运是因为他的诗句遭人忌妒而被害的。这种说法没有什么史料根据。怕只是后人的杜撰，因此是不足信的。不过，这样的传说的形成，恐怕和他的诗流传颇广、艺术水平较高不无关系吧！

谢灵运出身名门，兼负才华，但仕途坎坷。为了摆脱自己的政治烦恼，谢灵运常常放浪山水，探奇览胜。谢灵运的诗歌大部分描绘了他所到之处，如永嘉、会稽、彭蠡等地的自然景物，山水名胜。其中有不少自然清新的佳句，如写春天"池塘生春草，园柳变鸣禽"（《登池上楼》）；写秋色"野旷沙岸净，天高秋月明"（《初去郡》）；写冬景"明月照积雪，朔风劲且哀"（《岁暮》），等等。从不同角度刻画自然景物，给人以美的享受。

谢灵运的诗歌虽不乏名句，他的诗文大都是一半写景，一半谈玄，仍带有玄言诗的尾巴。但尽管如此，谢灵运以他的创作极大地丰富和开拓了诗的境界，使山水的描写从玄言诗中独立了出来，从而扭转了东晋以来的玄言诗风，确立了山水诗的地位。从此山水诗成为中国诗歌发展史上的一个流派。

谢灵运善于用富艳精工的语言记叙游赏经历、描绘自然景物，多有形象鲜明、意境优美的佳句，对唐代的诗歌发展有一定的影响。唐朝大诗人李白对谢灵运颇为推崇，曾有"吾人咏歌，独惭康乐"之句。

2. 陶弘景

陶弘景（456—536年），字通明，丹阳秣陵（今江苏南京）人。著名的医药家、炼丹家、文学家。作品有《本草经集注》《集金丹黄白方》《二牛图》等。

陶弘景出身江南士族家庭，4岁就能认字，9岁读遍儒家经典。16岁时，陶弘景不仅读书万余卷，而且善琴棋、工草隶，是江东有名的才子。

陶弘景的青少年时代都处在刘宋统治集团争权夺利的不断纷争之中，所以尽管才高八斗，仕途却并不顺利。他20岁步入仕途，却屡屡受挫，于是30岁左右拜陆修静的弟子孙游岳为师，正式步入道士行列。按陶弘景的想法，凭着自己的实力，到40岁时，应该能做到尚书郎。实际上，到了36岁才升到"奉朝请"这样的六品文官。这使陶弘景感到灰心泄气，对着友人发牢骚说："不如早去，免得以后自寻其辱啊！"于是辞了官职，回到句曲山（今江苏茅山），开始了后半生40余年的隐居修道生涯。由于他学识渊博，著述甚多，又是从官场隐退下来，所以齐梁两朝公卿大夫都尊敬他，纷纷从之学道。

陶弘景虽说归隐山林，不再出仕，实际上并不甘于寂寞，"身在山林，心存魏阙"，暗中仍注视着山外政局的发展。永元三年（501年），萧衍起兵，于次年代齐称帝，建立了梁朝，史称梁武帝（502—549年在位）。说起萧衍的称帝，这个山林中之人于此起了不小的作用。

陶弘景早年曾与萧衍有过交往。当他得知萧衍起兵，心中暗暗叫好，立即派弟子戴猛奉表前往表示拥戴。后来又假托神旨，令弟子将标有"梁"字和图画的"符命之书"（图谶）进献给萧衍，帮助萧衍选定国号，为萧衍夺取政权大造舆论。因此，萧衍登基后，对陶弘景格外恩宠，多次请他出山做官，但都被婉言谢绝。他说："圣上的恩宠贫道心领了。我已是归隐之人，以侍奉道祖为唯一宗旨，大道才是我最后的归宿。请圣上不必勉强。"

后来，陶弘景为了表明自己的心志，让使者给梁武帝带去了一幅图画。梁武帝打开看时，见纸上画有两条牛，其中一条无拘无束、逍遥自在，在水草丰美的田野上游荡；另一条虽然头戴金笼头，却被人牵着鼻子走。梁武帝看后，百般感慨地对百官说："陶先生真是超凡脱俗的神人啊！"从此对陶弘景愈发敬重，绝不再提做官之事。当时，陶弘景得到神符秘诀，准备炼制金丹，但却"苦无药物"。梁武帝知道后，立即派人送去黄金、朱砂、曾青、雄黄等原料。金丹炼好后，看上去色如霜雪，梁武帝还亲自服用以试效果。

魏晋南北朝时，随着佛教的传入，佛道两教的斗争十分激烈，都想通过统治者削弱对方，扩张自己的势力。据民间传说当时有一个道士和一位名叫宝志的禅师同时看上舒州潜山（今安徽境内）一带的风景，都想以此作为修行的地点，结果发生争执，互不相让，于是找到梁武帝，请他裁决。

梁武帝见二位毫不相让，也觉得十分为难。于是让他们通过斗法比出高下，然后决定去留。两下约定：道士与和尚分别以白鹤和禅杖为法宝，在山上展开道、佛两门的较量。

比试当天，漫山遍野挤满了看热闹的人群。山坡上黄色的华盖迎风猎猎翻动，梁武帝端坐其下，黄衣黄袍，威风凛凛。但见道士抢先一步，跨上白鹤，嘶鸣着冲天而去，回过头朝着地下的和尚大喊："来、来，你同我比试比试。"和尚却不慌不忙，口中念念有词，突然，禅杖从地上跳起，"嗖、嗖"地朝着白鹤直扑过去。转眼间，就见白鹤与禅杖在蔚蓝的天空时分时合，上下翻滚、左右盘旋，直看得人眼花缭乱，"好！好！"之声震天动地。最后，随着耳中传来"嘣"的一声巨响，禅杖击中白鹤，白鹤被迫降落在地，而禅杖也被折成两截反弹到很远很远的地方。

梁武帝见状，抚掌大笑说："佛、道法力果然不相上下。朕的意思，各自法宝落地的地方，便是你们结庐修行之处，不必再争了。"

四年后，梁武帝虽然改信了佛教，但对陶弘景的宠信始终如一。国家每有吉凶征讨大事，还是要亲自向陶弘景请教，书信往来更是频繁。皇上如此，朝中文武百官对陶弘景更是敬重有加，因此，世人把陶弘景戏称为"山中宰相"。

陶弘景一生爱松，尤其喜欢听松涛。他闻松涛声如闻仙乐，有时仅一人进深山，专去山野谷壑听松涛，人们因而称他为"仙人"。陶弘景继承老庄哲理和葛洪的仙学思想，糅合进佛教观念，主张道、儒、释三教合流，并进一步整理道教经书，对道教颇有贡献。

陶弘景一生执迷道教的"神仙之术"，固不足取，然而陶弘景知识渊博，精通天文历法、山川地理、医术药物、琴棋书画乃至阴阳五行，在药物、冶炼、天文、地理、生物、数学、兵学、铸剑、经学、文学艺术、道教仪典、科技等多个方面都有一定贡献。而以对于药物学的贡献为最大，这和炼丹有关。陶弘景整理医籍，十分尊重原作，决不乱涂乱改，也不信口雌黄，即使有补充，也把自己的说法和原书的说法区分开来。如把搜集到的

365种药加入《神农本草经》，他就用黑字写，有的就用红字写。所以，后人有"本草赤字""本草黑字"之称。赤字是本经正文，黑字是后来加入的。他开创的这种做法，后来的注释家就争相学习。

陶弘景为寻仙访药，常漫游于名山大川中。行至山幽水静的美景之处，陶弘景便坐卧其间，吟作赋，作有许多优美诗文。

第五编

北朝风云

　　北朝与南朝相持并存。一般以魏太武帝拓跋焘统一北方（439年）算起，至杨坚建隋代周（581年）为止，包括北魏、东魏、西魏、北齐、北周5个王朝，历时143年。另一说，起于拓跋珪建国称魏（386年），止于589年隋文帝杨坚灭陈、统一全国。

　　在这个时代，英雄辈出，烽火迭起。从来没有这样的一个时代，让战争变得如此频繁；从来没有这样的一个时代，让个人才能发挥到如此极致；从来没有这样的一个时代，孕育了那样多的文化瑰宝，留下了无数的珍闻奇趣。在这段时期，中原大地烽火连天，民不聊生，几乎连十年的安定日子都是奢望；然而也正是在这段时期，无数英雄豪杰出现在人们的视野中，指点江山，激扬文字，留下一段段令人心潮澎湃的传奇故事。

第一章 / 北朝名帝

一、北朝五国出鲜卑，大隋代周归一统

1. 北朝概况

北方五个王朝的统治者出自塞北的鲜卑族或与鲜卑族有着密切的关系。北魏统治者是鲜卑拓跋部的贵族。东、西魏本来就是从北魏皇室中分裂出来的，它们的实际掌权者高欢、宇文泰，同时又是北齐、北周政权的真正创建人。高欢是生长在北镇的鲜卑化汉人，宇文泰也是徙居代北的鲜卑宇文部酋豪的后裔（一说为役属于鲜卑的南匈奴后裔）。因此，一方面在北朝时期，除了编户、田客、牧子、隶户、奴隶与官府、大族豪强、牧主、奴隶主之间的阶级矛盾，土与客、士与庶、地方势力与中央政权之间的统治阶级内部矛盾外，还始终存在着程度不同的鲜卑文化与汉文化之间的矛盾与融合问题；另一方面，鲜卑族的文化传统对北朝的政治、军事、经济以及典章制度都有深刻影响，从而形成了自己的特点，出现了均田制、府兵制和朴素粗犷的民间文学。

北朝时期，统治时间最长、疆域最广的是北魏，其全盛时，西至焉耆，东到海，北界六镇与柔然接壤，南临淮、沔与南齐为邻。东、西魏时期，其南、北疆界稍有内缩，除西魏之建、泰、义、南汾四州在河东外，大抵以黄河为界划分东、西魏。齐、周时期，北朝的疆界有扩展：北齐南并淮水流域，濒长江与陈对峙；北周占有梁、益，控制江陵，长江上游、汉水流域全归周有。周武帝建德六年（577 年）灭北齐，疆域之大，超过北魏。周武帝去世，宣、静相继，大权旁落，杨坚专政，五年即建隋代周，再八年渡江灭陈，统一了全国。

2. 北魏

北魏（386—534 年）是继十六国分裂局面之后在中国北部重建统一的封建王朝。鲜卑族拓跋珪所建。历 12 帝、2 王，共 149 年。

（1）建国立制。

东汉末年鲜卑族的檀石槐政权瓦解后，许多鲜卑及号称鲜卑的部落、氏族在今内蒙古和山西北部一带活动，拓跋部就是其中之一，又称"索头鲜卑"，游牧为生。310 年，西晋封拓跋猗卢为代公，314 年，进封为代王。338 年拓跋什翼犍在繁畤（今山西浑源西南）北即代王位，建立代国。376 年，代国为前秦所灭。淝水之战后，拓跋珪于 386 年重建代国，称王。同年改国号为魏，建元登国，史称北魏，亦称拓跋魏、元魏、后魏。天兴元年（398 年），拓跋珪即皇帝位（道武帝），定都平城（今山西大同东北）。

魏道武帝拓跋珪建国时，拓跋部正处于原始公社组织继续解体，奴隶制还极不成熟的阶段。拓跋珪解散部落组织，使鲜卑部民分土定居，由氏族组织转变为地域组织，从游牧经济转向农业经济。皇始元年（396 年），拓跋珪攻占后燕的并州（今山西太原西南）后，始建台省，置百官，封拜公侯将军；中央官尚书郎以下和地方官刺史、太守以下一般都任用儒生。天赐三年（406 年）下令诸州置三刺史，郡置三太守，县置三令长，其中一人为拓跋宗室，其余为非宗室的鲜卑人或汉人。北魏政府面对汉族地区宗族强盛、坞堡甚多的局面，依靠那些宗族主作为统治的支柱，建立了宗主督护之制，由各地宗主来督护地方，负责征收租课和征发兵役徭役，实际上起着地方基层政权的作用。

拓跋珪推行劝课农耕，发展生产的政策。登国九年（394 年）打败匈奴别部刘库仁和刘卫辰两部，占领五原（今内蒙古包头西北）至稒阳塞（今内蒙古包头东）外以后，在此实行大规模屯田，效果很好。拓跋珪破后燕，于天兴元年强迫后燕境内数十万汉族和其他各族劳动人民迁往平城附近，计口授田，分给他们耕牛农具，发展农业生产，使经济力量不断增强。

（2）前期政治。

天赐六年（409 年）拓跋珪死，子拓跋嗣（明元帝）继位。明元帝在位时对南朝刘宋发动进攻，夺取了黄河以南的司、兖、豫等州的大部分地区。泰常八年（423 年），明元帝死，其子拓跋焘（即魏太武帝拓跋焘）

继位，他先后灭夏、北燕，于延和元年（432年）灭北凉，完成黄河流域的统一，结束了100多年北方十六国分裂割据的局面，北朝从此开始。太平真君十年（449年），太武帝又亲率大军击败北方的柔然，使其北徙，消除了长期以来对北魏的严重威胁。接着挥师南下，兵锋直抵瓜步（今江苏六合东南）。此时北魏疆域北至大漠，西至今新疆东部，东北至辽河，南至江淮。

北魏建国后，其社会跃入封建制，生产力逐步发展。但在统治方式上，北魏前期仍然保留着浓厚的奴隶制残余，特别是在统一北方以前，继续将战争中掳掠的人口没为奴婢，赏赐给诸王贵族和有战功者，从事农业和手工业的生产劳动。赋税方面，在推行宗主督护制的地区，平均每户每年的户调是帛二匹、絮二斤、丝一斤、粟二十石，外加地方征收的调外之费帛一匹二丈。且任意增加临时征调，动辄每户要交三十、五十石粟当时官吏没有正式的俸禄，贪污、贿赂、高利贷公行。太武帝统治期间，大将公孙轨到上党（今山西长治北），去时单马执鞭，回来则从车百辆。拓跋统治者推行民族歧视政策。在战争中，被驱迫当兵的各族人民在前冲锋，鲜卑骑兵在后驱逼。太平真君十二年（451年），太武帝围攻盱眙（今江苏盱眙东北）时，写信给刘宋守将臧质说，攻城的都不是我鲜卑人，你杀了他们，免得他们将来造反。北魏为了镇压其他民族的反抗，在氐、羌、卢水胡等族聚居的地区设置军镇，严厉统治。魏律规定犯谋反大逆者，亲族男女不论少长全部处死。甚至还在实行原始的车裂法。

北魏前期落后的统治，引起各族人民连绵不断的反抗斗争。其中规模最大的，是太平真君六年（445年）九月，杂居在今陕西、山西等地的汉、氐、羌、屠各等族人民在卢水胡人盖吴领导下于杏城（今陕西黄陵西南）爆发的起义。诸少数族和汉族被压迫人民争相响应，起义军很快发展到十余万人，东起潼关，西至汧陇（今陕西、甘肃交界处）。盖吴派使者要求刘宋出兵声援。一年后，起义军虽被太武帝亲自率军镇压而失败，但各族人民的共同斗争促进了民族的融合。

（3）社会经济的发展。

在北魏王朝一个半世纪的历史发展过程中，社会生产力逐步得到恢复和发展，中国北方自西晋永嘉之乱（310年）以后，经过十六国时期的战争破坏，百姓死于兵革，毙于饥馑，幸存的人口不足50%。中原地区一派凋敝景象。北魏统一北方后，经过各族人民长期的辛勤劳动和共同斗争，生产关系得到了调整，生产有明显的发展。特别是孝文帝改革后，自耕农民显著增加，孝明帝正光以前，全国户数已达 500 余万，比西晋太康年间增加一倍多。农业、手工业都有显著的发展。《洛阳伽蓝记》称北魏后期百姓殷富，年登俗乐，衣食粗得保障。在手工业方面，北魏后期炼钢技术有新的成就，相州牵口冶（在今河南安阳）制成锐利的钢刀。商业也逐渐活跃起来，太和以前，北方商业几乎处于停顿状态，钱货无所周流。孝文帝时，元淑为河东太守，当地许多百姓弃农经商。随着商业的发展，货币恢复流通，太和十九年（495 年），又重新铸造"太和五铢"钱，规定此钱在京师及全国诸州镇都可通行。宣武帝时，洛阳的商业相当繁荣，成为国际性的商业大城市。

（4）北魏的衰亡。

随着生产的发展和鲜卑贵族汉化的加深，北魏统治者日趋腐化，吏治逐步败坏。高阳王元雍富兼山海，其住宅、园囿像皇宫一样豪华，童仆多达 6000，妓女 500，一餐费数万钱。他与河间王元琛斗富，奢侈豪华程度超过西晋的石崇、王恺。被称为饿虎将军的元晖做吏部尚书时，卖官鬻职都有定价，人们称吏部为卖官的市场，称这些官吏为白昼的劫贼。地方州郡的刺史、太守也聚敛无尽。他们征收租调时，恢复长尺、大斗、重秤。繁重的兵役和徭役使大批农民家破人亡。破产农民纷纷投靠豪强，重新沦为依附农民，或逃避赋役，入寺为僧尼。

北魏控制的编户日益减少，影响了政府的收入。北魏统治者除加重剥削未逃亡的农民外，多次检括逃户，搜捕逃亡的农民。因而引起农民的反抗。延昌四年（515 年）冀州僧人法庆领导的大乘教起义，公开宣称"新佛出世，除去旧魔"。北魏政府动员了 10 万军队才镇压下去。

北魏初年，为了阻止柔然南下的威胁，东起赤城（今属河北），西至五原修筑长城；在沿边要害处设置军事据点，即沃野等六镇。六镇镇将由鲜卑贵族担任，镇兵多是拓跋族成员或中原的强宗子弟。他们被视为"国之肺腑"，享有特殊地位。但迁都洛阳后，北方防务逐渐不被重视，镇将地位大大下降，被排斥在"清流"之外，升迁困难。因而他们对北魏政府严重不满，镇兵的地位更是日趋低贱，与谪配的罪犯和俘虏为伍，受到镇将、豪强残酷的奴役和剥削，名为府户。镇兵对镇将、豪强和北魏政府怀有强烈的阶级仇恨。加之塞外的柔然不时进扰掠夺，也加深了士卒生活的困难。正光四年（523 年），终于爆发了六镇起义。关陇、河北等地各族人民也陆续起义。激烈的阶级斗争使北魏政权摇摇欲坠。边镇豪强集团利用当时的混乱局面，各自发展势力。肆州秀容（山西朔县北）的尔朱荣，聚集了北镇豪强和流民，势力发展最快。武泰元年（528年），胡太后毒死孝明帝，自居摄政，尔朱荣以给孝明帝报仇为借口，进军洛阳，在河阴将胡太后及大臣2000余人杀死，控制朝政。此后，内乱不止。永熙三年（534年），北魏分裂成由高欢控制的东魏和宇文泰掌握的西魏。

3. 东魏

东魏（534—550年）是从北魏分裂出来的割据政权。都邺，有今河南汝南、江苏徐州以北，河南洛阳以东的原北魏统治的东部地区。历1帝，共17年。

北魏政权在魏末各族人民大起义打击下摇摇欲坠，统治阶级内部展开了激烈的权利争夺。尔朱荣发动河阴之变，控制了北魏中央政权。

永安三年（530年），孝庄帝利用朝见机会杀尔朱荣。尔朱荣的侄子尔朱兆起兵赴洛阳，杀死孝庄帝，立元恭为帝（节闵帝）。太昌元年（532年），原尔朱荣部将高欢在河北大族的支持下，消灭潼关以东的尔朱氏势力，杀节闵帝，立元修为帝，即孝武帝。北魏政权落入高欢手中。

永熙三年（534年），孝武帝不愿做高欢控制的傀儡皇帝，逃往长安，投靠宇文泰。高欢随即立元善见为帝（孝静帝），从洛阳迁都于邺，史称东魏。次年，宇文泰在长安立元宝炬为西魏文帝，北魏正式分裂为东、西魏。高欢以原六镇流民为主，建立强大武装，自己住在晋阳（今山西太原西南），使之成为东魏政治中心。

高欢所控制的东魏政权，实质上是北魏将领和河北大族相结合的产物。他为了获得鲜卑贵族的支持，竭力推行鲜卑化的政策；为了得到汉族豪强地主的拥护，听任他们贪污聚敛，为非作歹，吏治日趋腐化。

东魏与西魏相较，东魏地域广、人口多，经济发达。高欢屡次发兵进攻西魏，企图吞并对方。天平四年（537年），东魏军西征，在潼关左边的小关遭西魏军袭击大败，大都督窦泰自杀，高欢被迫撤军。此后，在沙苑之战（537年）、河桥之战（538年）、邙山之战（543年）中双方互有胜负。武定四年（546年），高欢亲率大军10余万人围攻西魏据守的玉壁（今山西稷山西南），苦战50余天，他病倒军中被迫退兵，次年年初，死在晋阳。其子高澄、高洋相继掌握东魏政权。武定八年（550年），高洋废孝静帝，代东魏自立，建立北齐。

4. 西魏

西魏（535—557年）也是由北魏分裂出来的割据政权。历3帝，共23年。都长安。管辖今湖北襄樊以北、河南洛阳以西，原北魏统治的西部地区。

北魏永熙三年（534年），孝武帝元修脱离高欢，从洛阳逃至长安，投靠北魏将领、鲜卑化的匈奴人宇文泰。次年宇文泰杀孝武帝，立元宝炬为帝（文帝），史称西魏，政权实由宇文泰掌握。

西魏政权建立后，宇文泰于大统元年（535年），颁布24条新制，后又增加至36条，称为"中兴永式"。其主要内容是：严禁贪污、裁减官员、置立正长（正即闾正、族正，长指保长。保、闾、族为地方基层组织名称）、实行屯田、制定计账（预计次年赋役的概数）和户籍等制度。大统七年（541年），关中大族出身的苏绰把汉族封建统治的经验总结为六条：①清心，②敦教化，③尽地利，④擢贤良，⑤恤狱讼，⑥均赋役。宇文泰对这些统治经验非常重视，颁行为"六条诏书"，作为施政纲领。并专门组织中下级官吏学习，规定不通晓这六条及计账的人，不能当官。十六年（550年），又正式建立由八柱国分掌禁旅的府兵制。府兵共有兵力约五万，除宇文泰和宗室元欣外，分别由六个柱国大将军统领。此制的建立，对军队进行统一指挥和训练，有利于中央政权的加强。继续推行均田制。根据敦煌文书《西魏大统十三年计账》可知，均田制下的授受虽已实行，但授田不足额却是普遍的现象。当时最普遍的一种力役为"六丁兵"，即每个丁男在六个月内为政府服役一个月，一年内要服役两个月。

西魏期间，社会较为安定，国力日趋强盛，有效地抗击了东魏的多次进攻，而且于废帝二年（553年）取得南朝梁的蜀地，次年又夺得江陵。557年初，宇文觉废西魏恭帝自立为帝，即孝闵帝，建立北周。

5. 北齐

北齐（550—577年），高洋所建。历6帝，共28年。

武定五年（547年），实际掌握东魏政权的高欢死后，长子高澄继续掌政。不久高澄遇刺身亡，弟高洋继承。武定八年（550年），高洋代东魏称帝（即齐文宣帝高洋），国号齐，建元天保，建都于邺，史称北齐。

北齐继承东魏所控制的地盘，占有今黄河下游流域的河北、河南、山东、山西及苏北、皖北的广阔地区。有户300万、人口2000万。天保三年（552年）以后，齐文宣帝高洋北击库莫奚、东北逐契丹、西北破柔然，西平山胡（属匈奴族），南取淮南，势力一直伸展到长江边。他在位期间是北齐国力鼎盛的时期。当时，农业、盐铁业、瓷器制造业都相当发达，是同陈、北周鼎立的三个国家中最富庶者。

敦煌壁画·啖鬼药叉

北齐继续推行均田制。按照北齐武成帝河清三年（564年）令的规定：京师邺城周围30里内的土地，全部作为公田，按照级别授给"代迁户"（北魏迁都洛阳时，原代京旧户随之迁入洛阳，称代迁户）中的各级官吏和羽林虎贲；30里外百里以内的公田，则授给与"代迁户"相应级别的汉族官吏和汉人充当的羽林虎贲；百里以外的州郡推行均田制。北齐的均田制大体与北魏相同而略有变化：北齐取消了受倍田的规定，但一夫一妇的实际受田数，仍相当于倍田；北魏奴婢受田没有限制，北齐则按官品限制在300人至60人之间。还规定了赋税：田租、户调以床（一夫一妇为一床）为计算单位。一床调绢一匹，绵八两；凡十斤绵中，折一斤作丝；垦租二石，义租五斗。奴婢准良人的一半；牛调二尺，垦租一斗，义租五升。未娶妻者，输半床租调。百姓为了减轻负担，多报未娶，如阳翟（今河南禹县）一郡有户数万，户籍册上多无妻子。

北齐特别是其后期的统治者，自皇帝至各级官吏，多昏庸残暴，狗马鹰亦得加封官号。齐后主高纬不理政事，整天弹唱作乐，挥霍浪费，不惜民力。政治腐败，贪污成风。后主甚至把地方官职分赐宠臣，让他们出卖。赋敛日重，徭役日繁，造成人力竭尽，府库空虚。广大农民在苛重的赋役下，逃亡者十之六七。阶级矛盾日趋尖锐，小规模的农民反抗斗争不断发生，统治阶级内部矛盾更加表面化。当北齐政权日趋腐朽之时，关中的北周政权通过一系列的改革措施，国力日益强盛。承光元年（577年），北齐为北周所灭。

6. 北周

北周（557—581年），宇文觉创建。历5帝，共25年。

西魏恭帝三年（556年），实际掌握西魏政权的宇文泰死后，子宇文觉继任大冢宰，自称周公。次年初，他废西魏恭帝自立（孝闵帝），国号周，都长安（今西安），史称北周。

孝闵帝年幼，大权掌握在堂兄宇文护手中。九月，宇文护杀孝闵帝，立宇文毓为帝（明帝）。武成二年（560年），宇文护又毒死明帝，立宇文邕为帝，是为北周武帝。建德元年（572年），周武帝宇文邕杀宇文护，亲掌朝政，进行了多方面的改革。

在兵制方面，周武帝于建德三年（574年），改称府兵制下的"军士"为"侍官"，表示府兵是从属于皇帝的侍从，由皇帝亲自领带。在长安设置统领府兵宿卫的机构，原来的六柱国、十二大将军，除被任命带兵出征或充当宿卫将军外，不再直接掌握兵权，从而松弛了军士对主将的从属关系，削弱了过去府兵部落化的倾向。同时，进一步将府兵征募范围扩大到汉人，打破鲜卑人当兵、汉人种地的胡汉分治界限。此举符合民族融合、国家统一的趋势，也为吞灭北齐，统一北中国提供了军事力量。

在经济方面，周武帝修改均田和租调等制度，规定已娶妻的男子受田140亩，未娶的男子受田100亩。自18岁至64岁的百姓都要交纳租调，已娶妻的男子每年纳绢一匹、绵八两、粟五斛，未娶妻的丁男减半。18岁至59岁的百姓都要服役，丰年服役30天，中等年景20天，下等年景10天，凶年可免力役；并注意兴修水利，增辟农田。如保定二年（562年），在蒲州（今山西永济西）开河渠，在同州（今陕西大荔）开龙首渠，以广灌溉，增辟农田。还数次下诏，把西魏时江陵俘虏沦为官私奴婢的人放免为民或部曲。自己也比较注意节俭，停修华丽的宫殿，以省民力。

周武帝下令禁断佛、道二教，销毁佛经、佛像，勒令僧道还俗。建德三年（574年）五月，下诏废佛，把关、陇、梁、益、荆、襄等地区几百年来僧侣地主的寺庙、土地、铜像、资产全部没收，使近百万僧侣和僧祇户、佛图户还俗，编入国家户籍，以增加国家直接控制的劳动力，从而相应减轻了一般劳动人民的赋役负担。

建德四年（575年），周武帝亲率六军，向北齐发起大规模的进攻，攻下河阴外城后，又围攻金墉城，后因病班师。次年攻下汾北重镇晋州平阳（今山西临汾），齐后主全军溃败，逃回晋阳（今山西太原西南），又从晋阳逃到邺。周军乘胜追击，攻破晋阳，再向邺城进发。建德六年（577年），齐后主让位给八岁的儿子（幼主恒），自己企图经山东投奔陈朝，中途被俘。周军顺利进入邺城，消灭了北齐政权，统一了中国北方。

灭北齐后，周武帝继续进行改革。建德六年（577年）先后下诏：黄河以南诸州凡在北齐武平三年（572年）以后被齐掠为奴婢的一律免为平民。永熙三年（534年）以来东魏、北齐人民被掠为奴婢及江陵百姓没为奴婢者放免为平民，如果旧主人要求共居，听留为部曲或客女；并宣布放免杂户。在原北齐统治地区，继续禁断佛、道。他还颁布《刑书要制》，严惩贪污，规定全国实行统一的度量衡。

宣政元年（578年）武帝死，子宇文赟（宣帝）继位，在位二年，荒淫而死。宇文阐（静帝）继位，外戚杨坚辅政，宣布恢复奉行佛、道。大定元年（581年）二月，杨坚迫周静帝禅位，自立为帝，北周灭亡。

二、北魏三代有为帝，开疆拓土力革新

1. 道武帝拓跋珪

北魏道武帝拓跋珪（371—409年），又名拓跋开、拓跋什翼圭、拓跋翼圭，字涉珪，鲜卑族，北魏开国皇帝。

拓跋珪是代国国王拓跋什翼犍之孙、拓跋寔之子。代国建国三十九年（前秦建元十二年、376年），前秦灭代国，拓跋珪被其母亲贺兰氏携带流亡，在独孤部的刘库仁麾下长大。这时的拓跋珪，虽年龄尚小，又寄人篱下，但已显露出卓然不群的风姿。刘库仁常对他的几个儿子讲："这个孩子志趣不凡，将来必能恢复兴隆祖业，你们一定要对他善加礼待。"可惜好景不长，拓跋珪母子在刘库仁部安居几年后，刘库仁就被燕将慕容文等杀害了。刘库仁的儿子刘显自立为主，并密谋杀害拓跋珪。幸而事前拓跋珪已得密报，便与母亲贺兰氏商定计谋，夜备筵宴，请刘显入饮，将刘显灌得酩酊大醉。拓跋珪趁机与几个旧臣轻骑逃至贺兰部，投奔舅舅贺兰纳。贺兰纳见拓跋珪少年老成，智识不凡，又惊又喜，对他大力扶持。

拓跋珪在贺兰部励精图治，深得众心，使得远近趋附。诸部大人共同请求贺兰纳，愿意推举拓跋珪为主。贺兰纳自然赞成，便于太元十一年（386年）正月在牛川（今内蒙古锡拉木林河）大会诸部，召开部落大会，继位为代王，年号登国。

被认为是拓跋珪造像的云冈石窟第20窟

拓跋珪登位之后，任长孙嵩为南部大人，叔孙普洛为北部大人，分统部众。又命汉人张衮为左长史，许谦为右司马，长孙嵩的弟弟长孙道生等侍从左右，作为智囊参谋。于是，灭亡10余

年的代国，在拓跋珪的领导下又得以重兴。

拓跋珪嫌牛川地处偏远，难以有大作为，继位不久，就将都城迁到盛乐（今内蒙古和林格尔县西北），占有了河套以东的广大草原地区。同年四月，改代为魏，自称为魏王。此时的拓跋珪年仅 16 岁。

新兴的北魏政权，四周强邻虎伺，南边有独孤部，北边有贺兰部，东边有库莫奚部，西边河套一带有铁弗部，阴山以北有柔然部和高车部，太行山以东和以西还有慕容垂的后燕和慕容永的西燕。拓跋珪利用后燕和西燕的矛盾，与后燕结好，牵制西燕的侵犯；其后又与西燕联盟，遏制了后燕的扩张，从而保持了南部的安全。与此同时，他专心致力于内部的经营。拓跋部落联盟得到巩固和发展，王权也得到强化。第二年，拓跋珪乘胜出击，打败了占据马邑（今山西朔县西北）的独孤部刘库仁之子刘显和刘卫辰两个部落。太元十五年（390 年），征服了占据阴山北麓的贺兰部。太元十六年(391 年)，又征服了占据河套以西的匈奴铁弗部。这样，在五年之间，拓跋珪消灭了蒙古南部和山西北部草原上几支最强的对手，势力日盛。随后，拓跋珪又兼并库莫奚、高车、纥突邻等弱小部落，不仅得到了大量的土地，而且俘虏了大批人口和数以十万、百万计的马、牛、羊等牲畜，大大充实了自己的实力，成为北方草原上最强大的力量。

拓跋珪在塞上的节节胜利，是与后燕的军事支持分不开的，而换取后燕支持的代价便是不断地向后燕进贡良马。但随着北魏力量的逐渐加强和后燕对马匹贪得无厌的索取，魏、燕之间也出现了矛盾。年轻的拓跋珪雄才大略，野心勃勃，本来就不甘心永远附于后燕。到太元十五年（390 年），其势力渐渐强盛后，就密谋图燕，特遣太原公拓跋仪，假借聘问之名，到燕都中窥探虚实。但因为当时时机尚未成熟，便仍旧与后燕虚于敷衍。到太元十六年（391 年）七月，拓跋珪派他的弟弟拓跋觚出使后燕，竟被慕容垂扣留，作为人质，要挟拓跋珪进贡更多的良马。这时，拓跋珪已羽翼丰满，决心摆脱后燕的控制，便断然拒绝了后燕的无理要求。燕、魏自此交恶。

又过了三年，到太元十九年（394 年）六月，慕容垂出兵灭了西燕，占有了今山西中部与南部的大部分地区。这样，华北地区能与后燕争强斗胜的就只剩下了北魏了。太元二十年（395 年）七月，太子慕容宝统率精骑八万，直趋河套，进攻北魏。这时拓跋部还过着游牧生活，听到慕容宝来攻，拓跋珪就徙部落畜产远避到河南（今内蒙古伊克昭盟）。慕容宝军至五原，却找不到拓跋珪军队的主力。

这时传来慕容垂病死的谣言，后燕军心动荡。慕容宝急于回去继承帝位，于是下令撤兵。拓跋珪率精骑渡河急追，至参合陂，连夜包围了燕军的营寨。燕军事前毫无准备，又急于东归，士无斗志，在拓跋珪大军的突然袭击下，全军覆没，除慕容宝单骑逃脱外，燕军的四五万人，几乎全部束手就擒，粮货兵械也全部落入拓跋珪的手中。拓跋珪下令将被俘的几万燕军全部就地坑杀。这一仗的结果，改变了北魏和后燕的力量对比。太元二十一年（396年），慕容垂又亲率大军前来报仇，直扑云中，拓跋珪依然下令避其锋头，率众北退阴山，保存实力。慕容垂虽然一度攻下平城（今山西省大同市），但却始终未能找到与拓跋珪决战的机会，最后因病重不得不引兵而还，后死于途中。从此，后燕在军事方面的颓势，再也未能挽回。

太元二十一年（396年）七月，拓跋珪在盛乐称帝，改元"皇始"。八月，又乘慕容垂新死，后燕内部混乱的机会，亲率大军40余万进攻后燕。九月，魏军攻下后燕并州（今山西太原西南），十月，拓跋珪率军出井陉关（今河北井陉县附近），北魏军队一路势如破竹，后燕守宰或弃城逃跑，或望风而降。只有邺城与信都及燕都中山三城闭城固守。拓跋珪亲自督兵围攻中山，数日不下。拓跋珪自思急攻则伤士卒，缓攻则费粮糈，于是便派兵先平信都、邺城，然后还取中山。慕容宝仍凭城固守，双方在中山城僵持了近一年，到晋安帝隆安元年（397年）九月，中山城中粮已将尽，拓跋珪又令抚军大将军拓跋遵袭取中山周围，割取禾稻，中山饥荒更甚。这时，后燕王室又发生了内乱，拓跋珪乘机全力攻城。很快，中山城破陷落，后燕灭亡。

拓跋珪平中山之后，又分兵各地，将黄河中下游的后燕故地全部占领。慕容族的残余势力远避其锋，一支由慕容宝率领，退到龙城（今辽宁朝阳市），建立了北燕政权，另一支以慕容德为首在滑台（今河南滑县附近），建立了南燕政权。这样，拓跋珪自386年继代王位，到397年平中山灭后燕，在短短的10年中，将北魏发展成为北方一个最强大的政权，为北方最后的统一奠定了基础。

皇始三年（398年）六月，拓跋珪正式裁定国号为"魏"，七月拓跋珪迁都平城（今山西大同市），营建宫殿、宗庙、社稷。同年十二月二日，改元天兴，即皇帝位。

天兴七年（404年）六月，后秦派军进攻北魏，攻陷了乾壁。拓跋珪则派毗陵王拓跋顺及豫州刺史长孙肥为前锋迎击，自率大军在后。八月，拓跋珪至永安（今山西霍县东北），秦将姚平派 200 精骑视察魏军但尽数被擒，于是撤走，但在柴壁遭拓跋珪追上，于是据守柴壁。拓跋珪围困柴壁，而姚兴则率军来救援姚平，并要据天渡运粮给姚平。

拓跋珪接着增厚包围圈，防止姚平突围或姚兴强攻，另又听从安同所言，筑浮桥渡汾河，并在西岸筑围拒秦军，引秦军走汾东的蒙坑。姚兴到后果走蒙坑，遭拓跋珪击败。拓跋珪又派兵各据险要，阻止秦军接近柴壁。至十月，姚平粮尽突围但失败，于是率部投水自杀，拓跋珪便派擅长游泳的人下水打捞自杀者，又生擒狄伯支等 40 多名后秦官员，2 万多名士兵亦束手就擒。姚兴虽然能够与姚平遥相呼应，但无力救援，柴壁败后多次派人请和，但拓跋珪不准，反而要进攻蒲阪，只是当时姚绪坚守不战，且早于登国九年（394 年）背魏再兴的柔然汗国要攻魏，逼使拓跋珪撤兵。

拓跋珪虽凭金戈铁马的武力基本统一了北方，但却面临着如何统治两个不同地区和不同文化层次的民族的新问题。他采纳汉族士人崔宏的建议，说黄帝最小的儿子昌意受封于北土，是拓跋部的祖先，因而他自称为黄帝的后裔。拓跋珪十分向往汉族的文明，因而他在建设平城时，仿照长安、洛阳、邺城等中原各大名城设计蓝图。他多次召见负责监造的大臣，亲自询问营建的各个具体项目。最后建成的平城，动用了数百万根木料，有 12 座城门，在城内及近郊，有宽敞的宫殿、幽静的鱼池和美丽的亭台，都被冠以富丽堂皇的名称，如紫极殿、云母堂、金华室等。新平城外城四周 10 千米，城内有广阔的苑囿和池塘。拓跋珪大规模建设平城的主要目的虽是显示皇尊和享乐，但客观上也促进了平城地区的经济和技术的发展，扩大了汉族文明的影响。

拓跋珪一登上历史舞台，就和他的前辈一样，为了统治汉族民众，从汉族士大夫那里寻找支持，大量吸收汉族士大夫加入北魏中央及各级地方行政机构中。就这样，拓跋珪在用武力统一北方的同时，又依靠汉族士大夫的帮助，仿照汉族制度，初步建立了一套既与中原地区相适应，又与拓跋族自身社会发展方向相一致的统治体制。在他统治的十几年中，拓跋珪倾其文韬武略，为北魏在北方的统治奠定了牢固的基础。

拓跋珪虽然无论文治武功都可以称得上是一位很有作为的开国之主，但到了后半生，由于事业的成功和年龄的老化，开始盲目自信，刚愎自用。再加上长期处身于尔虞我诈的政治斗争中，使他的性格变得十分猜忌和多疑。他不断猜疑臣下对他不忠，担心他们图谋不轨。那些功高名重的大臣、将帅和拓跋王族更成了他的猜忌对象。一旦被怀疑，轻则流放，重则便有杀头之祸。天赐四年（407年）至天赐六年（409年），拓跋珪先后诛杀了司空庾岳、北部大人贺狄干兄弟及高邑公莫题父子。往日曾与穆崇共谋刺杀拓跋珪的拓跋仪虽然因拓跋珪念其功勋而没被追究，但眼见拓跋珪杀害大臣，于是自疑逃亡，但还是被追兵抓住，并被赐死。

拓跋珪到了晚年，时常服用寒食散，期望能长寿成仙。而实际上这种寒食散是用朱砂、石英等矿物质制成的一种有毒方药。在药性发作时，他的性情更加狂躁，喜怒无常，往往几日不吃饭，几夜不睡觉，独自对着墙壁自言自语，甚至达到精神分裂的程度。这时候，他便成为了怀疑狂和杀人狂。常常亲自动手，将人毒打致死。他好乘人力辇车，乘车时手执宝剑，从后敲击拉车人的头部，死一个换一个，有时每天死者有几十人。他越是杀人，就越担心别人谋害他，因此经常变换他的寝室，连他的大臣亲信都不知他住在什么地方，只有他的宠姬万人知道他的住处。谁知万人偏偏又和他的二儿子拓跋绍私通。拓跋绍生性凶狠残暴，是贺兰太后的妹妹贺兰夫人的儿子。天赐六年（409年）十月，贺兰夫人失宠被囚禁时托人密告拓跋绍，让他设法营救她。当天夜晚，拓跋绍以万人为内应，寻到拓跋珪的住处，将拓跋珪刺死。这时拓跋珪才39岁。其长子拓跋嗣诛杀拓跋绍一伙并继位后，于永兴二年（410年）九月，谥拓跋珪为宣武帝，葬于盛乐金陵，庙号烈祖。泰常五年（420年），改谥为道武皇帝。至太和十五年（491年），又改庙号为太祖。

2. 太武帝拓跋焘

拓跋焘（408—452年），字佛狸伐，代郡平城（今山西大同市）人。鲜卑族，北魏第三位皇帝。太宗明元帝拓跋嗣长子，母为明元密皇后杜氏。南北朝杰出的军事家、政治家、改革家、战略家。

拓跋焘少年时就表现出聪明能干、豁达大度的气质。泰常七年（422年），15岁的拓跋焘被封为太平王，立为皇太子，又被授予相国加大将军官衔，管理政事。不久，拓跋嗣患病，便让他统摄朝政，总理政务。泰常八年（423年），拓跋嗣病亡，拓跋焘继皇帝位，第二年改元始光。

拓跋焘继位后重用汉族大臣崔浩、高允等人，整顿吏治，励精图治。拓跋焘善于使用骑兵，亲率大军先后攻灭胡夏、北燕、北凉，伐柔然，征山胡，降鄯善，逐吐谷浑，取刘宋的虎牢、滑台等重镇要地，最终统一中国北方。

拓跋焘继位当年，柔然首领大檀便统率骑兵六万，侵入云中（今内蒙古托克托县），杀人掠地。拓跋焘闻讯后亲自带兵，日夜兼程，只三天两夜即赶至云中。但还没等队伍休整一下，大檀的大股骑兵就扑过来，将拓跋焘的兵马团团困住，里里外外围了50多重。情势十分危急，北魏士卒已恐慌起来。拓跋焘在马背上镇定自若，分划布置。士兵见自己的年轻统帅临危不惧，情绪也很快安定下来。在拓跋焘的指挥下，首先射杀了柔然的前锋部帅。大檀见形势不利，只得率军撤退。第二年，拓跋焘又亲自发兵五路，征讨柔然。为了取得速战速决、出其不意的效果，他果断下令，将军中辎重全部留下，只带15天的干粮，轻骑前进，穿过沙漠出击柔然，大檀闻讯后惊慌失措，率众向北逃窜。这两次北伐虽然并没有使柔然受到致命打击，但使得柔然对北魏的侵扰有所缓和。

拓跋焘主动出击柔然，规模最大的一次是在神䴥二年（429年）。当时朝廷内外重臣都不同意这次军事行动。张渊、徐辩等以天象不利为理由，预言出征柔然必败。支持他北伐的汉族大臣崔浩，也用天文占卜，逐条反驳张渊、徐辩。这时正巧刘宋也准备进犯北魏，拓跋焘当机立断，对大臣们说："刘宋自顾不暇，北犯构不成大的威胁。即便能来，我们若不先将柔然消灭，也会腹背受敌。"下令发兵征伐柔然。这次出击，使柔然大檀措手不及，仓促烧毁帐舍，带着部众向西狂奔。拓跋焘指挥部队，东西5000里，南北3000里，纵横分兵搜讨大檀残部。被北魏前后降服的柔然有30多万家，掳获的马、牛、羊达几百万头。敕勒部（高车部）也有几十万人向北魏投降。这些降附的部落，都被拓跋焘迁到漠南几千里的边境上，在北魏的军事监督下，从事农耕和畜牧。他们每年向北魏缴纳大量贡税，致使北魏毡毛皮货堆积如山，马、牛、羊的价格也大大跌落。北魏统一黄河流域的战争，也在打退柔然之后，达到了高潮。

从始光元年（424年）至太平真君十年（449年）的25年，拓跋焘13次率军进攻柔然，击溃高句丽等柔然附属部落，扩地千余里，后设六镇抵御柔然入侵。终于使柔然"怖成北窜，不敢复南"，"边疆息警矣"。从此之后，柔然一蹶不振。这是继汉武帝重创匈奴之后，中原王朝对北方游牧民族的又一次重大胜利。

北魏的另一大敌夏，是匈奴族铁弗部建立的政权。夏的皇帝赫连勃勃占据关中地区，定都统万（今陕西榆林），是当时势力比较强大的一个政权。始光二年（425年），赫连勃勃死去，夏发生内乱。拓跋焘认为时机已到，于次年（426年）分兵两路攻夏：一路攻长安；一路攻统万。始光四年（427年），魏军攻胡夏首都——统万城（陕西省靖边县白城子）时，拓跋焘将主力埋伏在山谷中，以少量骑兵直抵城下，故意示弱，诱固守之夏军脱离坚城，当夏军出城追逐时，又采纳崔浩分兵潜出袭其后之计，大获全胜，俘虏赫连昌，赫连定继位于平凉。神䴥三年（430年）拓跋焘再攻胡夏，夺取安定、平凉、长安、临晋、武功等地，尽得关中之地。胡夏名存实亡（赫连定在灭西秦之后，被吐谷浑所杀，胡夏灭亡）。

延和元年（432年）后魏攻打北燕，燕主冯弘送小女儿（即左昭仪冯氏）进宫和亲。延和二年（433年）魏朝又攻占了宋、魏之间氐人杨氏建立的仇池国。胡夏灭亡后，北凉向魏国称藩，后魏封北凉国君沮渠蒙逊为凉王。太延二年（436年），魏军攻克北燕国都和龙（今辽宁朝阳），北燕灭亡。

太延五年（439年），拓跋焘亲征北凉，以南凉的最后一代君主秃发傉檀之子秃发破羌为向导，兵不血刃降伏北凉诸镇，国君沮渠牧犍在内外交困之下，带文武百官面缚出降，北凉灭亡。

从神䴥四年（431年）到太延五年（439年）的九年中，拓跋焘先后将胡夏、北燕、北凉这三个小国消灭，结束了十六国纷争的混乱局面，将柔然、吐谷浑以外的北方诸胡统一于魏朝大旗之下。

拓跋焘少年嗣位，东征西战，凭着他卓越的军事胆识和政治才能，终于完成了北中国的统一，结束了北方长期分裂割据的局面。

拓跋焘完成了北中国的统一事业后，便着手发展社会经济，建立健全北魏有效的社会制度。在这一方面，他也同样表现出了卓越的政治才能。

拓跋焘首先借重汉族士大夫，帮助他建立有效的政治制度和提倡汉族先进文化。最早为拓跋焘信用的是著名汉人士族清河（今山东临清）人崔浩。在拓跋珪时他随父亲崔宏入魏，经历道武、明元两代，颇得重用，参与北魏朝廷礼仪的制定、策诏的颁发和军国大计的谋划。拓跋焘继位后，对他十分尊重，在东征西伐，统一北方的过程中，一直让他跟随左右，帮助出谋划策。为了求贤纳才，拓跋焘多次下诏各州郡官员，礼贤下士，延请汉族有识之士为北魏政权服务。神䴥四年（431年），拓跋焘下诏说："现在天下基本安定，应该偃武修文，整顿纲纪，我朝思暮想的是如何将埋没在民间的俊才逸士荐举上来。"他在诏书中列出了范阳卢率、博陵崔绰、赵郡李灵、勃海高允、太原张伟等一连串声望卓著的州郡名士，下令让州郡官以礼相待，延请他们到京师，拜为中书博士。第二年正月，拓跋焘又再次下诏，表明自己求贤若渴的迫切心情。到年底时，他得知州郡官员在奉命通知贤良名士进京时，往往有胁迫威逼行为，又特为下诏，告诫州郡官吏在征召士人时要待之以礼，不可强行遣送。这样，在拓跋焘的大力倡导和寻求下，一大批通晓经义、文章冠世的名儒学者，有感于他的诚意，纷纷来到平城。高允曾写了一篇《征士颂》，对拓跋焘统一北国后，偃兵息武，提倡文治，礼贤下士，延请俊秀的做法大加称颂。其中有名有姓有籍的士人，就列举了 34 人，反映了拓跋焘政权人才经济的兴盛景象。

随着北魏入主中原，统一北方，拓跋焘明确意识到：只有通过兴办学校、开馆授经，提高鲜卑族官员的汉化水平，才是接受中原汉族封建统治思想和理论的最有效手段。因而在他继位不久，在南征北讨的同时，于始光三年（426 年），便在京师城东办起了太学，并在学内祭祀儒学祖师孔子和他的弟子颜渊。表明他对以儒学为中心的汉族文化的尊崇。太平真君五年（444 年），拓跋焘又下诏说：北魏长期以来，多因忙于武事而未及文教，不利于整顿乡风民俗和制定行动的规范准则。从现在起，自工公大臣到卿大夫，王公贵族的子孙都要进太学接受教育，学习经史。对于皇位继承人的汉化教育，拓跋焘更为重视。他亲自选派精通经史的儒学大师高允，作为太子拓跋晃的师父。在高允的教授下，太子晃对儒学经史有了很深的造诣，并对汉文化产生了浓厚的兴趣。拓跋晃死后，拓跋焘又聘请名儒李灵教授皇孙拓跋浚。

元嘉二十七年（450 年），北魏南下攻宋，兵马直达长江北岸的瓜步（今江苏六合县东南）。拓跋焘亲临江边，在瓜步山设了行宫，派人向刘义隆奉献骆驼、名马，并再次请求修好通婚。刘义隆也派使臣田奇过江送来奇珍异物。

北魏统一北方后，出任地方官吏的，大多是拓跋贵族。他们没有什么法律观念，平时任意贪污勒索。拓跋焘把修订律法、整顿吏治，看作汉化的标志和确立统治秩序的关键。神䴥四年（431 年），他就下诏让司徒崔浩改定律令，20 年后，又命令太子少傅游雅、中书侍郎胡方回等制定律制。拓跋焘平时赏赐的，也全都是真正为国尽忠尽力，舍生忘死之人，至于亲戚宠臣，都不曾赐给多余的物品。

拓跋焘虽然为北魏的武功文治做出了卓越的贡献，但长期的军旅征伐生活及残酷的政治斗争，也养成了他残忍的性格，果于杀戮。拓跋焘晚年脾气暴躁，诛戮过多，常常在杀完人之后后悔莫及。由于刑罚严酷，国内曾经几度政治混乱。

拓跋焘晚年，用太子拓跋晃为副手，总摄国政。拓跋晃聪明干练、为政精察，将国家大事处理得井井有条。但拓跋晃与拓跋焘宠信的一个宦官宗爱以前就有不和，宗爱见拓跋晃日得拓跋焘的信任，害怕以后拓跋晃登上帝位后对自己不利，就常常在拓跋焘面前说太子为了早日登基，密谋杀父。拓跋焘虽然信任太子，但这种性命攸关之事，岂肯马虎，一怒之下，便将拓跋晃手下的十几个帮助处理政务的大臣全部处斩。害得拓跋晃一惊之下，日夕恐慌，卧病不起，正平元年（451 年）六月竟然病殁了。拓跋晃死后不久，拓跋焘查知并无反叛之事，知道太子无罪，很为他的早逝悲伤，追谥拓跋晃为景穆太子，又封拓跋晃的儿子为高阳王，对他格外钟爱。正平二年二月初五（452 年 3 月 11 日），宗爱怕被太武帝诛杀，便暗自设计，趁拓跋焘酒醉独卧永安宫之时，将其勒杀。拓跋焘享年 45 岁，在位 29 年，葬于云中金陵，庙号世祖，谥曰太武皇帝。

3. 孝文帝拓跋宏

魏孝文帝拓跋宏（467—499 年），又名元宏。献文帝拓跋弘的长子，生母李夫人。北魏第七位皇帝。中国历史上杰出的少数民族政治家、改革家。

孝文帝生于一个动荡的年代。淝水之战后前秦瓦解，鲜卑拓跋氏的代国乘机复国，改国号为魏，史称北魏。439 年，北魏终于统一了黄河流域。北魏统一黄河流域后，那里出现了民族大融合的趋势，进入中原的少数民族逐渐放弃了游牧生活，成为农业居民。但是，北魏统治还不稳定，各族人民不断发动武装起义，反抗北魏的残暴统治。北魏统治阶级内部矛盾斗争也十分激烈。

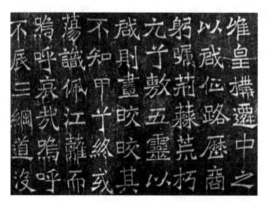

《魏孝文帝吊比干文碑》碑文

孝文帝是由祖母冯太后培养长大的。冯太后对孝文帝要求十分严格，督促他认真学习儒家经典著作，认真总结汉族封建帝王丰富的统治经验。从 486 年起，在冯太后指导下，孝文帝开始处理国家大事。

北魏建立以来，对文武百官，不给俸禄，任凭他们去贪污掠夺。因为鲜卑拓跋部本是一个野蛮的好战集团，一走上历史舞台，便以战争掳掠为业。当鲜卑拓跋部统治了广大经济文化较先进的地区后，战时的掳掠方式便以平时贪污的形式继续下去。史书记载："魏百官不给禄，少能以廉自立者"，"唯取于民"。有一次拓跋焘要出征，让公孙轨负责向老百姓征调驴子，用来驮运军粮。公孙轨竟然下令，每头驴另加绢一匹。验收时，只要驴身上束着一匹绢就算合格，所以当时人说："驴无强弱，辅脊（背着绢）自壮（就算壮的）。"这个公孙轨，贪污成性，刚做官时，"单马执鞭"而来，卸任回家时，竟然是"从车百辆，载物而南"。官吏的贪赃枉法加重了人民负担，激起了人民反抗，威胁着北魏的统治。于是孝文帝改革首先是以"班禄"作为突破点的。

太和八年（484 年），孝文帝开始"班百官之禄，以品第为差"，对官吏实行俸禄制。同时规定："户增帛三匹，粟二石九斗，为官司之禄。"为禁止贪污，制定了严惩的法律，"赃满一匹者死"。

俸禄制的实行，增加了人民赋税负担，但比以前任凭官吏恣意贪污、掠夺来说，对人民是有利的，因而遭到一批鲜卑贵族顽固派的抵制和贪官污吏的反抗。但孝文帝毫不手软，3 个月内先后因贪污被治罪处死的就有40 多人。有一个叫李洪之的官员，因贪污被押到平城，孝文帝亲自审问后赐死。这人自称是孝文帝的舅公，是显室贵戚。虽然事后孝文帝向一些大臣透露，说这个舅公是冒牌的，但在当时震动确实不小。此后，北魏的吏治出现了一个较为清明的时期。

十六国时期，中原的生产受到极大的破坏。北魏统一之后，生产有了恢复，但速度很慢。"良畴（田）委（被抛弃）而不开（耕种），柔桑枯而不采"，就是这一情况的真实写照。

北魏统一黄河流域后，坞壁主继续扩大对荫户的占有，使朝廷收入受到影响，中原地区自耕农的破产、流散，也使阶级斗争激化，加深了北魏的政治危机。

强大的政权力量和中原大量存在的荒地，劳动力与土地分离，所有权和占有权混乱。为北魏提供了推行均田制的主观力量与客观条件。于是，太和九年（485 年），孝文帝颁布了均田令。均田令规定：男夫 15 岁以上授露田 40 亩，桑田 20 亩；妇人授露田 20 亩；奴婢与平民一样授田。4 岁以上的耕牛，一头授田 30 亩，限 4 牛。所授露田，基本上是无主荒地，如是休耕一年的，多授 40 亩；休耕 2 年的再多授 40 亩。露田不准买卖，身死或年逾 70 岁者，必须归还政府。桑田为世业田，不再还给政府，但要在三年之内种上规定的桑、榆、枣树。田地不足的地区，居民可以向空荒处迁移，迁往他郡。

孝文帝实行的均田制，是北魏早先实行的"计口授田"的推广和发展。它只限于在政府控制的无主荒地上实行，并不侵犯地主已占有的土地，而且还通过奴婢和耕牛授田，使地主比贫苦农民拥有更多的田地。均田制的推行有利于北魏中央政府力量的加强，促进了荒地开垦，对恢复和发展农业生产起到了积极的作用。

太和十年（486 年），孝文帝又颁布了三长制。三长制规定：五家立一邻长，五邻立一里长，五里立一党长。"三长"的职责是检查户口、征收租税和征发徭役，它是北魏的基层政权组织。三长制与均田制相辅而行，加强了政府对人民的控制，同时也通过清查户籍，与豪强地主争夺劳动力、争夺人口，使向政府纳税的户口大大增加，相对地减轻了每户农民的负担。三长制实行后，北魏政府颁行了新的赋税标准，一夫一妇每年出帛一匹、粟二石。农民比过去的赋税负担确实减轻了不少。

太和十四年（490 年），冯太后病逝，孝文帝亲政。为了加强对中原地区的统治，接受汉文化，消除鲜卑族和汉族间的隔阂，以便进一步拉拢汉族地主士大夫，巩固北魏的统治，孝文帝决心把都城从位置偏北的平城（今山西大同）迁到中原的洛阳。

孝文帝知道迁都一事必然会遭到贵族大臣们的反对，于是他便把文武大臣召集起来，声称要亲自率军进攻南齐。这时，以任城王拓跋澄为首的文武大臣信以为真，纷纷表示反对。孝文帝假装生气说："国家是我的国家，你想阻挠我用兵吗？"任城王拓跋澄也毫不示弱，反驳说："国家是陛下的国家，但我们是国家大臣，明知用兵危险，哪能不讲？"退朝后，孝文帝单独把拓跋澄传到宫中，给他讲了他明为南伐，实是迁都的打算，拓跋澄恍然大悟。于是，在以后的议论时，便积极支持孝文帝"南伐"。

太和十七年（493 年），北魏孝文帝亲自率领步骑 30 万，大举南伐，走到洛阳，正好碰上秋雨连绵，道路泥泞，行军遇到极大困难。多数大臣主张回师平城，孝文帝执意不肯，坚持南进。九月的一天，孝文帝全副戎装，骑在马上，下令三军往南进发。大臣们跪在马前，叩头谏止进军。孝文帝满面怒容，对这些人说："我要统一天下，你们这帮人却屡次阻挠大计。谁再说，就治谁的罪。"说完就整一整马鞭，仿佛要出发了。一个叫拓跋休的鲜卑贵族，仍然跪在那儿，一动也不动，一把鼻涕一把泪地劝阻皇帝不要南进。这时，孝文帝表情缓和，用商量的口气对群臣说："这次出兵，劳民伤财，不可无功而返，不南进，便迁都。你们赞成吗？赞成的站在左边，不赞成的站在右边。"大臣们知道当时南伐危险，于是尽管有的内心不赞成迁都，也站在了迁都这一面。迁都一事就这样定下来。孝文帝又派任城王拓跋澄回到平城，说服贵族们同意迁都。第二年，孝文帝又亲自回平城，给那些不愿意迁都的王公贵族做了大量说服工作。不久，就正式迁都洛阳。洛阳是当时中原地区政治、经济、文化中心，迁都洛阳对北魏和拓跋族的发展，都具有很大的意义。

太和五铢钱

迁都之后，从平城迁到洛阳的人，叫作"代迁户"，总数约 100 万人。一部分拓跋族人民便在中原定居下来。迁都后，摆脱了贵族传统保守势力的影响，北魏的汉化改革更广泛，更迅速了。太和十八年（494 年），孝文帝下令禁止鲜卑服装，要求鲜卑人改穿汉服。有一次，孝文帝在洛阳街上看到一个鲜卑妇女坐在车上，仍穿着鲜卑服装。于是在群臣朝见时，孝文帝责备任城王拓跋澄督察不严，奉行命令不力。495 年，孝文帝又下令禁止鲜卑族讲鲜卑语，一律改说汉话。规定朝臣不准讲鲜卑语，30 岁以上一时难改，讲鲜卑语可以不予处罚；30 岁以下，必须讲汉语，否则要降职。后来，又进一步规定，谁在朝中讲鲜卑语，就要撤职。鲜卑姓氏多为复姓（音译），为了消除姓氏上的胡汉差异，北魏孝文帝在 496 年下令改拓跋氏为元氏，北魏所统部落的复姓，也同时改为单姓，如穆陵氏改为穆氏，步六孤改为陆氏，独孤氏改为刘氏等。孝文帝还规定"代迁户"都在洛阳落籍，死后要葬在北邙山（今洛阳的北面）。孝文帝还鼓励鲜卑族与汉族通婚，他自己身体力行，娶崔、卢、郑、王汉族四大姓的女子入宫，又为他的 5 个弟弟娶汉族大姓女子做正妻。他的女儿也嫁给汉族大地主，如范阳卢氏，一家就娶了三位公主。政治利益进一步把鲜卑统治者和汉族高门地主联结在一起了。

历史上任何一次改革都不会是一帆风顺的，都要经过激烈的斗争。孝文帝改革也是如此。孝文帝的太子拓跋恂，不喜读书，喜欢马背上的生活，认为放弃马背上生活，南迁中原，就会使鲜卑人失去剽悍善战的

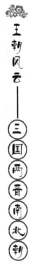

性格和习惯。他年纪轻轻，但受保守派影响极深，对孝文帝改革极为不满，经常偷偷穿胡服，又埋怨洛阳太热，老想回平城去。太和二十年（496年）八月，孝文帝到嵩山巡视，太子拓跋恂乘机跟他的亲信密谋，准备带一批人马返回平城。孝文帝知道这个消息后，立即返回洛阳，把太子拓跋恂囚禁起来，后来又废掉他，并派人用药酒毒死他。同年冬天，鲜卑贵族穆泰等人秘密联合一些将领，发动叛乱，在平城起兵，计划立阳平王拓跋颐为皇帝。孝文帝火速派任城王拓跋澄平息了这场叛乱，保证了改革的顺利进行。太和二十三年（499年），孝文帝在南征返回归途中染病，英年早逝，年33岁。

孝文帝是我国历史上一位杰出的皇帝，他对我国多民族国家的形成和发展做出了卓越的贡献。

三、英雄天子文宣帝，功业自矜纵欲亡

北齐文宣帝高洋（529—559年），字子进，鲜卑名侯尼干，原籍渤海蓨县（今河北景县），因生于晋阳，一名晋阳乐。北齐神武帝高欢次子，文襄帝高澄同母弟，孝昭帝高演、武成帝高湛同母兄，母亲为娄昭君。南北朝时期北齐开国皇帝。

高洋幼时其貌不扬，沉默寡言，其实"神采英畅，言辞敏洽，公明刚断，雄才大略"，虽常被兄弟嘲笑或玩弄，但其才能甚得父亲高欢的欣赏。高洋的韬光养晦，不仅成功化解了高澄对他的猜忌，保护了自己，也几乎瞒过所有的臣僚。

东魏孝静帝天平二年（535年），高洋被授为散骑常侍、骠骑大将军、仪同三司、左光禄大夫、太原郡开国公。孝静帝武定元年（543年），又加侍中，次年，迁移为尚书左仆射、领军将军。之后高洋一直被其兄高澄把持下的东魏朝廷重用。武定五年（547年）正月，其父高欢去世，高澄接手朝政，高洋被授为尚书令、中书监、京畿大都督，高澄、高洋兄弟牢牢把握住了东魏的政权。

武定七年（549年），年仅29岁的大丞相高澄被他的厨奴刺死，事出仓促，朝中一片混乱。

这时，21岁的高洋挺身而出，雷厉风行，一方面亲自指挥卫队，搜捕刺客；另一方面亲理朝政，大小军事之事，井然有序。混乱的政局又得到控制。魏孝静帝元善见此只好封他为丞相、齐王。高洋继承父兄职位后，一心想将东魏取而代之。当时，他的心腹高德政、徐之才、宋景业等人都

敦促高洋尽早登基，但反对高洋"禅让"的人也很多。

为了尽量争取到一些当朝大臣的支持，高洋特派高德政去都城探探大臣们的意向，结果是大臣们一个个王顾左右而言他。高洋心急如焚，也等不及高德政回话，径自率领大军向首都挺进。既然文取不行，只好以武力相逼了。

武定八年（550年）五月，高洋一到邺城，就派司空潘乐，侍中张亮、黄门侍郎赵彦深等人去见孝静帝，要他遵循天意，仿效尧舜，禅位给齐王。孝静帝无奈，只得含泪在禅位制书上签了名，又与嫔妃告别之后，即被赶出皇宫。高洋遂登基称帝，年号天保，国号齐。

高洋统治时期，东西方之间基本趋于平安无事，南北之间却时常烽火遍野。

天保六年（555年），南梁大将王僧辩在内讧中被陈霸先谋杀，王僧辩外甥徐嗣先闻讯后愤愤不平，秘密串通谯州（今安徽蒙城）、秦州（今江苏六合）刺史徐嗣徽和南豫州（今安徽当涂）刺史任约，将所辖各州献给北齐。他们乘陈霸先离开首都建康（今江苏南京市）去义兴（今浙江宜义）的机会，率领5000精兵偷袭建康，血战一天，攻下了建康城郊的石头城。高洋知道后大为高兴，立即派出5000精兵渡过长江，声援徐嗣徽等人，南梁局势一时十分危急。

陈霸先匆忙赶回建康，和群臣商议后便对北齐发起了反攻。陈霸先命令大将侯安都进攻秦州，徐嗣徽大败，秦州城重新被南梁收回。陈霸先率领大军将石头城包围得水泄不通，石头城顿时成为一座孤城。城内北齐兵坚持不到几天，粮食和淡水都严重缺乏，水上涨到一升水换一匹绢。北齐大将达摩见势不妙，便请求与南梁讲和，并且主张互换人质。陈霸先一开始不答应，但南梁的多数大臣都主张尽快讲和，并要求陈霸先把自己的侄子陈昙朗当作人质。陈霸先迫于压力，便戎装率兵和北齐大将达摩订立了城下之盟，双方交换人质，疲惫不堪的北齐兵日夜兼程，逃回中原。高洋见达摩灰溜溜回来，不由分说，把达摩斩首。北齐兵休养一段时间后，天保七年（556年）三月，高洋委派肖轨、库狄伏连、尧难宗、东方老等大将率领10万大军向南梁扑去。北齐兵一路势如破竹，一直南下攻入南梁首都建康郊外的倪塘。南梁大将陈霸先、周文育、侯安都等人匆忙应战，结果北齐大败，北齐将领乞伏天劳被俘。北齐军被迫往后退到玄武湖一带，两军一时又处于对峙状态。

北齐军本想好好休养几天再战，不料连日大雨，平地涨水10多丈，军营全被大水浸湿，士兵无奈，只好日夜蹲在泥泞之中，很多士兵手脚开始溃烂。南梁由于北齐在长江以北布满防线，以致粮食无法运送到建康城内，城内士兵饥寒交加，大多甚至连拿起武器的力量都没有了。陈霸先急中生智，派人从郊外农户中搜刮出几千只鸭子，下令将士每天都以鸭子为食。三天以后，陈霸先主动发起进攻，数千北齐士兵被杀，其余仓皇败逃，人马相践，不计其数。北齐大将肖轨、东方老、王敬宝等将帅46人被俘。往北败逃到长江南岸的北齐士兵相互争抢竹筏，由于所载超重，竹筏一到江中就解体沉没，士兵数以万计淹死。一时之时，长江南北布满尸体，船只无法航行。高洋一时怒起，将南梁人质陈昙朗杀死，以解心头之怒。平静后又认识到自己实力确实难以制服南梁，因而在高洋在位期间，再也没有发生过类似的战争。

高洋继位六七年后，随着四邻安定，大权统摄，意志开始松弛，由勤勉走向荒淫、暴虐。高洋常常涂脂抹粉，穿着妇女的衣服在大街上招摇过市；或者招纳一大批妇女进宫，供自己和亲信日夜放纵。高洋到晚年十分暴虐，最喜欢杀人取乐。高洋想起自己虽然代魏建立了北齐，但北魏的皇族元氏还大量存在，他觉得这是一个隐患，便下诏将姓元的全部杀死。前后杀害721人，甚至连婴儿也不放过，放纵士兵用长矛将婴儿挑起，扔向空中作乐。元氏尸体全都扔进漳河，结果漳河两岸捕鱼的人剖鱼的时候常常发现鱼腹中残留人的脚指甲，恶心得漳河两岸的居民很久都不敢再吃鱼。

高洋晚年由于过于荒淫、暴虐，身体虚亏，结果在天保十年（559年）十月暴病而亡，时年31岁。葬于武宁陵，谥号文宣帝，谥曰文宣皇帝，庙号威宗。武平初年，又改谥号为文宣，庙号显祖。

四、北周武帝灭北齐，政治清明国势强

北周武帝宇文邕（543—578年），小字祢罗突，汉化的鲜卑族，祖籍代郡武川（今内蒙古武川西），生于同州武乡（今陕西大荔）。北周文帝宇文泰第四子，周孝闵帝宇文觉和周明帝宇文毓异母弟，母文宣皇后叱奴氏（叱奴太后）。南北朝时期北周第三位皇帝。

宇文邕自幼聪明机智，文静恬雅。12岁那年，宇文邕就被封为辅城郡公。在他的同父异母兄长宇文觉、宇文毓当北周皇帝时，他历任大将军、柱国、大司空、治御正等职，并被封为鲁国公，晋位柱国。武成二年（560年）四月，明帝被大冢宰宇文护毒死，遗诏让宇文邕继承帝位。这样，宇文邕就当了

皇帝，他就是历史上有名的北周武帝。

宇文邕是深谋远虑的聪明人，他没有忘记两位兄长当皇帝的悲惨下场，知道自己刚刚登基，没有力量与宇文护较量，只有以屈求伸，从长计议。因此，他决定尽最大努力与宇文护合作，取得信任。于是，他以大冢宰宇文护都督中外诸军事，下令中央各部门都归宇文护统辖，事无巨细，一律由宇文护先处理后报告；又下令诏书及一切文书都不得直呼宇文护之名，以示尊崇。

宇文邕决定集中精力搞好内政，增强国力，消灭北齐，统一北方。当时北齐的政治十分昏暗，皇帝大臣们只顾淫乐，不理朝政，国家形势江河日下，渐渐失去了经济上和军事上的优势；老百姓更是苦不堪言，渴望统一，过上安稳的生活。武帝见是消灭北齐的好机会，便派人用重金买通北齐境内的一些官民作为奸细，刺探北齐的军事情报。为了争取与突厥联兵伐齐，又派杨荐、王庆去向突厥首领木杆可汗俟斤联络，要求娶木杆的女儿阿史那氏为皇后。北齐得知这一消息后非常恐惧，急忙派出使者携带重金也去向突厥求婚。木杆可汗贪图北齐的钱财，准备把杨荐和王庆扣押起来交给北齐处置。辛亏杨荐临危不惧，陈述利弊，说得木杆可汗理屈词穷，才改变了主张，答应与北周联合攻打北齐。保定三年（563年）十月，北周派杨忠率领一万骑兵与突厥联军从北路伐齐，大将军达奚武带领三万步骑从南路包抄，两军定于晋阳（今山西太原）会师。杨忠率领的北军英勇善战，所向披靡，接连攻克北齐20多城。可惜在攻打晋阳时，突厥军见齐军势盛，不肯交战，率先撤退，以致周军失利。南路周军闻讯后也只好退兵，第一次大规模的伐齐战争失败了。

这次败仗使武帝宇文邕感到非常惋惜，他想立即组织兵力再伐北齐，可是，掌握国家实权的宇文护却不那么积极了。原来，宇文护母子和姑姑都生活在晋阳地区。永定元年（557年），宇文护被叔父宇文泰召进关中从军，他母亲和姑姑仍居住在晋阳。北魏分裂以后，晋阳就在北齐的控制之下。宇文护掌权以后，多次派人打听老人家的消息，可一直杳无音信。这次战争结束以后，北齐听说北周还要进攻他们，就以放还宇文护的母亲和姑姑为条件，要求北周停战议和。宇文护同意了他们的请求，于是，北齐放还了宇文护的姑姑和母亲。可是事不凑巧，正在这时突厥主动找上门来，约北周联合伐齐。宇文护本来不愿背信弃义再出兵攻打北齐，可是又不敢得罪突厥，只好硬着头皮征集府兵及地方兵共20万人，于保定四年（564年）十月，浩浩荡荡地开赴前线。

宇文邕

北周军出师以后，立即拉开了百里战线，全面进击，主攻洛阳。但洛阳城戒备森严，无法攻破。北周军便堆土山，挖地道，寻找突破口。这样，洛阳城被围困了一个多月，双方都没有什么进展。北齐派大将军斛律光等领兵前来救援，可是他们惧怕北周军，不敢靠近。北齐又派并州刺史段韶率领1000精锐骑兵从晋阳出发营救洛阳，他们行军到太和谷一带与北周兵相遇，双方交火后周军死伤惨重，围攻洛阳的北周军也被迫退还。第二次大规模的伐齐战争又以失败而告终。

武帝开始解决宇文护的问题。宇文护自宇文泰死后，一直大权在握。他自恃是皇兄、开国元勋，越来越飞扬跋扈。武帝知道时机已经成熟，便秘密与卫公直及右宫伯大夫宇文神举、内史下大夫王轨、右侍上士宇文孝伯等谋划干掉宇文护。建德元年（572年）三月的一天，宇文护从同州返回长安。武帝在文安殿见过之后，又带宇文护去拜见太后，趁其不备，在他身后抡起玉珽，对准其头部猛然一击，宇文护应声倒地。武帝又令长孙览等火速行动，把宇文护的儿子、兄弟及亲信斩尽杀绝，于是，武帝开始亲揽朝政。

亲政以后，武帝把注意力集中于国内调整，发展生产，吸收均田农民充当府兵，扩充军备，加强实力。

魏晋南北朝以来，宗教的势力在中原地区不断扩大，尤其是佛教更为突出，全国有寺院1万多所，僧尼100多万，占全国人口的1/10，占用大量的劳动人手和土地资源，给社会生产和国家兵源造成了严重危害。佛教信徒充斥着社会各个阶层，武帝的父亲宇文泰和哥哥宇文觉、宇文毓都是佛教信佛，武帝小时候受到家庭环境的熏陶也是信徒。天和二年（567年），大臣卫元嵩以齐、梁为例说明佛教给国家造成的灾难，建议武帝灭佛。武帝对佛教的看法开始有了转变。

　　建德二年（573年），关中发生严重天灾，粮食极端紧张。武帝下令不论公私道俗，凡积存粟麦者，只准留下口粮，其余一律出卖。可是，本应行善的僧徒们非但不去赈济灾民，反而大放高利贷，牟取大利。使武帝痛感灭佛已是当务之急。同年十二月，武帝再次召集群臣、僧徒和道士辩论三教优劣，确定儒教为先，道教为次，佛教为后，为灭佛弹出了前奏曲。经过几个月的准备之后，武帝决定采取行动，"求兵于僧众之间，取地于塔庙之下"，大举灭佛。建德三年（574年）五月，下令禁断佛、道二教，没收寺院财产充作军费，摧毁佛教、经卷，近百万僧尼还俗从事农业生产，增加了国家的财政收入，又将其中适龄壮丁编入军队，扩大府兵，强化了北周的经济和军事实力。接着，武帝又把目标转向了统一大业。

　　建德四年（575年）七月，武帝正式下诏讨伐北齐。他动用了18万大军开赴齐境，以王纯、司马消难、达奚震为前三军总管，宇文盛、侯莫陈崇、宇文招为后三军总管，宇文宪、杨坚等领兵重点出击，向北齐全面推进。武帝亲自率领六万军队直趋河阴（今河南孟津县）。北周军纪严整，禁止官兵在北齐境内践踏庄稼、砍伐树木、抢掠民财，违令者·律斩首。不久，北周攻下河阴、洛口（今河南巩县）和河阳（今河南孟泽县）等地，在攻打郏城（今河南孟津县）时受阻。武帝心急如焚，忽然生起病来，不得不退兵回长安疗养。于翼、宇文宪等将领虽然接连攻克了北齐30多城，最后也都弃守回师。

　　这次出征虽然没有达到灭齐目的，但却大大挫伤了北齐的元气，也使武帝清楚地看到北齐已经没有力量与北周抗衡了。第二年（576年）十月，武帝再次亲自出征北齐，命宇文盛、宇文亮、杨坚等为右三军，宇文俭、窦泰、丘崇等为左三军，宇文宪、宇文纯为前军，共14.5万人攻打平阳（山西临汾），很快攻下平阳城，建德六年（577年）正月，北周攻下邺城，齐主逃往青州，被周师追及，当了俘虏，北齐正式灭亡。武帝终于实现了多年的夙愿，统一了北方，为隋朝统一全国奠定了基础。

　　灭掉北齐以后，武帝并没有居功自傲。他仍然致力于北周朝政。他在北齐地区继续推行灭佛政策，使整个中原地区4万余所寺庙全部成为王公宅第，300余万僧徒统统成了政府编户百姓，当兵的当兵，务农的务农。他下令放免奴婢和杂户，提高了他们的生产积极性。他还提倡节俭，经常穿布制的皇袍，盖布被，取消了皇宫中那些华丽的装饰品。并削减宫女，后宫只留皇妃等10人。

宣政元年（578年）五月，因突厥骚扰北周边境，武帝亲自率军讨伐。多年的战争使武帝积劳成疾，在行军途中不幸病倒在云阳宫。他预感到自己难以康复，便下令火速召见宗师宇文孝伯，叮嘱后事。当夜，他授宇文孝伯为司卫上大夫，统率宿卫军，负责镇守京城，以备不测。后来，武帝的病情不断恶化，六月去世，终年36岁。传位长子宇文赟。葬于孝陵，庙号高祖，谥号武帝。

第二章 风云人物

一、宗室领袖北魏相，风神吐发拓跋澄

元澄（467—520 年），原名拓跋澄，字道镇，代郡平城（今山西大同市）人，鲜卑族。北魏宗室重臣。

元澄的祖父是太武帝拓跋焘的长子——景穆太子拓跋晃，因过早逝世而未登上皇位；他的父亲是任城康王拓跋云，曾都督中外诸军事，后死于雍州刺史任上。

太和五年（481 年），14 岁的元澄因父亲的去世承袭父爵，成了一位少年王爷。当时，与他同岁的元宏恰巧当了皇帝，他经常亲切地称元澄为"任城"，并让他随自己南征北战。太和九年（485 年）十二月，漠北大草原的柔然又贸然入侵北魏边境。为了消除边境的威胁，保卫边疆，孝文帝任命元澄为使持节、都督北讨诸军进行讨伐。柔然在北魏大军威慑下，仓皇北逃，元澄取得他仕途中的第一个胜利。

元澄回朝后，朝廷对他的功劳加以奖赏，加侍中，随后转任征东大将军，并开府，任徐州刺史。由于他治理有方，不仅在当地深得民心，而且在朝廷也有了一定的声望。当时北魏的首都还在平城，它地处边陲，不是水土丰饶之地，不便控御北方而统一全国。随着人口的增加，再加上交通不便，从外地运粮很难，使得本来就很少的物质供应更显得紧张。与此同时，南方中原大地上发达的经济和高度的文明是最吸引孝文帝的，所以迁都就成了他改革成功的基础和必要前提，因而必须慎重而周全地策划迁都大事。

鲜卑的王公贵族在平城一带已盘根错节，安居立业，迁都是很难令他们接受的。由于迁都阻力很大，于是孝文帝精心设计了一个"外示南讨，意在谋迁"的计策。

太和十七年（493 年）七月，孝文帝率步骑 30 万向南进发。一路连绵阴雨，到了洛阳以后，大雨还是不停，孝文帝依然下令六军继续向南。孝文帝身着戎装，手执鞭子，御马而出。六军将士都不愿意南伐，大臣们纷纷在孝文帝马前跪下，劝谏停止南征，孝文帝不听，卜令继续南征。

安定王元休、任城王元澄等也出来一边哭泣一边劝谏。孝文帝认为时机已经成熟，可以公开提出迁都之事了，便对群臣说："今天劳师动众而没有结果，日后肯定会被后人耻笑。如果不南征，就迁都洛阳，二者选择其一，同意迁都的请站在左边，不欲迁都的请站在右边。"元澄马上站在了左边，其他人一看也纷纷站在了元澄的一边。

迁都大计定下之后，令孝文帝不放心的是在平城还有许多留守的鲜卑贵族和百官，还需要做广泛深入的说服动员工作，才能使大家接受迁都主张，顺利实现迁都大计。于是，他决定派任城王元澄回平城，让他去说服那里的官员同意迁都洛阳。

元澄宣布迁都的诏令后，果然引起了大家的恐慌。元澄便充分施展其辩才，引经据典，将迁都的道理向大家逐一说明，众人这才平静下来，并表示愿意从命迁都。事情完后，元澄担心孝文帝着急，便马上兼程回洛阳汇报。孝文帝果然等不及，已经到了滑台，在那里孝文帝听了元澄的汇报，十分高兴，说："如果没有任城，朕的事业便不会成功！"不久，元澄被任命为吏部尚书。

孝文帝将都城从平城迁到洛阳后，并又留命元澄选拔旧臣。他本着量才录用，公正合理的原则从几万名冗官繁吏中选出了一批比较优秀的官员，并按优劣程度分为三等，以便任用于新都的职官体系中。而这些旧都官吏无论是否被任用，都毫无怨言接受了安排。元澄本人也马上兼职尚书右仆射。

太和二十年（496 年），以恒州刺史穆泰为首的一大批反对迁都及汉化改革的鲜卑贵族，企图拥立喜爱平城的皇太子元恂谋反。十二月，元恂趁孝文帝游幸嵩山，企图率众归平城，事情败露后，被削为庶人。随后，穆泰在恒州谋反，推朔州刺史阳平王元颐为主，不料元颐却向朝廷报告了这个机密。此时元澄正卧病在家，孝文帝将元澄召至凝闲堂，说明了原委，并决定派他负责征讨。元澄赶忙表态，并且以生命担保一定消灭穆泰。

元澄立即动身前往雁门，听说穆泰已经掌握重兵西奔阳平后，元澄下令部队全速推进。当时右丞岳斌主张召集四肆的部队，然后再慢慢动。元澄却认为只有迅速去镇平他们，才可以安定民心。于是下令从几条道路一齐进发，打算出其不意，一举歼灭。他同时又派遣治书侍御史李焕先单车入城。突然到来的李焕向穆泰周围的人晓以祸福，劝诱投降，于是叛党离心，都站到了朝廷军队一边。穆泰见形势不妙，准备破釜沉舟，突围出城，结果被李焕擒拿。元澄也接着赶到，安抚民众，惩治参与谋叛者。将巨鹿公陆睿、安乐侯元隆等百余人都抓起来，投入了大牢。孝文帝看完元澄写来的表状之后大喜，召集公卿以下官员，让他们传阅元澄的表文，并让元澄做了正尚书。

太和二十三年（499 年）正月，南齐大将陈显达率军进攻沔北，身患重病的孝文帝仍坚决亲率大军前往迎敌。临出发前，他在清徽堂会见元澄，并下诏对他委以大事。元澄听说此言，不禁潸然泪下，他答应孝文帝要竭尽股肱之力，死而后已。四月，孝文帝病逝于行军途中。元澄接受遗诏，与彭城王元勰秘密商议，为稳定政局决定暂不发丧。一面命人奉诏召太子，一面密报留守洛阳的于烈注意消除一切不安定因素。

孝文帝驾崩时安排的辅政大臣共有六位，除了元澄等四位皇族成员外，还有汉族人士吏部尚书宋弁、尚书令王肃。王肃本来是南齐人，孝文帝太和十七年（493 年），由于其父兄都被杀害，所以从建康来投奔北魏。孝文帝见到王肃，很快便为他的才能智识所折服，大有玄德之遇到孔明的感觉。虽然元澄在他的改革活动中立有大功，但孝文帝依旧让王肃做了宰辅（尚书令），居于元澄之上。元澄对此心中非常不满，并时常对人说起。

宣武帝元恪即位的景明元年（500 年）正月，南齐豫州刺史裴叔业以寿春内附。四月，彭城王元勰与王肃带兵前去攻打，沿淮而上，逼降寿春的南齐大将陈伯水等人。王肃等人凯旋而归，不料，降兵严叔懋报告说，尚书令王肃遣孔思达私通南齐皇帝萧宝卷，试图反叛。不经调查的元澄立即将王肃以谋反之罪囚禁起来。事后查明，严叔懋是在诬告，王肃也随即被释放。首辅六人中的咸阳王元禧、北海王元详平日擅权不法，贪聚财物，此时又对元澄投井下石，弹劾他擅自囚禁宰辅。无奈之下，元澄只好辞官回家了。后来，朝廷又改授他为安西将军、雍州刺史。政局极不稳定。领军于忠、侍中崔光等建议让素有声望的元澄担任尚书令，于是，元澄在国家危难之际，再度出山担任宰辅。

孝明帝元诩即位，他的母亲胡氏在宗室诸王拥戴下临朝听政，人们称之为"灵太后"。灵太后不久便专权独断，完全以皇帝的身份处理朝政。元澄虽居宰相之职，但已无回天乏术，只能尽自己最大的努力在各个方面

进行改革。

　　首先，元澄针对宣武帝正始末年百官晋升一级，但刺史、郡守、县令却不能享受此待遇一事向灵太后提出异议。灵太后以前朝之事不准再提为由加以拒绝。元澄并不善罢甘休，再次奏明太后，作为君主应善于纳谏，有不正确的要及时纠正。随后，他奏上《皇诰宗制》及《训诂》各一卷，想让灵太后充分认识劝诫的裨益。灵太后接到这奏章让百官讨论，终因百官意见不一而没有实施这一举措。灵太后主持下的北魏政权，政局混乱，官僚腐败，贵族们竞相奢侈，太后自己又热衷于佛事，经常大兴土木，修建无数的寺庙，除了京师中的永宁寺、太上公寺之外，还在外州各造五级佛塔；又频繁举办各种斋会，赏钱动辄数万。百姓劳役沉重，国家财政吃紧，元澄对此忧心不已。于是又上奏太后，先是讲明与南朝关系，说明取外先要内强，图人先要自备的道理，强调要澄清吏治，促进经济，搞好防备，集中一切财力、物力治理国家，然后他又讲大兴土木之害，劝诫太后要积蓄财力。

　　神龟二年（519 年），朝廷的太常卿占卜说"有相死"，还有人梦到任城王元澄家墙毁垣断。不久，54 岁的元澄逝世。灵太后除了大量赐丧物之外，还特加殊礼，并亲自送元澄的灵柩到郊外，扶棺悲哭，哀恸左右，文武百官也都哀叹不已。

二、西魏掌权奠北周，东魏权臣神武帝

1. 北周的奠基者宇文泰

　　宇文泰（507—556 年），字黑獭（一作黑泰），代郡武川（今内蒙古武川西）人，鲜卑宇文部后裔，汉化鲜卑人，南北朝时期西魏杰出的军事家、改革家、统帅，西魏的实际掌权者，亦是北周政权的奠基者。

　　北魏末年六镇起义中，宇文泰随父宇文肱加入鲜于修礼的起义队伍。起义被尔朱荣镇压后，宇文泰成为其部将贺拔岳麾下。永安三年（530 年），孝庄帝杀尔朱荣，但军权仍然操在尔朱氏手中。不久，尔朱氏败灭，高欢位居丞相，并由此掌权。宇文泰从贺拔岳入定关陇，其死后代据关中。534年北魏孝武帝因为与高欢关系失和而西奔长安，投靠宇文泰。宇文泰被授为大丞相。同年十二月宇文泰杀孝武帝，立元宝炬为帝，是为西魏，都长安。

　　从此宇文泰专制西魏朝局长达 22 年，宇文泰掌权期间，对内团结各方，澄清政治，建立府兵制，以扩大兵源。形式上采取鲜卑旧八部制，立八柱国。对外立足关陇，争战东魏，蚕食南梁。奠定了其身后关陇政权一统天下及

隋唐王朝强盛的基础。

后梁大定二年（556年），宇文泰去世。后追尊为文王，庙号太祖，武成元年（559年）追尊为文帝，号其墓为成陵。宇泰死后次年，其侄宇文护迫西魏恭帝禅让，由宇文泰子宇文觉即位天王，建立北周。

2. 权臣高欢

高欢（496—547年），小字贺六浑，原籍渤海蓚县（今河北景县），出身于怀朔镇（今内蒙古固阳西南）兵户之家，东魏权臣，北齐王朝奠基人，史称北齐神武帝。

高欢祖父高谧因犯法，移居怀朔镇，成为鲜卑化汉人。

高欢早年参加杜洛周起义军，归顺葛荣，成为亲信都督。后叛降尔朱荣，并收编六镇余部，镇压青州流民起义，任第三镇酋长、晋州刺史。普泰元年（531年）六月起兵于信都，翌年攻入洛阳，推翻尔朱氏集团，拥立孝武帝元修。永熙二年（533年）正月，消灭尔朱氏残余势力，以大丞相控制北魏朝政。永熙三年（534年）十月，高欢逼走孝武帝，立元善见为帝，是为孝静帝，迁都邺城，史称东魏。高欢自居晋阳（今太原西南），遥控朝政。专擅东魏朝政16年。在与西魏连年兼并作战中，因恃众轻敌，在东西魏潼关之战、沙苑之战中败北。武定元年（543年），领兵10万至黄河北岸与西魏军作战，先于河桥上游破西魏军纵火之船，使河桥免遭烧毁。继渡黄河，据邙山（今洛阳北）为阵，迎战西魏军，先胜后败，仅率数骑遁走。武定四年（546年）十月，率军围攻西魏玉璧（今山西稷山西南），起土山，掘地道，苦攻50天，昼夜不息，在西魏大将韦孝宽固守下，终未克。遂忧愤成疾。

东魏武定五年（547年）正月，高欢病逝于晋阳家中。东魏武定八年（550年）正月，其次子高洋建立北齐，追尊高欢为献武皇帝，庙号太祖，后被改尊为神武皇帝，庙号高祖。

3. 天生对手

两魏相争的发展态势恰似楚汉相争，最开始的时候，东魏的高欢趁着宇文泰

南北朝时期铜造佛像

尚未崛起采取了强硬的攻势,宇文泰由于兵力不足只能一步步退缩。后来,西魏逐渐积蓄了实力,加上高欢的死亡,两魏逐渐形成势均力敌的掎角之势。西魏甚至有一度赶超东魏的势头,险些覆灭东魏成为一统江山的政权。

宇文泰挟天子建立政权后,高欢趁着西魏形势动荡,发兵猛攻。

双方虽说打了个势均力敌互有胜负,但是,高欢始终处在进攻的态势中,多次乘胜追击打得宇文泰割须弃袍丢盔卸甲,有几次甚至险些被东魏士兵擒获。所以,一想到高欢,宇文泰食不甘味,睡眠不良。

高欢率兵 10 万对西魏玉璧城发动猛攻,遇到宇文泰手下一员悍将韦孝宽。虽然,高欢攻势不停,但是,韦孝宽自幼熟读兵法,深知守城要诀,据守城池长达 50 余天。仗着人多势众希望能以雷霆之势摧毁玉璧的高欢根本没料到敌人会如此顽强,龟缩在弹丸小城中使自己付出了七万多士兵的代价却毫无进展,这场著名的玉璧之战最终在高欢的撤军中潦草收场。

高欢的惨败成就了韦孝宽的彪炳战功,而高欢由于无法攻克城池心中抑郁,加上积劳成疾在撤军的半路上就病死了。

高欢不明不白地死了,当这个消息传到宇文泰耳中时,宇文泰在朝堂上高兴得欢呼雀跃,接连询问了三遍:"高欢真的死了吗?高欢真的死了吗?高欢真的死了吗?"在得到士兵们三次肯定回答后,宇文泰手舞足蹈,接连拍手叫好,甚至,情绪失控到抱着前来传信的士兵又亲又啃,根本没有当朝大臣的样子。

当宇文泰放开传信的士兵后,心思稳定下来,突然乐极生悲,趴在地上号啕大哭起来,任谁都拦不住,感叹自己的命运多舛。苍天不公啊,既生宇文泰,又生了高欢处处制衡自己,身为权倾朝野的重臣居然被高欢这等人物活活压制了二十几年,如今终于解脱。

三、执政掌权十五载,鸟尽弓藏一朝亡

宇文护(513—572 年),字萨保,是北周文帝宇文泰的侄子。11 岁时,宇文护的父亲战死于军中,叔父宇文泰就带着他生活在军营之中。宇文护从小就受着这种军旅生活的磨炼,弯弓射箭,纵马疆场,养成了他刚毅果敢的性格。

宇文护 17 岁时,宇文泰就让他管理家务。他威而不怒,治家严谨,府内上上下下的人都十分敬重他。宇文泰曾称赞他说:"此儿志度类我。"

宇文泰是北周政权的缔造者，也是南北朝末年的一位乱世枭雄，能得到他的如此称赞，实为难得。

宇文泰执掌西魏政权之后，宇文护就成了他的左膀右臂，长期随他东征西讨，立下了许多汗马功劳。西魏大统初年（535年），宇文护因为征讨侯莫陈悦，破之有功，被封为水池县伯，食邑500户，加封征虏将军。后又随宇文泰擒窦泰，复弘农，破沙苑，战河桥，累功被封为镇东将军，大都督。

大统八年（542年）宇文护因战功进封车骑大将军，仪同三司。长期的征战，使宇文护逐渐成为一位难得的将才。大统十五年（549年），宇文护迁大将军，奉命出镇河东，与于谨征江陵。宇文护让大军缓缓而行，自己亲率轻骑，昼夜潜行。等他率军突然出现在江陵城下时，守兵措手不及，仓皇之中，弃城而逃。宇文护又遣2000轻骑，扼断江津，结集舟艇，以逸待劳，大破敌军。因此，他的儿子也被封为江陵公。接着，他又率军扫荡了南北朝时期势力强大的襄阳蛮向天保部，因此被拜为小司空，一跃而成为宇文泰手下第一大将。

宇文觉元年（557年），宇文泰病重，急召宇文护进见，将自己的儿子托付给他。宇文护含泪奉命。宇文泰刚死，诸子年龄都小，旁边的北齐又时时刻刻虎视眈眈，朝中上下，人心惶惶。宇文护在这个关键时刻处变不惊，一面整肃纲纪，一面抚慰众臣，于是众心乃安。把宇文泰安葬之后，宇文护又托言天命所归，派人劝说西魏帝禅位于宇文泰的儿子宇文觉。西魏帝惧怕宇文护的权势，只得下野，交出玉玺。宇文觉登位，是为孝闵帝，改国号北周。至此，宇文护终于完成了其叔父宇文泰的遗志，同时集大权于一身。先时，宇文泰常说：“我得胡力。”当时人们都不能理解。此时，人们才知道：“胡”乃“护”也。

宇文护虽以军功起家，但他绝非有勇无谋的一介武夫。孝闵帝上台后，封他为大司马，晋国公，食邑一万户。从此，宇文护大权独揽，在掌权的15年里，内防暗算，外御强敌，始终牢牢地控制住了局面，显示了非凡的政治才能和应付复杂局面的能力。

孝闵帝初立，内忧外患，人心思动，赵贵、独孤信等一批原西魏元老重臣想乘机谋反。在他们看来，宇文护握有重兵，是他们作乱的最大障碍，就想先除去宇文护。谁知，宇文护早已洞察了他们的阴谋，乘他们入朝进见之机，执而杀之，尔后又果断地诛其爪牙，有效地控制了局面，确保了北周政权的稳定。宇文护也因此被拜为大冢宰。

朝中大臣司会李植、军司马孙恒等，都是宇文泰手下的重臣，久居权要。他们看到宇文护独揽大权，心里甚为不满。于是他们阴谋联络孝闵帝身边的近臣乙弗凤、张光洛、贺拔提、元进等人，力图除掉宇文护。他们在孝闵帝面前进言道："宇文护自从杀了赵贵等人以来，威权日盛。文武百官，争往附之，大大小小的政事，都由他来断决。以臣观之，恐怕他将来会不守臣节。应该尽早想办法除去他，免得他犯上作乱。"孝闵帝是一个疑心很重的人，听他们这么说，暗生除护之心。孝闵帝和乙弗凤密谋，准备乘宇文护朝见之时，将他杀死。不想风声走漏，宇文护只得先下手为强，他召集文武大臣，将乙弗凤等人的阴谋公之于众，率兵进宫，杀了乙弗凤等人，又诛李植、孙恒等，后来又杀了孝闵帝，立宇文毓为帝。

宇文毓天性聪睿，有胆识，时刻想着从宇文护手中夺回朝权。宇文护对他也深有忌惮。于是，宇文护就命他的心腹、掌管膳部的李安在皇帝的饮食中加进毒药，将宇文毓毒死，另立宇文邕为帝，是为周武帝。周武帝降诏曰："大冢宰晋国公，智周万物，道济天下，所以克成我帝业，安养我苍生。自今诏诰及百司文书，并不得称公名，以彰殊礼。"宇文护上表坚辞不受。但由此他还是进一步巩固了自己的地位，成为北周政权实际上的统治者。

宇文护生性宽厚，能识大体，也极富政治头脑。然而他久居权力中心，难免树敌不少。加上他的手下和他的儿子也都身居高位，一个个皆恃宇文护的势力，飞扬跋扈，引得百姓怨言四起。武帝年龄渐长之后，也对宇文护长期把持朝政心有不满。但他表面仍然十分敬重宇文护，见面不行君臣之礼，只行家人礼。暗地里却大力栽培自己的势力，等待时机。宇文护对此却毫无觉察。

天和七年（572 年）三月十八日，武帝佯招宇文护进宫赐饮，等宇文护毫无戒备进宫之后，武帝令左右乱刀将其砍死。又命宇文护的儿子、亲信逐次入宫，于殿中杀之。其后才宣布宇文护杀戮二帝、恃功欺君、把持朝政等诸罪状。宇文护被诛，正应了"飞鸟尽、良弓藏，狡兔死，走狗烹"的古训。

四、两度临朝沉河死，高贵皇后下贱娼

1. 灵皇后

灵太后（？—528 年），胡氏，名失考（《北史演义》称胡仙真，一说名胡承华），安定临泾（甘肃镇原）人。司徒胡国珍的长女，母亲是秦太

上君皇甫氏。北魏宣武帝元恪的妃子，北魏孝明帝元诩的生母。

胡氏的姑姑做尼姑，很能讲解佛理。宣武帝在位初年，胡氏的姑姑进入宫廷讲授。过了几年，她暗示左右的人称说胡氏的容貌德行，宣武帝听说后，就召进后宫做承华世妇。当时的北魏政权，奉行"子贵母死"制度，儿子立为太子，母亲就要处死。而在宫廷之中，妃嫔们相互祈求祝祷，都希望生诸王、公主，不希望生太子。仅胡氏常对夫人等说："天子怎可独独没有儿子，为什么畏惧自己的死而使皇家不养育嫡长子呢？"等到胡氏怀上身孕，与她同列的妃嫔们还因旧例为她恐惧，劝她想办法打掉。胡氏拿定主意不动摇，半夜一个人发誓说："但愿所怀的是男孩，按次序将成为长子，儿子生下我被处死，我也在所不辞。"永平三年（510年）三月十四日，胡氏宣光殿生下皇子元诩，被升为充华。在这之前，宣武帝频繁地夭折皇子，自认为年纪已大，恐难以再育皇子，所以对元诩特别加以谨慎照料。为元诩选乳母保姆，都选取良家善养男孩的妇女，抚养在另外的宫室中，胡氏和其他嫔妃都不能抚育看护。延昌元年（512年）十月十八日，元诩被立为皇太子。胡氏多亏朝中大臣刘腾、于忠、崔光等从中相助，不但没有遵照旧制将她赐死，反而晋封为贵嫔。

延昌四年（515年），宣武帝驾崩，由其子元诩继位，是为孝明帝。孝明帝继位时年仅6岁，尊宣武帝皇后高氏为皇太后，尊胡氏为皇太妃。不久，元氏宗室诸王在任城王元澄的策划下，谋杀了权臣高肇，逼皇太后高氏到瑶光寺出家为尼，尊胡氏为皇太后，临朝听政。大臣还称她为殿下，下令处理事务。后来改令称为诏，群臣上奏疏称陛下，她自称为朕。胡太后因孝明帝幼小，不能亲自祭祀，想依照《周礼》中夫人与君主交相奉献的义理，代孝明帝进行祭礼，寻访过去的样板。门下省召集礼官、博士商议，认为不可以。而胡太后想用缯帛遮住自己，观看三公料理事情，再询问侍中崔光，崔光就依据东汉太后邓绥进献祭品的旧例赞同，胡太后大喜，于是代行最初的祭祀。

胡太后禀性聪颖有悟性，多才多艺。姑姑做尼姑，胡太后幼年依托她，粗略得知佛经大义。她亲自处理纷繁事务，亲笔批阅公文。胡太后又在朝堂亲自策试孝廉秀才、州郡上计簿的官吏。胡太后和孝明帝前往华林园，在都亭水流拐弯处宴请群臣，命令王公以下各赋一首七言诗。胡太后的诗句说："天地造化含气贞。"孝明帝的诗句说："无为而治赖母明。"王公以下赐予布帛多少不等。

神龟元年（518年），胡太后的父亲胡国珍去世，百官上奏胡太后请因公除去丧服，胡太后不准许。不久前往永宁寺，亲自在九级台基上建佛塔，僧尼男女赶去的有几万人。到改葬文昭皇后时，胡太后不想让孝明帝主持此事，就亲自做丧事主持人，出城到终宁陵，亲自祭奠安排事务，回来后在太极殿哭祭，直到事情结束，都是自己主管。

胡太后临朝听政之初，颇有一番作为。她每日临朝批阅朝臣奏章，对重大案件亲自决断，亲自考核地方官员，一时之间，朝纲肃整，百官膺伏。然胡太后一旦拥有不受约束的最大权力，其天性中追求奢靡的阴暗面很快就暴露无遗。胡太后大肆崇佛，深信佛法能减轻罪孽。临朝后，她佛事日炽，耗资巨万广建寺院，开凿石窟，其建筑规模之宏大，实属历代之最。如在洛阳龙门山、伊阙山建造石窟寺，前后用工达 80 多万个。当时，全国庙院激增至 3 万余所，僧尼多达 200 余万人。仅洛阳一地，寺院竟有 1367 所，自佛法传入中原，塔庙之盛，未之有也。鉴于崇佛造成大量社会财富流失，大臣李崇、张普惠等人多次上疏谏净，然胡太后固执如常。

胡太后又极爱饮宴游乐，高兴之余，常常赏赐亲信大量财物。一次，她驾幸嵩上山，随从多达数百人，为了取乐，传令手下大开府库，命王公、嫔妃、公主们随意攫取，结果，大量绢帛散入私家。胡太后豪奢无度，流风所及，达官贵人竞奢夸富。高阳王元雍有男仆 6000 人，妓女 500 个，一餐饭花费数万钱。河间王元琛与元雍比富，用银槽喂马，用西域所产玛瑙碗、水晶盅、赤玉壶宴饮宾客。章武王元融看见气恼不堪，卧床 300 日不能起。

南朝贵族女子出行图画像砖

胡太后也是中国历史上著名的荒淫女主，死后追谥为"灵"，故史书上又称为"灵太后"，在她当政期间，北魏国力迅速衰退。

北魏名将杨大眼，虎背熊腰，孔武有力，眼睛大如铜铃，炯炯有神，摄人魂魄，南征北战，立下了汗马功劳。他的儿子杨白花，容貌身材长得和他父亲一模一样，丰仪俊朗，力能举鼎，英武过人。灵太后当时已是半老徐娘了，养尊处优的生活使她的心灵时常感到空虚落寞，于是把杨白花当作心目中的白马王子，经常把他召至宫中，备致优渥之意。作为臣子，杨白花不敢反抗，只好拜倒在灵太后的石榴裙下，做了她的男宠。但他也是一个有本领的人，并不想任凭灵太后摆布，他担心自己总有一天会大祸临头。于是，就大胆率领部下逃出了洛阳，投奔南朝梁国。他走后，灵太后思念不已，但又不便明目张胆地声张，只好把所有的思念都藏在心里。她谱成一曲《杨白花歌》，以暮春时节的杨花飘荡难觅踪迹，来抒发内心的怀想和期盼，并让人连夜唱熟。由此可见，灵太后对杨白花还是有感情的。

愈是思念，灵太后的情欲反而更为炽烈，一个人寂寞难耐，她很快又看中了魁梧伟岸的清河王拓跋怿，于是授以重位，日夜召进宫中，名为商议国事，实乃饮酒作乐。清河王虽然极力规避，但最终也在一次酒醉后做了入幕之宾。

任城王拓跋澄的儿子拓跋顺，原为齐州刺史，灵太后任他为侍中，倚他为心腹。拓跋顺是一个完全汉化了的鲜卑贵族，基于汉人礼法，不满于灵太后的行为，当廷进言："妇人夫殁，自称未亡人，首去珠玉，衣不文采。太后母仪天下，年垂不惑，修饰过甚，何以仪型后世？"灵太后大为愤怒，也大出意外，拂袖还宫，再召拓跋顺进宫责问："千里相征，岂欲众中见辱耶？"意思是我把你从齐州召还京师担任要职，怎么当廷口没遮拦，使我下不了台面呢？拓跋顺却义正词严地答道："太后不畏天下之笑，而耻臣之一言乎？"

当时胡太后得其所欲，逼迫孝明帝的叔叔清河王元怿与她同房，淫乱纵情，为天下人所厌恶。正光元年（520年）七月初四，领军元叉、长秋卿刘腾等人奉迎孝明帝到显阳殿，把胡太后软禁在北宫，在宫中杀死元怿。随后胡太后的侄儿都统胡僧敬和在身边保卫的张车渠等几十人，谋划杀死元叉，再拥戴胡太后临朝听政，事情没能成功，胡僧敬因此事获罪流放边境，张车渠等人被杀，胡氏宗族人员多被免职。后来孝明帝在西林园朝见胡太后，宴请文武侍臣，饮酒到天黑。元叉于是起身到胡太后面前，自述外面传言胡太后想谋害自己和刘腾。胡太后回答说："没有这种话。"于是到了很晚的时候，胡太后就起身拉着孝明帝的手走下殿堂，说："母子不相聚已经很久，今晚共住一宿，各位大臣送我进去。"

胡太后和孝明帝走进东北小阁，左卫将军奚康生谋划要杀死元叉，没能成功。

刘腾、元叉幽禁胡太后之后，把持北魏朝政。朝廷生杀大权，皆取决于刘腾、元叉，他们养婢蓄妓，逼民为奴，卖官买官，百姓对此怨声载道。

正光四年（523年）二月，刘腾去世。刘腾死后，元叉对胡太后的防范松懈。胡太后和孝明帝以及高阳王元雍定下计策，解除元叉的领军职务。胡太后又再度临朝听政，大赦天下，改元孝昌。从此朝政荒废，威信恩德不能树立，天下的州牧郡守，处处贪婪。胡太后宠臣郑俨在宫廷淫乱，权势遍布天下；李神轨、徐纥都被亲近侍奉。一二年之间，位居宫禁要职，手中握着王爵，大小事出自心中，淫乱传遍朝廷，为四方的人所厌恶鄙视。文武官员人心涣散，各地叛逆作乱，国家的土崩瓦解，源起于此。胡僧敬又利用聚集亲属的机会，哭泣规劝说："陛下为海内母亲的仪表，哪应如此轻佻呢？"胡太后大怒，从此不再召见胡僧敬。

胡太后再度临朝后，自以为行为不检点，畏惧被宗室所憎恨，于是在宫内培植党羽，掩人耳目，凡是孝明帝所亲近宠爱之人，胡太后多借故谋害。有位蜜多道人。能说胡人语言，孝明帝把他安置在身边。胡太后担心他传递消息，三月初三在城南的大巷中杀了他。正要悬赏募取杀人犯，胡太后又在宫中杀死领左右、鸿胪少卿谷会、绍达，都是孝明帝所亲近的人。母子之间，猜疑屡次发生。郑俨担心祸患，就和胡太后定计，利用孝明帝妃子潘充华所生之女元氏（史称元姑娘），让胡太后诈称是男孩，立她为皇帝。

此时，北魏孝明帝元诩逐渐年长知事，深感胡太后所为势必将王朝带上毁灭之路，因而决心自己执掌国政。但胡太后却继续宠用私党，常借故诛杀孝明帝的近臣。528年，孝明帝的潘嫔生了一个女儿，胡太后却对外宣称生了一个皇子，并大赦天下，以示庆祝。武泰元年（528年），孝明帝忍无可忍，乃发密诏命镇守晋阳的大将尔朱荣，率兵南下进兵洛阳，以胁迫胡太后交权。不料消息泄露，二月二十五日，胡太后竟与亲信将孝明帝毒死，先向天下宣布由之前潘嫔诞下的"皇子"继位，又由于被人识破，又向天下宣布由年仅三岁的临洮王之子元钊继位。消息传出，天下震惊，朝野愤慨。

大将尔朱荣因此上表指责胡太后，以匡辅朝廷之名，自晋阳（今山西太原）起兵南下，直奔都城洛阳，四月兵至河阴（今河南孟津东北），拥立孝文帝之侄元子攸为帝，即孝庄帝，改元建义。这个尔朱荣其实别有用心，借拥立之功，大权独揽，把无数宗室诸王与公卿大臣杀害，铲除异己。胡氏看到大事不妙，尔朱荣的军队渡过黄河，来势汹汹，朝中已经没人与她站到一起。无奈之中只能落发为尼，想借此空门苟延残生，还命后宫嫔妃尽入道观，来陪着她。四月十三日，尔朱荣派遣骑兵拘捕押送胡太后以及幼主到河阴。胡太后对尔朱荣多方辩解自己的行为，尔朱荣拂袖起身。最终，胡太后和幼主都被沉入黄河。胡太后的妹妹冯翊君胡氏将她收殓埋葬在双灵佛寺（一作双灵寺）。孝武帝（一作出帝）元修在位时，才以皇后的礼仪安葬了胡太后，并追加谥号为"灵皇后"。

胡氏第一次临政还能有效治理国家，而二次临政，信任奸佞，贪图享乐，把一个北魏政权彻底葬送，自己也丢了性命，在历史上扮演了一个极不光彩的角色，令人深思。

2. 胡太后

北齐武成帝高湛的皇后胡氏是历史上最特殊的女人，做过最高贵的皇后，也做过最下贱的娼妓。也许别人都会以为这两种身份一个天上，一个地下；一个尊贵，一个低贱，会是两种截然不同的生活处境。但是，她却口出惊人之言："为后不如为娼，更有乐趣。"她的话让无数的正人君子痛心疾首，指为"淫妇之首"。

胡太后（生卒年不详），出身高贵，她的父亲胡延之曾任北魏的尚书令，她的母亲出身范阳卢氏，范阳卢氏是当时北方著名的高门士族。出生在这样的家庭，胡氏自幼受到了良好的教育，具有大家闺秀的风范。

她十几岁时就已美貌无比，名声远扬，顺理成章地成了北齐长广王高湛的王妃，开始了极品富贵的生活。天保七年（556年）五月，胡氏在痛苦的挣扎之后，生下了第一个儿子高纬。没过几年，天上掉馅饼，长广王高湛成了北齐皇帝，长广王妃胡氏成了北齐皇后。

高湛继承帝位后，胡氏以长广王妃册立为皇后。高湛逼奸了嫂嫂李祖娥，常常宿在昭信宫。胡皇后也不耐宫闱寂寞，同高湛的亲信随从、给事和士开勾搭上了。和士开唇红齿白，翩翩有风度，又弹得一手好琵琶。高湛知道后，非但不责怪他，还有意成全他们。和士开善使一把铁槊，胡皇

后说她也想学篥，高湛便命和士开教她。胡皇后与和士开眉来眼去，乘机调情，两双手摸来捏去，高湛只顾饮酒作乐，视而不见。

胡氏的情人和士开，那可是北齐王朝大名鼎鼎的人物。他是两代皇帝的宠臣，即使他秽乱宫闱，万人注目，两代北齐皇帝依然安之若素，对他信任有加，在伴君如伴虎的北齐宫廷里，他游刃有余，大权独揽，创造了后人难以理解的奇迹。

和士开是一个对政治极为热衷的人，很受高湛宠幸，再加上胡氏的宠爱，他在外朝内廷都极有势力。但是老谋深算的和士开并不满足于此，他想尽快靠拢太子高纬，为将来留一条退路。于是他劝高湛及时行乐，把皇位禅让给太子高纬，将国事委托大臣，自己当个有权不干事的太上皇。高湛言听计从，当真安排了"禅让大典"，禅位于 10 岁的儿子高纬。三年后，高湛因酒色过度而亡，年仅 32 岁。胡皇后被尊为皇太后。高湛临终之际，向和士开托孤。从此，他大权独揽。

高湛死后，胡太后与和士开的关系正式公开化，许多大臣不满，上奏和士开，而高纬年少昏庸，怕得罪太后，也不敢怎样。而和士开则排除异己，日益权重，封淮阳王。一班趋炎附势的大臣纷纷向他献媚，一时间，胡太后的姘头成了北齐王朝的大红人。

然而高纬的弟弟、琅邪王高俨却是个敢作敢为的人。他知道胡太后的妹夫冯子琮与和士开不合，便与其谋划，在深夜埋伏士兵于神兽门外，次日和士开上朝时将其抓获，并派心腹杀死了他。胡太后知道后又悲又气，然而高俨拥兵 3000，屯于千秋门外，连皇帝也不敢把他怎么样。但这件事以后，高纬认识到高俨的能力，十分不安，便秘密地谋划将其杀害了。

和士开死后，胡氏生命里出现了一个很大的空当。因为惧怕高纬迁怒，朝臣里没有人敢靠近胡氏，她难免觉得寂寥。有一天，她出宫散心，结识了寺庙里的和尚昙献，两人经常在禅房私会。胡氏对昙献极其大方，不但把国库里的金银珠宝多搬入寺院，还将高湛的龙床也搬入禅房。最后，为了掩人耳目，胡氏索性以讲经说法的名义召百名僧人进宫，昙献当然也在这百名僧人之列。二人的关系宫里的人早已看出端倪，甚至有人遥指太后，称昙献为太上皇。

世上没有不透风的墙，这话最终传到了高纬耳朵里，但他并没有太往心里去。直到某一天，高纬入宫向母亲请安，见母亲身边站着两名新来的女尼，生得眉清目秀，姿色十分美艳，不觉垂涎万分。当夜，命人悄悄宣召这两名女尼，逼其侍寝，可是两名女尼抵死不从。高纬大怒，命宫人强行脱下两人的衣服，一看，原来是两名男扮女装的少年僧侣，是昙献手下的小和尚，生得十分漂亮，被胡太后看中，带回宫中淫乐。胡太后怕高纬知道，才让他们乔扮女尼入宫。高纬又惊又怒，一下子明白了母亲的秽行，第二天就下令将昙献和两名小僧斩首，将太后迁居北宫，幽闭起来，同时颁下诏书，没有他的允许，谁也不能同太后见面。从此，胡氏便在寂寂深宫，当起了锦衣的囚徒。

胡氏本以为自己会这样终老而死，没想到，有一天，有使者求见。胡皇后见惯了高姓皇族杀人如麻的手段，以为自己的亲生儿子要对自己下手了。结果，使者进得门来，只是承皇帝的旨意，要把她接回去。原来是皇帝终究念在母子情深的分上，赦免了母亲。虽然如此，胡后对儿子的疑虑仍然没有打消。胡氏如此，后主高纬对他的母亲，也是时刻提防着。每次去胡后那里，宴会上的食物，高纬都不敢尝——怕她毒害自己。

这母了二人，时刻保持着客气而又相互防范的距离，谁也不肯主动向对方靠近一步。

高纬即位时，腐朽的北齐政权已经风雨飘摇，他自己仍然荒淫无道，自称"无愁天子"，结果，在继位12年后，即北齐承光元年（577年），北周大军压境，高纬慌忙将皇位传于自己8岁的儿子高恒，然后带着高恒等十余人骑马准备投降南方的陈朝，途中被俘。北齐政权轰然倒塌。

胡氏一行人被俘至长安以后，周主为了彰显自己的仁德，并没有马上对高氏的残余下手。但是，养痈遗患这个道理，谁都知道。所以，9个月后，高纬与儿子高恒一起被辣椒塞口而死，终年仅23岁。其他高姓男子也多以谋反罪被诛，女人们有的被赏赐给王公贵族做妻妾、做奴仆，有的被放出宫去。对于那些养在深闺、肩不能担、手不能提的女人们来说，自由就是死亡的同义语。据说，被释放出宫的那些北齐女眷们，有一部分流落到益州，也就是现在的四川，靠卖"取灯"为生。所谓取灯，就是将木头削成小木片，然后，将硫黄涂在木片顶端，摩擦生火。其形制，类似于现在的火柴。

胡氏，这个前朝的太后，也在被遣之列。她不想去卖取灯，她想起了女人最原始的资本。当时胡氏不过40余岁,风韵犹存。就算自己不行，还有自己的儿媳妇，高纬的正妻，不过20余岁，正是风华正茂的后主皇后穆黄花。于是，在北周首都长安城最繁华的大街上，一座青楼拔地而起。昔日两位皇后成为妓女，自然不缺恩客。好奇心，窥视欲，还有别的说不清、道不明的情愫，让长安男人们竞相前往。生意兴隆之际，胡氏兴奋地对穆黄花说："为后不如为娼，更有乐趣。"正是这句话让她不得翻身。

胡太后死于隋朝开皇年间（581—600年），她的后半生一直在做妓女，而且做得十分惬意，甚至当年做皇后都没有这般舒心。胡氏怎么死的，无迹可寻。有一种说法是她在无日无夜的狂欢中，髓竭而死。也有人说，人老珠黄之后，门前冷落，车马稀少，没了男人，她抑郁而终。在正史中，胡氏则得到了善终。

第三章 文化科技

一、足迹踏遍中华地，详标细点注《水经》

《水经注》是我国古代一部地理名著。

我国地理学的发展，历史悠久。战国秦汉以来，由于生产的发展，政治上的趋向统一，交通的发达和各地经济联系的加强，地理知识大大扩展，于是产生了像《尚书·禹贡》及《汉书·地理志》这样一些重要的地理著作。它们或以名山大川作为自然区划来描述祖国的地理概貌，或以疆域政区为纲来叙述祖国各地的地理情况，形成各种体制和风格。

大约在三国的时候，我国又出现了一部以全国水道为纲的地理著作——《水经》。关于《水经》的作者，旧说是汉朝桑饮，但据清朝学者的考证，认为这部书不是西汉桑饮作的，大概是三国时候的人写的。

《水经》这部书共记述了河道137条，并简明地叙述了河道经过的郡县、都会的名称，但《水经》内容过于简单，随着社会经济的发展，需要一部新的地理学著作，能比较全面、系统地反映历史上河道的变迁、地名的更换、城市的兴亡等，让当时和后代都能清楚了解，便于应用，于是一些人开始为《水经》做注。从晋朝以来，为《水经》作注的有两家：一是晋朝郭璞注3卷，已失传；一是北魏郦道元的《水经注》40卷，一直流传到现在。

郦道元（？—572年），字善长，范阳涿鹿（今河北涿州市）人，是我国南北朝时期的著名地理学家。他少年时代，曾随父亲郦范宦游山东，经常和朋友们一道访求名胜古迹，初步培养了"访读搜集"的兴趣。以后他历任河南、冀州鲁阳郡等地的地方官吏。由于职务关系，他的足迹遍于今山东、河北、山西、河南、陕西、内蒙古、江苏、安徽、湖北等地。这就为他亲自了解祖国各地的情况，特别是北部中国的情况，提供了方便，为

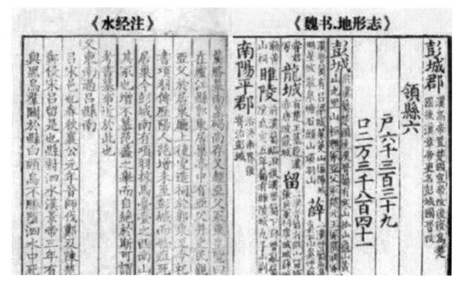

《水经注》书影

他写《水经注》奠定了基础。

郦道元十分热爱祖国的山川河流、一草一木，也十分关心我们中华民族的先辈在这块土地上的一切建树。他读过许多古代的地理书籍，如《山海经》《禹贡》《周礼·职方》《汉书·地理志》以及描述名都的辞赋、记载河道的《水经》等。

《水经注》以全国水道为纲，把我国辽阔疆域内的山川河流一一加以介绍；同时还描绘了各地的风土人情、历史古迹；记述了各地的地形矿藏、农田水利设施；考订了城镇的兴废沿革、河道的变迁、名称的改易等。对古书记载有歧义的地方，也加上自己的按语结论。他涉猎的书籍非常广泛。仅注中所引的就有400多种。他还摘录了不少魏时期的碑刻，这些古籍碑刻大都已经失传，幸赖《水经注》才得以保存下来一部分。此外，他还亲自跋山涉水，追溯源流，寻访古迹，因此在这部书里有许多生动具体、绘声绘色的描写和一些十分难得的第一手资料。例如：他游渭水兹泉时，访问过姜太公的居室和垂钓的地方；在鲍邱水条下记了刘靖开渠引水工程；在易水条下记了燕下都的地址；在谷水条中记了东汉太学的旧址，等等。凡是他亲自涉历过的地方，都记得格外详细生动。

《水经注》不仅是一部严密的科学著作，而且在文学上也很有地位，它以生动细腻的笔墨，形象地描绘了祖国的壮丽山川，对以后苏东坡、柳宗元、李白等人的游记诗文都产生了影响。

《水经注》的重大成就，使后代许多学者对它进行专门的研究，甚至形成了专门的学问——"郦学"。

二、农学体系贾氏建，《齐民要术》称百科

贾思勰生活于5世纪末到6世纪中叶，曾任过北魏高阳（今山东青州）太守。由于文献记载缺乏，他的经历已无法查考。他所著的著名农书《齐民要术》，是中国农学史上一部经典著作，是中国现存的最早的、最完整的大型农业百科全书。该书是他"采捃经传，爰及歌谣，询之老成，验之行事"而写成。全书计10卷，92篇，引述文献达160多种，同时收集有农谚，并包含有贾思勰调查访问所得和亲身实践的经验。该书系统地总结了秦汉以来我国黄河流域的农业科学技术知识，其取材布局，为后世的农学著作提供了可以遵循的依据。

在《齐民要术》中，贾思勰建立了较为完整的农学体系，对以实用为特点的农学类目作出了合理的划分。从开荒到耕种，从生产前的准备到生产后的农产品加工、酿造与利用，从种植业、林业到畜禽饲养业、水产养殖业，论述全面，条理清晰。这一农学体系，为后人编纂农书延续。

贾思勰生活和活动在中国北方，因此《齐民要术》中反映的主要是北方干旱地区的农业技术。

从农业典籍和生产经验的搜集、整理和研究中，贾思勰认识到，气候有一年四季的变化，土壤有温、寒、燥、湿、肥、瘠之分，农作物的生活和生长既有其自身的规律，又因时因地而各有所宜，要获得农业生产的好收成，就必须了解农作物的生活规律和所需的生活条件，顺应其生长的要求。他继承中国农学注重天时、地利和人力三要素的思想，特别强调"顺天时，量地利，则用力少而成功多。任情返道，劳而无获"（《种谷第二》）。但是，他并没有要人

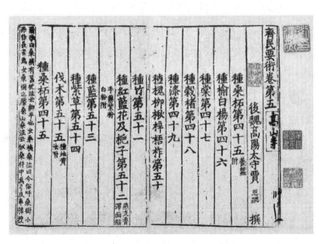

《齐民要术》书影

们仅仅被动地去顺应天时、地利，他对人力的作用非常重视，要人们在掌握天时与农作物生长关系的同时，能动地利用"地利"，以求取更好的收成。在《齐民要术》的各篇中，他都着意介绍和评述如何合理利用人力、物力，搞好经营管理。这种把天时、地利、人力有机地结合起来，强调因时制宜，因地制宜，精耕细作，合理经营的思想，对后世农业生产有着极其深刻的影响。

《齐民要术》的记述非常丰富，其中有关于各种土壤的经营方法，旱地保墒技术，选种，种子处理（拌种、晒种等），保持和提高地力等。书中关于水稻的催芽技术的记载，是中国农学史上的最早记录。

《齐民要术》中还反映了中国古代丰富的生物学知识。当时人们已使用扦插——无性繁殖的嫁接法，例如说用棠树（即杜梨）做砧木，用梨树苗作接穗，梨结果大而细密。在嫁接时注意到接穗要选择向阳的枝条，说明对光在植物生长中的作用已有所认识。强调嫁接时木质部与木质部，韧皮部与韧皮部要密切接合，说明对植物的生长特性有较深的了解。对马、驴杂交所生出的骡的生物优势和禽畜去势催肥等认识亦较以前深入。在开垦树林荒地时，书中总结了树木的环刈法，把树木韧皮部割去一环，阻止树液通过，使树木枯死，然后放火烧，可以连根去掉，这对开垦荒地是很有用处的。我国在农产品加工方面，利用微生物发酵来加工豆类、酿酒和制奶酪等有着悠久的历史，到南北朝时，人们已能较熟练地掌握微生物发酵技术。《齐民要术》中记载了丰富的微生物学内容，并用之加工多种食物，有些还上升到比较系统的规律性认识。

北朝时期，大量的游牧民族进入内地，使中原地区的畜牧业得到发展。《齐民要术》既总结了历代的家畜饲养经验，也吸收了北方各民族的畜牧经验。书中有根据动物形态鉴别品种优劣的知识，并介绍了饲养牲畜的各项措施，提出了要依据各种动物的生长特性，适其天性，进行管理。《齐民要术》对于种畜的培育非常重视，记述了留取优良品种，注意孕期环境，繁殖仔畜的方法等等。如羊要选腊月、正月生的羊羔留种最好，母鸡要选择形体小、毛色浅、脚细短、生蛋多、守窝的。书中还收集了兽医药方48种，内容包括外科、传染病、寄生虫病和普通病等，这是我国现存最早的有关兽医药学的记载。

三、云冈龙门两石窟，雕刻艺术放光辉

北朝雕刻艺术是我国古代艺术宝库中的明珠，云冈和龙门石窟造像代

表了它的最高成就。

1. 云冈石窟

现在山西大同市西 30 里，有一座武周山，山南断崖峭壁，东西绵亘着一个两里长的石窟群。这就是驰名世界的云冈石窟。大同市过去是北魏都城平城的所在地，在北魏迁都洛阳之前，是当时我国佛教的一大中心。

云冈石窟保留到现在的洞窟有 40 多个，其中较大的 20 多个。在现在的编号中，从第 16 窟到第 20 窟，开凿得最早，称为"昙曜五窟"，是由一个叫昙曜的和尚主持开凿而得名的。开凿工程开始于魏太武帝的儿子文成帝，数以万计的各族人民和雕刻家参加了劳动，文成帝以后，还继续开凿了 40 多年。

"昙曜五窟"在石窟群的西头，每一窟都有一尊大佛，有的站立，有的盘坐，气象庄严雄伟。现在第 20 窟的顶和前壁都已倾圮，只剩下一尊"露天大佛"，鼻高、唇薄、目长、耳大垂肩，不像佛经里描写的佛像，也不像汉族人的样子。历史书上说，昙曜建造佛像，为的是替魏道武帝以下的皇帝求"冥福"，这些大佛，大概就是经过艺术加工的北魏初诸帝的形象。

石窟内部壁上和门楣之间，雕镂着大大小小的佛像、菩萨像、供养人像，大的两三尺，小的不过 1 寸；有 7 个佛像并列的叫作"七佛"（释迦和他前世诸身的六佛），有 1000 个佛像分成整齐的行列的叫作"千体佛"（千体表示释迦的无数化身）。此外，还有伎乐，有飞天（又叫作天

云冈石窟壁画

人），有奇禽怪兽，有名花异草。有的石像沉思默想，有的俯仰顾盼，一颦一笑，都富于内心的表情。第 8 窟中有一个口衔小珠的猛禽，半蹲半立，爪趾雄健，形状有点像孔雀，佛经中叫作"那罗延天"，是古代印度人想象中的灵异。

石窟群中最大的一窟是现在编号的第六窟，开凿在魏孝文帝时。洞口有一座四层的大楼阁，洞内从地面到顶高 20 米，中间矗立一个大方塔柱。塔柱的主要部分刻了佛像。佛像的长裳下部翻转飘扬。"昙曜五窟"中佛像的服装紧紧地贴着躯体，和这种宽缓的形象不同。这是鲜卑人进一步汉化的反映。第六窟又是云冈石窟中最壮丽的一个，窟内有 17 幅表现佛经故事的浮雕，人物动态和人物与背景的关系明显地表现了借鉴外国之后的汉族传统艺术的风格。现在编号的第 5 窟中，有一尊大佛是云冈石佛中最大的，高约 18 米，脚长大约 4.6 米，中指长约 2.5 米。第五、第六两窟，据说是孝文帝为了纪念他的父母而建造的。

云冈石窟的雕刻，虚构了一幅封建统治的和谐图。大佛像高大雄伟，象征着皇帝，其他石像各按品级一个比一个低，环绕着大佛，仿佛为了大佛的存在而存在。自然界的山和水，动物和植物，人世的苦乐悲欢，都一一被理想化了。担负着沉重苦役的"侏儒"（短小、壮健的一种造像），也那么洋溢着欢乐。统治者借助于美妙的宗教艺术，引诱人们忘记现实世界中的苦难，顺从皇帝的意旨，起着"潜移默化"的麻醉作用。这正是北魏在完成了"武功"之后维护其统治的需要。

2. 龙门石窟

魏孝文帝迁都洛阳，佛教的中心随着南迁，石窟的建造也从武周山移到了洛阳的伊阙。

伊阙在洛阳南面 25 里，伊水自南而北，两岸山崖峭立。西岸是龙门山，东岸是香山。北魏开凿的石窟寺都在龙门山，最著名的是古阳洞和宾阳洞。

古阳洞是在 495 年开凿的，洞北壁上现在还留下一幅北魏贵族穆亮在这一年写刻的铭记。498 年，比丘（募化僧）慧成正式营建古阳洞石窟，造了一尊石佛，为他的父亲求福。洞内布满了许多佛龛，佛龛旁边镌刻着铭记，记录了造像人的姓名和建造的年月与动机。这些铭记是佛教史的重要资料。它的书法为前人所重视，有一部分编成《龙门二十品》，作为学习书法的范本。另一个由一组石窟组成的宾阳洞，500 年开始建造，继续了 20 多年。它布局的完整，规模的宏大，雕像的精美，在北魏首屈一指。历史记载说，这个洞窟的开凿，费了 80 多万人工。劳动者的血汗，凝成了这些艺术珍品。

走近宾阳洞口，便看见一座方坛，坛上有一尊佛像，佛像的两旁有两个罗汉和两个菩萨像。五尊雕像构成一组，成为整个洞窟的中心。佛像的面容清癯，含着亲切近人的微笑。洞壁上布满了浮雕和装饰。浮雕有四层，上层是维摩、文殊对问图，中层

龙门石窟雕像

是佛前生的故事，下层是帝后礼佛图，最下一层刻着凤、龙、河、树等10个神像。浮雕的明净、柔和与佛像的庄严、厚重构成了奇异的和谐。

石窟艺术随佛教传播来到中国，经过了一二百年的时间，在北魏末年达到了成熟的阶段。石窟艺术的光辉成就，是我国各族艺术家和劳动人民高度的艺术才能和智慧的反映。

四、叙事诗篇《木兰诗》，优美牧曲《敕勒歌》

北朝民歌是指南北朝时期北方文人所创作的作品，其内容丰富，语言质朴，风格粗犷豪迈，主要收录在《乐府诗集》中，今存60多首。其代表作《木兰诗》《敕勒歌》等。

1.《木兰诗》

《木兰诗》是北朝长篇叙事民歌，收集在乐府诗集"梁鼓角横吹曲"里，是北朝民歌中最杰出的作品。《木兰辞》记述了木兰女扮男装、代父从军的故事。木兰为了保全老父，毅然代他担负起出征的艰巨任务，表现了自我牺牲的精神。她身经百战，历时10年，胜利地完成使命，表现了坚强和勇敢。而凯旋归来，不受官爵，只愿意恢复普通妇女的生活，又表现了淳朴高洁的胸襟。《木兰辞》是人民的集体创作，不是一人一时写成的，它是民间叙事诗，富有民间色彩，风格也比较刚健古朴，表现了民歌的艺术特点。连续运用复叠和排比的句调，造成姿致和音乐性；用拟问作答来刻画心理活动，细致入微；对偶3句子简练工整，包含了丰富的含义；而语言的精练，更增强叙事气氛。《木兰辞》代表了北朝乐府民歌杰出的

成就。《木兰辞》的艺术特色和思想内容对后世产生了很大的影响。杜甫在《草堂诗》中就有意模仿了《木兰诗》中描述全家欢迎木兰时的表现手法。直到现在，木兰仍然是舞台银幕上塑造的女英雄形象。

《木兰诗》和东汉木古诗《为焦仲卿妻作》，是古代人民群众自己创造的两篇伟大诗篇。北朝有《木兰诗》一篇，足够压倒南北两朝的全部士族诗人。

2.《敕勒歌》

《敕勒歌》是首优美的牧歌，它奔放、雄健、质朴，歌中唱道："敕勒川，阴山下，天似穹庐，笼盖四野。天苍苍，野茫茫，风吹草低见牛羊。"短短的 27 个字，不是把我们带到一幅广阔无边充满了生活气息的图画中去了么！北方民族生活的面貌，被那么富有音乐性的有魅力的语言简洁而丰富地表现出来了。这是具有深厚生活基础的诗人，对于养育着他的土地无比深情的流露，绝不是在书斋、在锦绣丛中讨生活的文人所能达到的。有人说，这是一首用汉语翻译出来的鲜卑诗。纵然是这样，翻译本身也表现了译者对于鲜卑语和汉语的精通，对于塞北风光的熟悉和热爱；否则，是不会这样质朴自然和这样富于语言的魅力的。

总之，北朝民歌表现了更广阔的社会生活动态，不像南方山水诗那样狭隘地只是流连于山水风光，表现气候变化而引起士族文人心情的流动。《木兰辞》和《敕勒歌》可以说是北朝民歌的"双璧"。